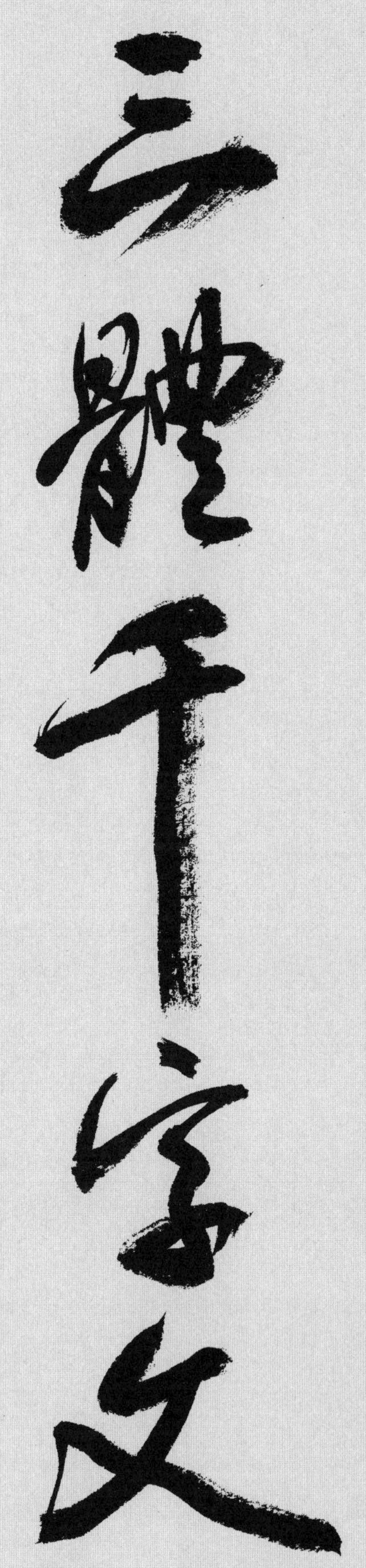

東堂 邊堯寅 書

(楷書· 行書· 草書)

이화문화출판사

책머리에

한문 학습에 있어서「천자문」이 미친 영향은 너무도 큽니다.「천자문」은 동양학 입문과정에서 필독서로 사랑받아 왔으며, 지금도 그 중요성은 여전합니다. '우리말의 70% 이상이 한자말로 구성되어 있다.'는 수치를 언급하지 않더라도 한자 학습의 필요성과 중요성에 대한 인식이 높아지고 있습니다. 동아시아에서 한자를 안다는 것은 한자문화권의 타 국가를 알고 경쟁하는 데 중요한 요소임이 분명합니다. 그러한 현실에서 오랜 시기를 전통 학문의 입문서 역할을 하였던「천자문」을 아는 일은 한자 학습에 있어서 지름길 역할을 할 수 있을 것입니다.

6세기경 중국 양(梁)나라 무제(武帝)의 명을 받고 주흥사(周興嗣)가 찬술한「천자문」은 4자 총 250구로 구성된, 전통사회에서는 학문 입문의 필독서로 유명합니다. 물론 현대사회의 상황과는 다소 거리가 있는 내용도 있고, 이해하기 어려운 부분도 있습니다. 그러나「천자문」에는 동양 사상의 총화(總和)가 담겨 있습니다.

특히 역대 유명 서예가들이 즐겨「천자문」 내용으로 작품을 창작하였던 것에 비춰 볼 때「천자문」은 서예학습서로서도 사랑받아 왔음을 알 수 있습니다.

이화문화출판사는 금년에 희수(喜壽)를 맞아 평생을 서예술에 몰입하여 온 이당 변요인 선생이 쓴 삼체 천자문을 출판하게 되었습니다. 楷書는 歐陽詢에, 行書는 王羲之· 顔眞卿에, 草書는 孫過庭· 懷素에 뿌리를 둔 學習書로서, 書藝同好人 여러분의 많은 사랑 바랍니다.「천자문」을 다양한 서체로 지속적으로 출간하여 동양학 입문 학습서로서의 가치를 찾는 동시에 훌륭한 서예 학습서 역할로 자리매김할 수 있도록 노력하고 있습니다.

2014년 4월

이화문화출판사

天 하늘 천 地 땅 지 玄 검을 현 黃 누를 황

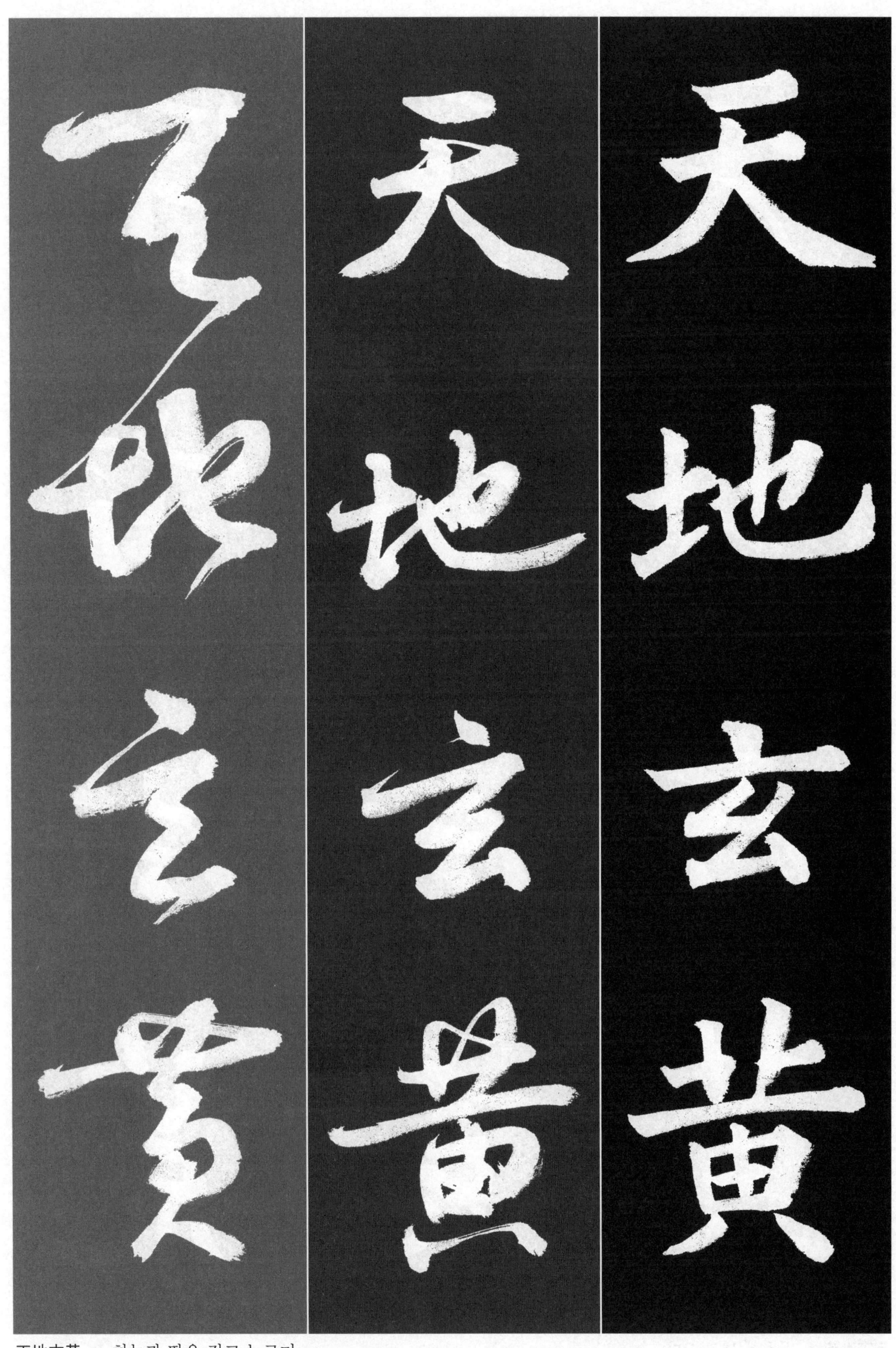

天地玄黃 하늘과 땅은 검고 누르며,

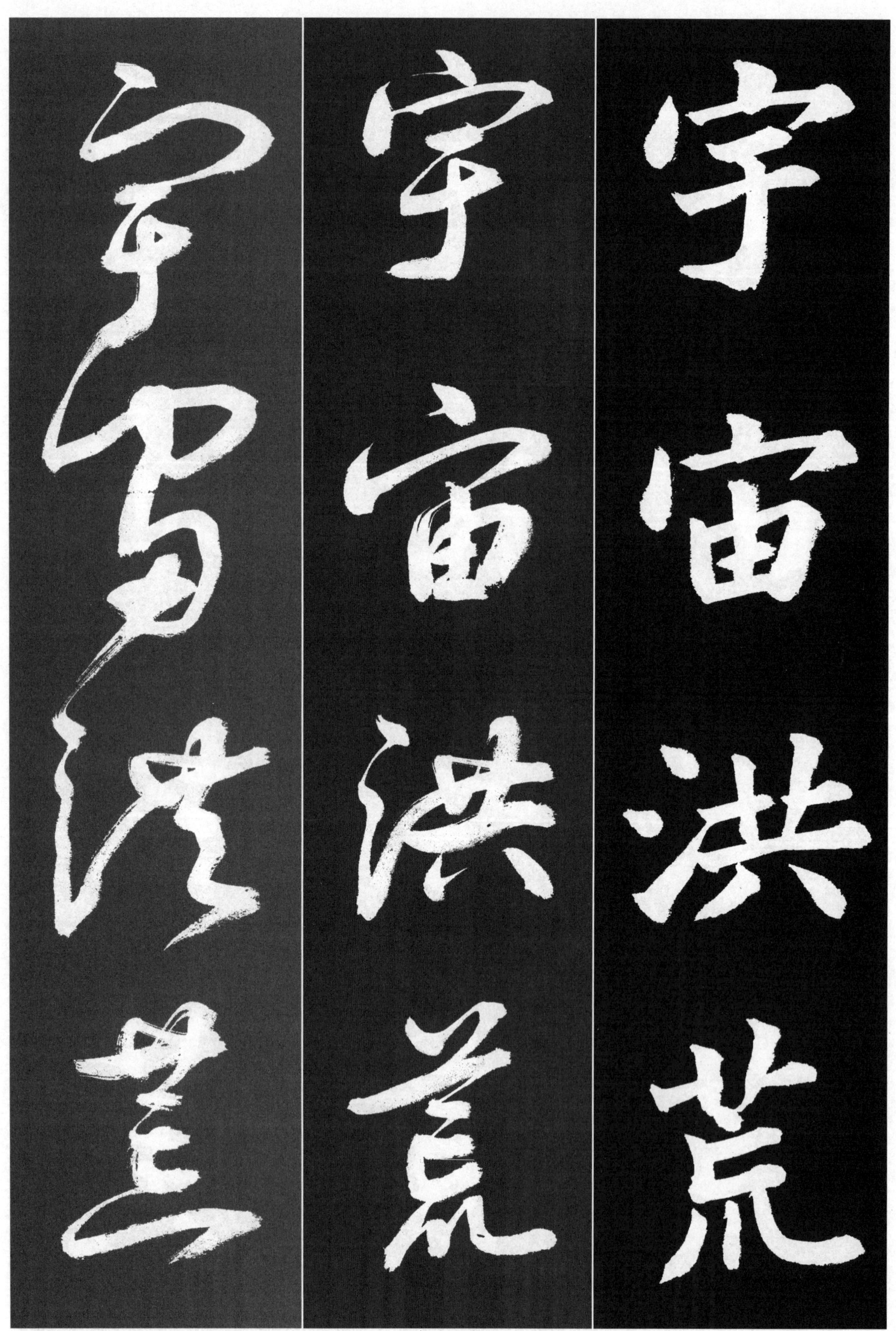

宇 집 우
宙 집 주
洪 넓을 홍
荒 거칠 황

宇宙洪荒　우주는 넓고 크다.

日 날 일
月 달 월
盈 찰 영
昃 기울 측

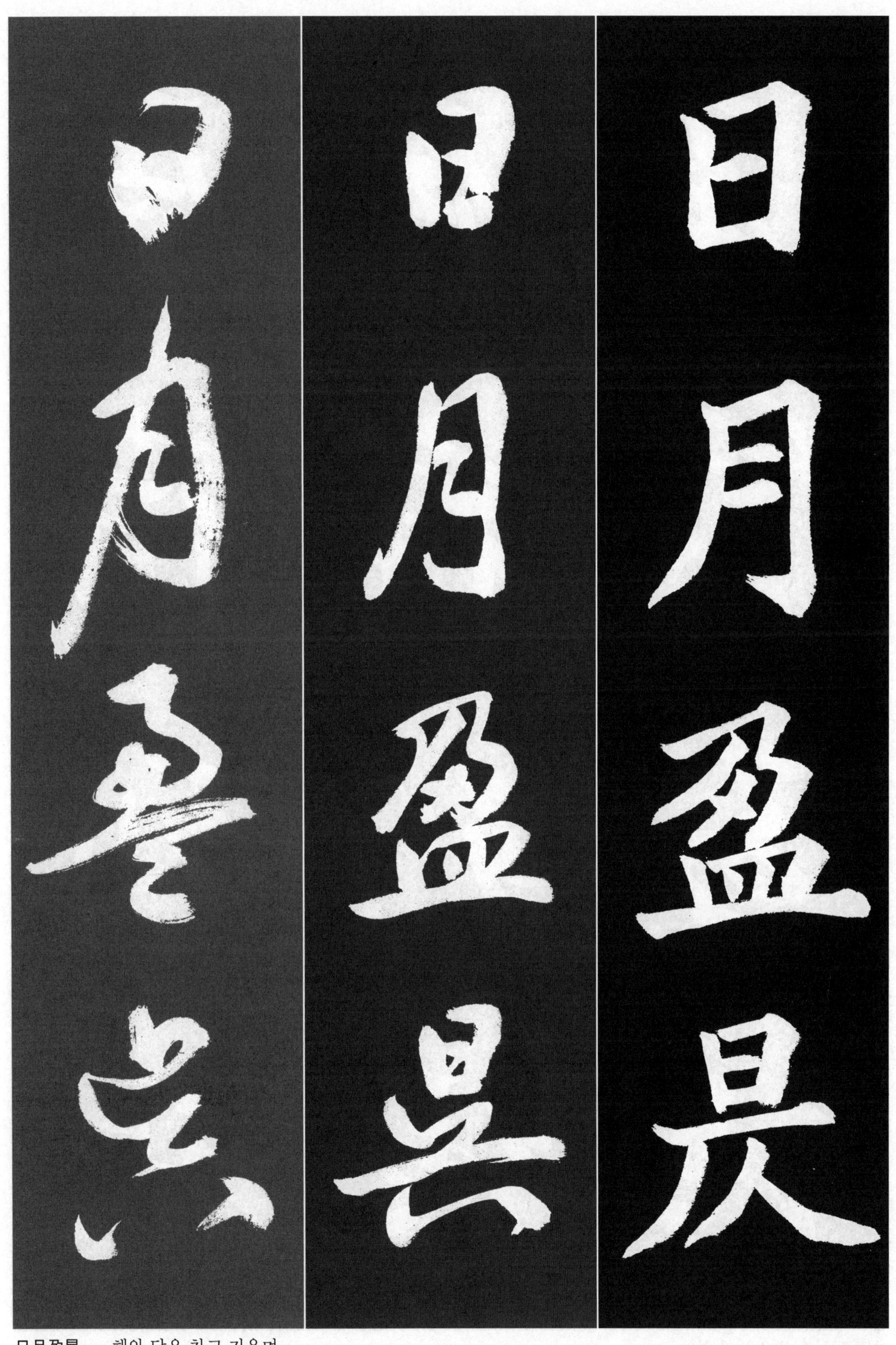

日月盈昃　해와 달은 차고 기울며,

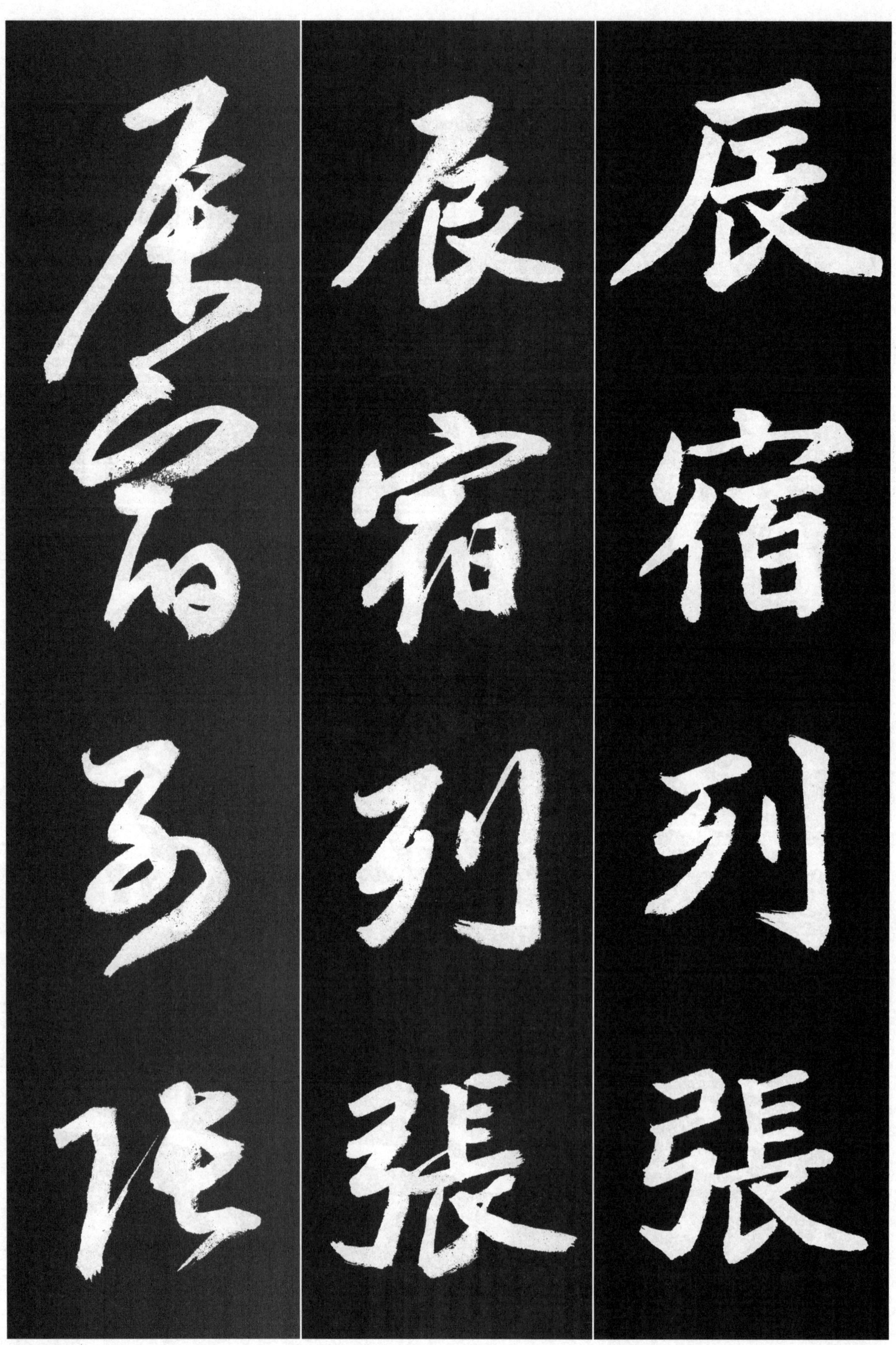

辰 별 진 宿 잘 숙 列 벌릴 렬 張 베풀 장

辰宿列張　별은 벌려 있다.

寒 찰한 來 올래 暑 더울서 往 갈왕

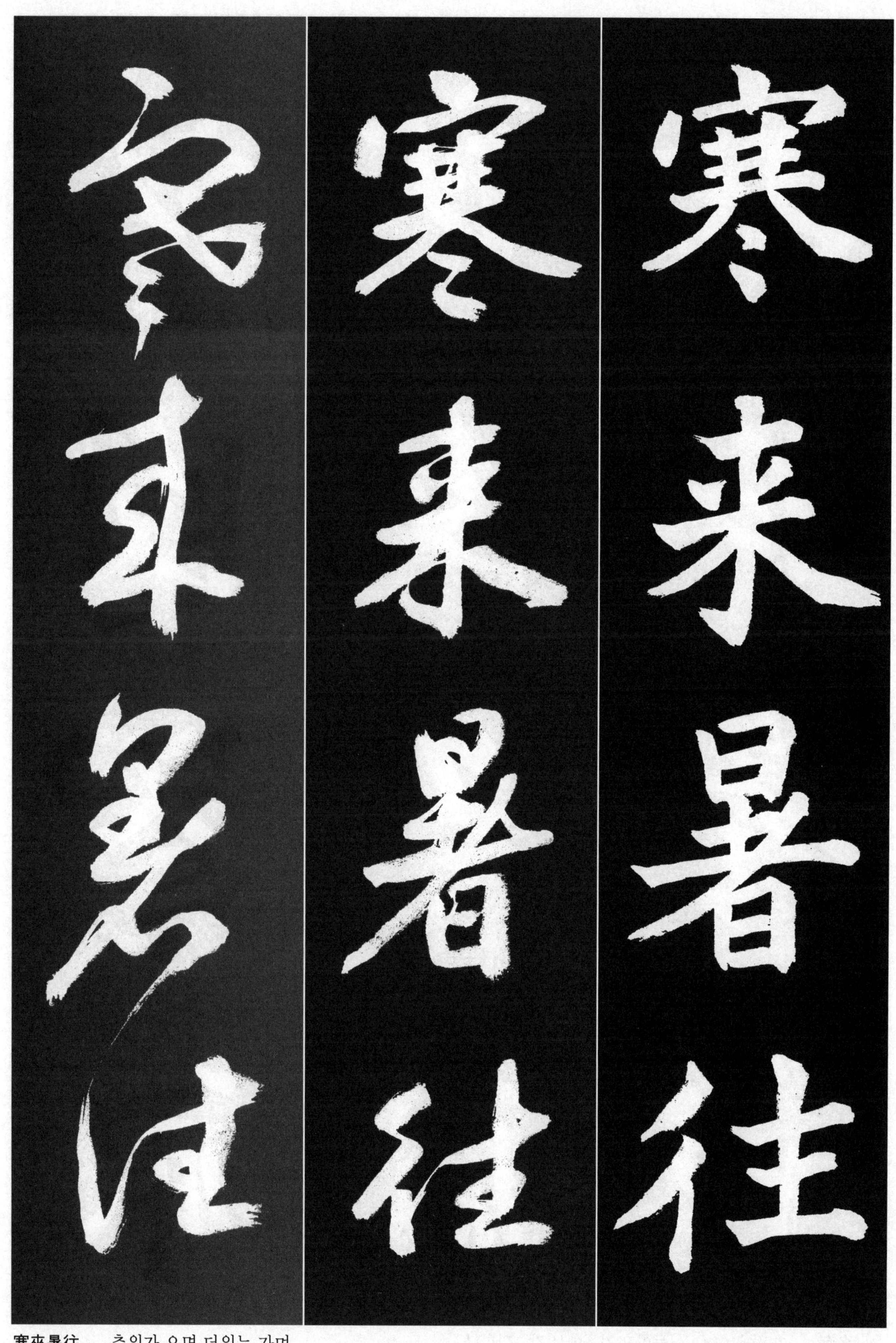

寒來暑往 추위가 오면 더위는 가며,

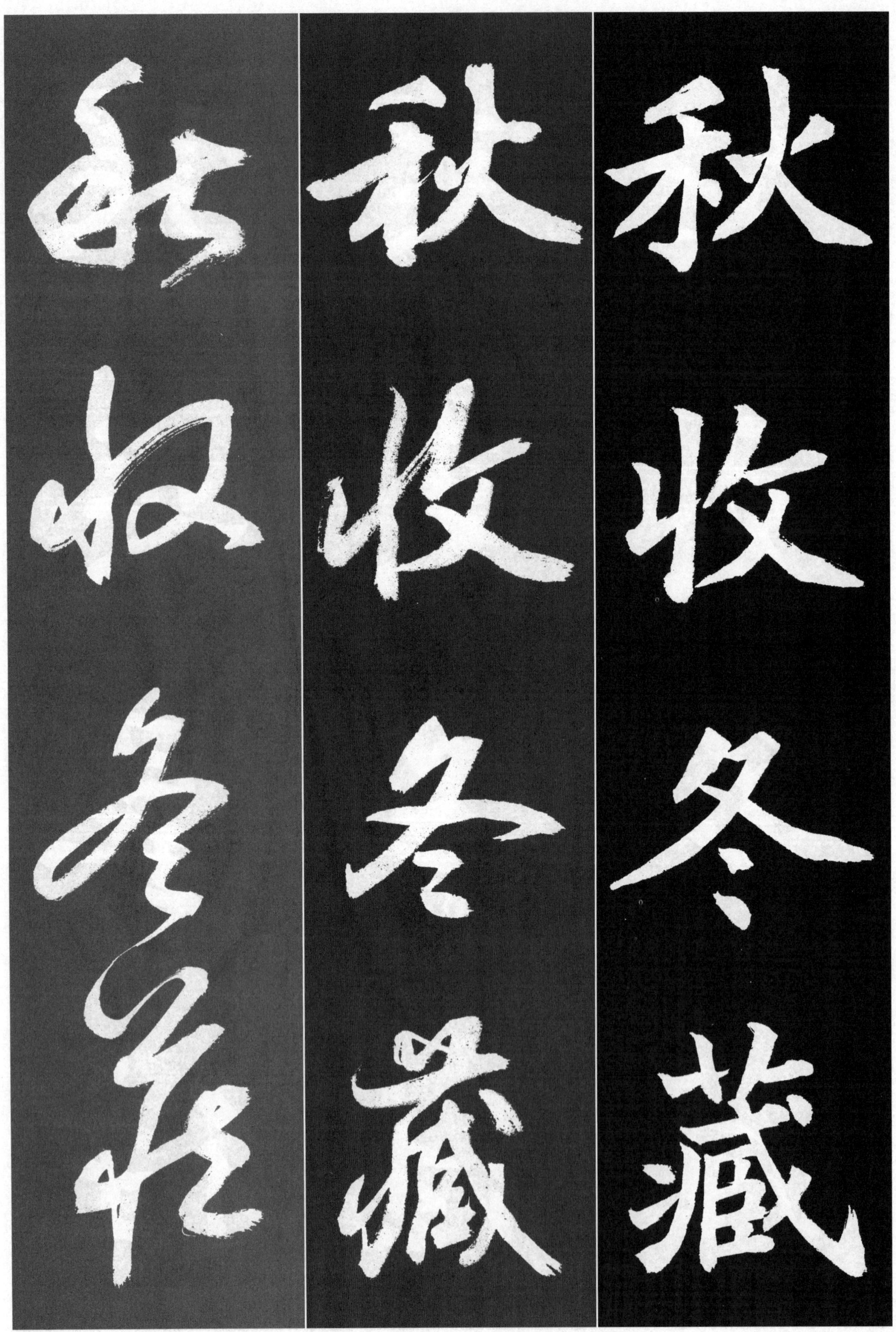

秋 가을 추 **收** 거둘 수 **冬** 겨울 동 **藏** 감출 장

秋收冬藏 가을에는 거두어들이고 겨울에는 갈무리한다.

閏 윤달 윤 餘 남을 여 成 이룰 성 歲 해 세

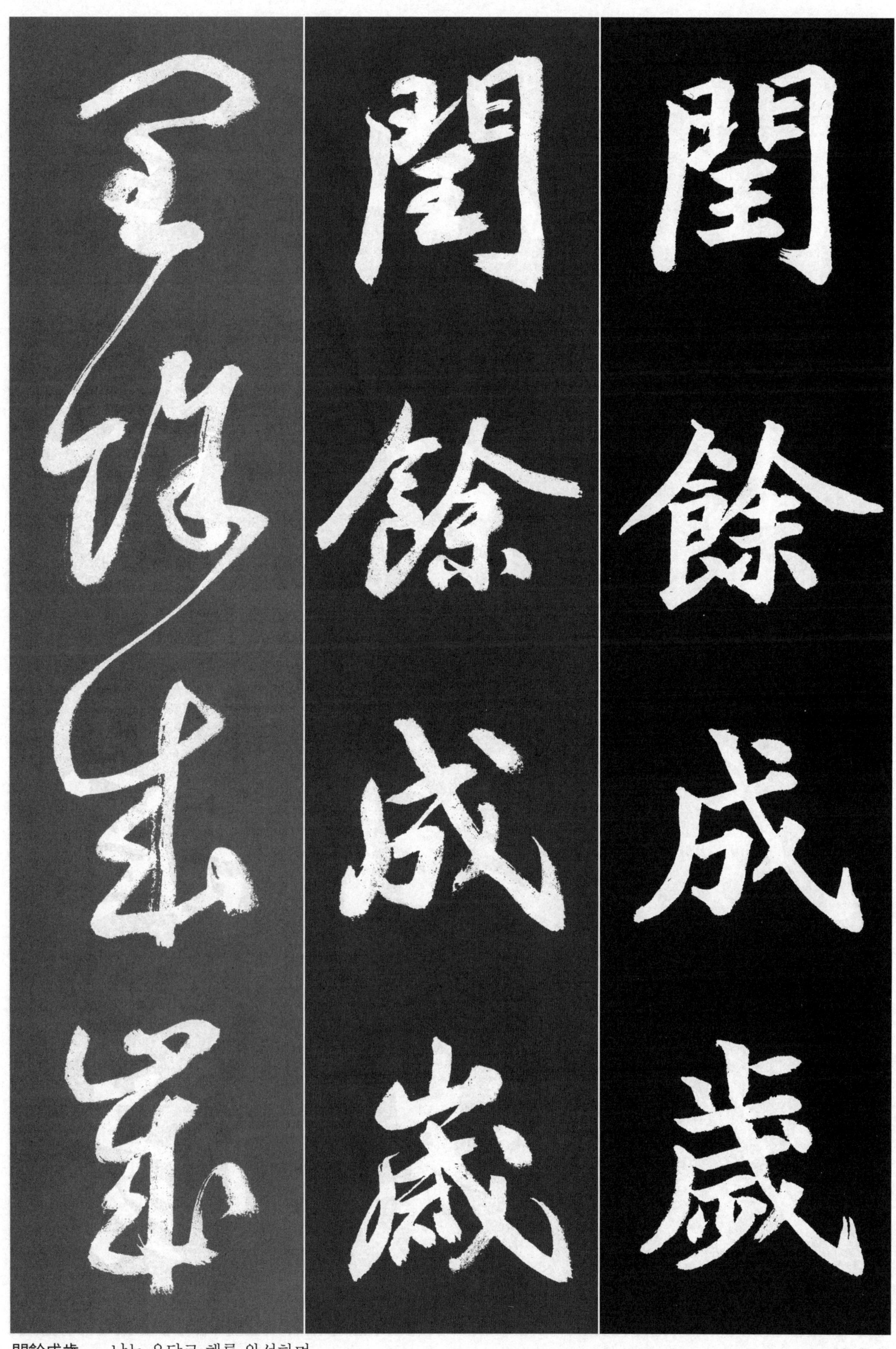

閏餘成歲 남는 윤달로 해를 완성하며,

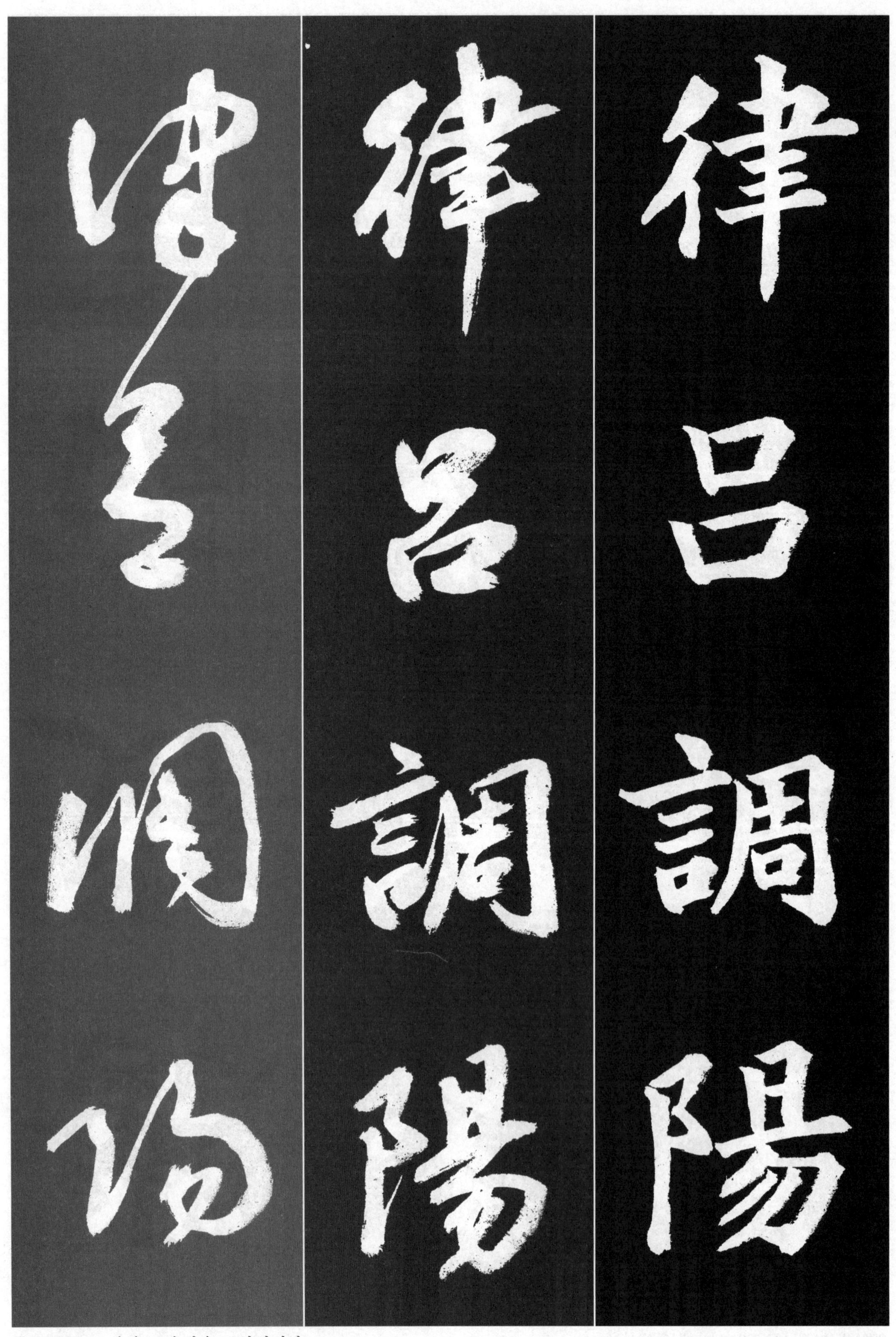

律 법률 呂 풍류 려 調 고를 조 陽 볕 양

律呂調陽　　음율로 음양을 조화시킨다.

雲 구름 운 **騰** 오를 등 **致** 이를 치 **雨** 비 우

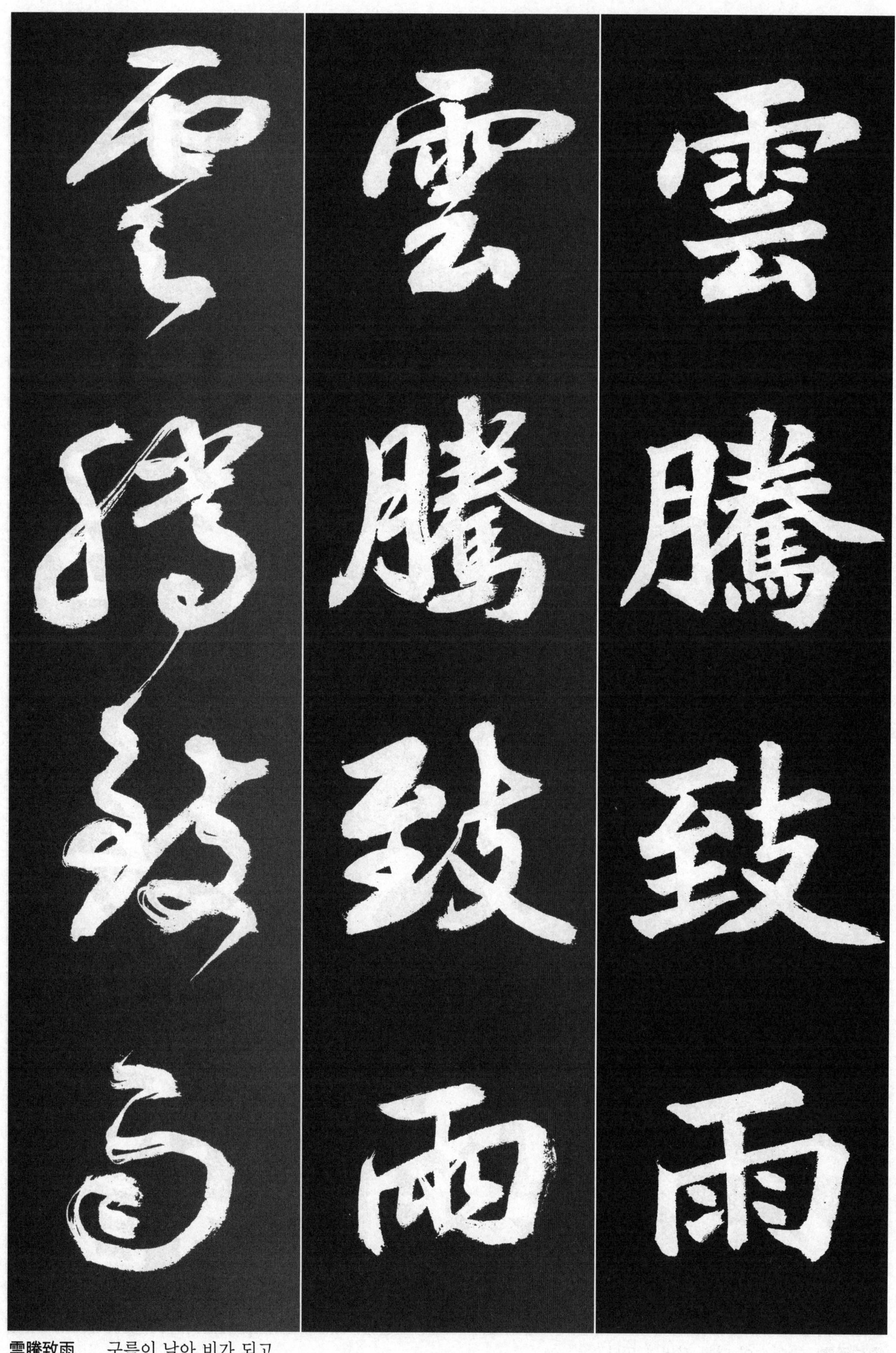

雲騰致雨 구름이 날아 비가 되고,

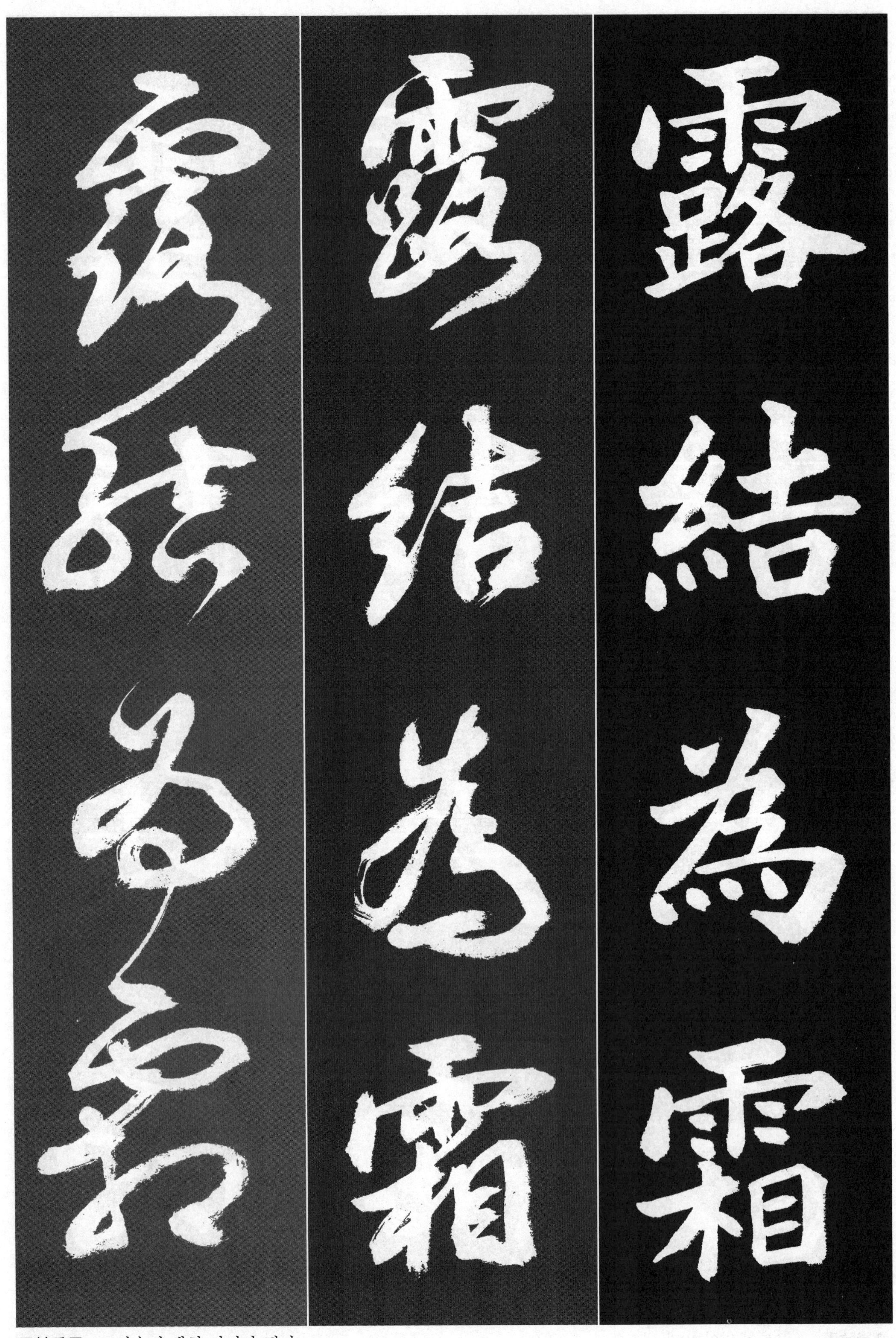

露 이슬 로 結 맺을 결 爲 할 위 霜 서리 상

露結爲霜 이슬이 맺혀 서리가 된다.

金 쇠금 生 날생 麗 고울려 水 물수

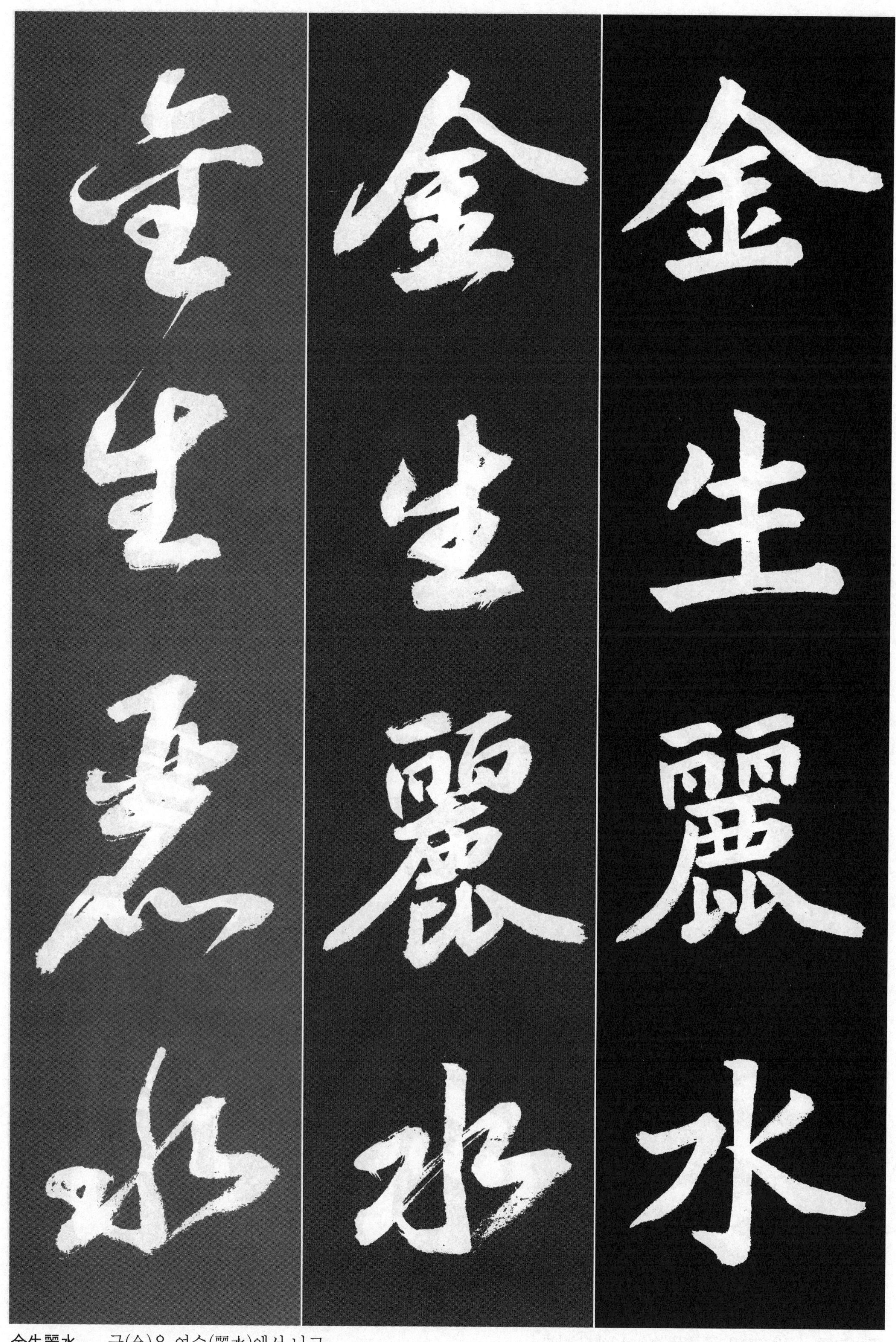

金生麗水　　금(金)은 여수(麗水)에서 나고,

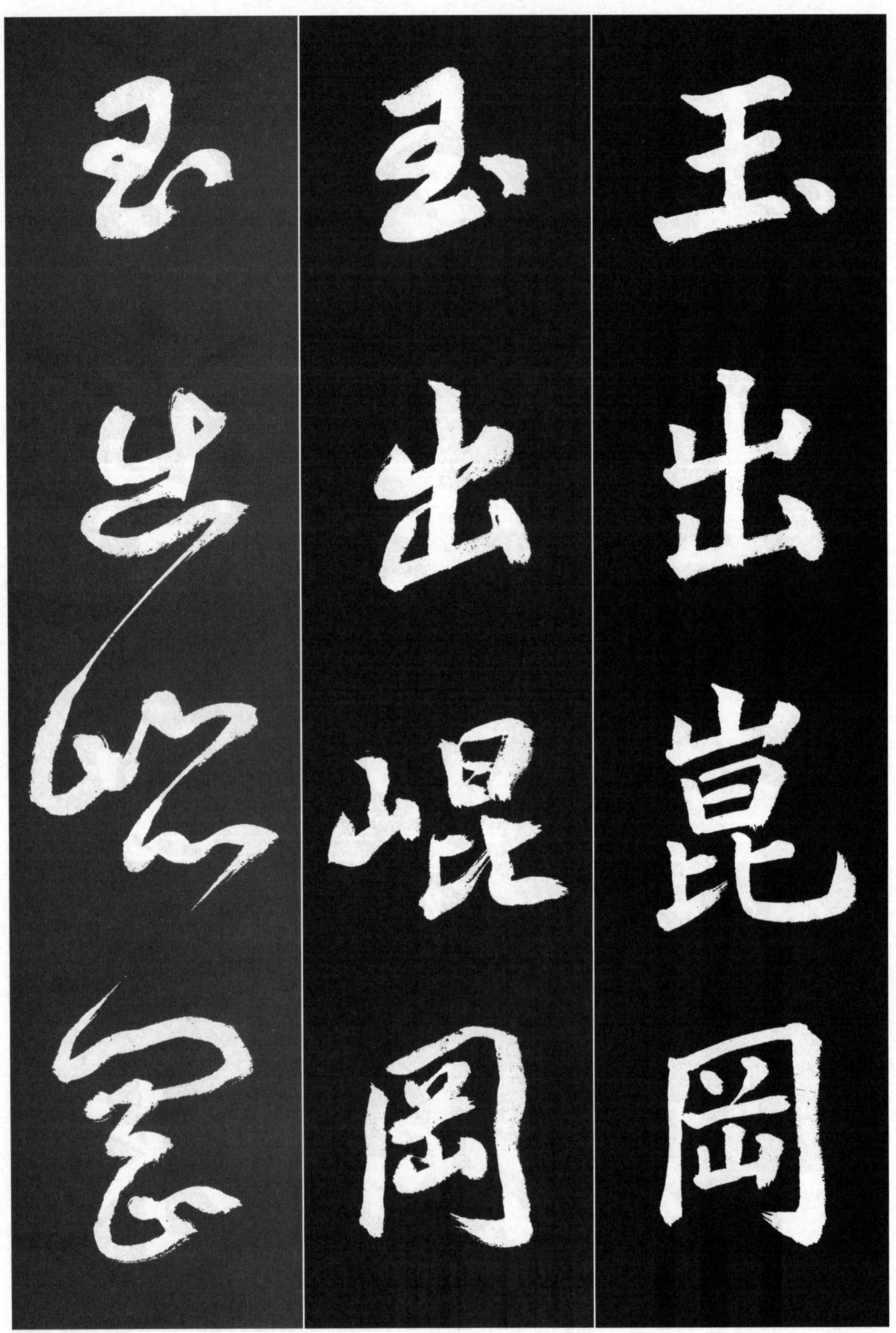

玉 구슬 옥 出 날 출 崑 메 곤 岡 메 강

玉出崑岡 옥(玉)은 곤륜산(崑崙山)에서 난다.

劍 칼 검 號 이름 호 巨 클 거 闕 대궐 궐

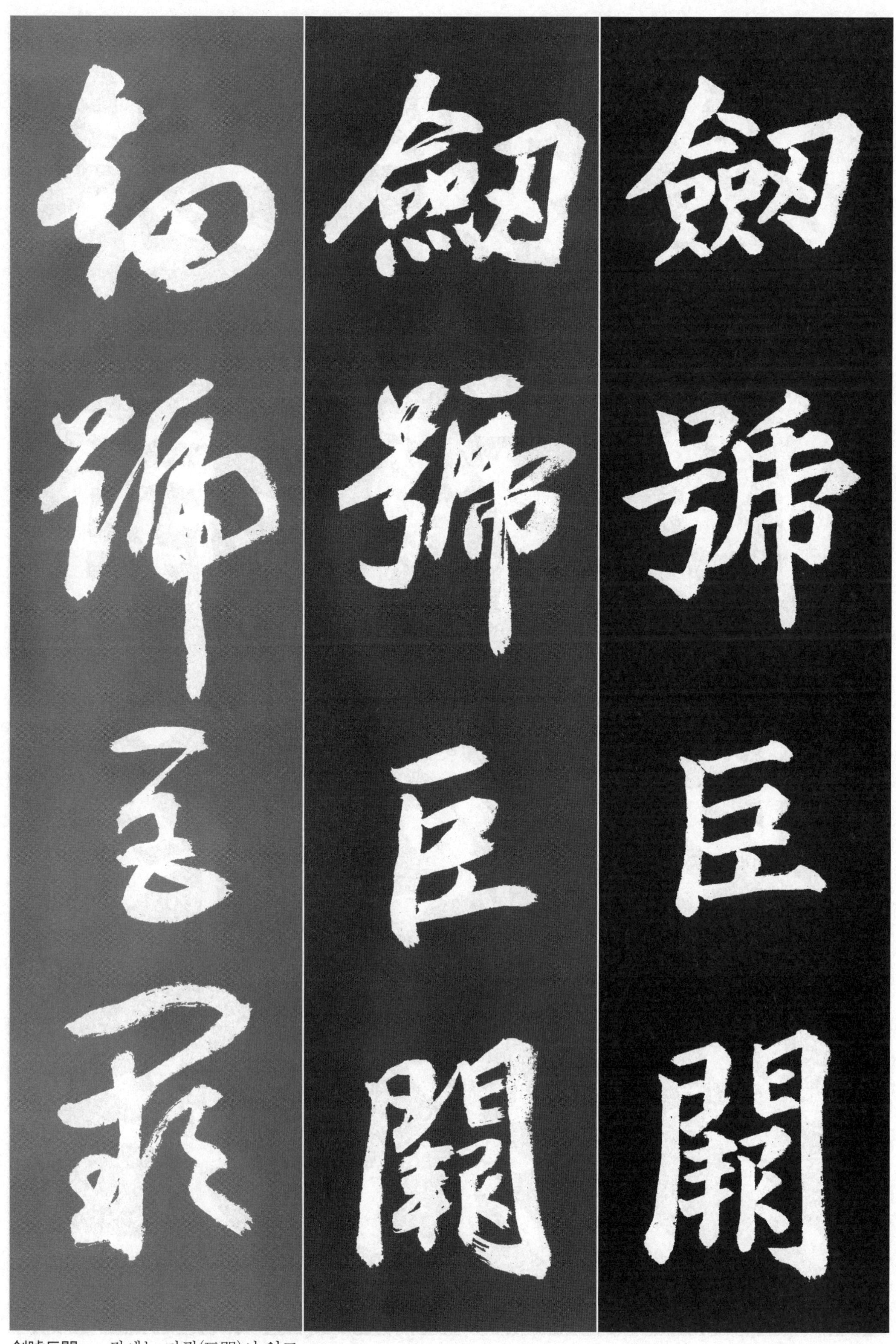

劍號巨闕　칼에는 거궐(巨闕)이 있고,

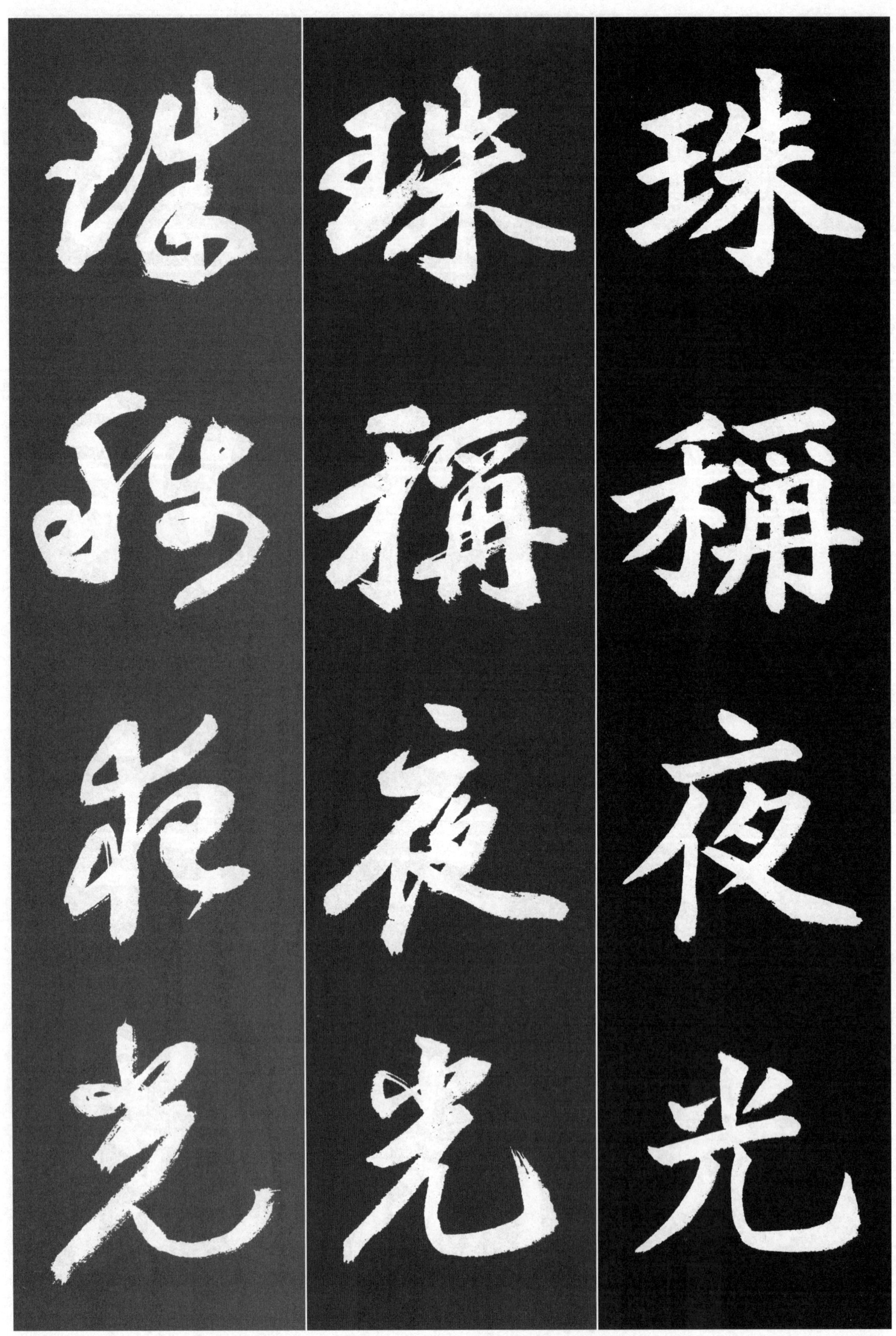

珠 구슬 주 稱 일컬을 칭 夜 밤 야 光 빛 광

珠稱夜光 구슬에는 야광주(夜光珠)가 있다.

果 열매 과 珍 보배 진 李 오얏 리 柰 벚 내

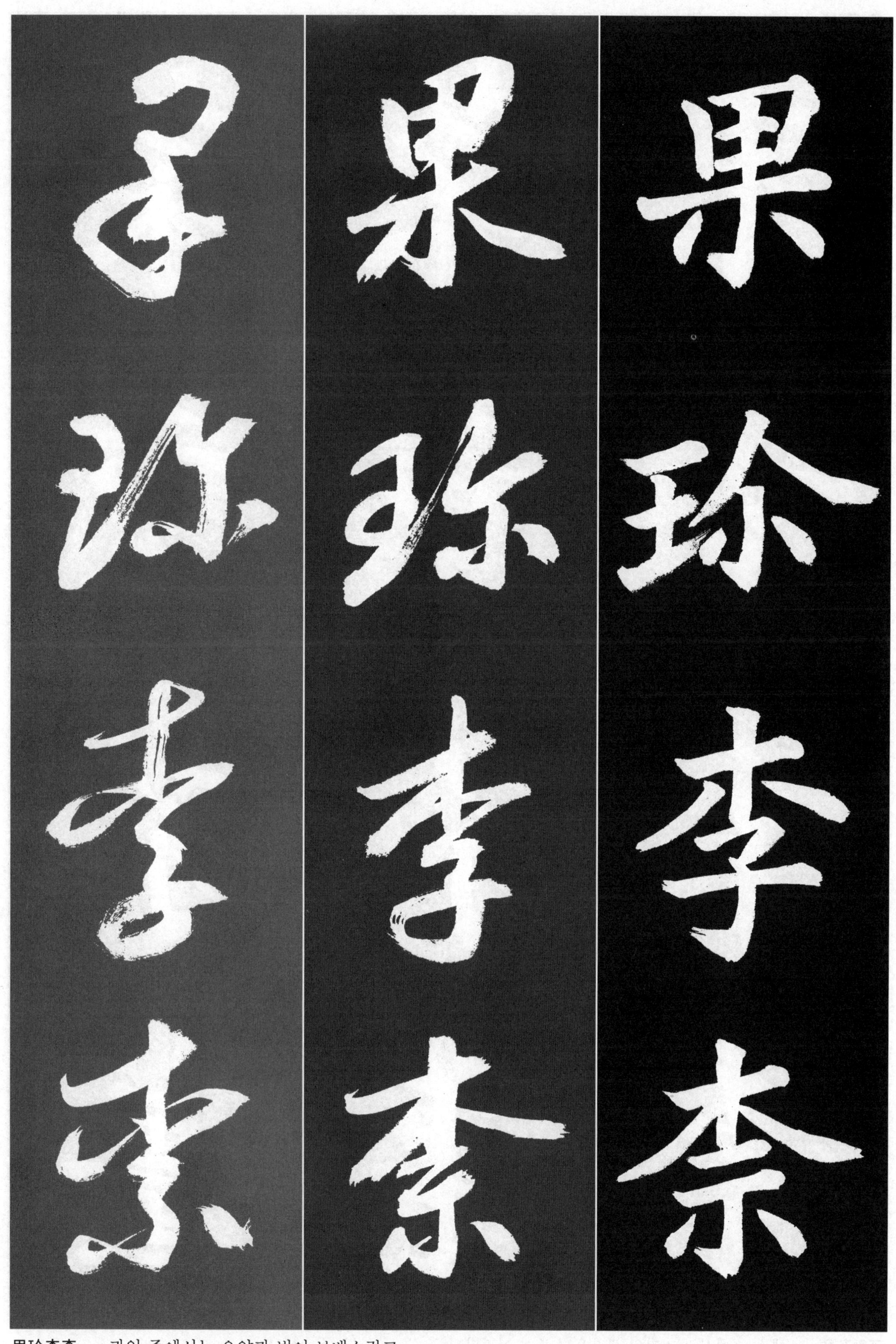

果珍李柰　과일 중에서는 오얏과 벚이 보배스럽고,

菜 나물 채 重 무거울 중 芥 겨자 개 薑 생강 강

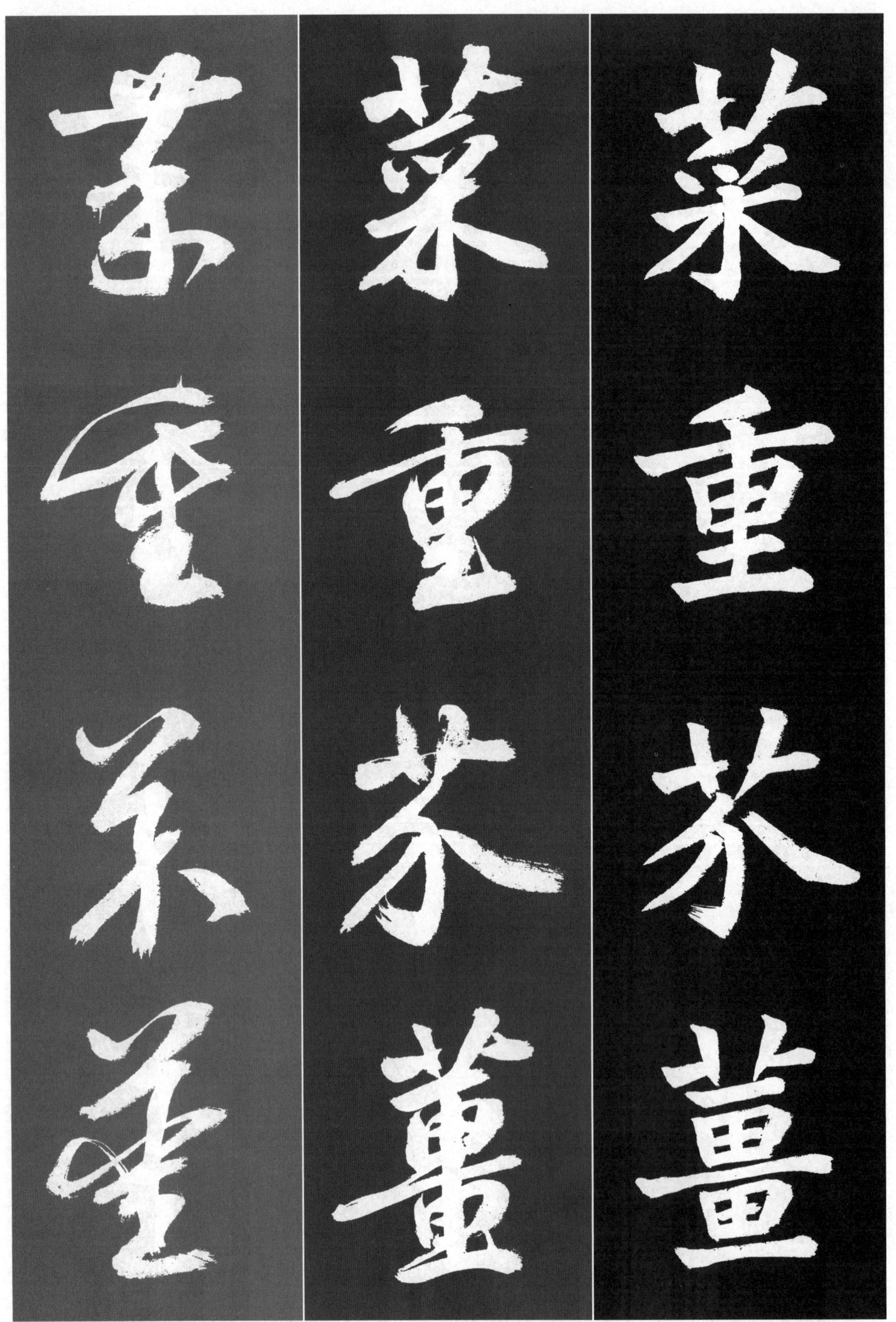

菜重芥薑　　채소 중에서는 겨자와 생강을 소중히 여긴다.

海 바다 해 鹹 짤 함 河 물 하 淡 맑을 담

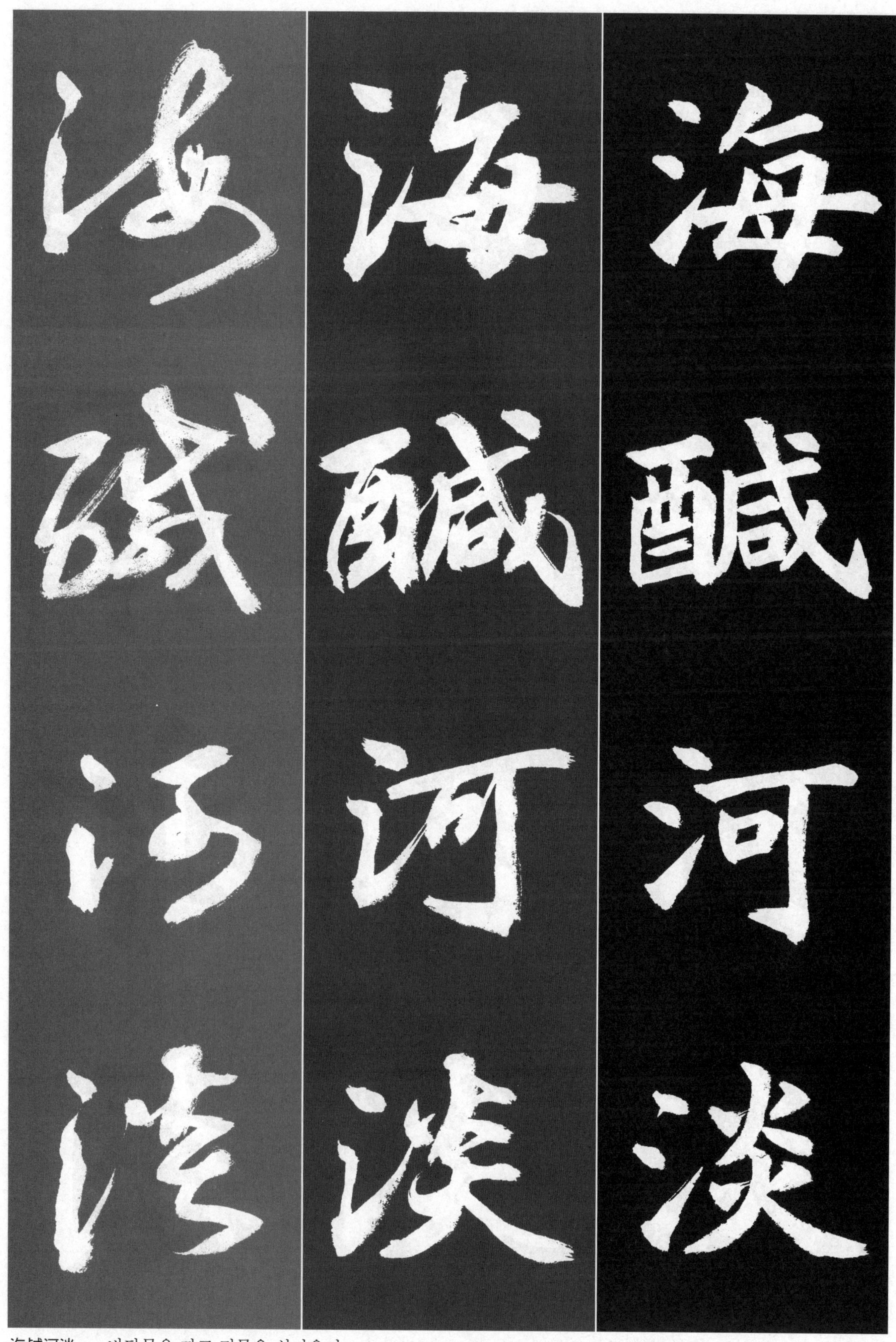

海鹹河淡　　바닷물은 짜고 민물은 싱거우며,

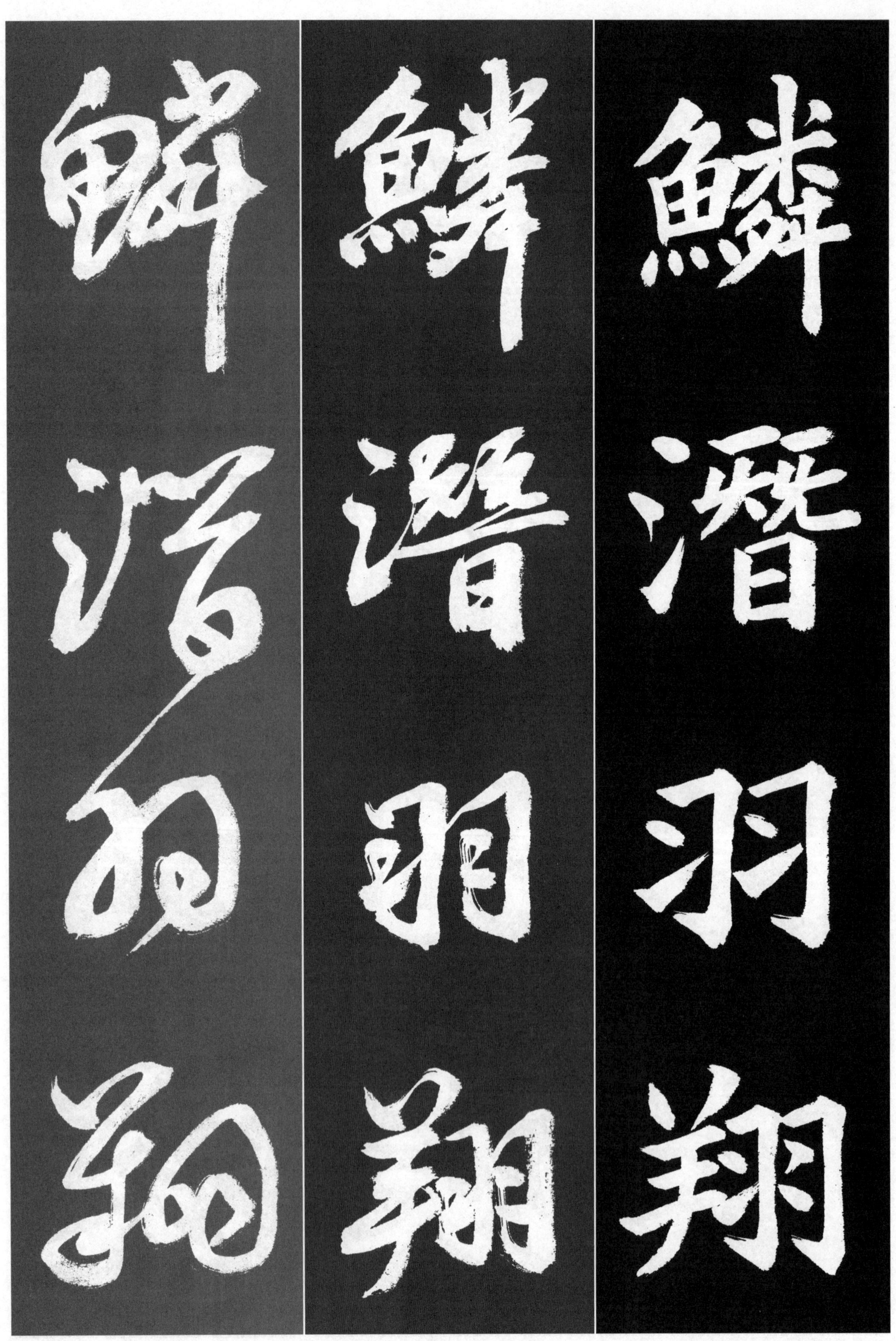

鱗 비늘 린 潛 잠길 잠 羽 깃 우 翔 날 상

鱗潛羽翔 비늘 있는 고기는 물에 잠기고 날개 있는 새는 날아다닌다.

龍 용룡 師 스승사 火 불화 帝 임금제

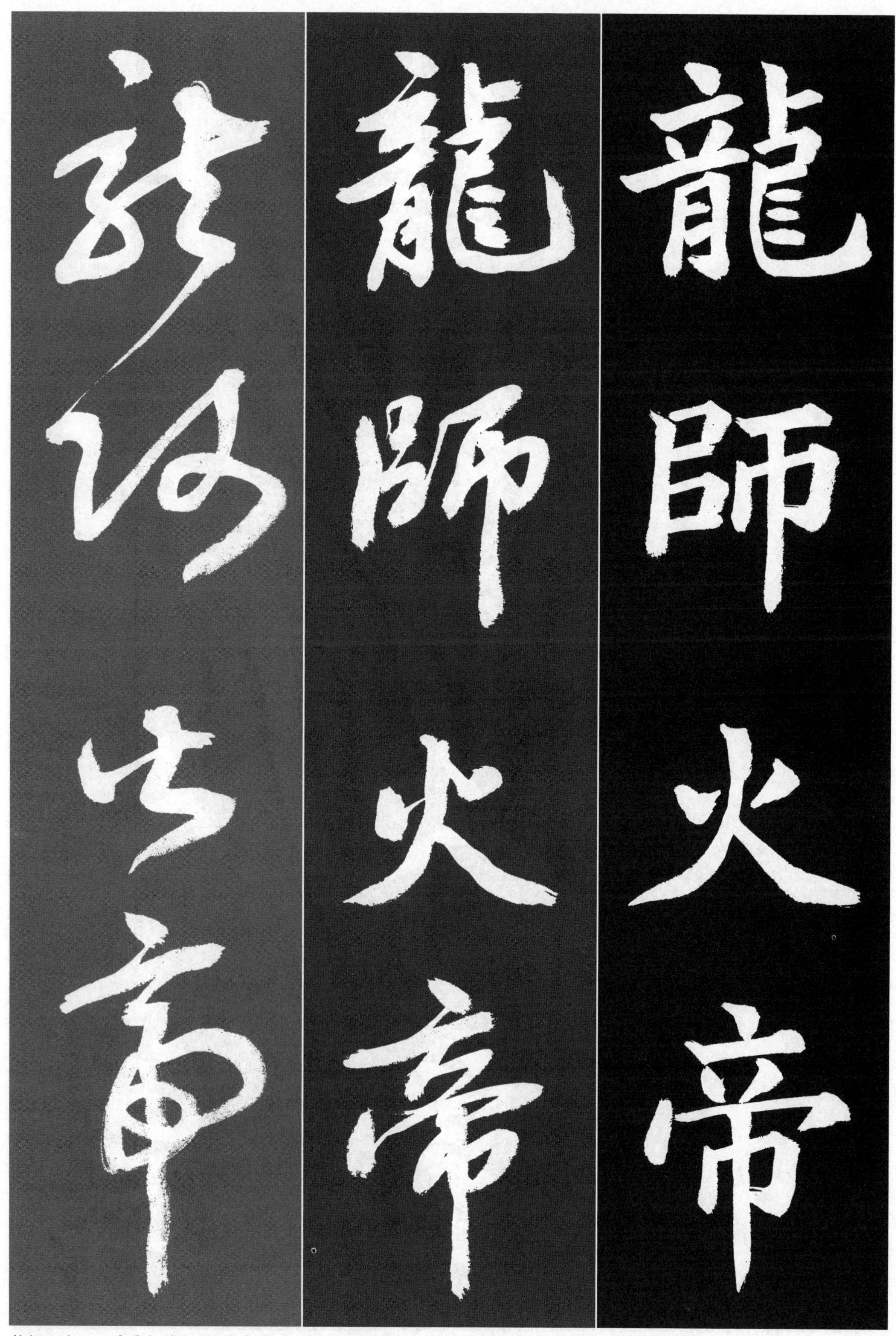

龍師火帝　관직을 용으로 나타낸 복희씨(伏羲氏)와 불을 숭상한 신농씨(神農氏)가 있고,

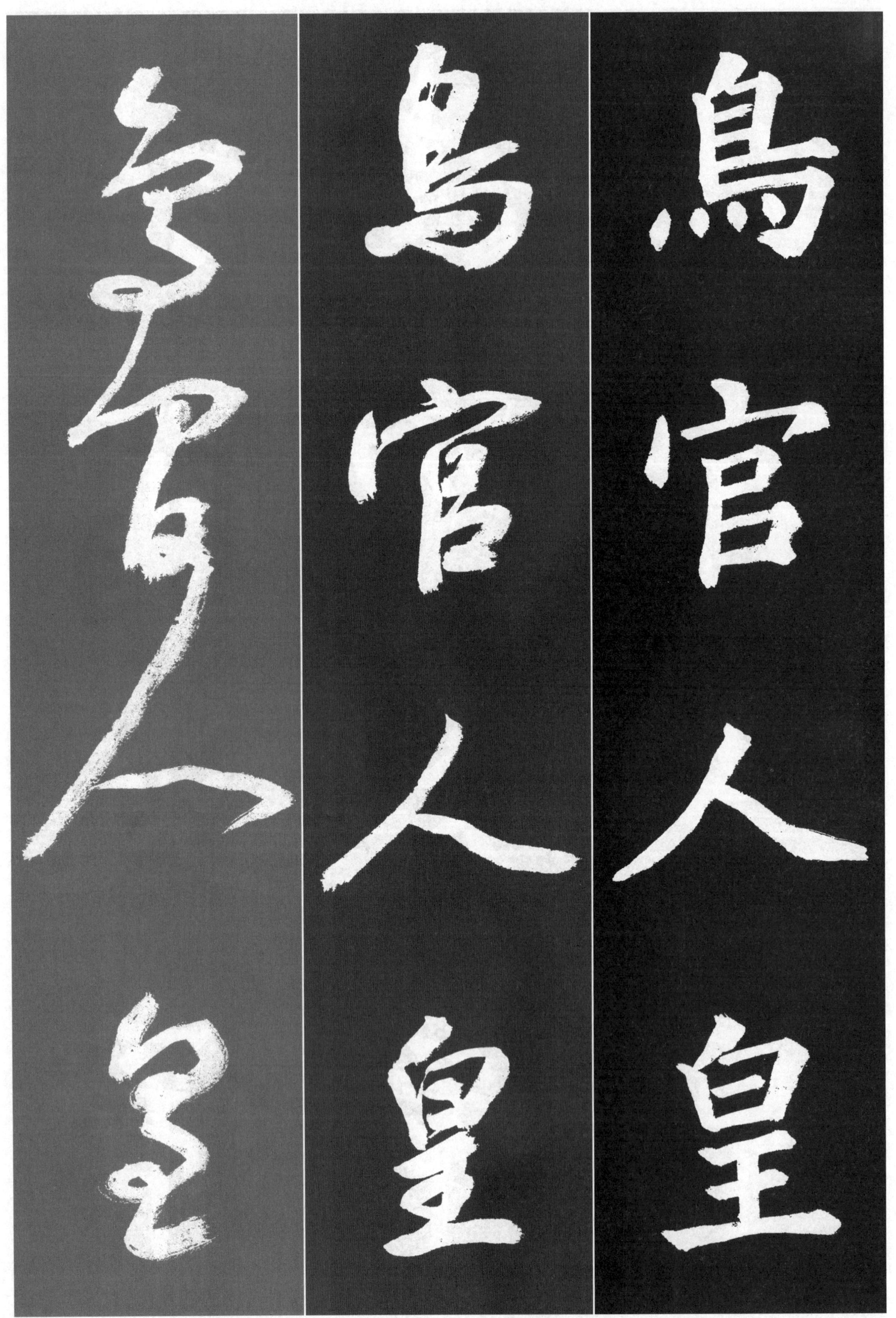

鳥 새 조 官 벼슬 관 人 사람 인 皇 임금 황

鳥官人皇 관직을 새로 기록한 소호씨(少昊氏)와 인문(人文)을 개명한 인황씨(人皇氏)가 있다.

始 비로소 시 制 지을 제 文 글월 문 字 글자 자

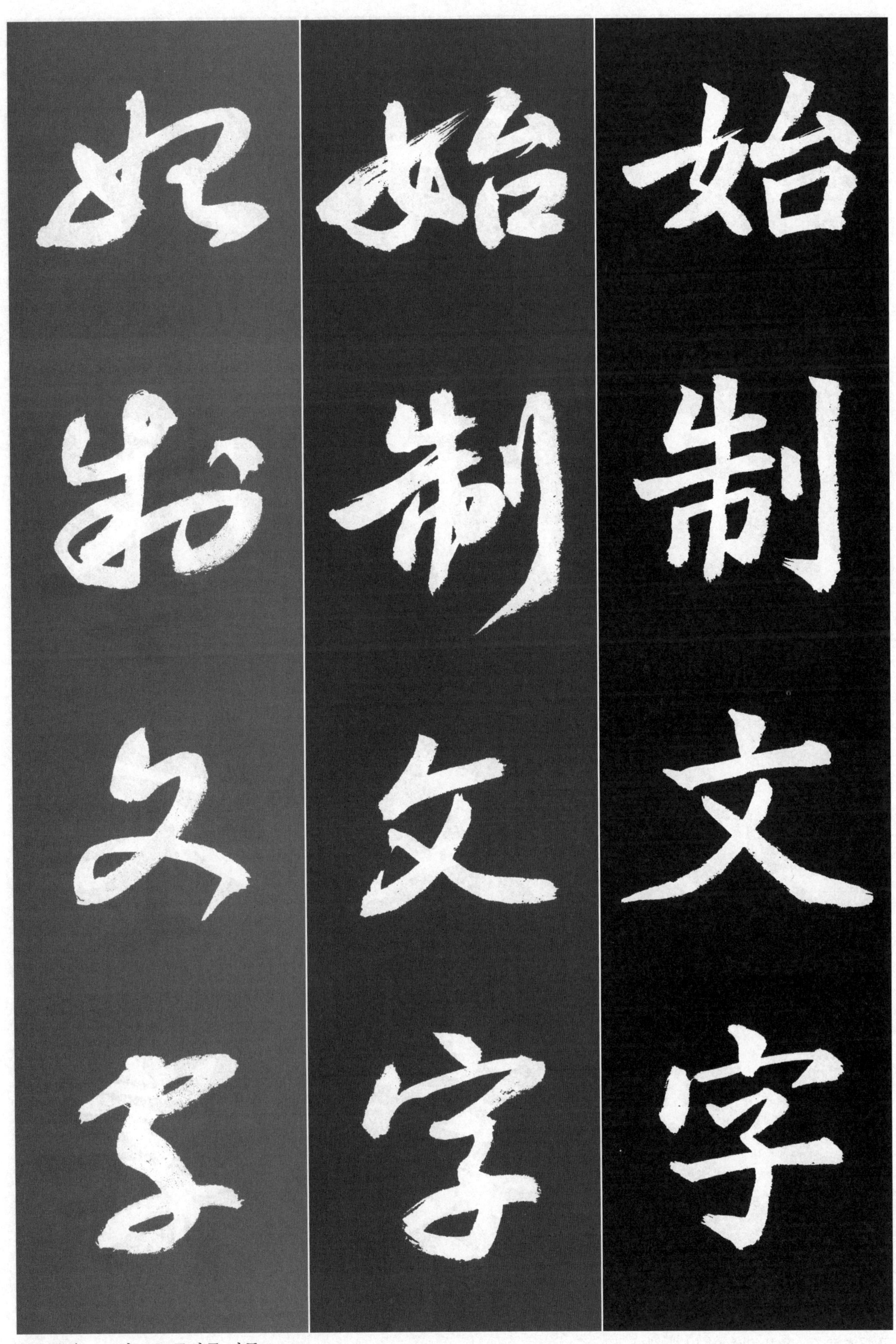

始制文字　비로소 문자를 만들고,

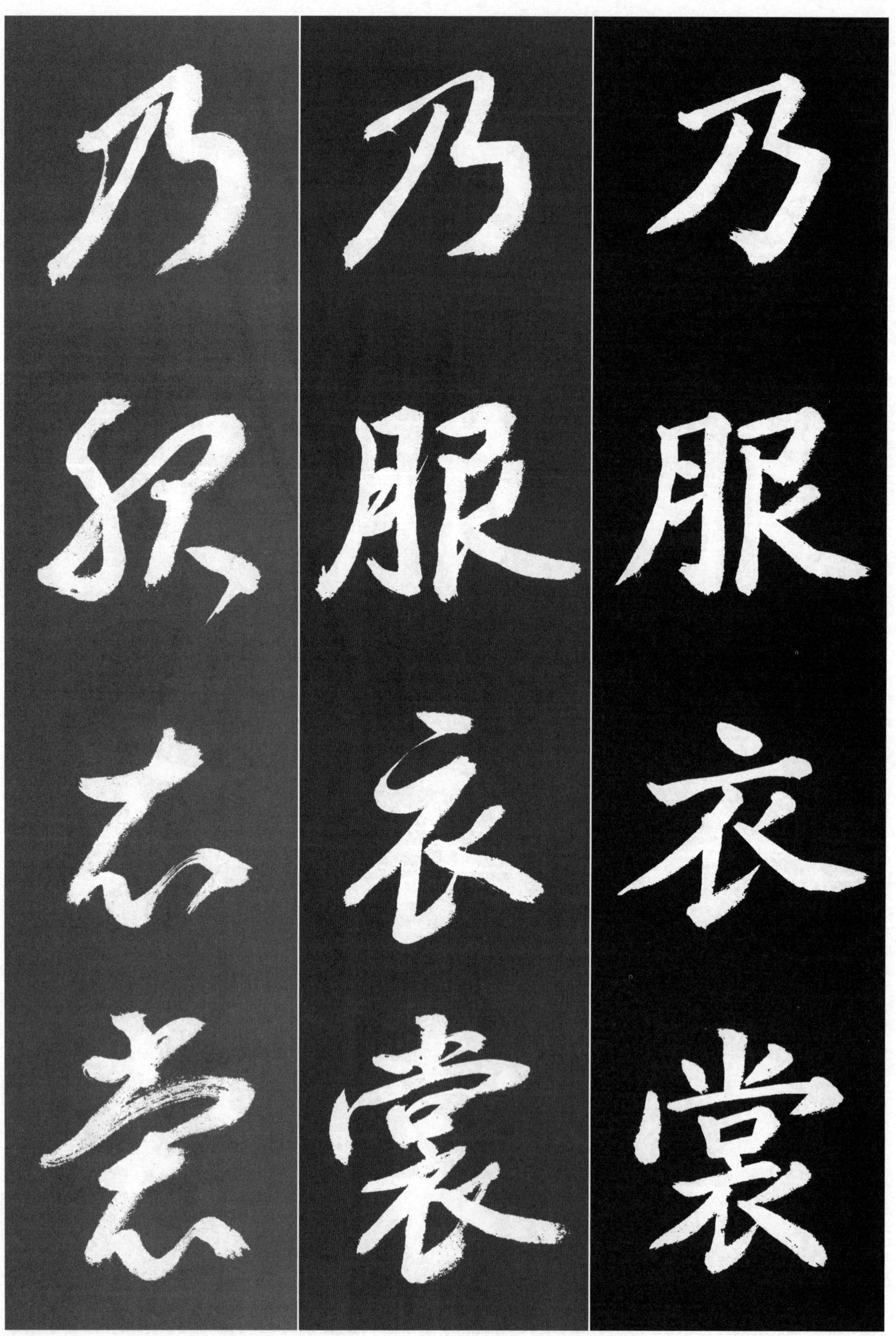

乃 이에 내 服 입을 복 衣 옷 의 裳 치마 상

乃服衣裳　　옷을 만들어 입게 했다.

推 밀 추 位 벼슬 위 讓 사양 양 國 나라 국

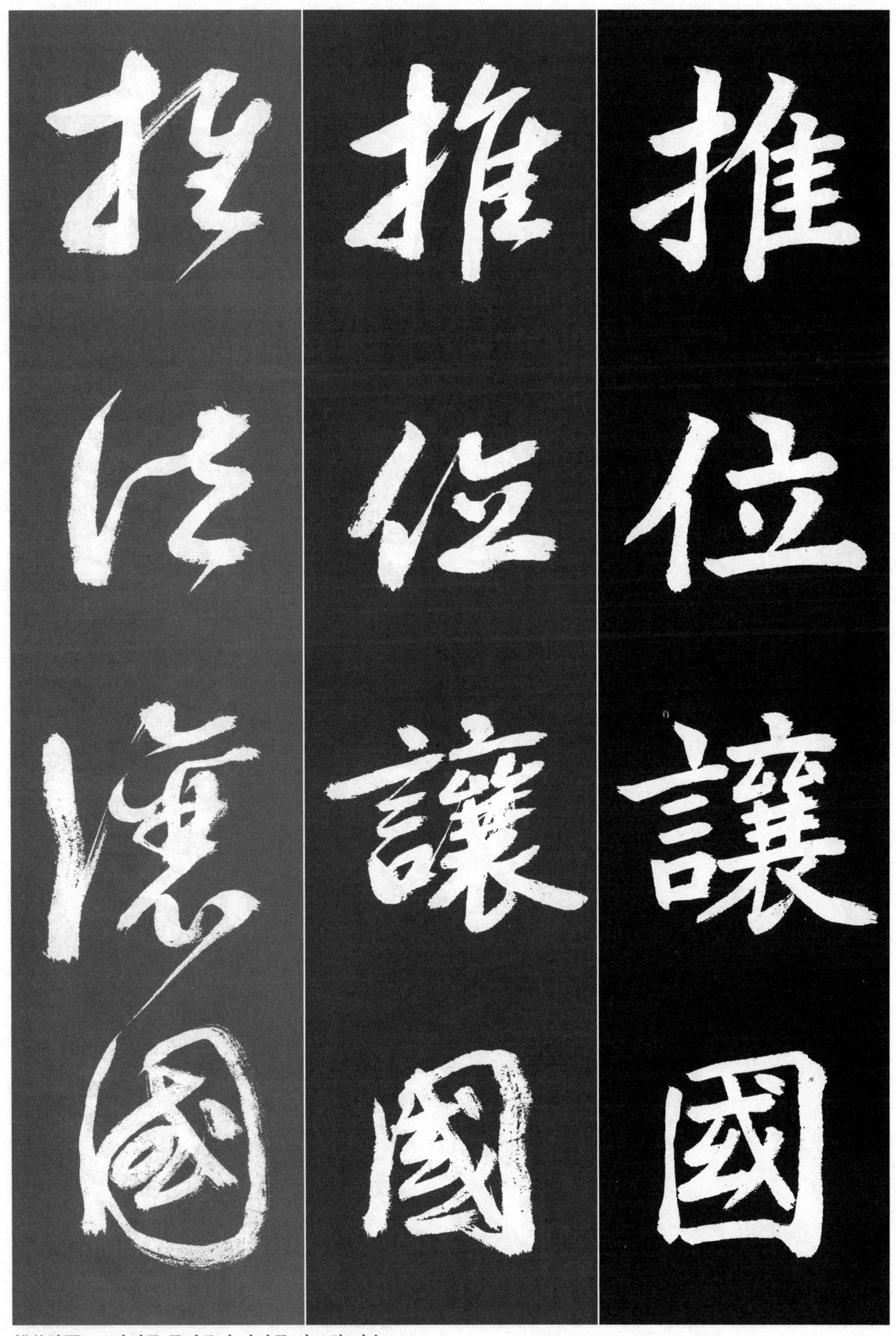

推位讓國 자리를 물려주어 나라를 양보한 것은,

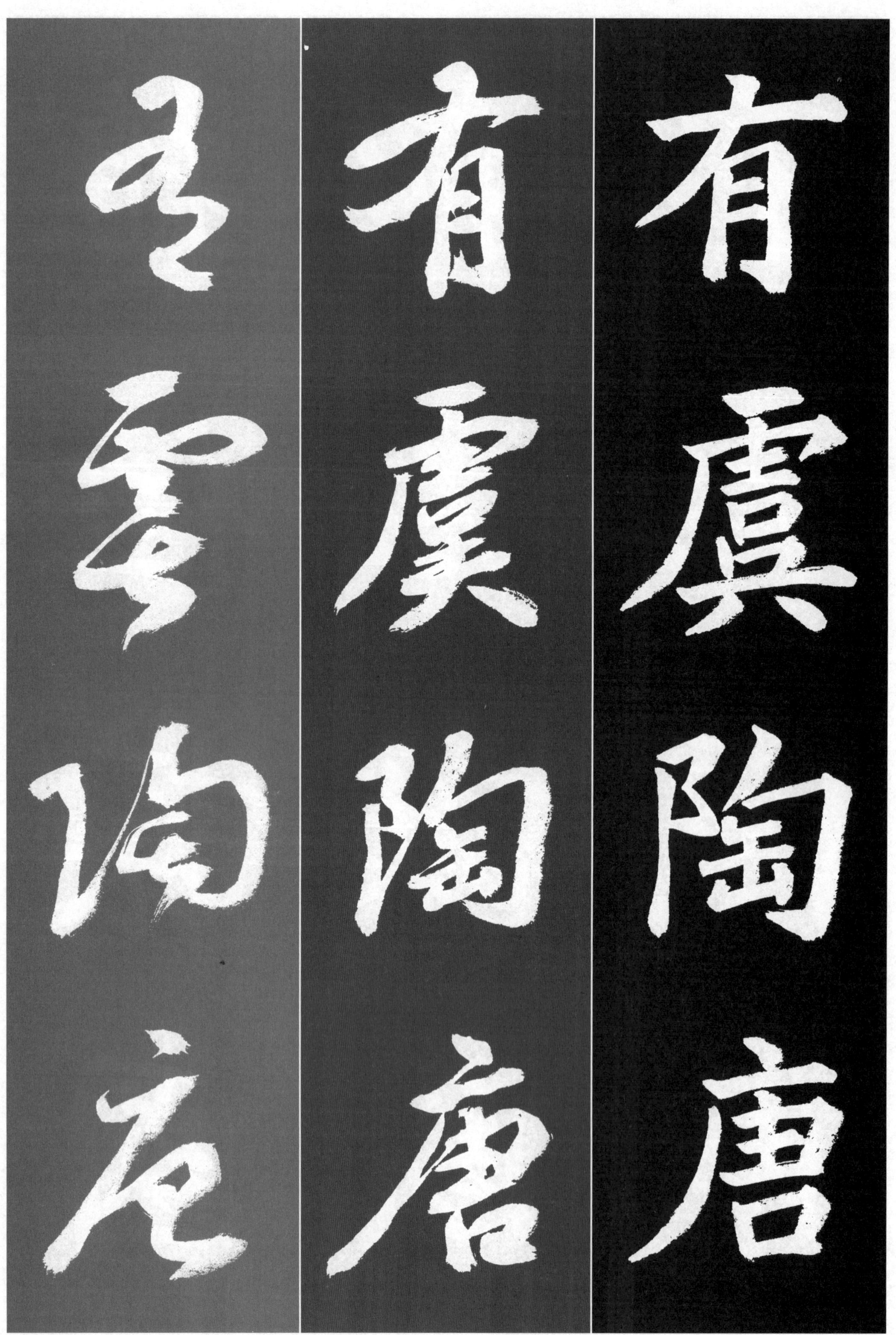

有 있을 유 虞 나라 우 陶 질그릇 도 唐 나라 당

有虞陶唐 도당 요(堯)임금과 유우 순(舜)임금이다.

弔 조문할 조 民 백성 민 伐 칠 벌 罪 허물 죄

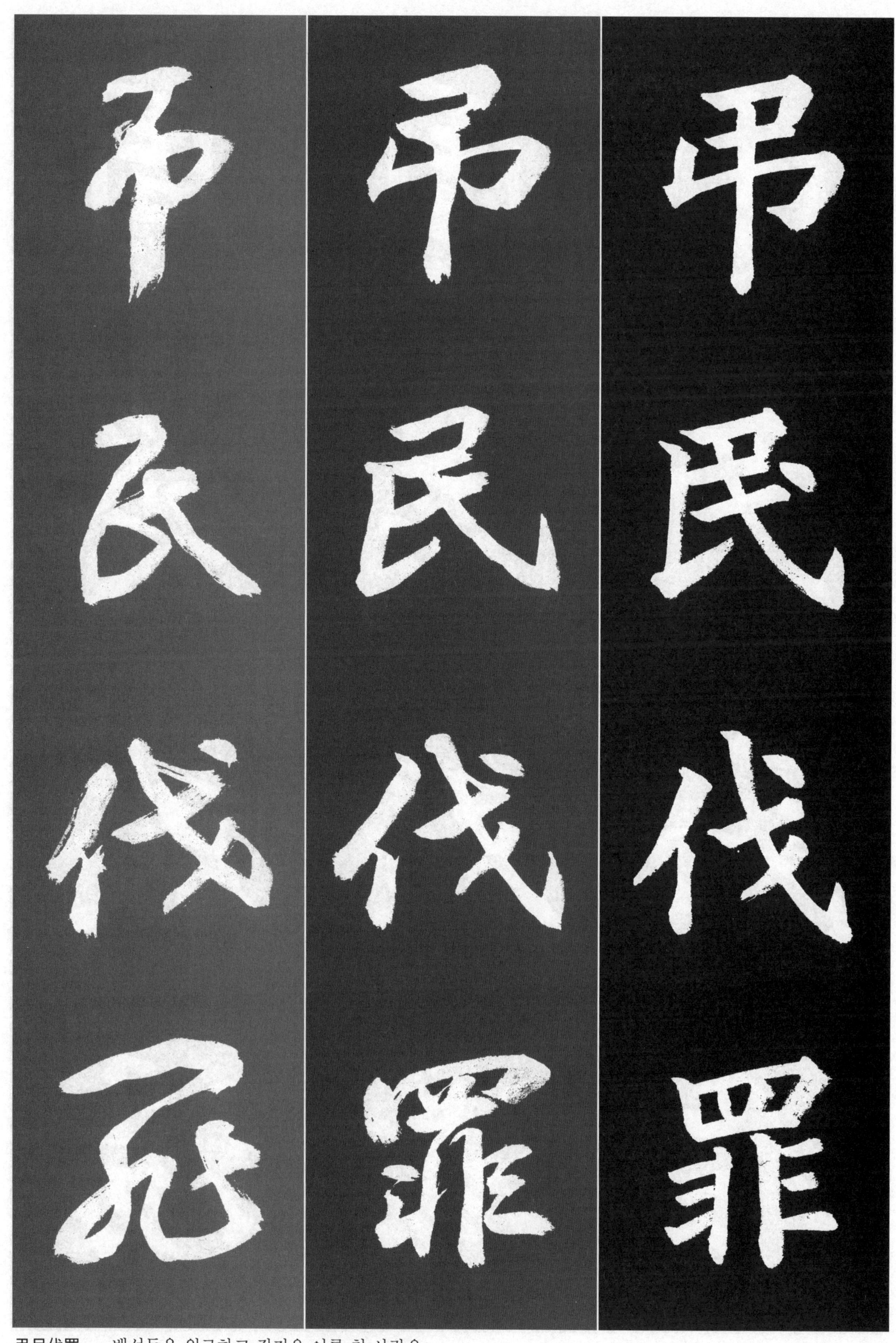

弔民伐罪 백성들을 위로하고 죄지은 이를 친 사람은,

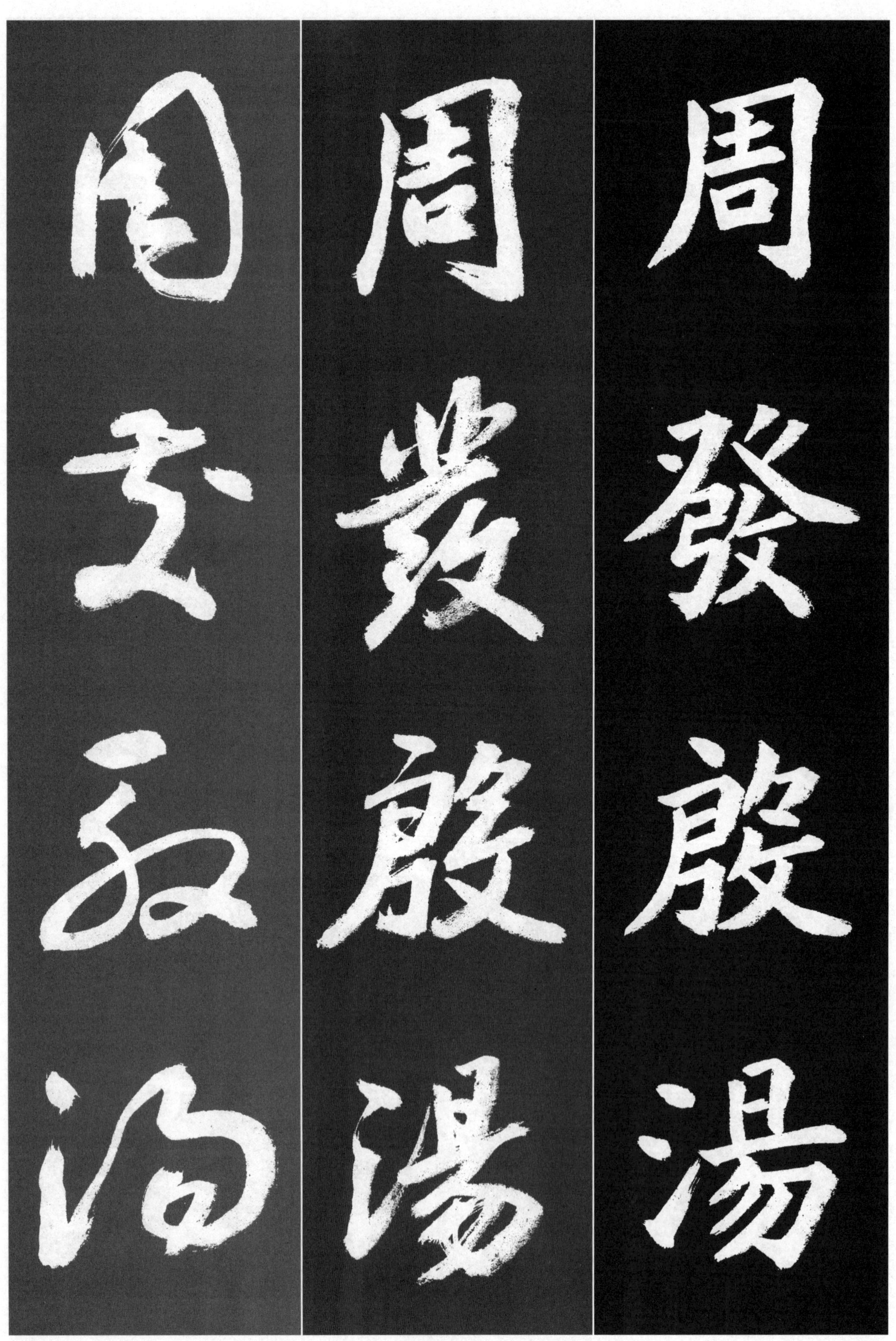

周 두루 주 發 필 발 殷 나라 은 湯 끓을 탕

周發殷湯　　주나라 무왕(武王) 발(發)과 은나라 탕왕(湯王)이다.

坐 앉을 좌 **朝** 아침 조 **問** 물을 문 **道** 길 도

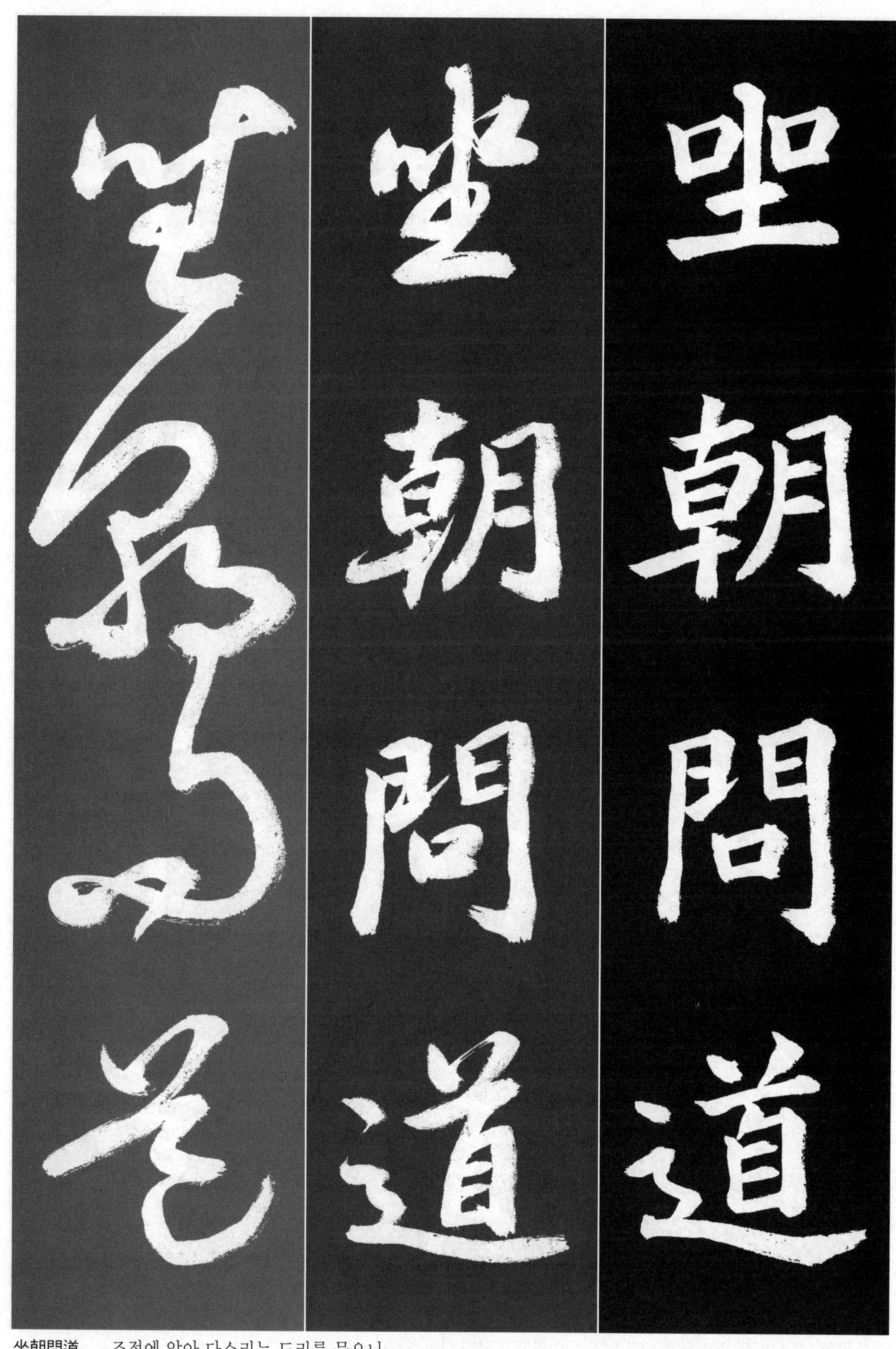

坐朝問道　조정에 앉아 다스리는 도리를 물으니,

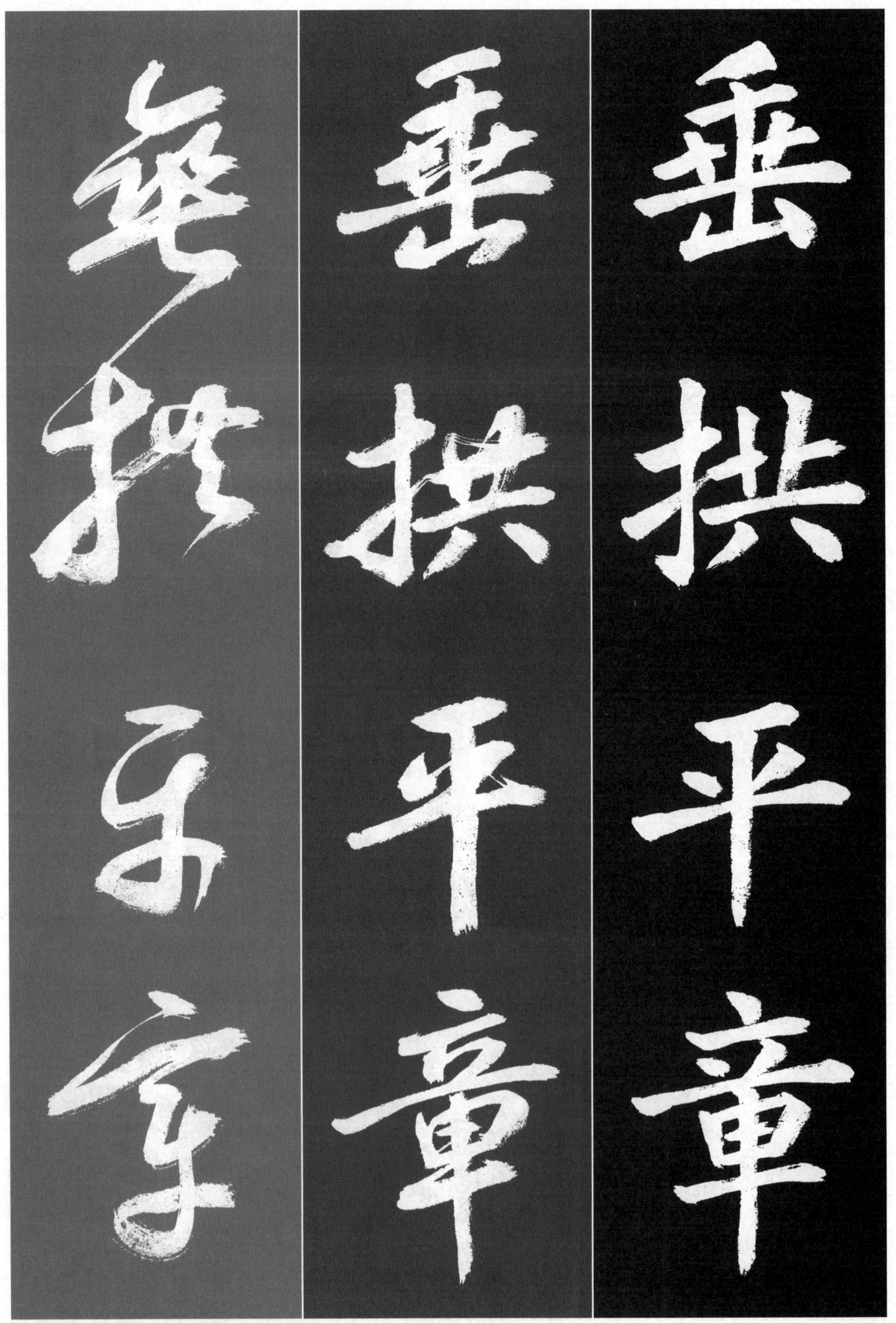

垂拱平章 옷 드리우고 팔짱 끼고 있지만 공평하고 밝게 다스려진다.

愛 사랑 애 育 기를 육 黎 검을 려 首 머리 수

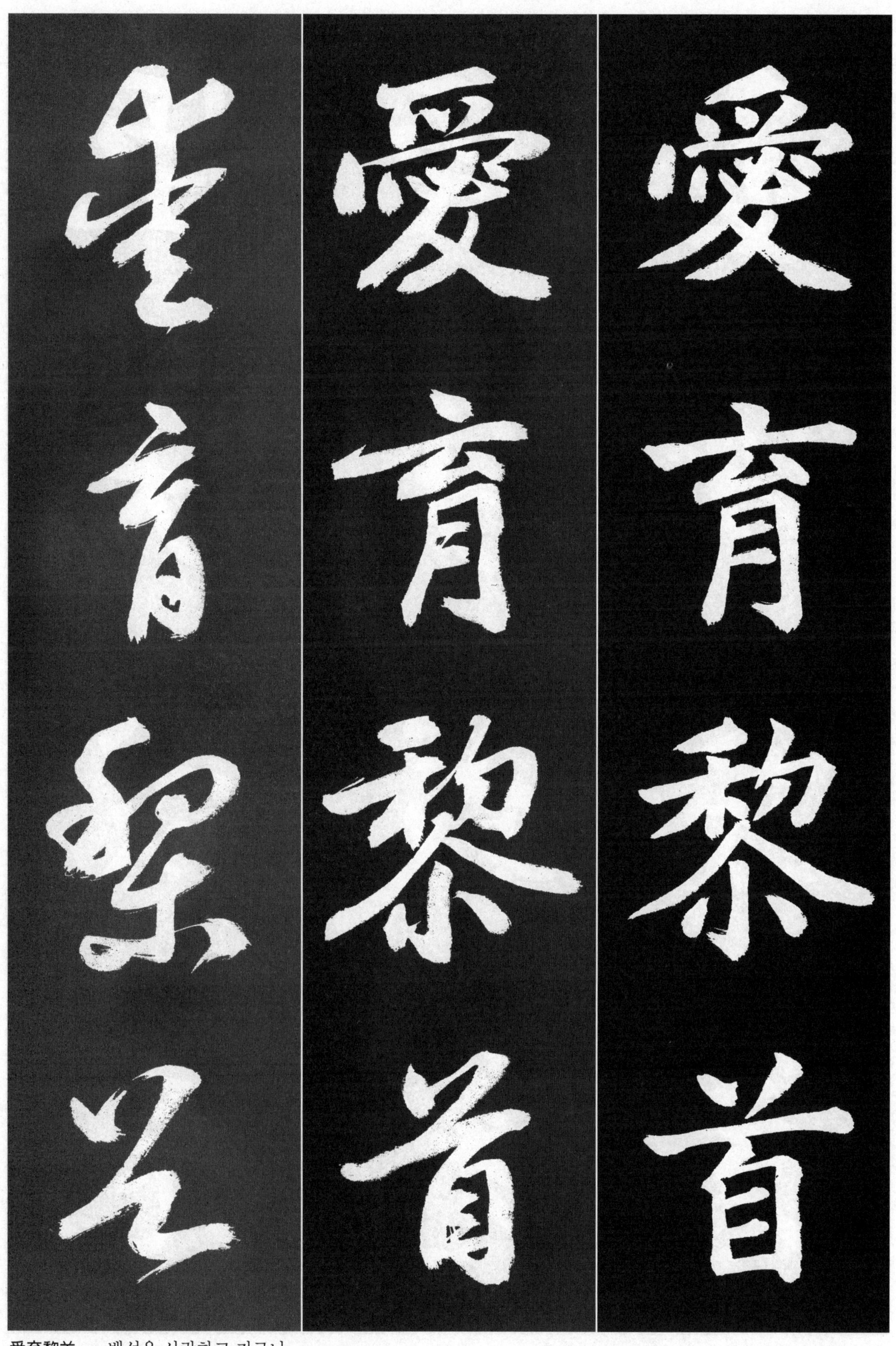

愛育黎首　백성을 사랑하고 기르니,

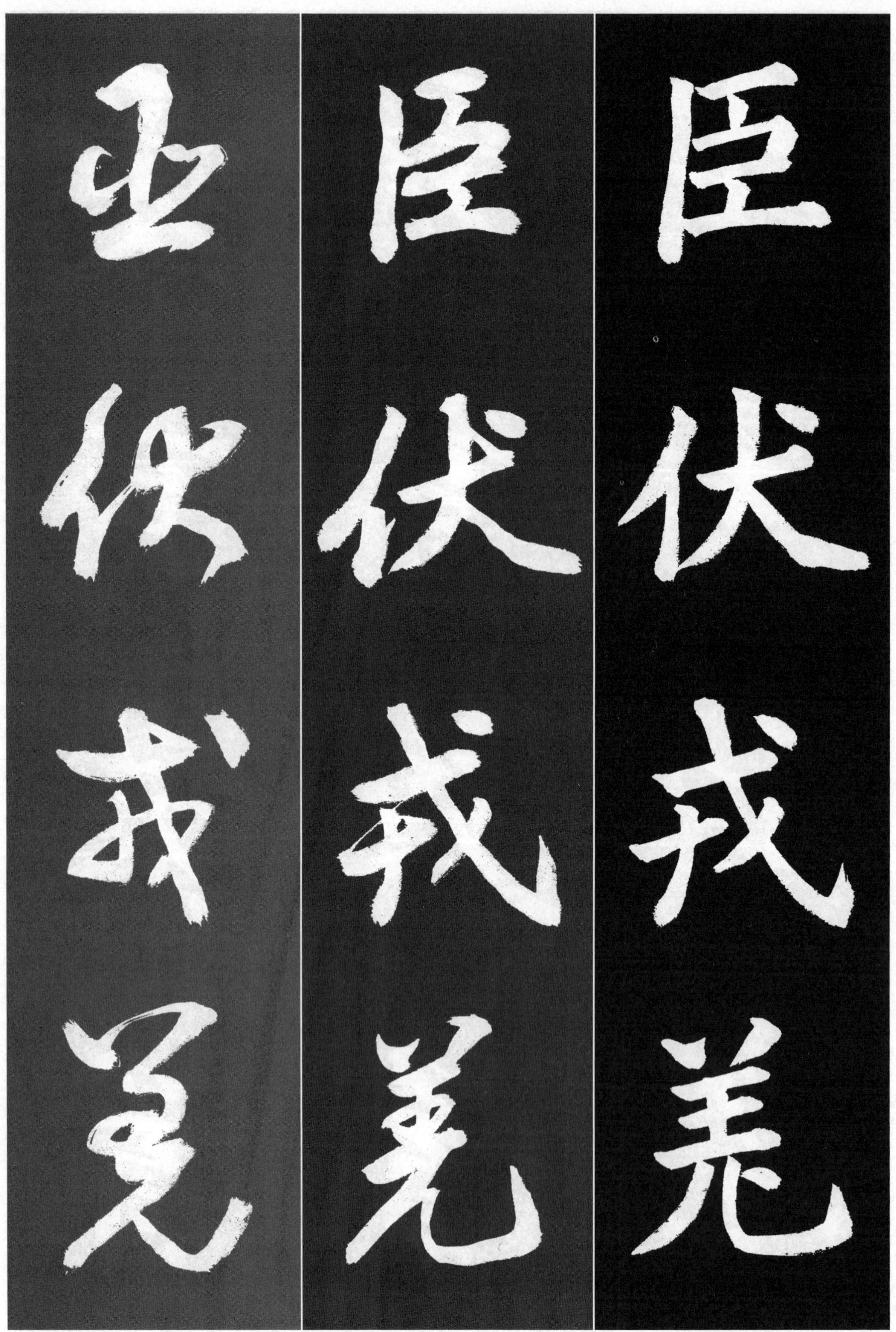

臣 신하 신 伏 엎드릴 복 戎 오랑캐 융 羌 오랑캐 강

臣伏戎羌　오랑캐들까지도 신하로서 복종한다.

遐 멀 하
邇 가까울 이
壹 한 일
體 몸 체

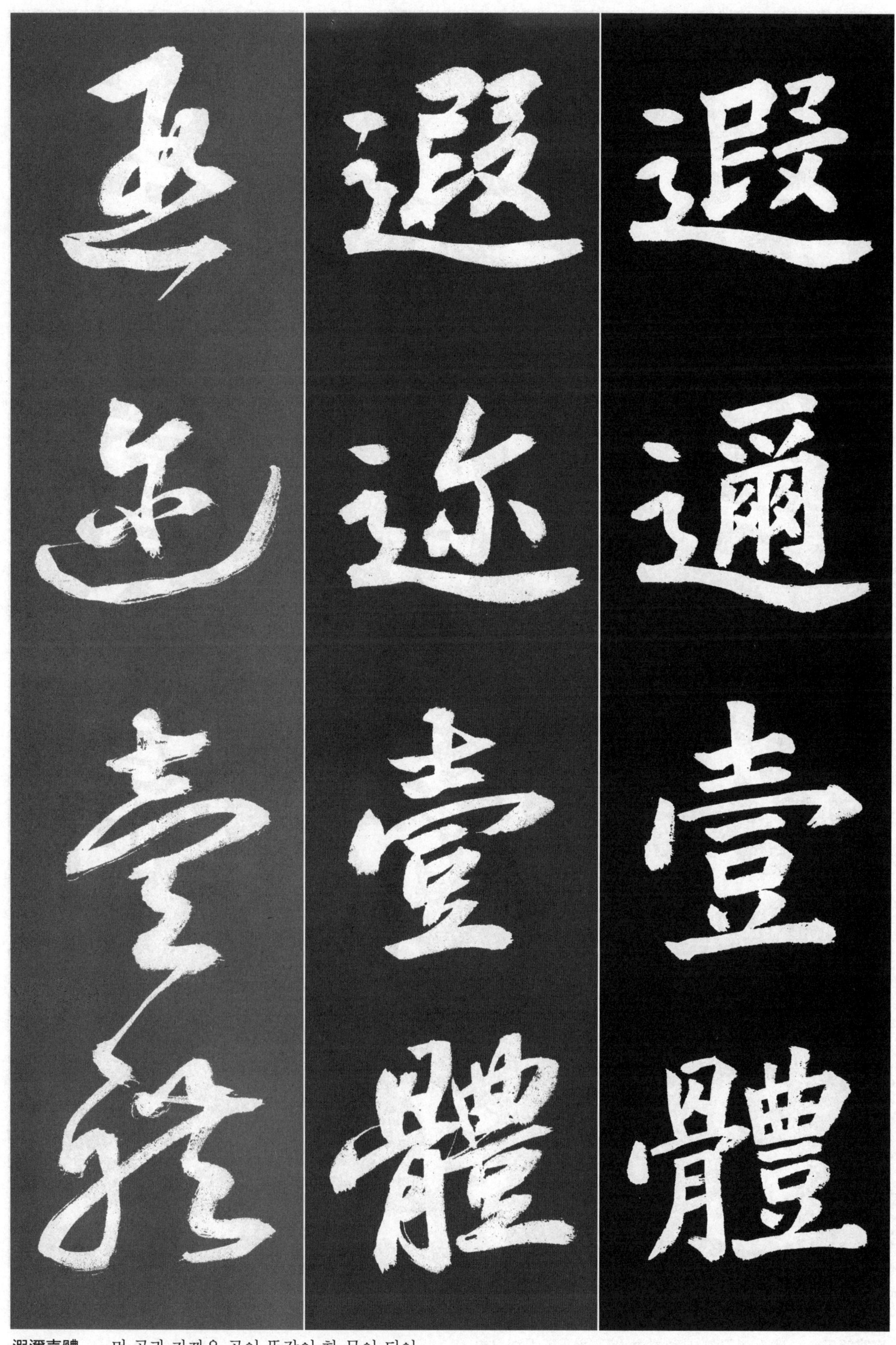

遐邇壹體　먼 곳과 가까운 곳이 똑같이 한 몸이 되어,

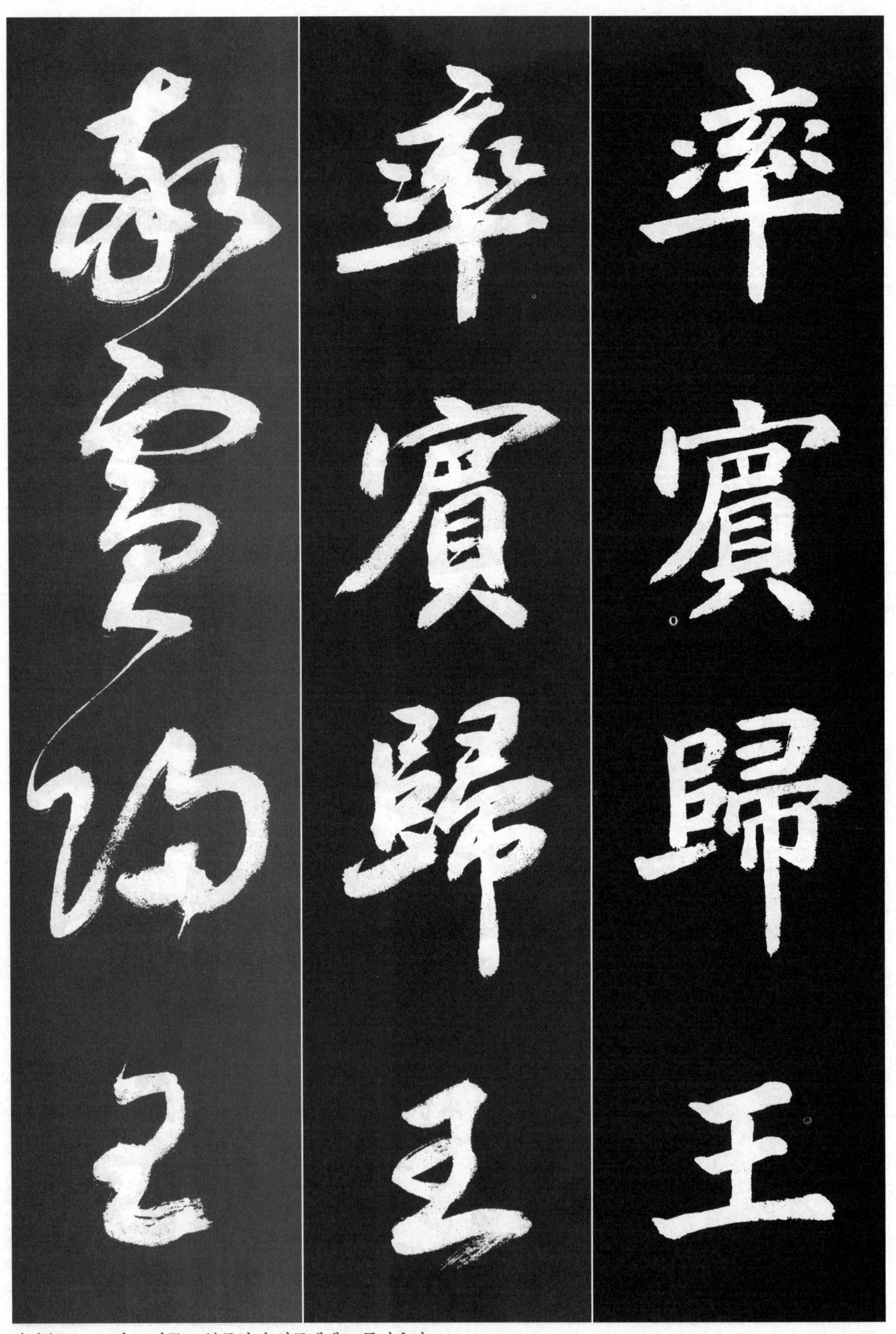

率 거느릴 솔 賓 손빈 歸 돌아갈 귀 王 임금 왕

率賓歸王 서로 이끌고 복종하여 임금에게로 돌아온다.

鳴 울 명
鳳 새 봉
在 있을 재
樹 나무 수

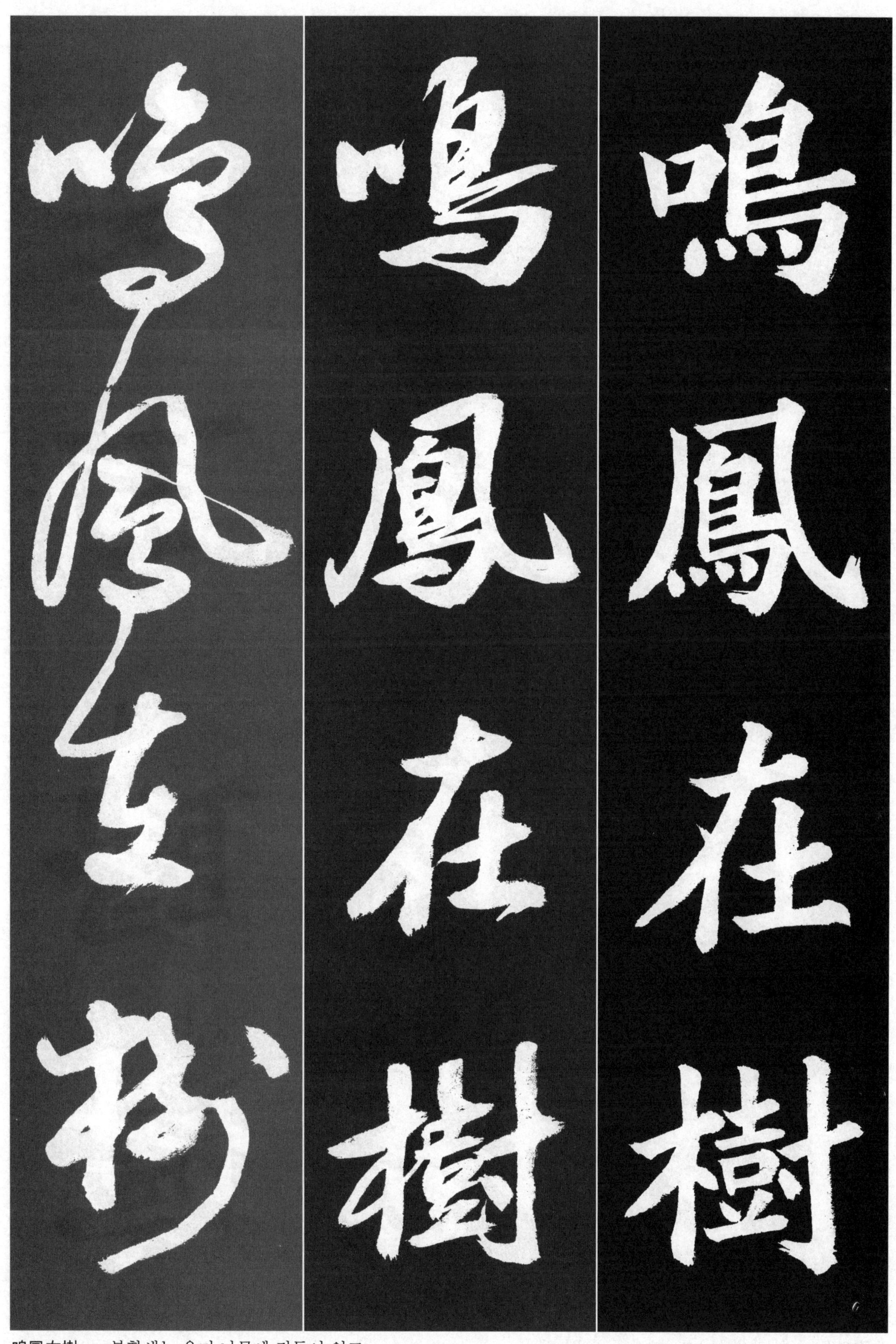

鳴鳳在樹　봉황새는 울며 나무에 깃들어 있고,

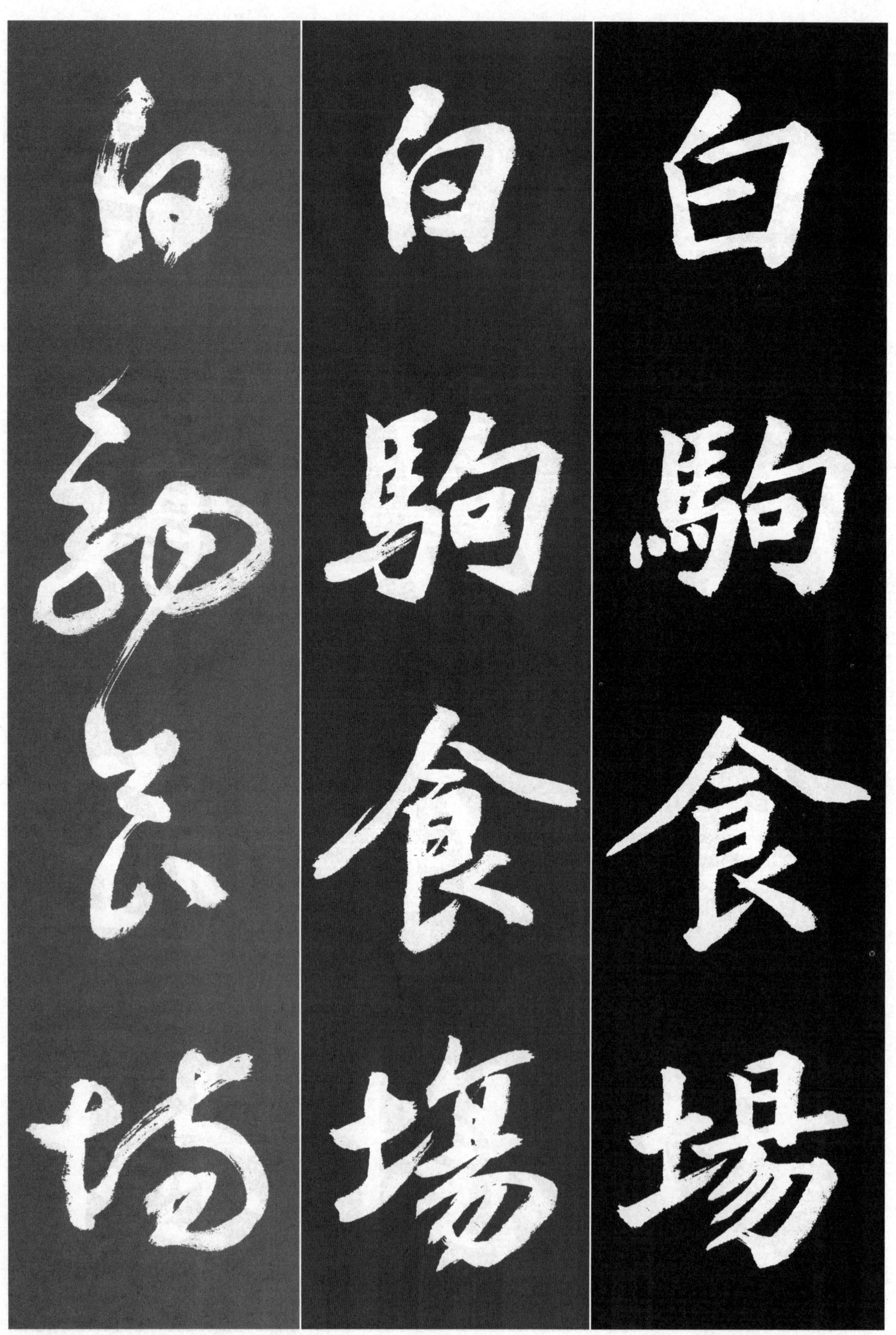

白 흰백 駒 망아지구 食 밥식 場 마당장

白駒食場　흰 망아지는 마당에서 풀을 뜯는다.

化 될 화
被 입을 피
草 풀 초
木 나무 목

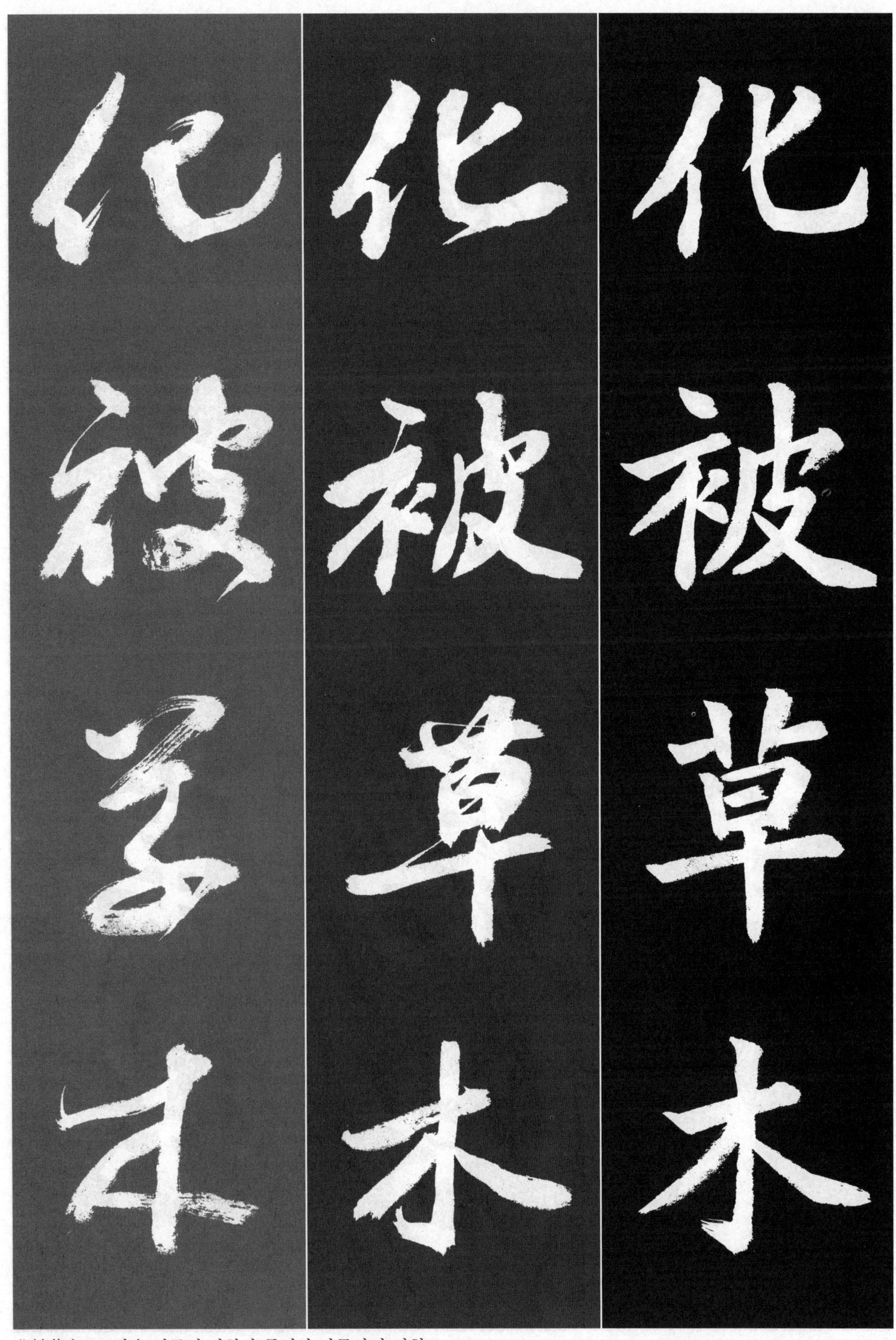

化被草木　밝은 임금의 덕화가 풀이나 나무까지 미치고,

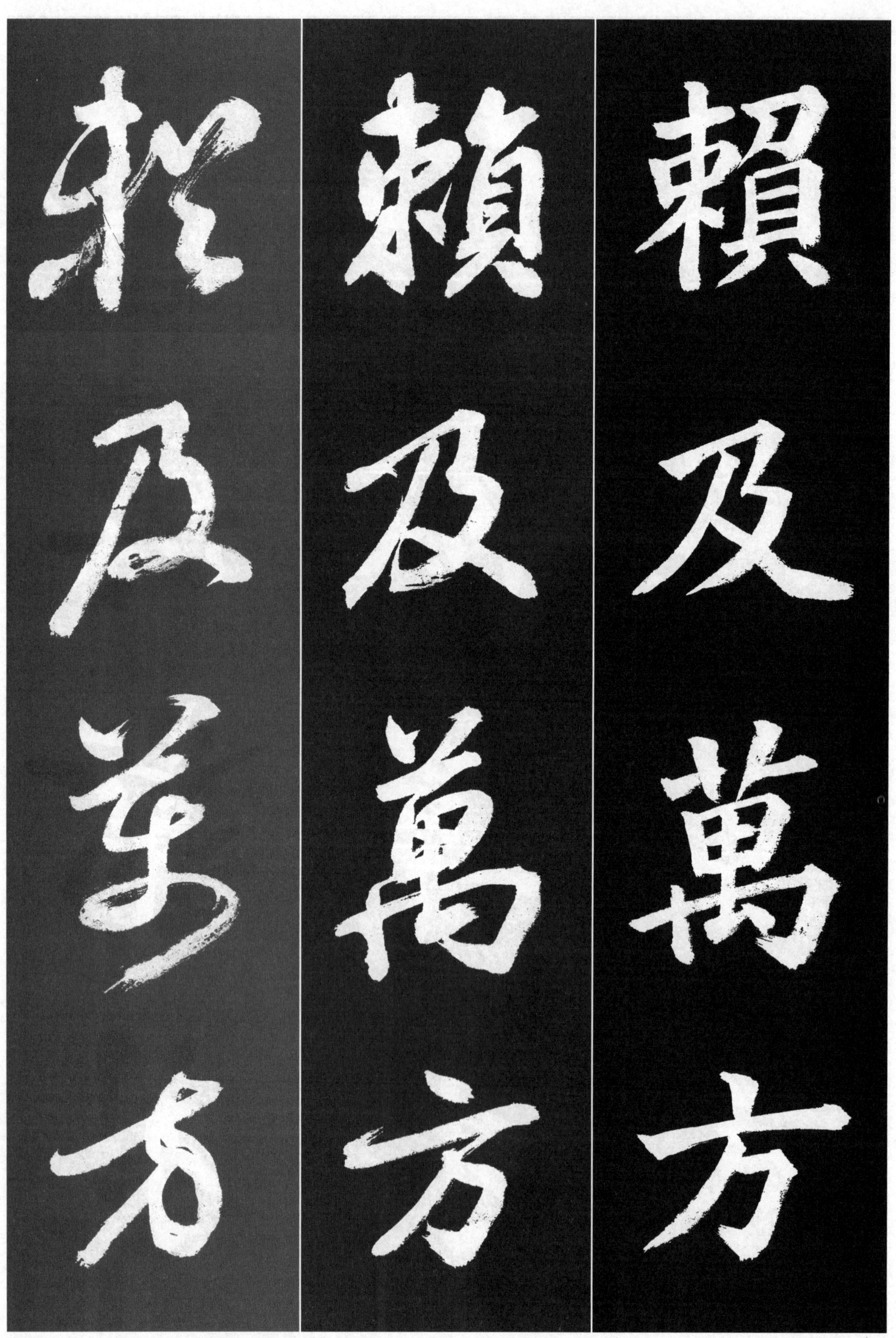

賴 힘입을 뢰 及 미칠 급 萬 일만 만 方 모 방

賴及萬方 그 힘입음이 온 누리에 미친다.

盖 덮을 개 此 이 차 身 몸 신 髮 터럭 발

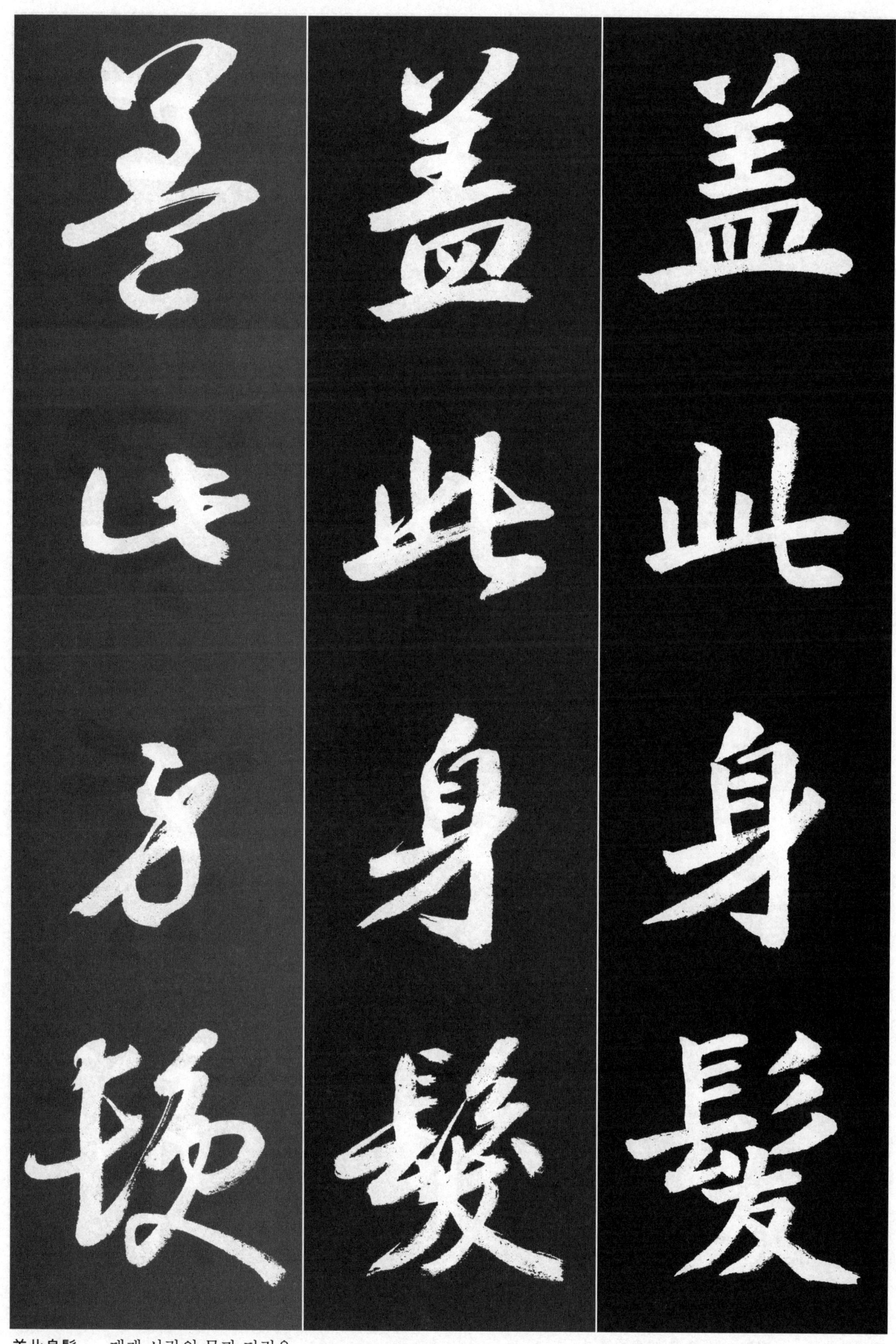

盖此身髮 대개 사람의 몸과 터럭은

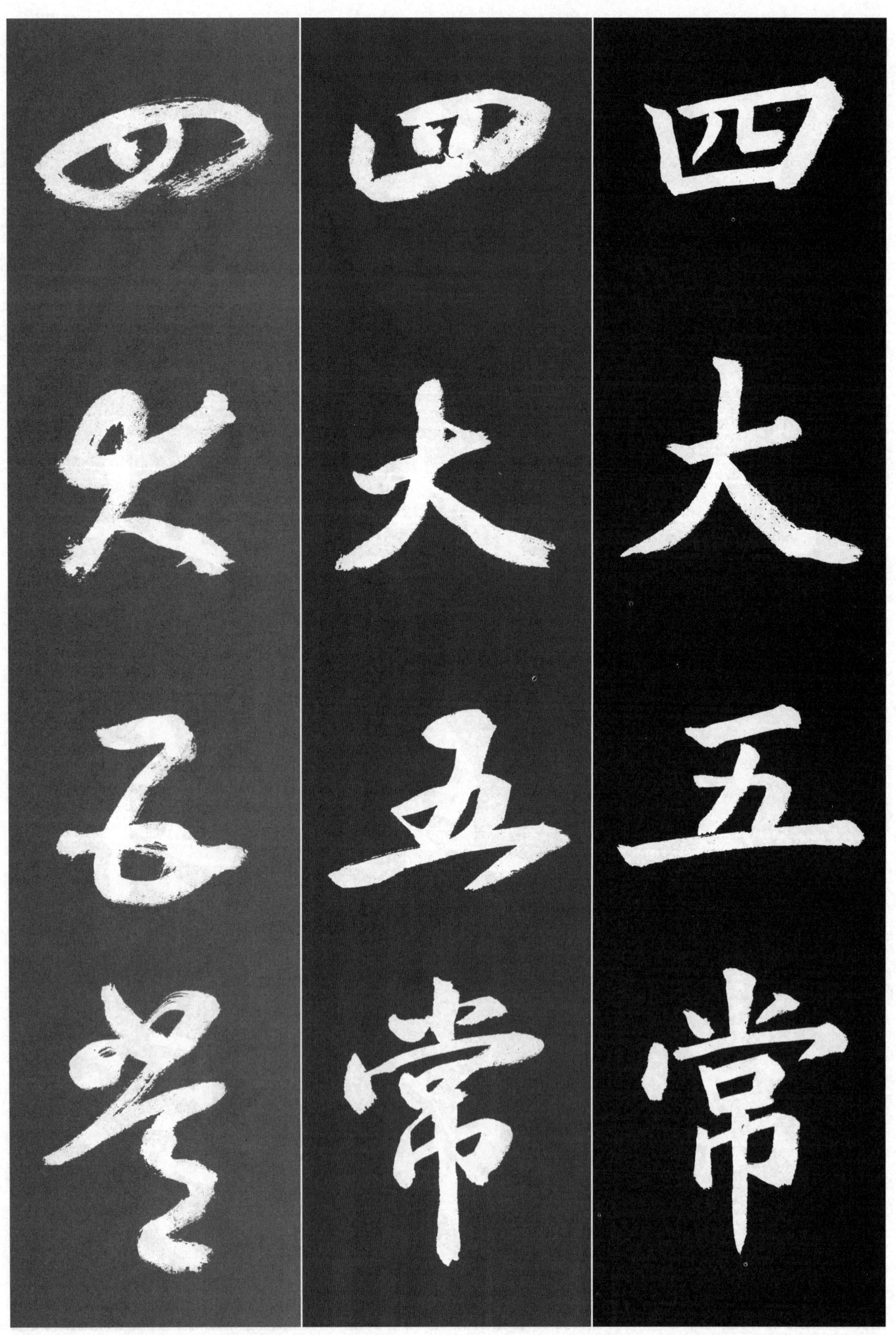

四 넉사 大 큰대 五 다섯오 常 떳떳할상

四大五常　사대와 오상으로 이루어졌다.

恭 공손 공 惟 오직 유 鞠 칠 국 養 기를 양

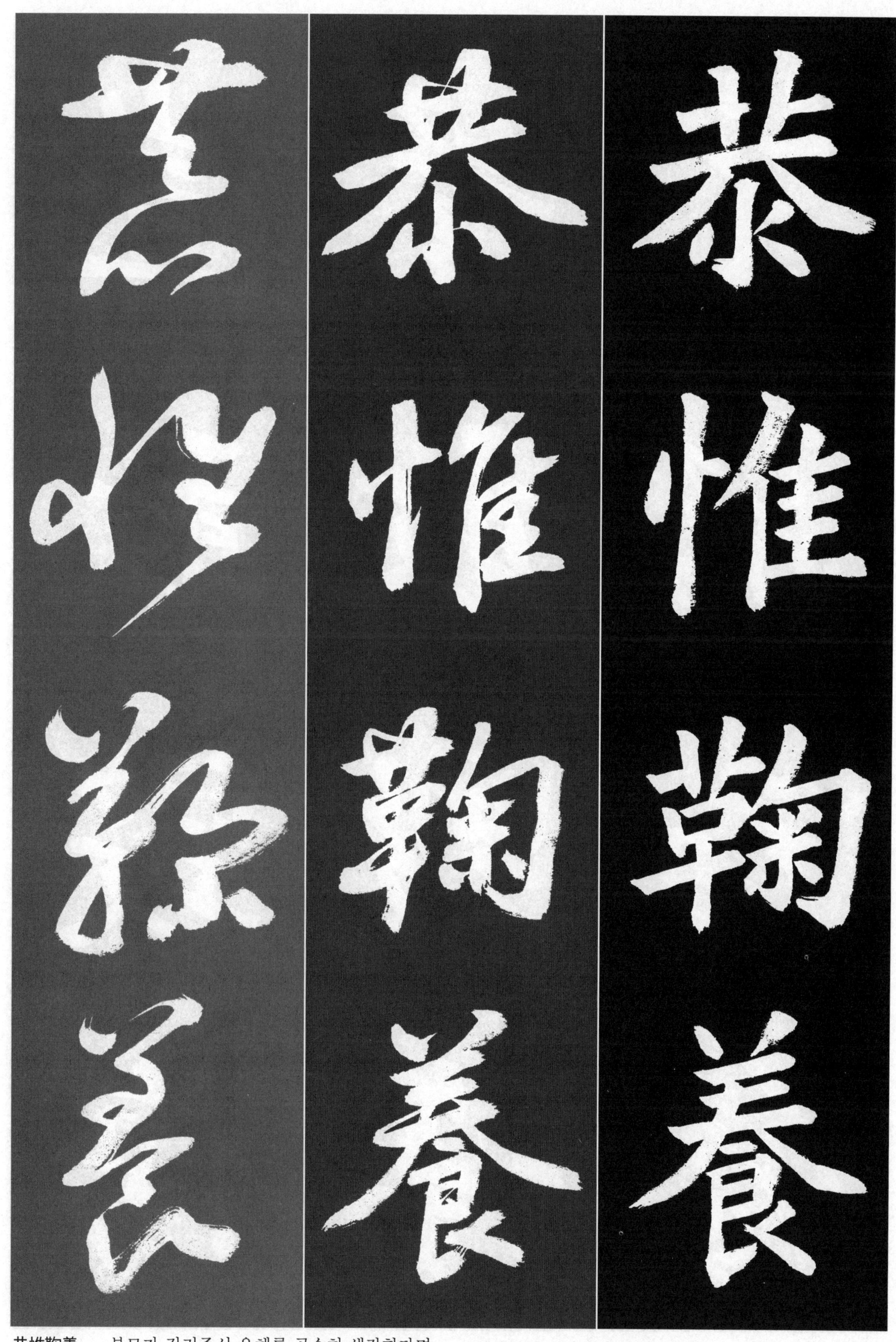

恭惟鞠養　부모가 길러주신 은혜를 공손히 생각한다면,

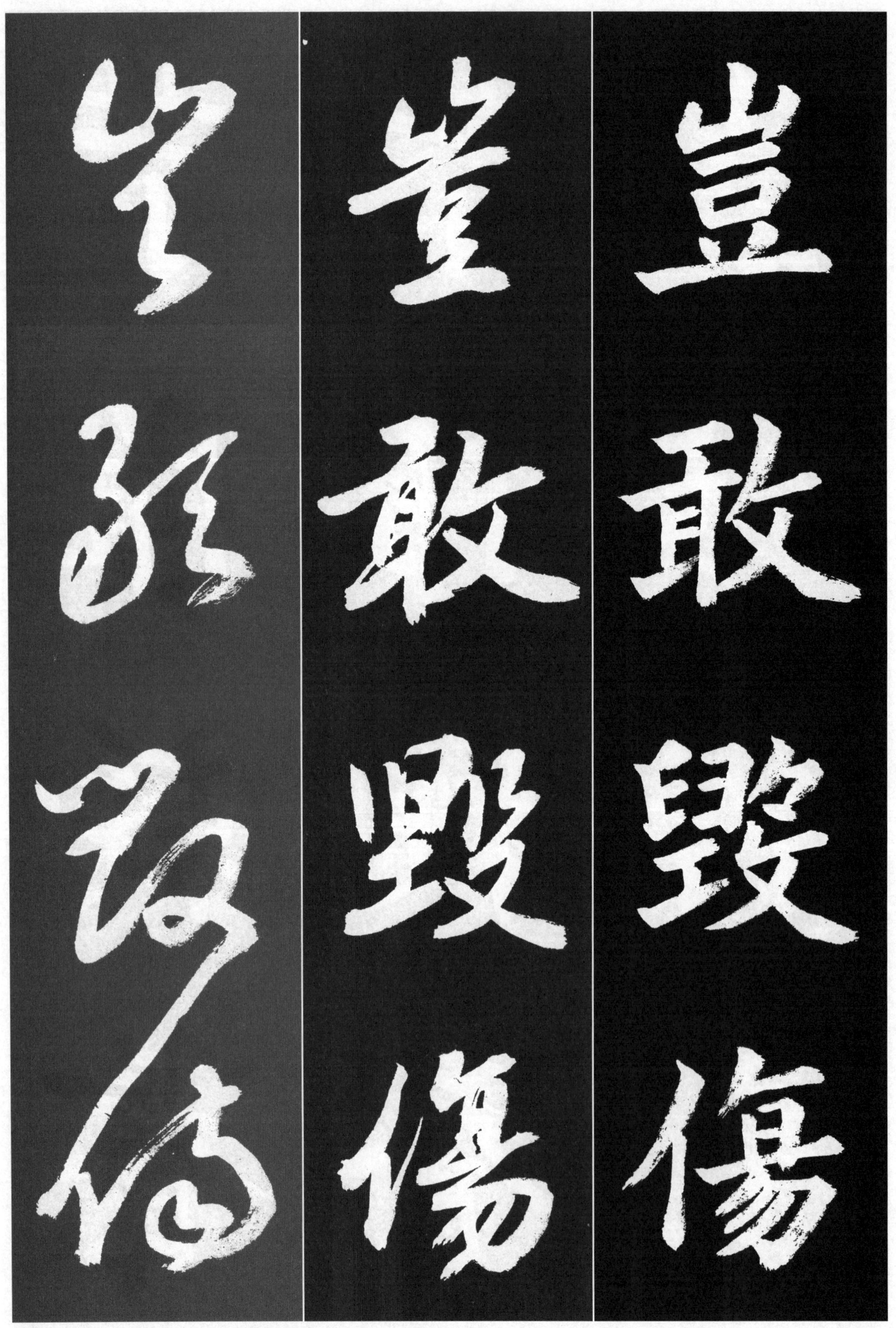

豈 어찌 기 敢 굳셀 감 毁 헐 훼 傷 상할 상

豈敢毁傷　어찌 함부로 이 몸을 더럽히거나 상하게 할까.

女 계집 녀 慕 사모할 모 貞 곧을 정 絜 고요할 결

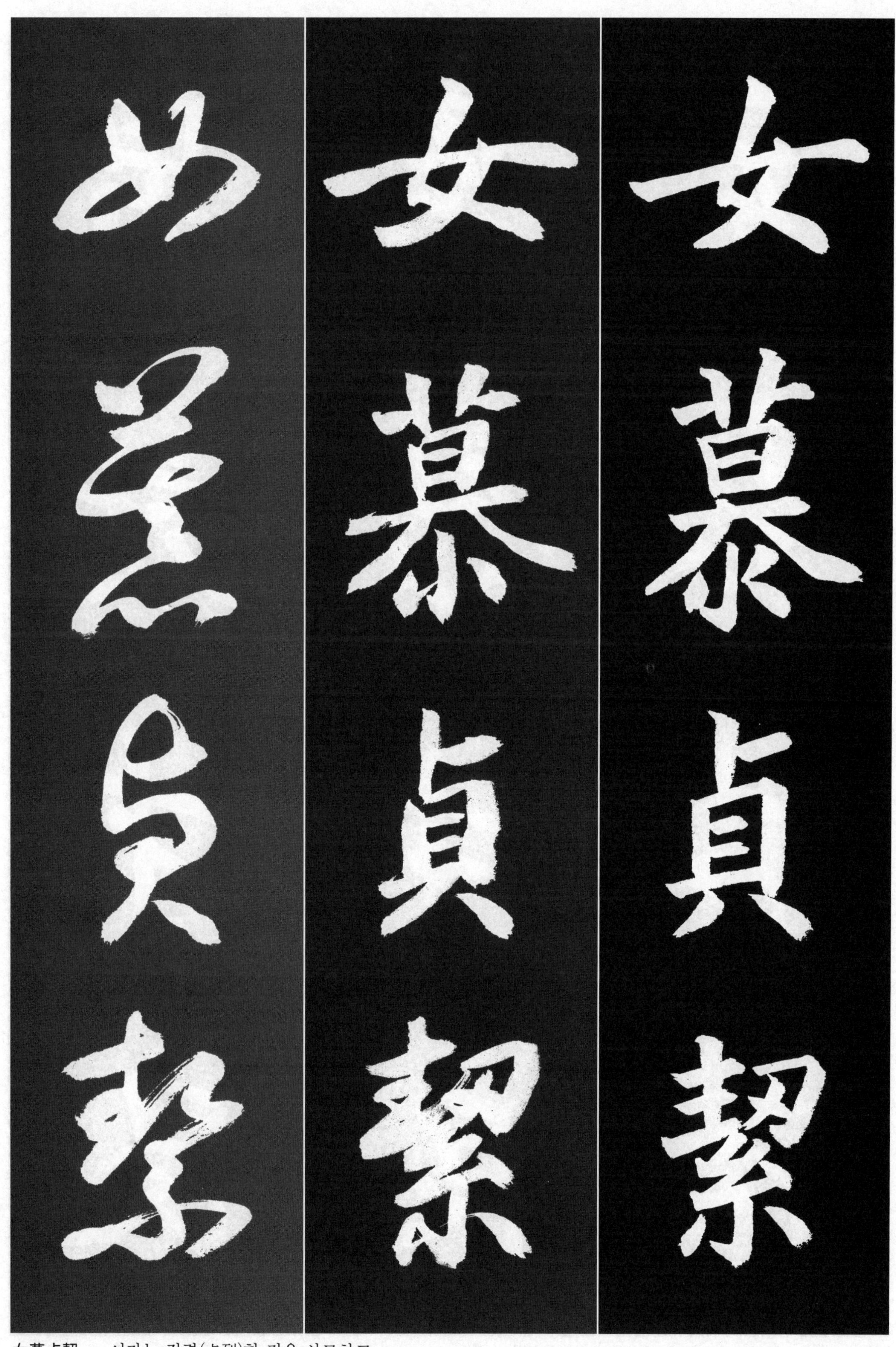

女慕貞絜 여자는 정렬(貞烈)한 것을 사모하고,

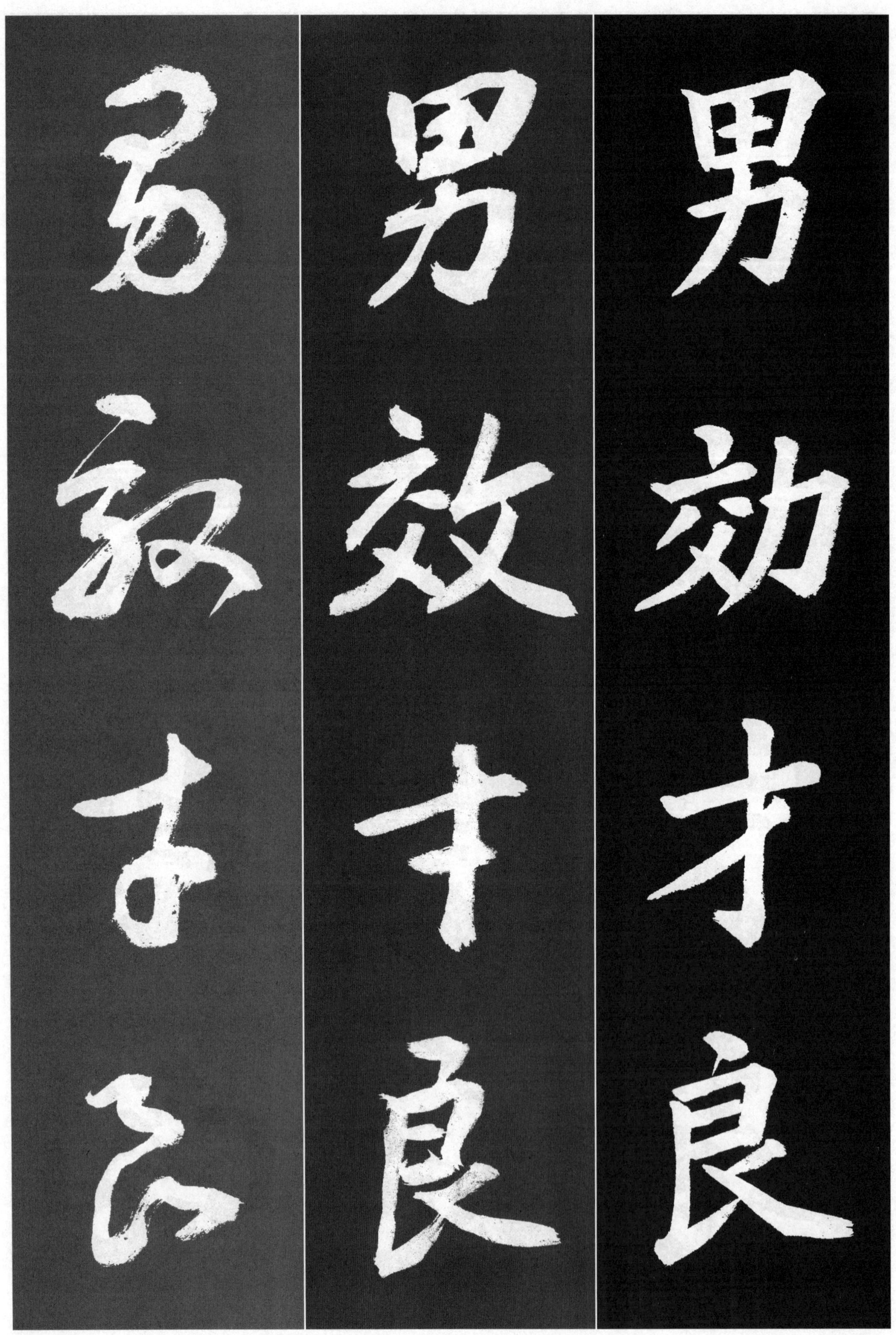

男 사내 남 效 본받을 효 才 재주 재 良 어질 량

男效才良　남자는 재주 있고 어진 것을 본받아야 한다.

知 알지 過 허물과 必 반드시필 改 고칠개

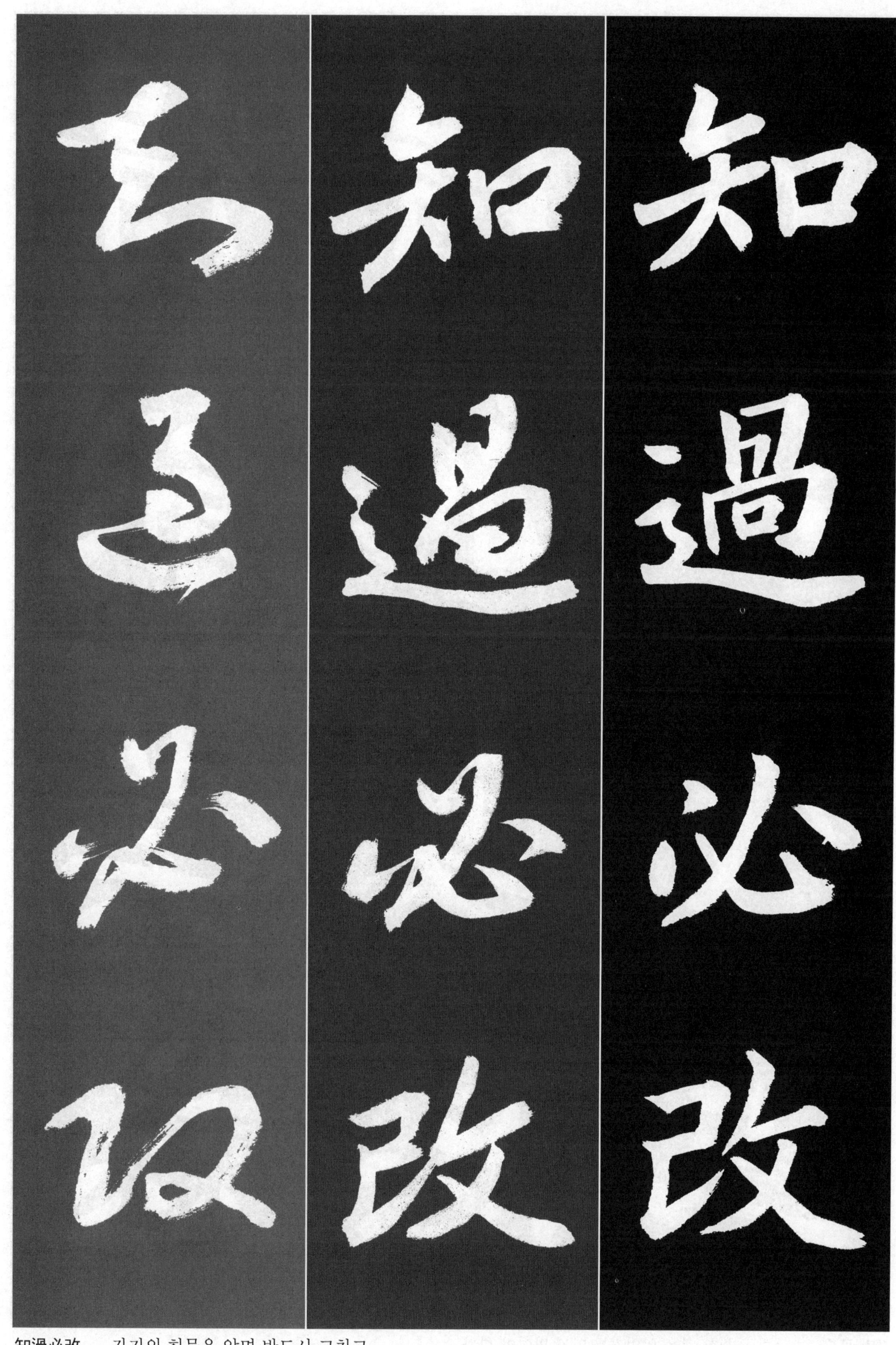

知過必改 자기의 허물을 알면 반드시 고치고,

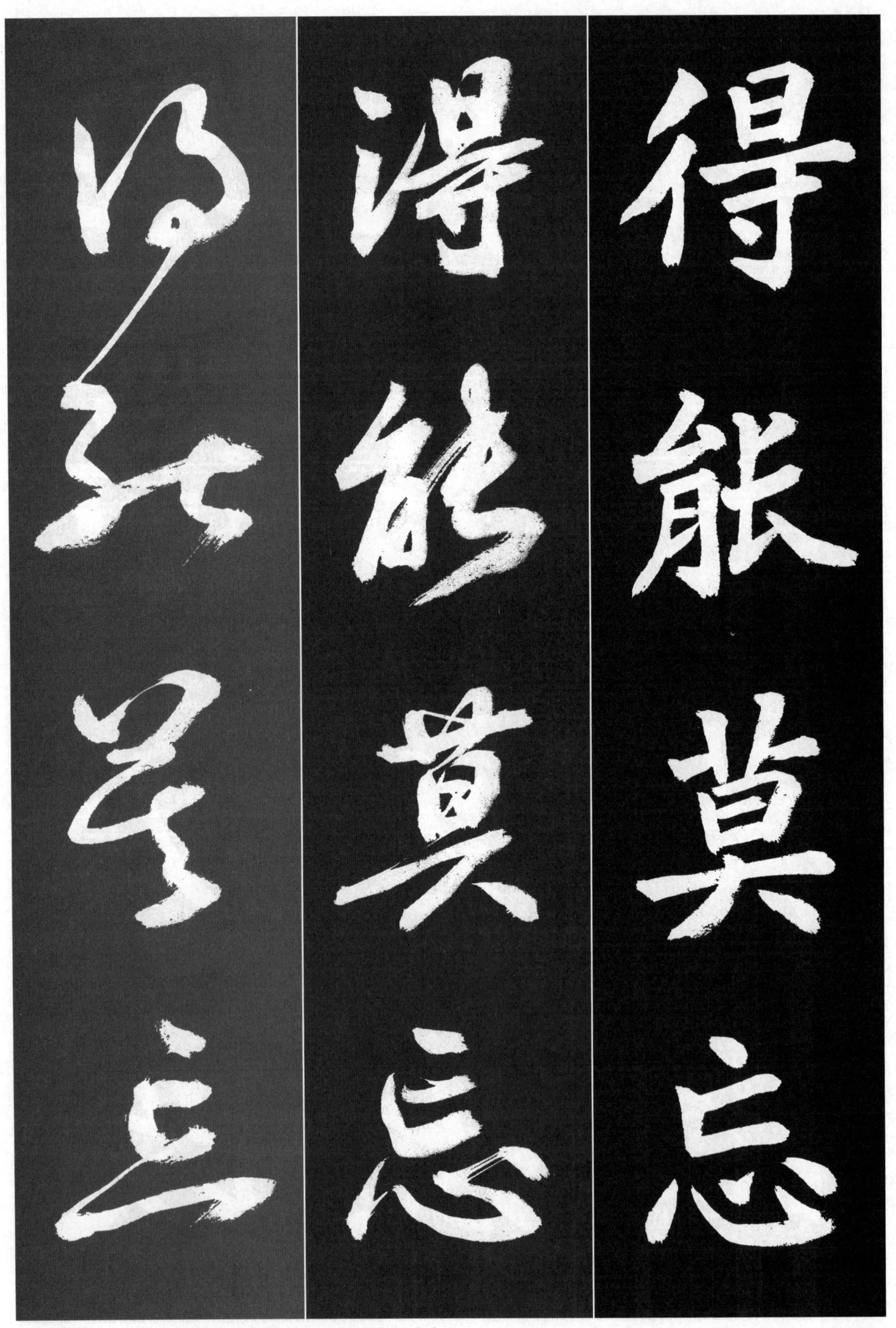

得 얻을 득 能 능할 능 莫 말 막 忘 잊을 망

得能莫忘　　능히 실행할 것을 얻었거든 잊지 말아야 한다.

罔 말망 談 말씀담 彼 저피 短 짧을단

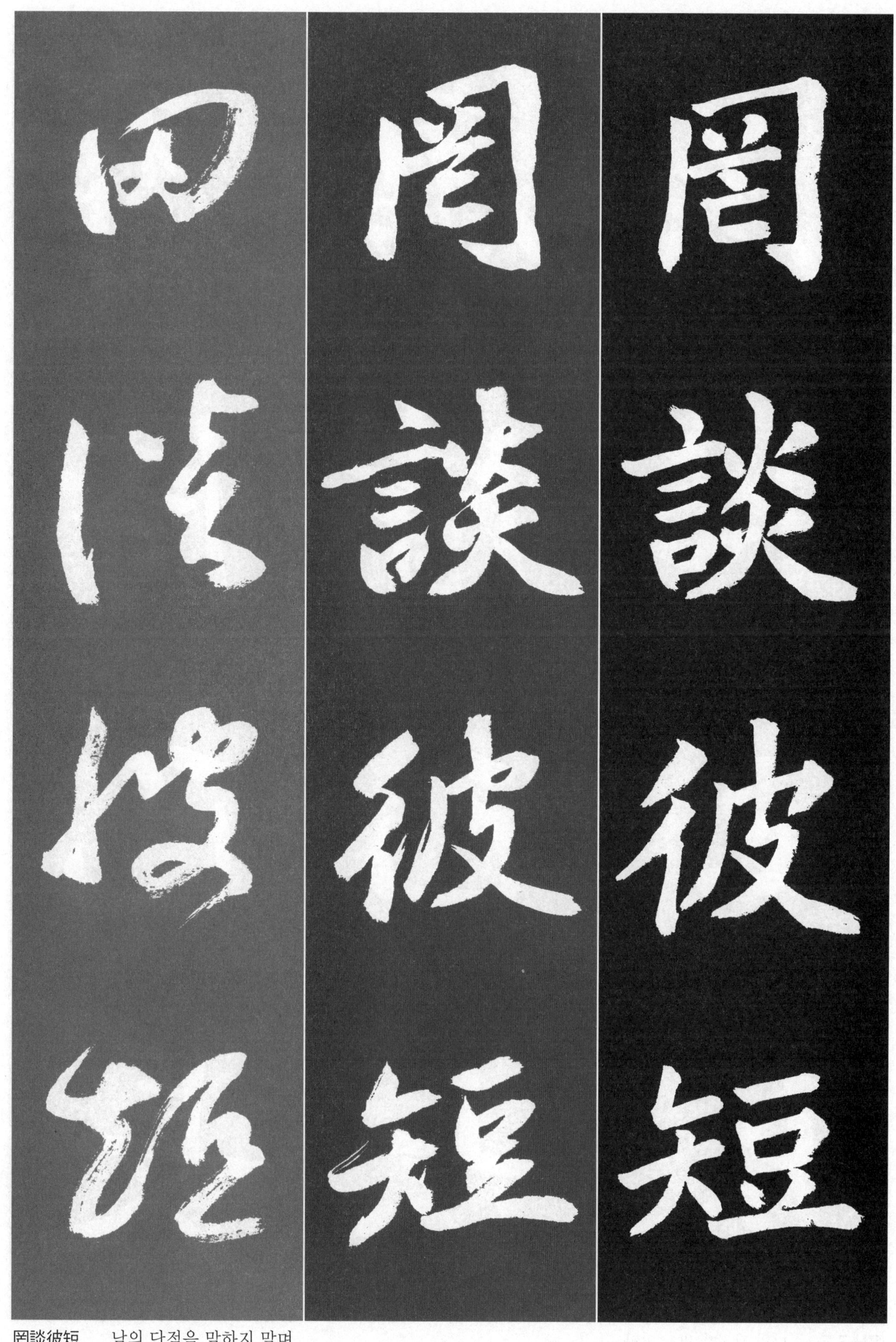

罔談彼短 남의 단점을 말하지 말며,

靡 아닐 미 恃 믿을 시 己 몸 기 長 길 장

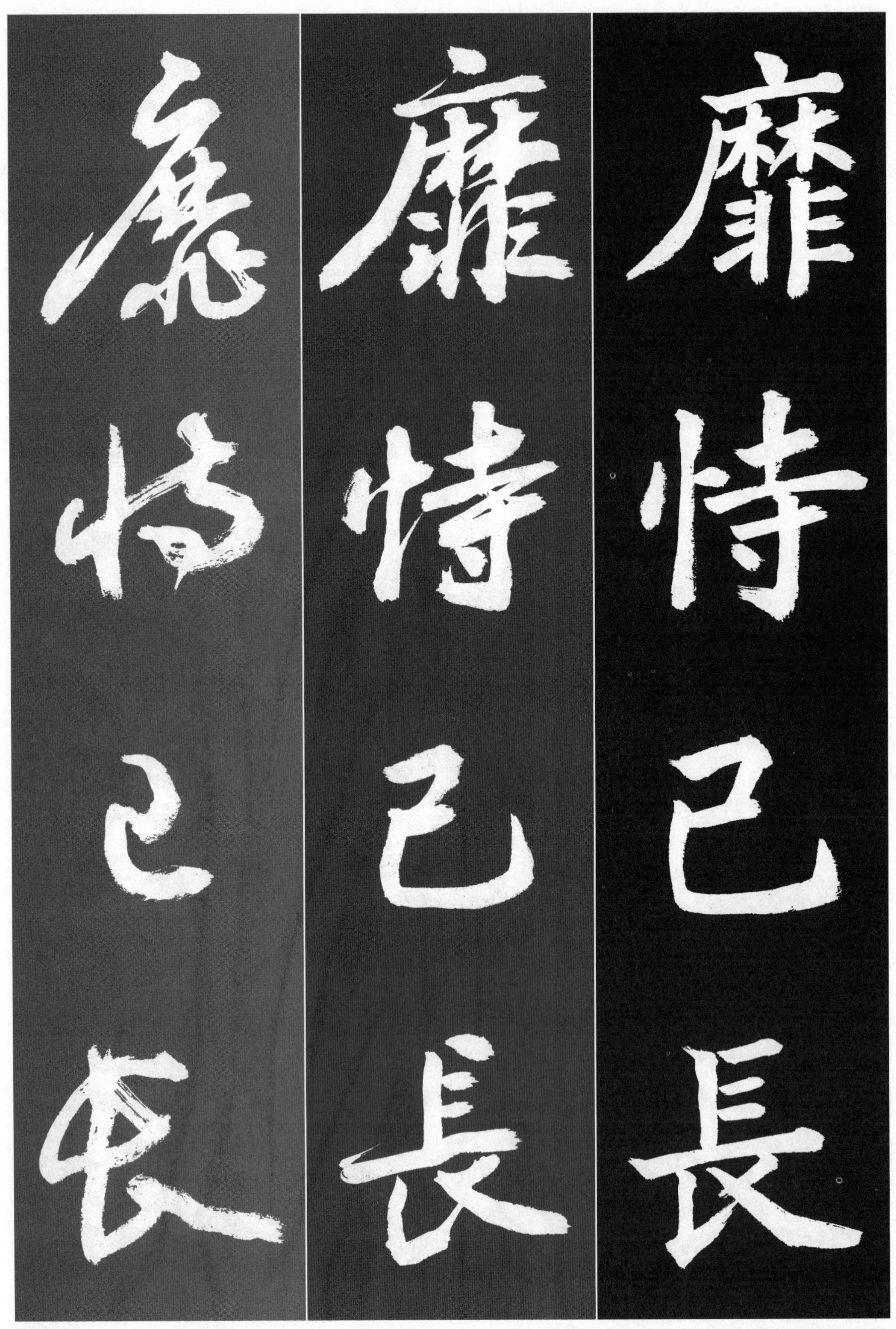

靡恃己長　나의 장점을 믿지 말라.

信 믿을 신 使 하여금 사 可 옳을 가 覆 덮을 복

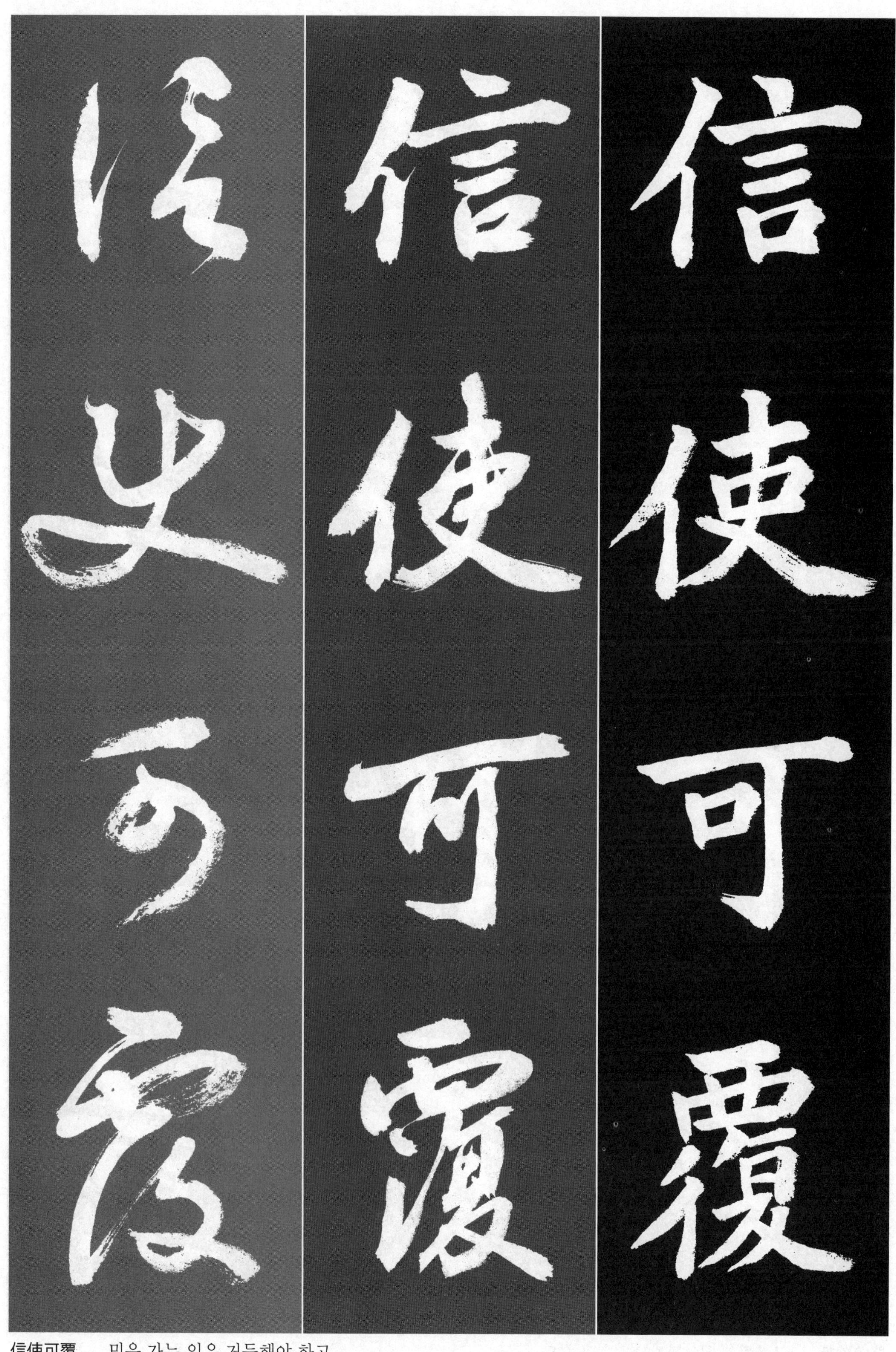

信使可覆 믿음 가는 일은 거듭해야 하고,

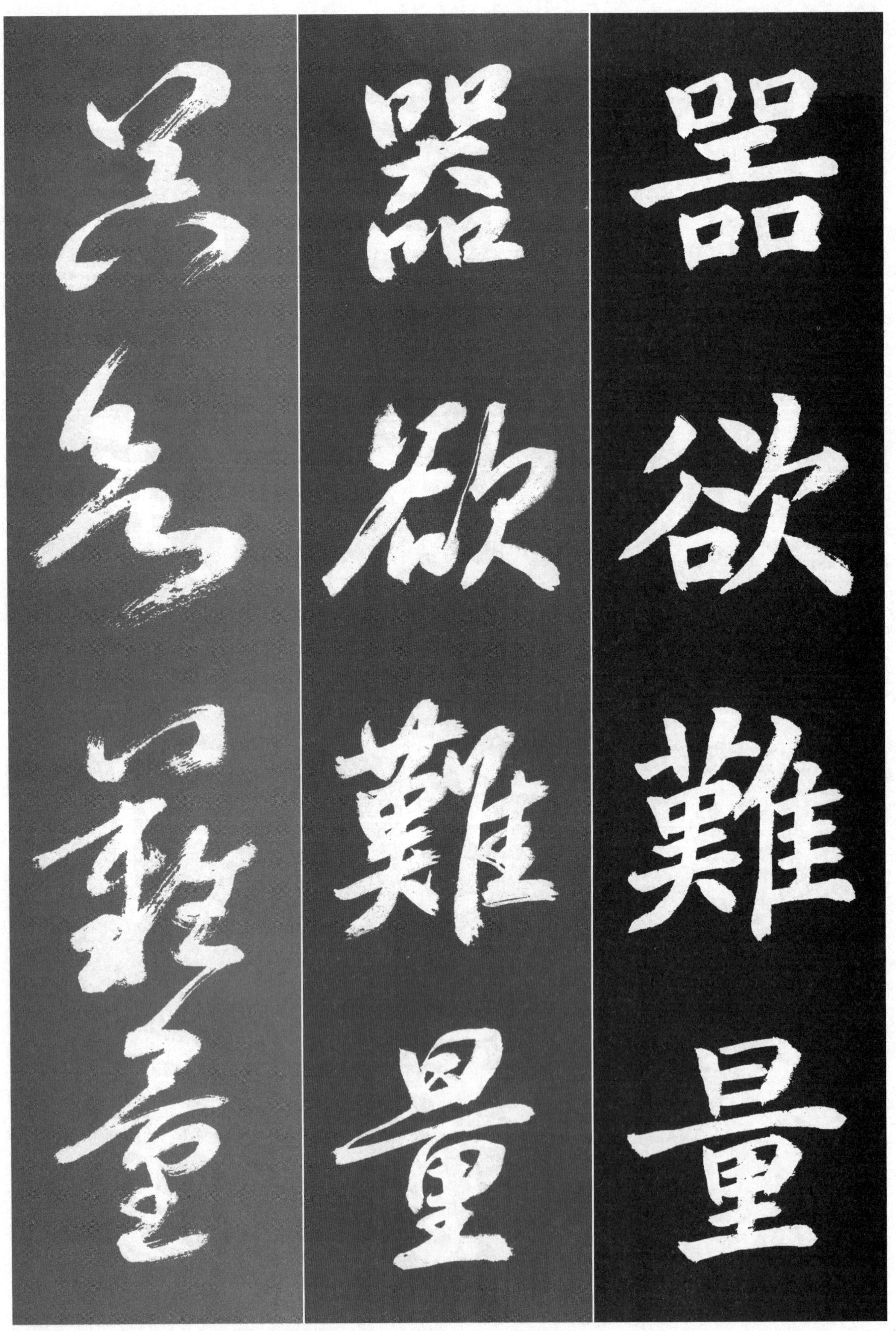

器 그릇 기 欲 하고자할 욕 難 어지러울 난 量 헤아릴 량

器欲難量 그릇됨은 헤아리기 어려워야 한다.

墨 먹 묵 悲 슬플 비 絲 실 사 染 물들일 염

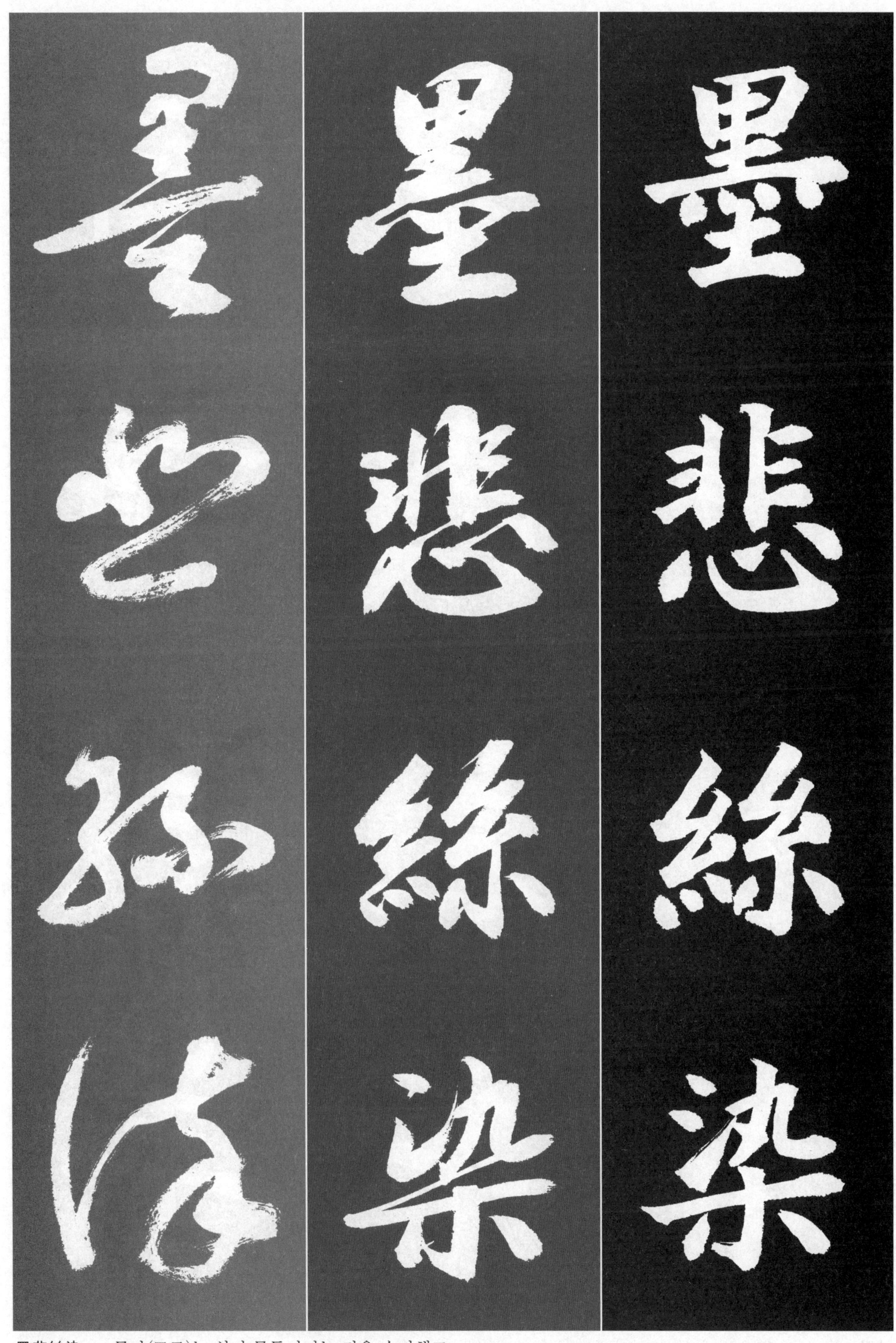

墨悲絲染 묵자(墨子)는 실이 물들여지는 것을 슬퍼했고,

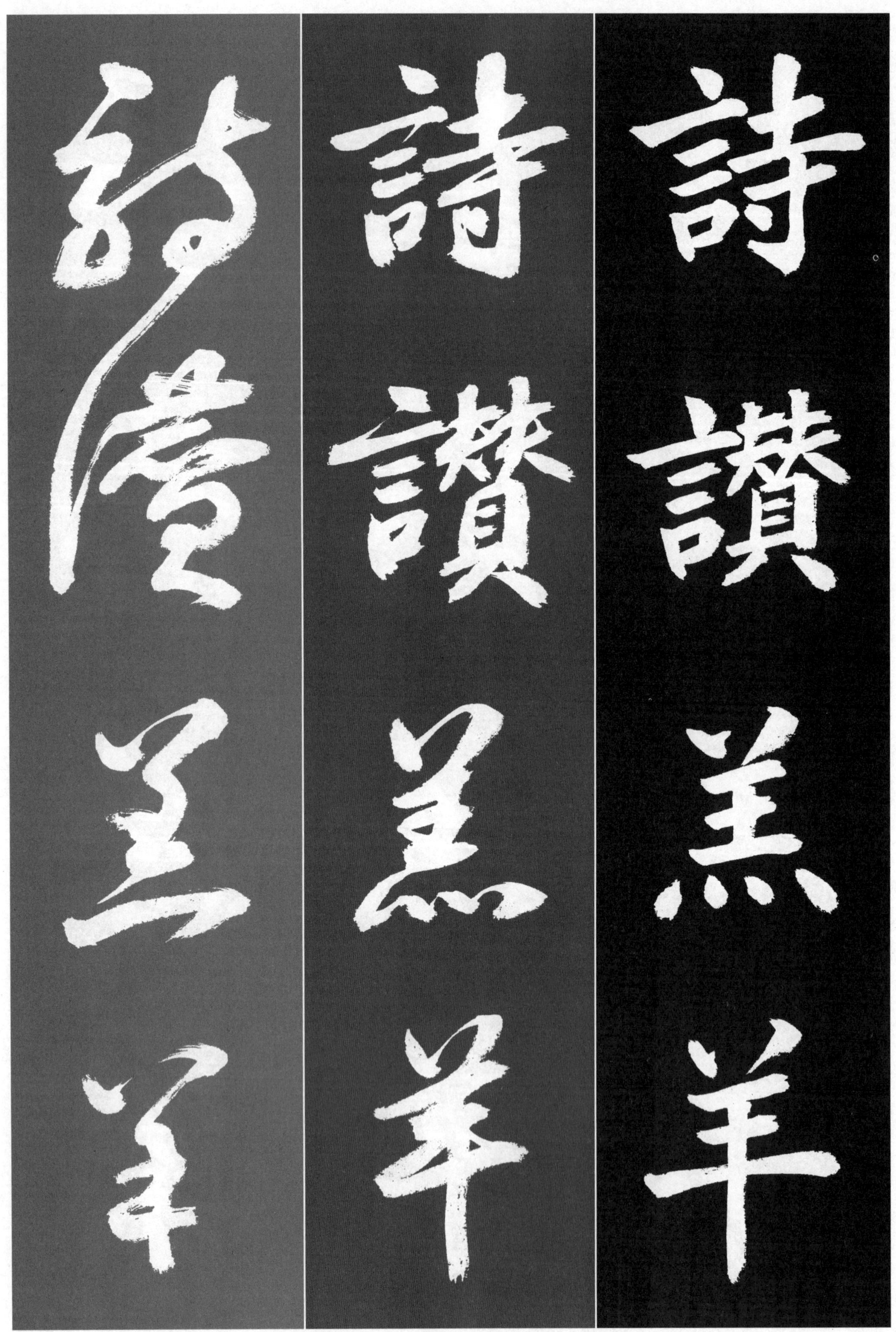

詩 글시 讚 기릴찬 羔 염소고 羊 양양

詩讚羔羊　시경(詩經)에서는 고양편(羔羊編)을 찬미했다.

景 볕 경 行 다닐 행 維 얽을 유 賢 어질 현

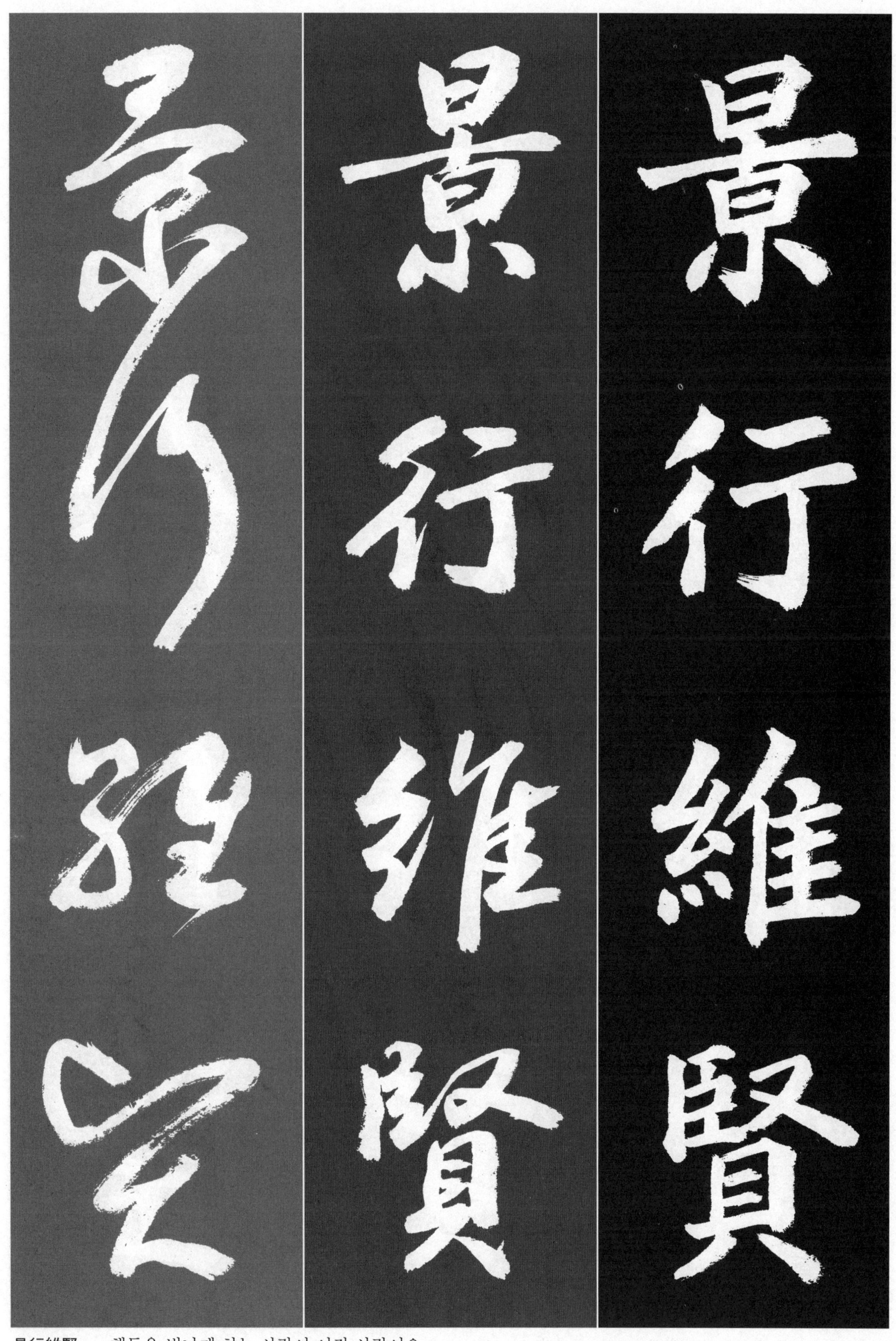

景行維賢　행동을 빛나게 하는 사람이 어진 사람이요,

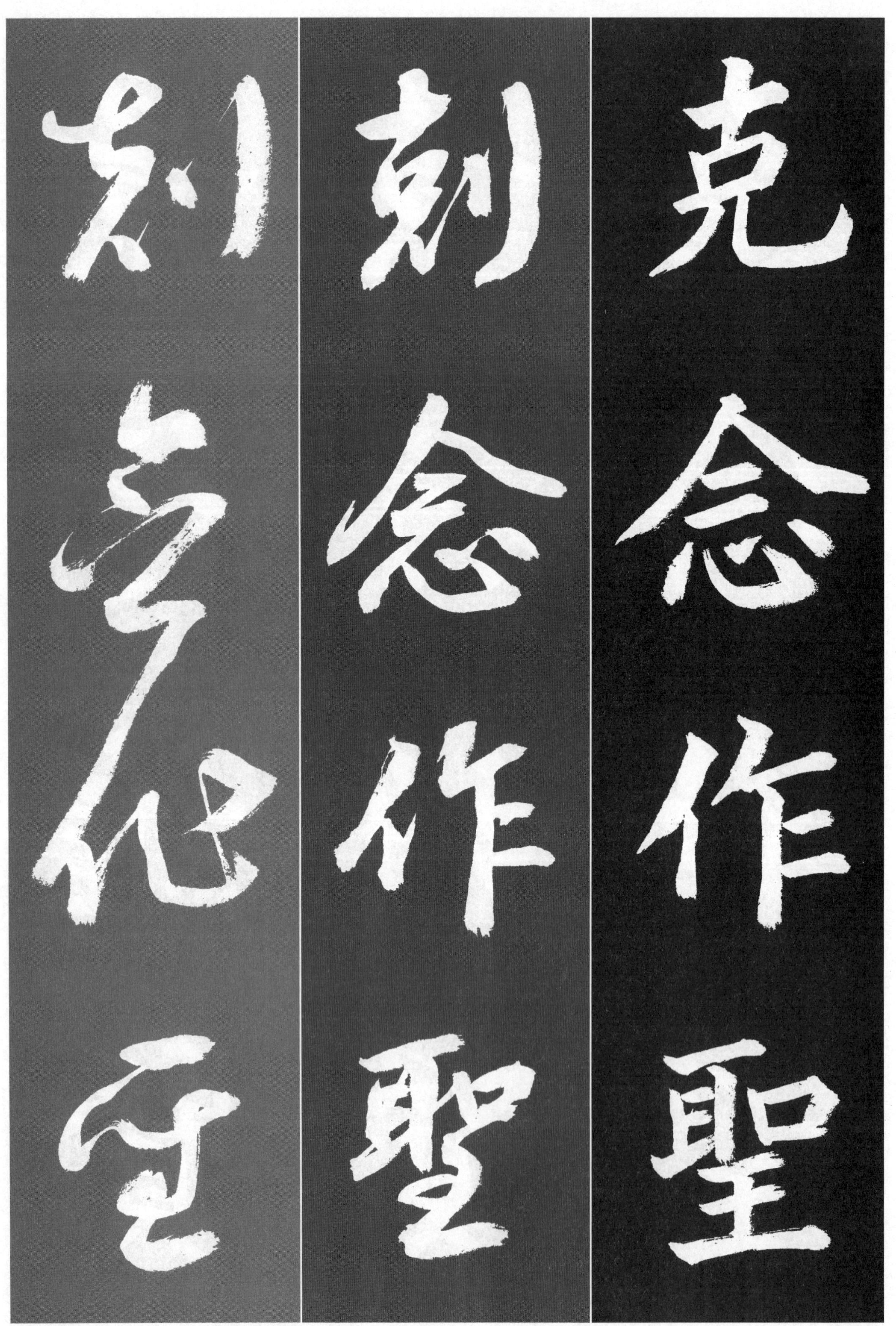

克 이길 극 念 생각할 념 作 지을 작 聖 성인 성

克念作聖　　힘써 마음에 생각하면 성인이 된다.

德 큰덕 建 세울건 名 이름명 立 설립

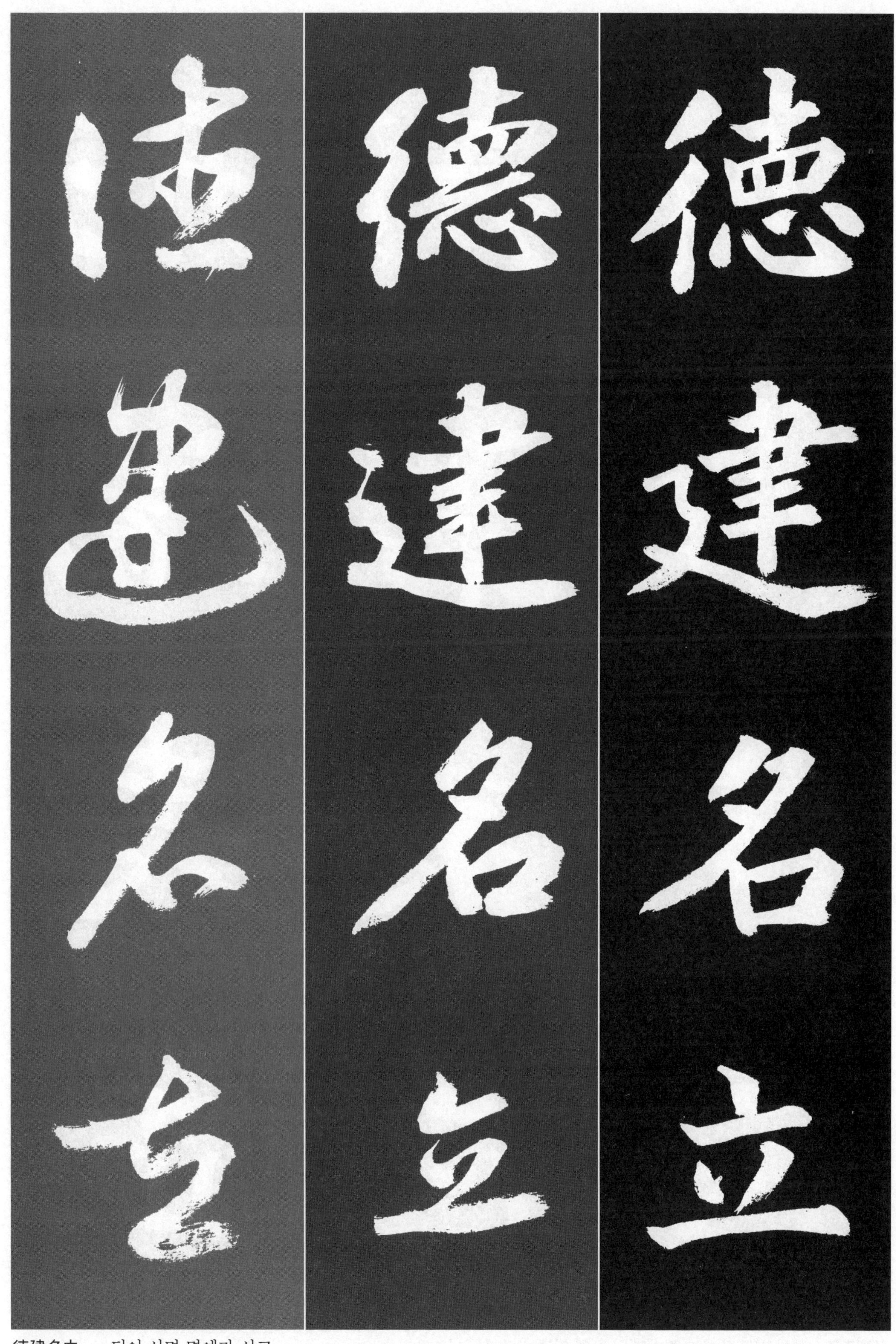

德建名立　덕이 서면 명예가 서고,

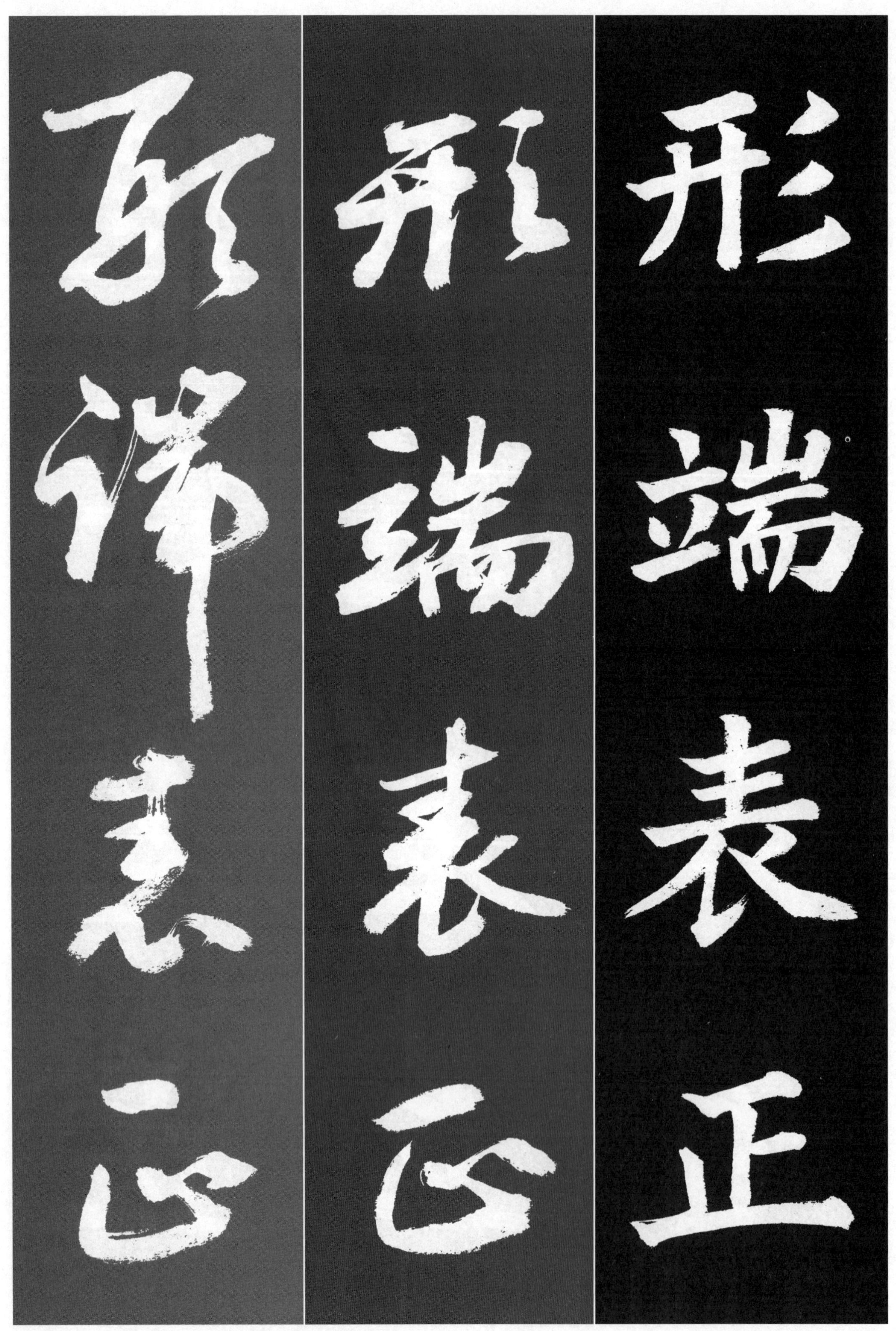

形 형상 형 端 끝단 表 겉표 正 바를 정

形端表正 　 형모(形貌)가 단정하면 의표(儀表)도 바르게 된다.

空 빌공 谷 골곡 傳 전할전 聲 소리성

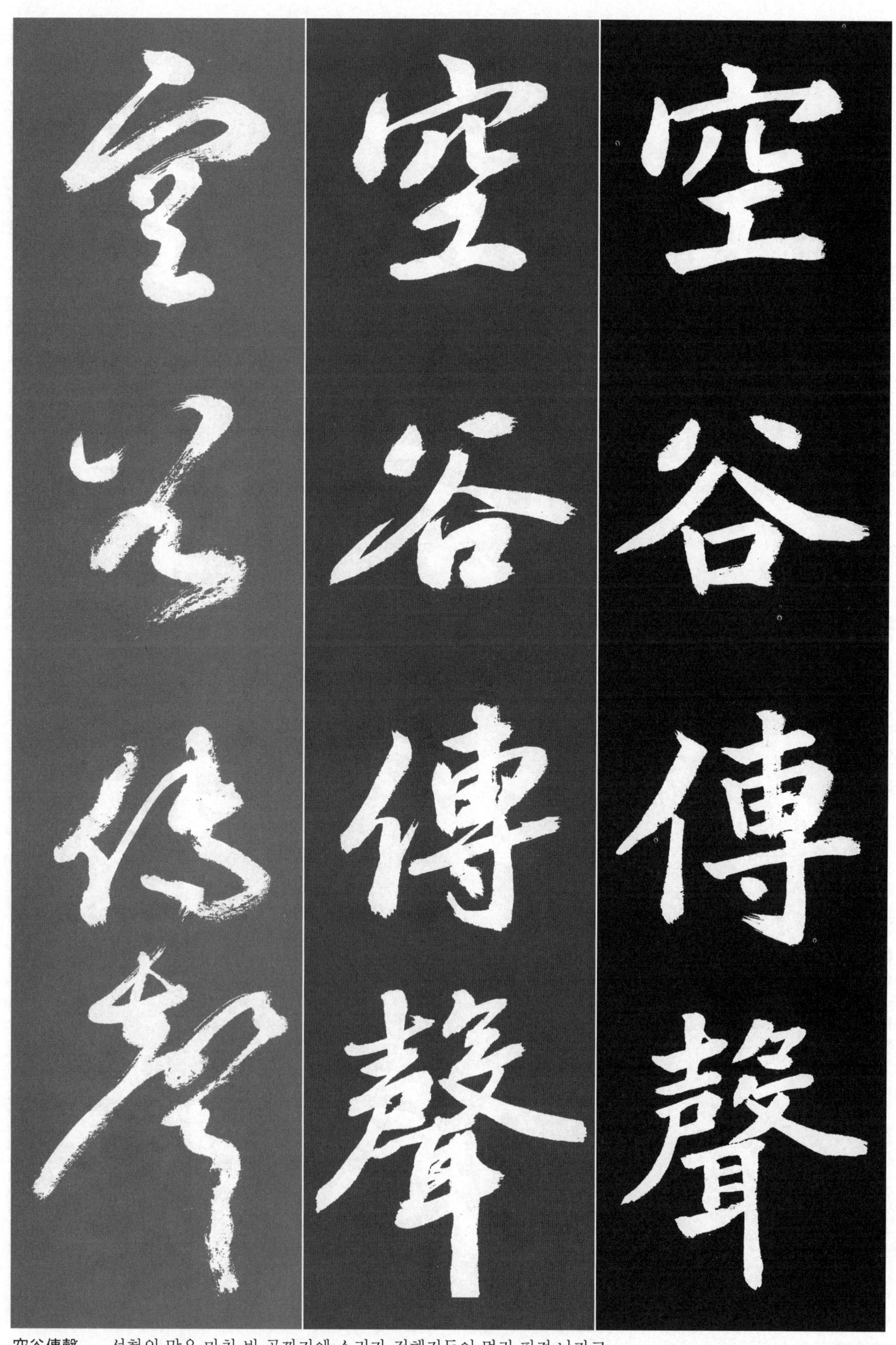

空谷傳聲 성현의 말은 마치 빈 골짜기에 소리가 전해지듯이 멀리 퍼져 나가고,

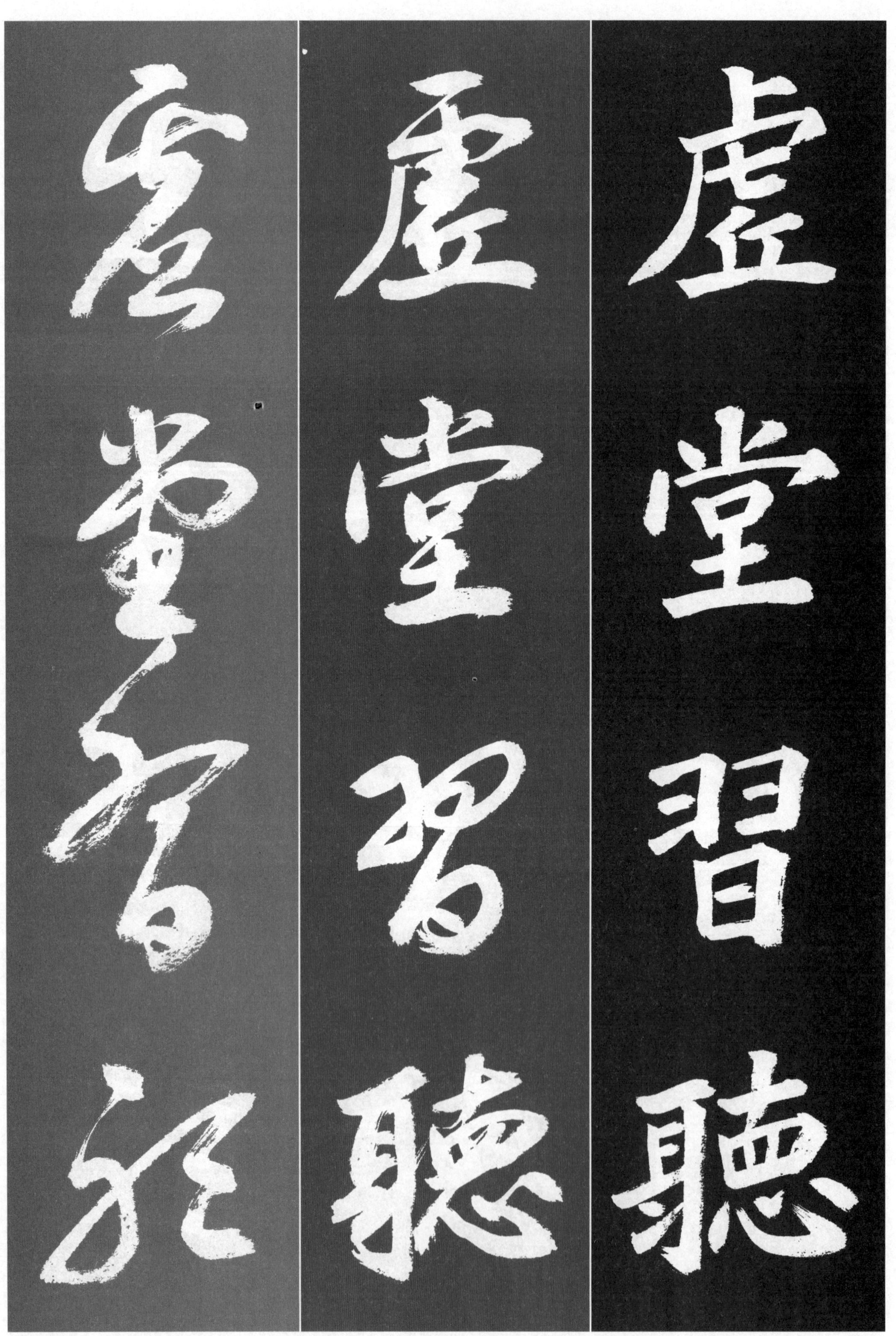

虛 빌허 堂 집당 習 익힐습 聽 들을청

虛堂習聽　사람의 말은 아무리 빈집에서라도 신(神)은 익히 들을 수가 있다.

禍 재앙 화 因 인할 인 惡 모질 악 積 쌓을 적

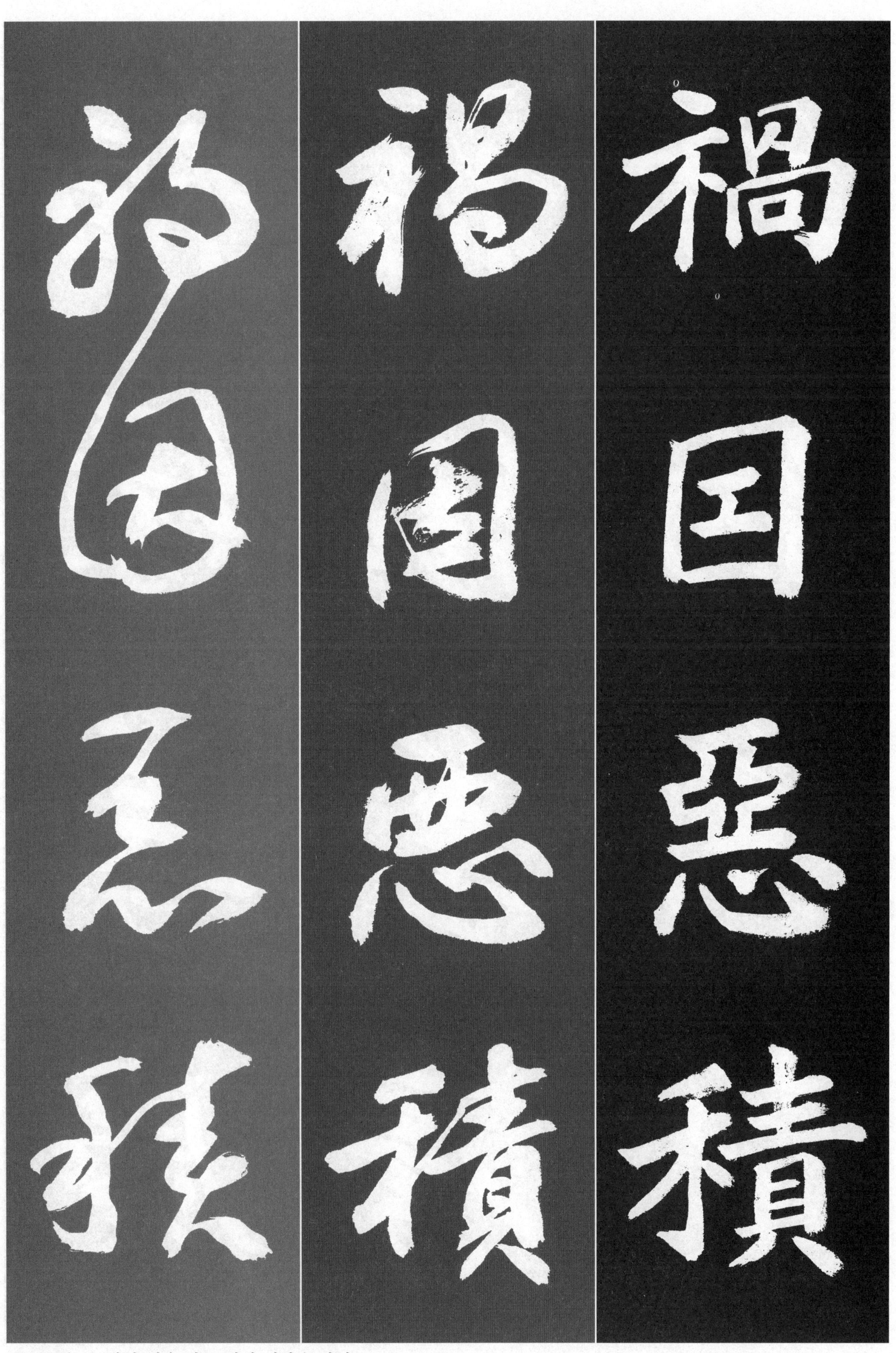

禍因惡積　악한 일을 하는 데서 재앙은 쌓이고,

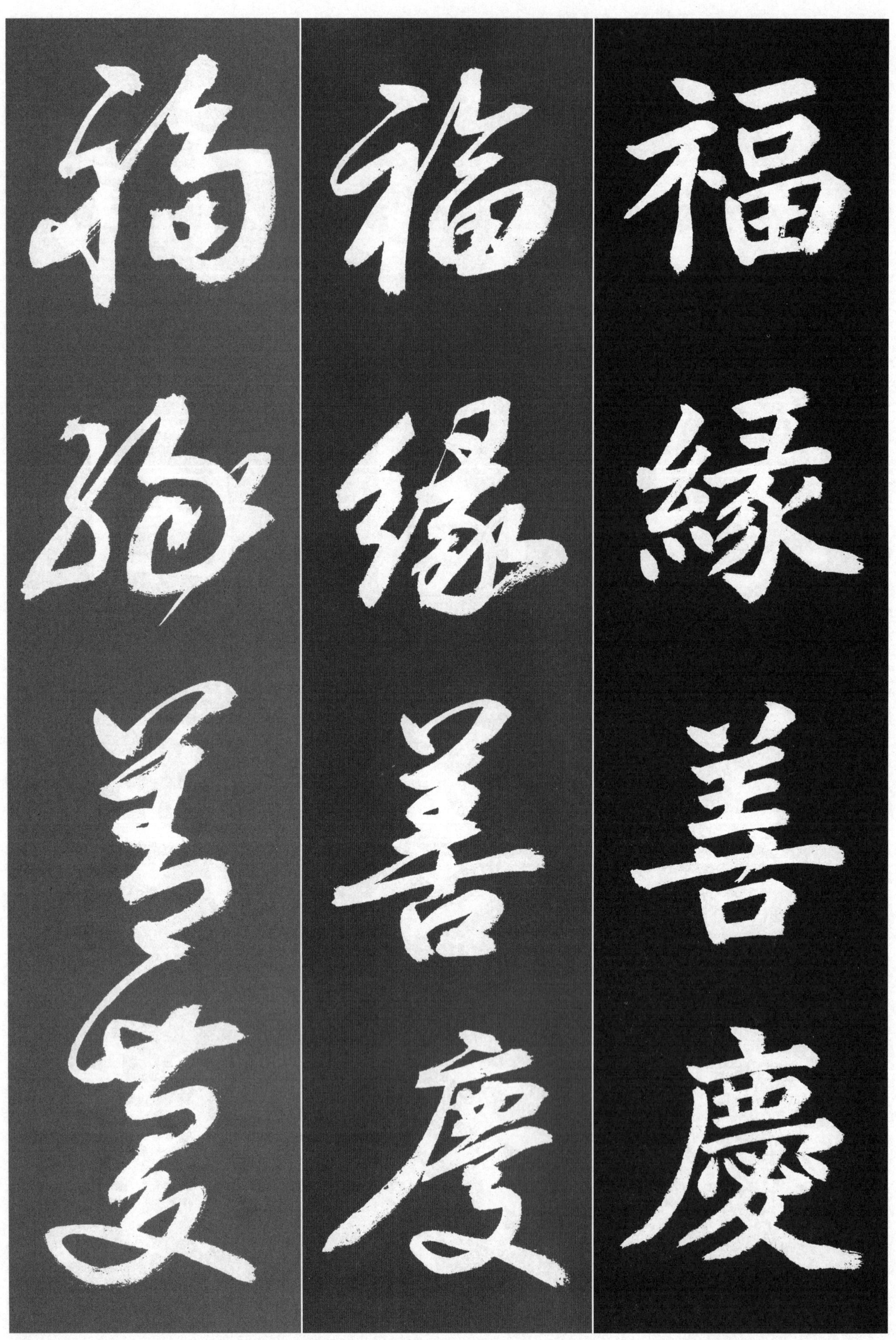

福 복복 緣 인연연 善 착할선 慶 경사경

福緣善慶 착하고 경사스러운 일로 인해서 복은 생긴다.

尺 자척
璧 구슬벽
非 아닐비
寶 보배보

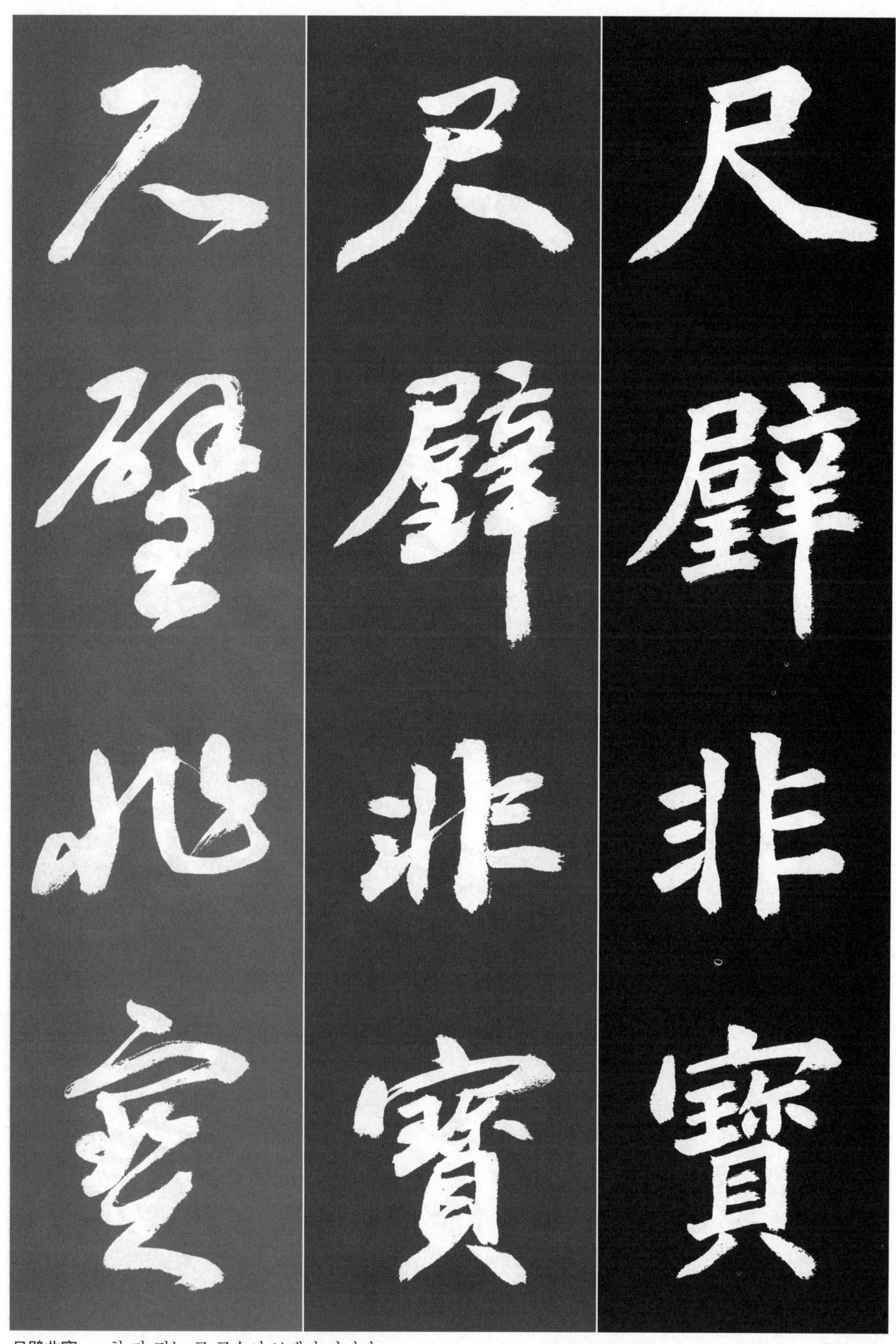

尺璧非寶　　한 자 되는 큰 구슬이 보배가 아니다.

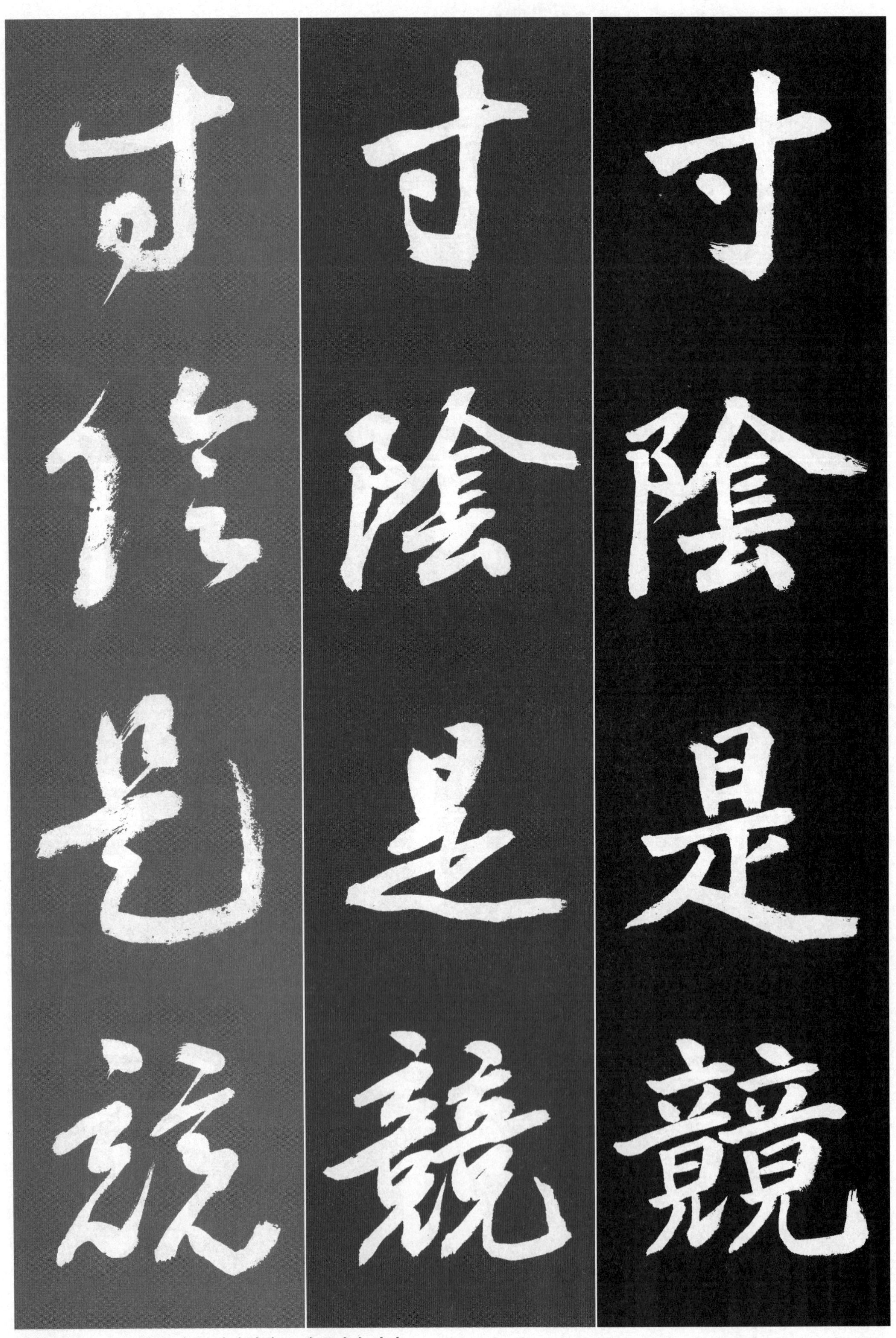

寸 마디 촌 陰 그늘 음 是 이시 競 다툴 경

寸陰是競　　한 치의 짧은 시간이라도 다투어야 한다.

資 재물 자 父 아비 부 事 일 사 君 임금 군

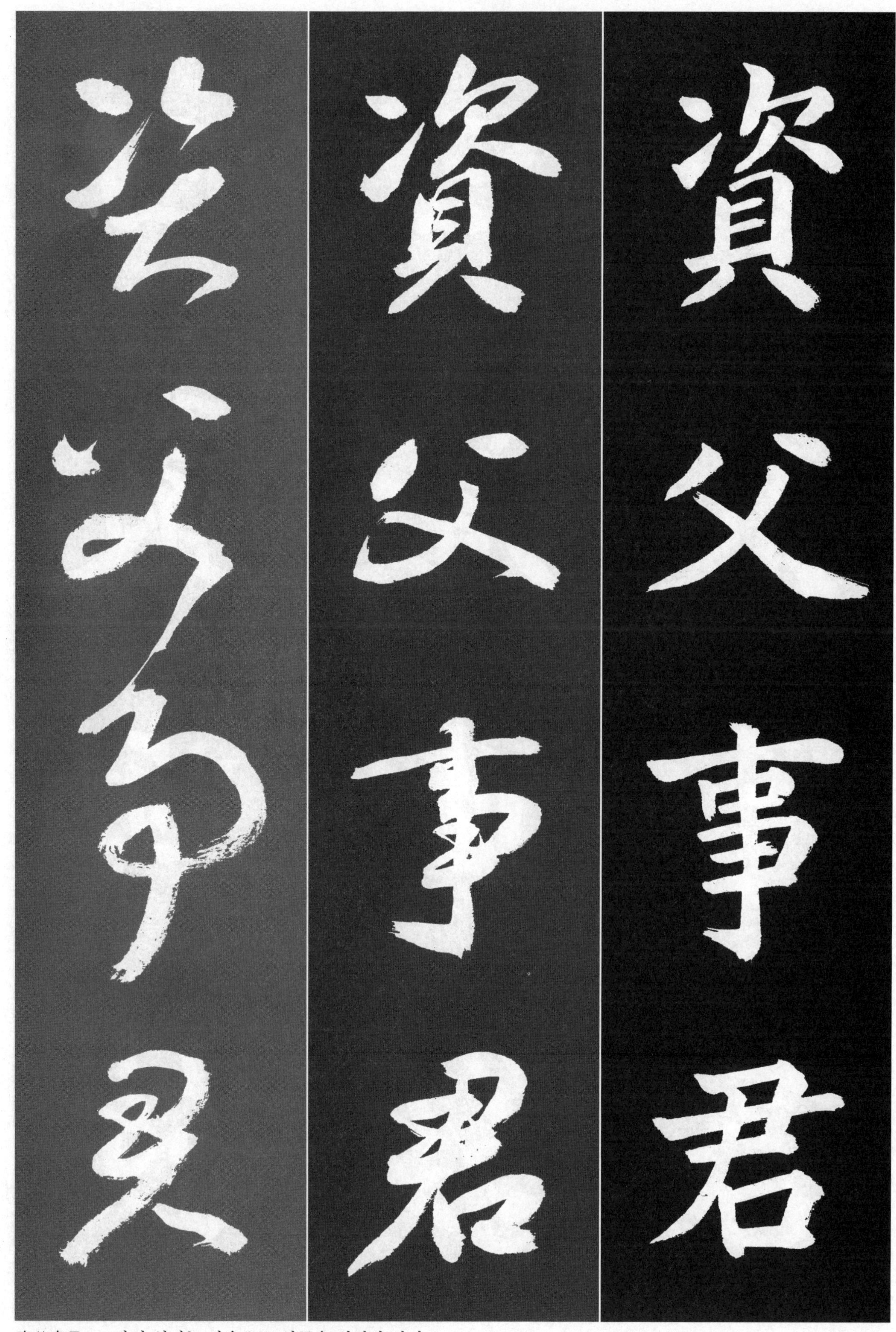

資父事君 아비 섬기는 마음으로 임금을 섬겨야 하니,

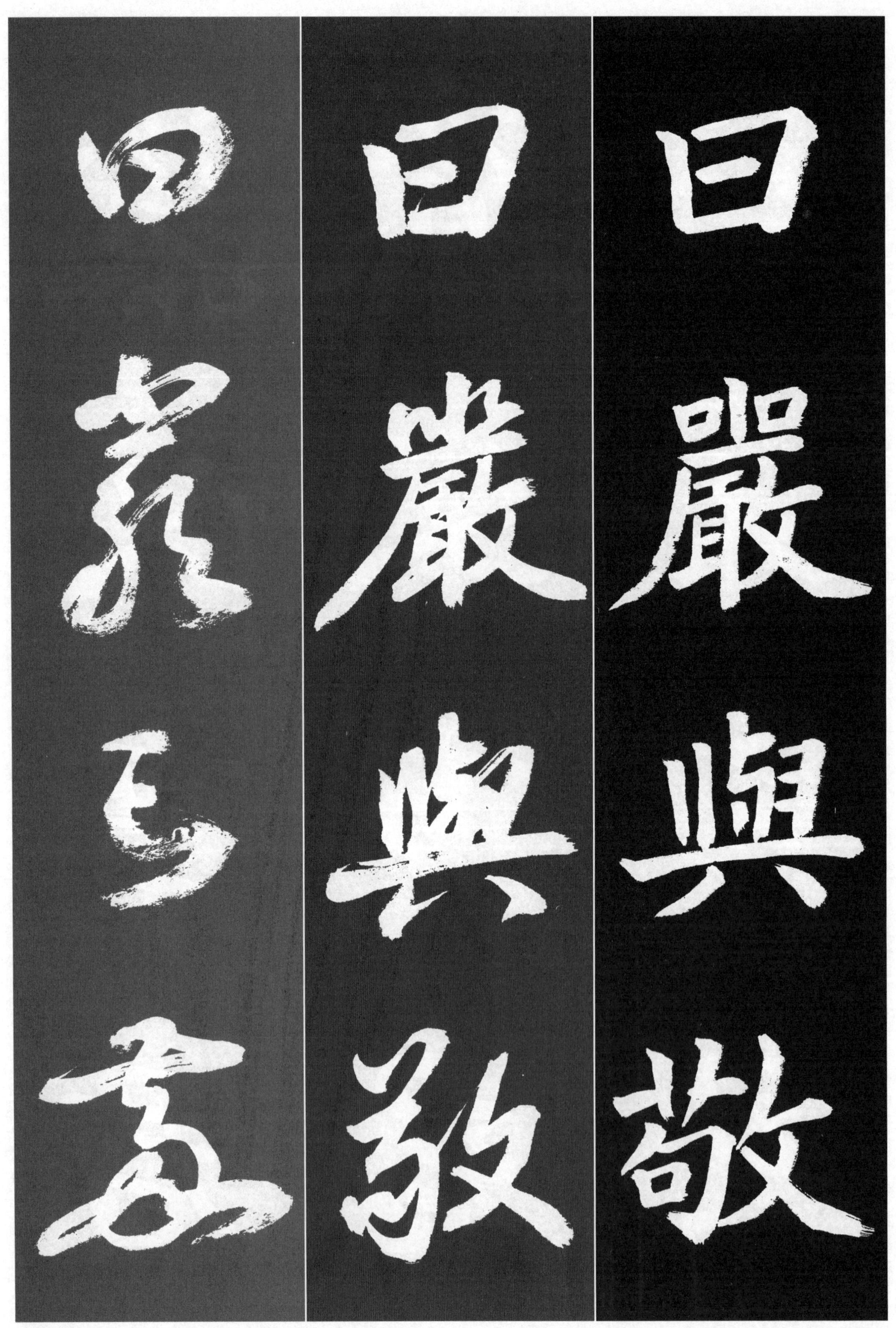

曰 가로 왈 嚴 엄할 엄 與 더불 여 敬 공경 경

曰嚴與敬 그것은 존경하고 공손히 하는 것뿐이다.

孝 효도 효
當 마땅 당
竭 다할 갈
力 힘 력

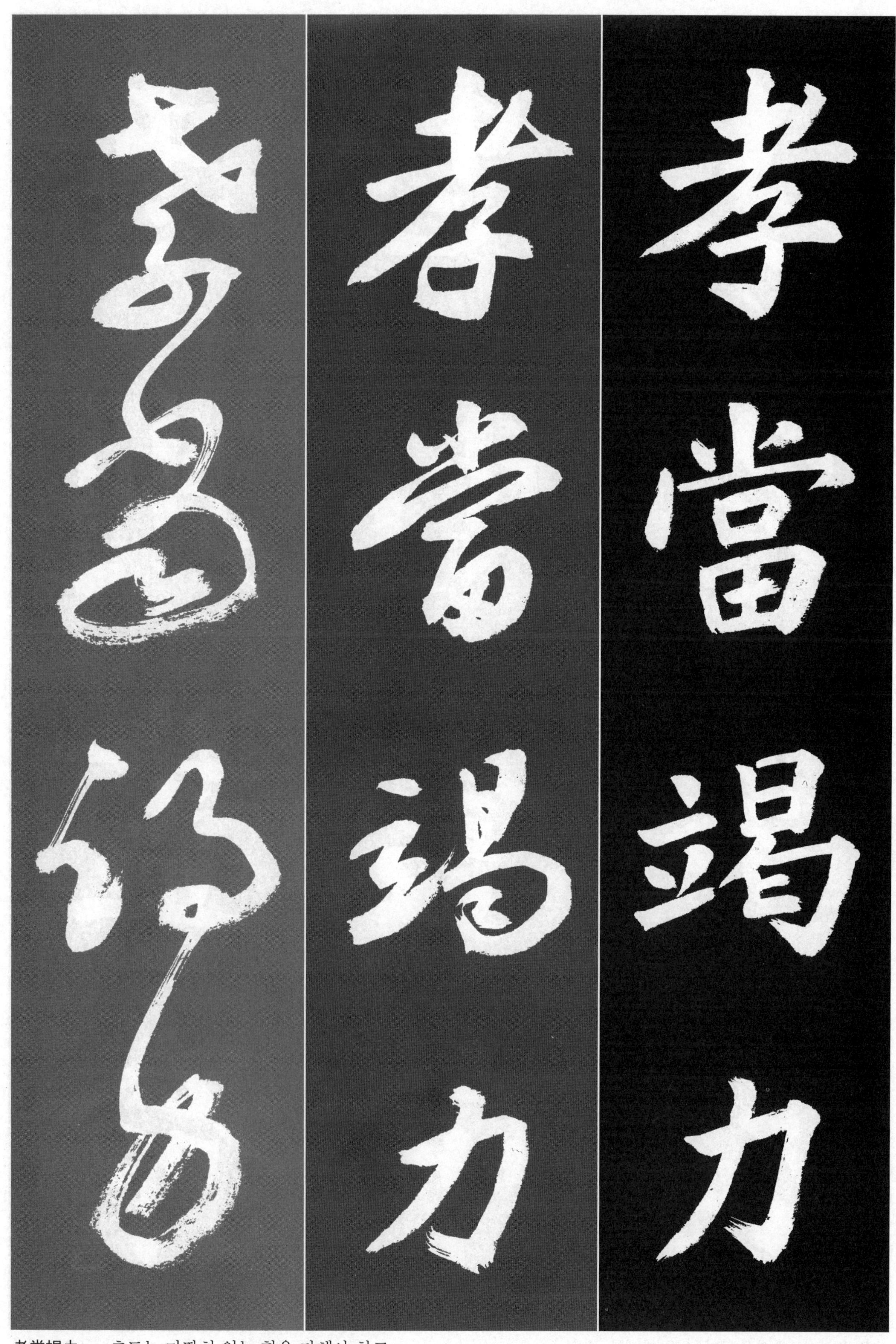

孝當竭力　효도는 마땅히 있는 힘을 다해야 하고,

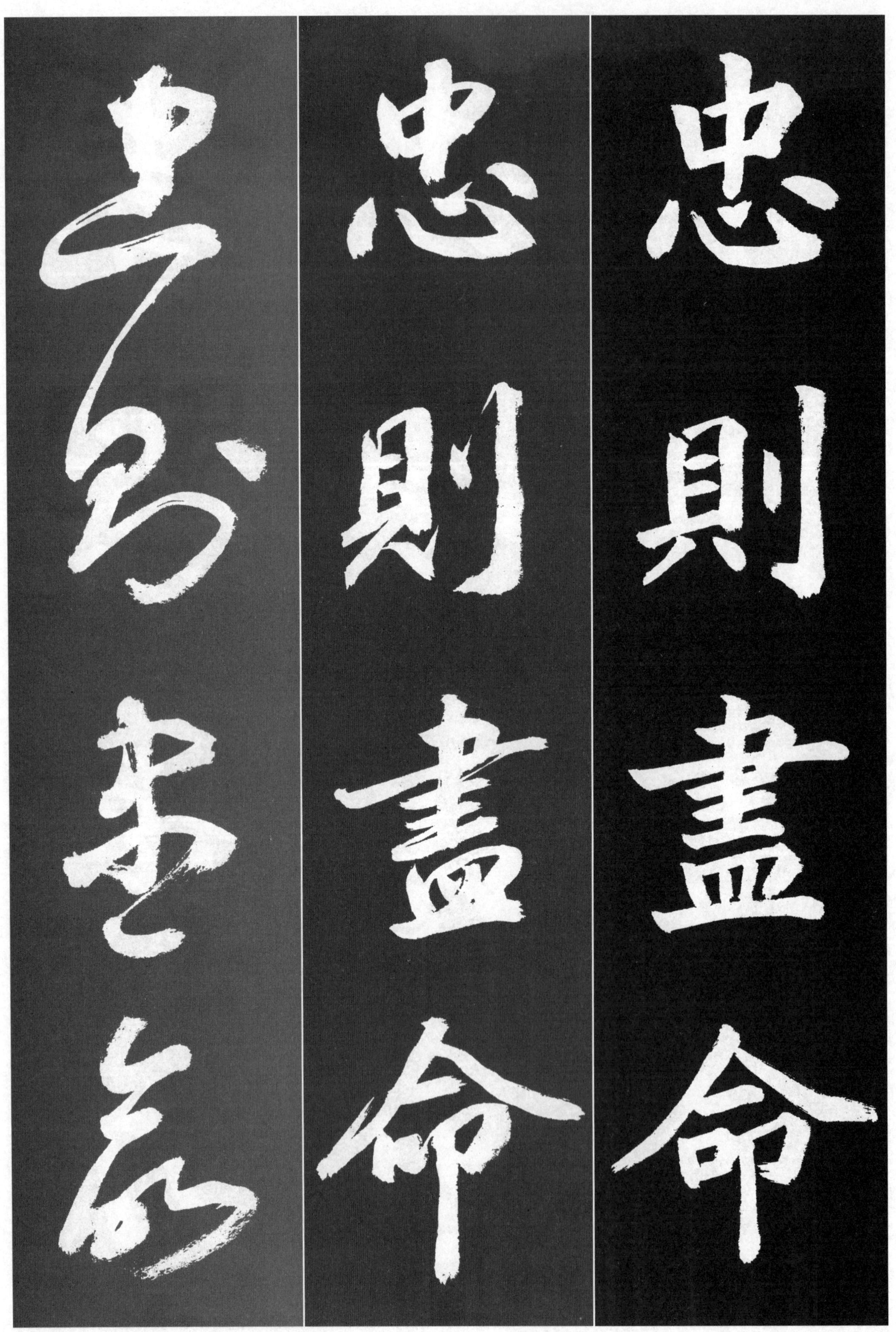

忠 충성 충 則 곧 즉 盡 다할 진 命 목숨 명

忠則盡命　　충성은 곧 목숨을 다해야 한다.

臨 임할 림 深 깊을 심 履 밟을 리 薄 엷을 박

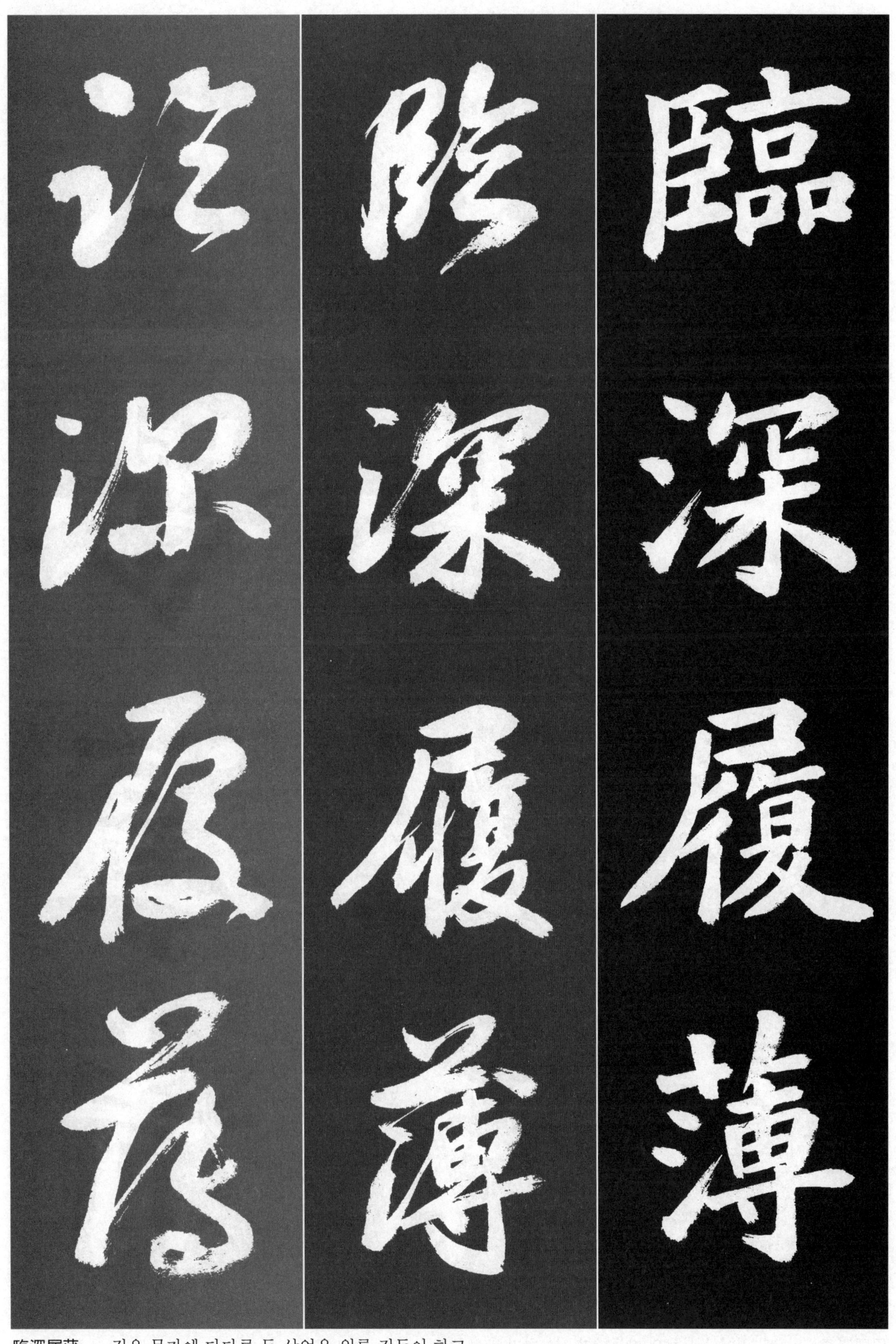

臨深履薄 깊은 물가에 다다른 듯 살얼음 위를 걷듯이 하고,

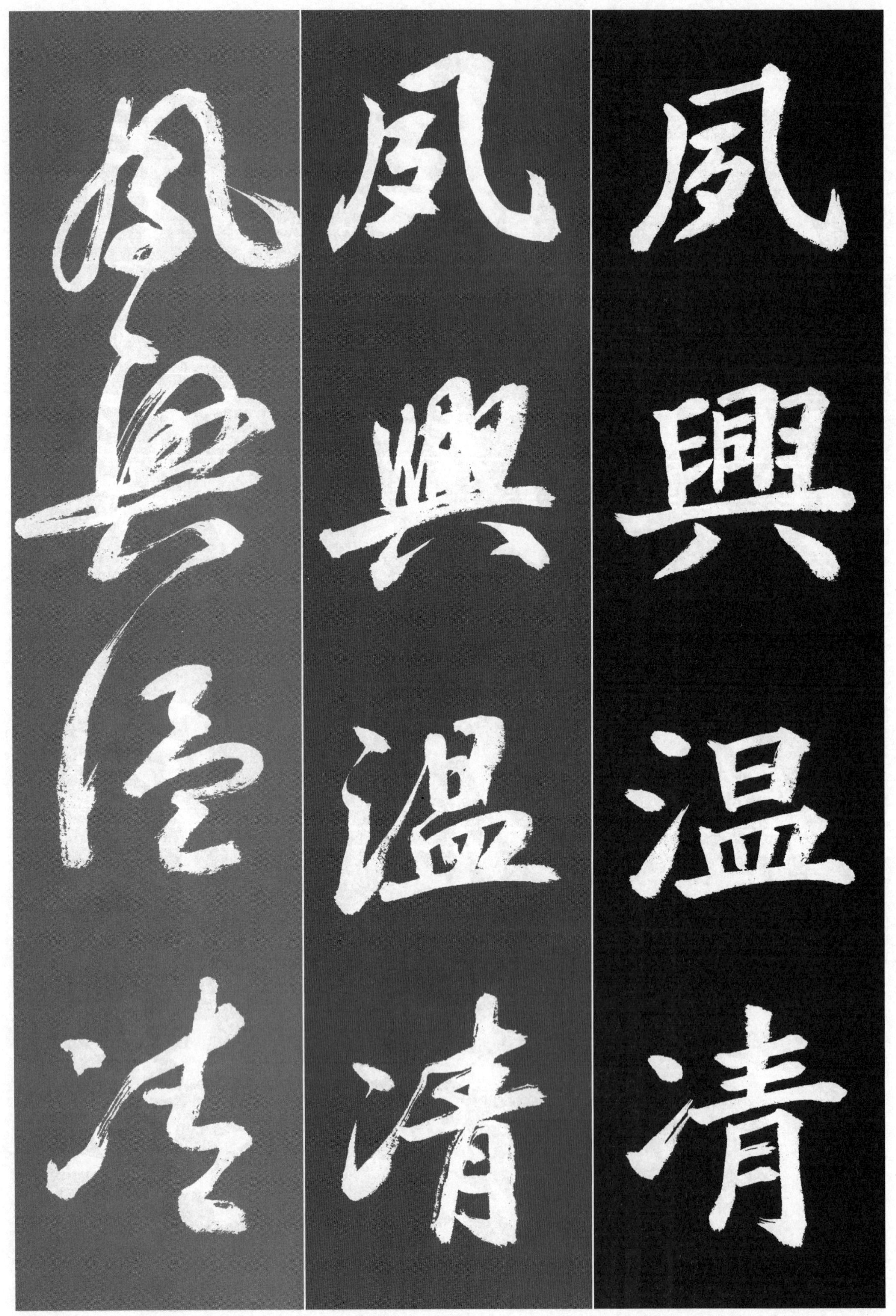

夙 이를 숙 興 일어날 흥 溫 더울 온 凊 서늘할 청

夙興溫凊　일찍 일어나 부모의 따뜻한가 서늘한가를 보살핀다.

似 같을 사 **蘭** 난초 란 **斯** 이 사 **馨** 향기멀리퍼질 형

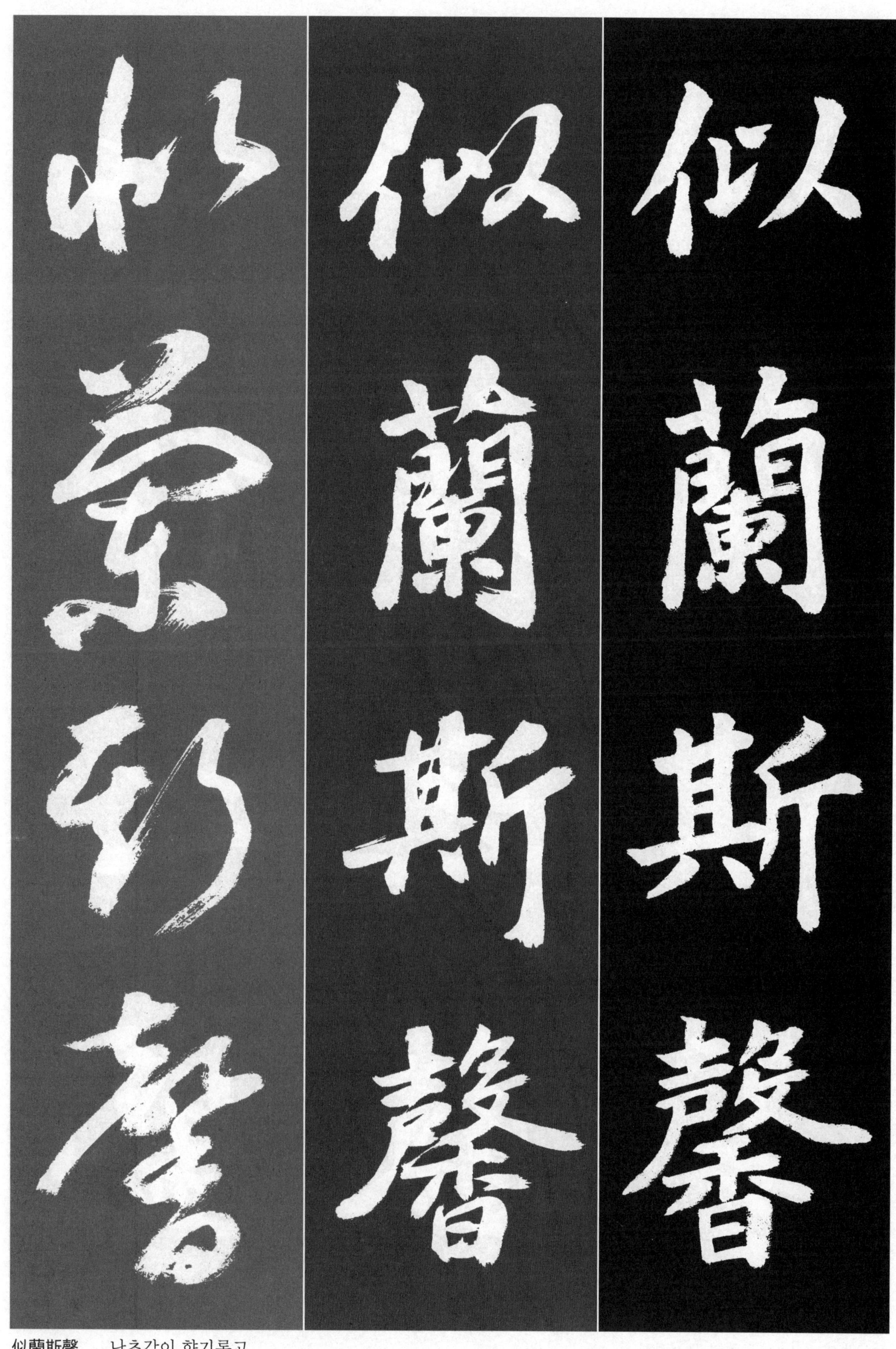

似蘭斯馨　난초같이 향기롭고,

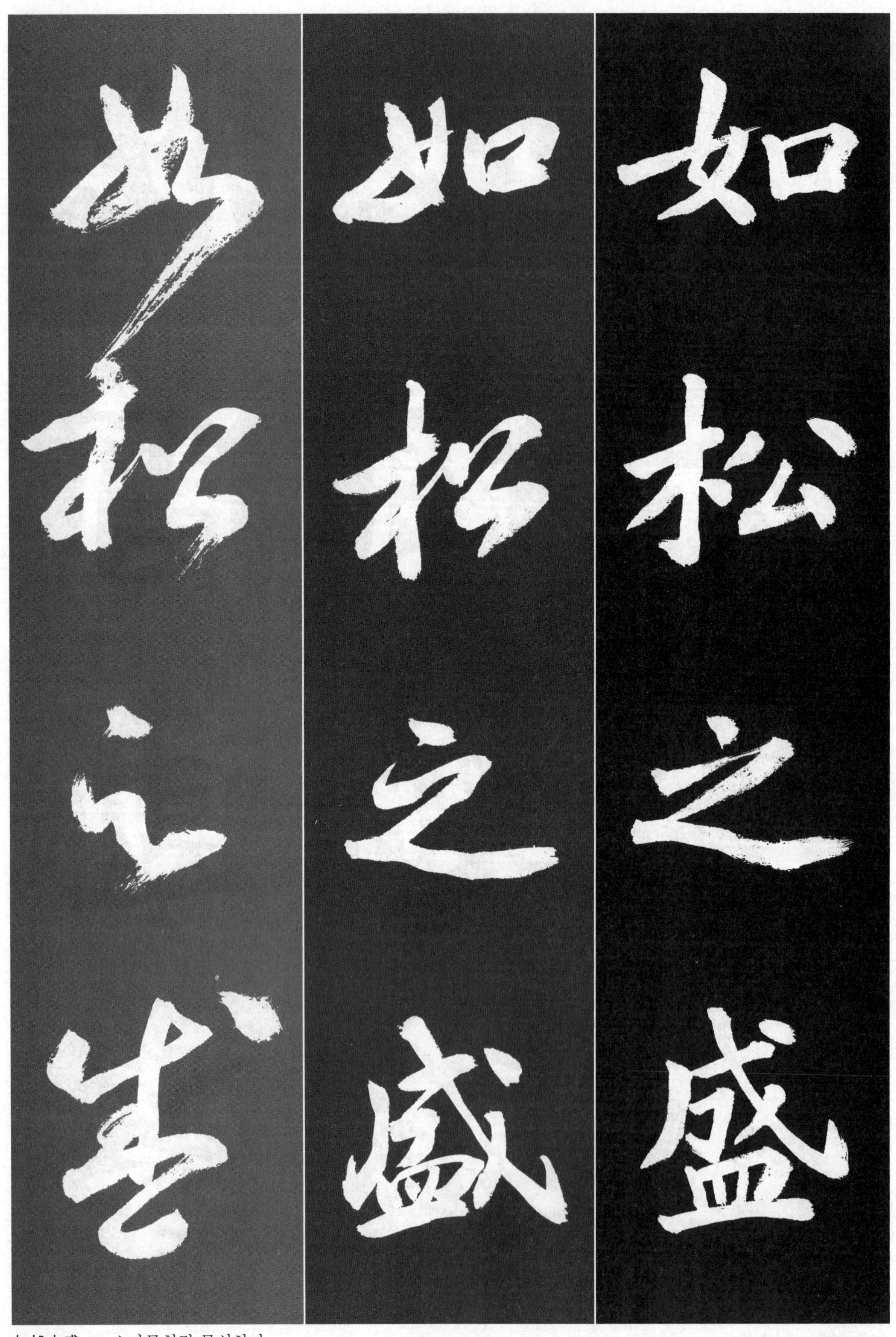

如 같을 여
松 소나무 송
之 갈 지
盛 성할 성

如松之盛　　소나무처럼 무성하다.

川 내천 流 흐를류 不 아닐불 息 쉴식

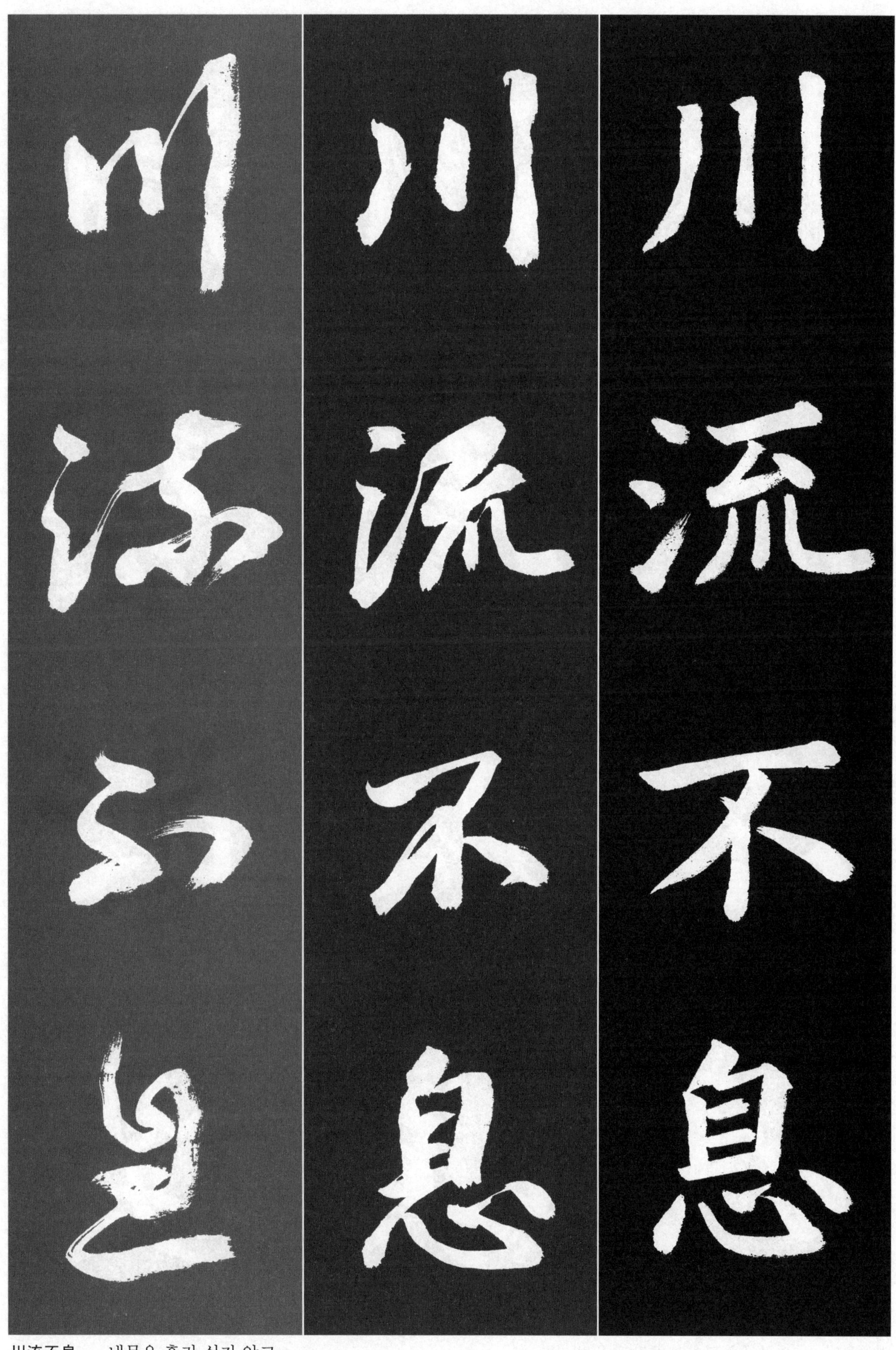

川流不息　냇물은 흘러 쉬지 않고,

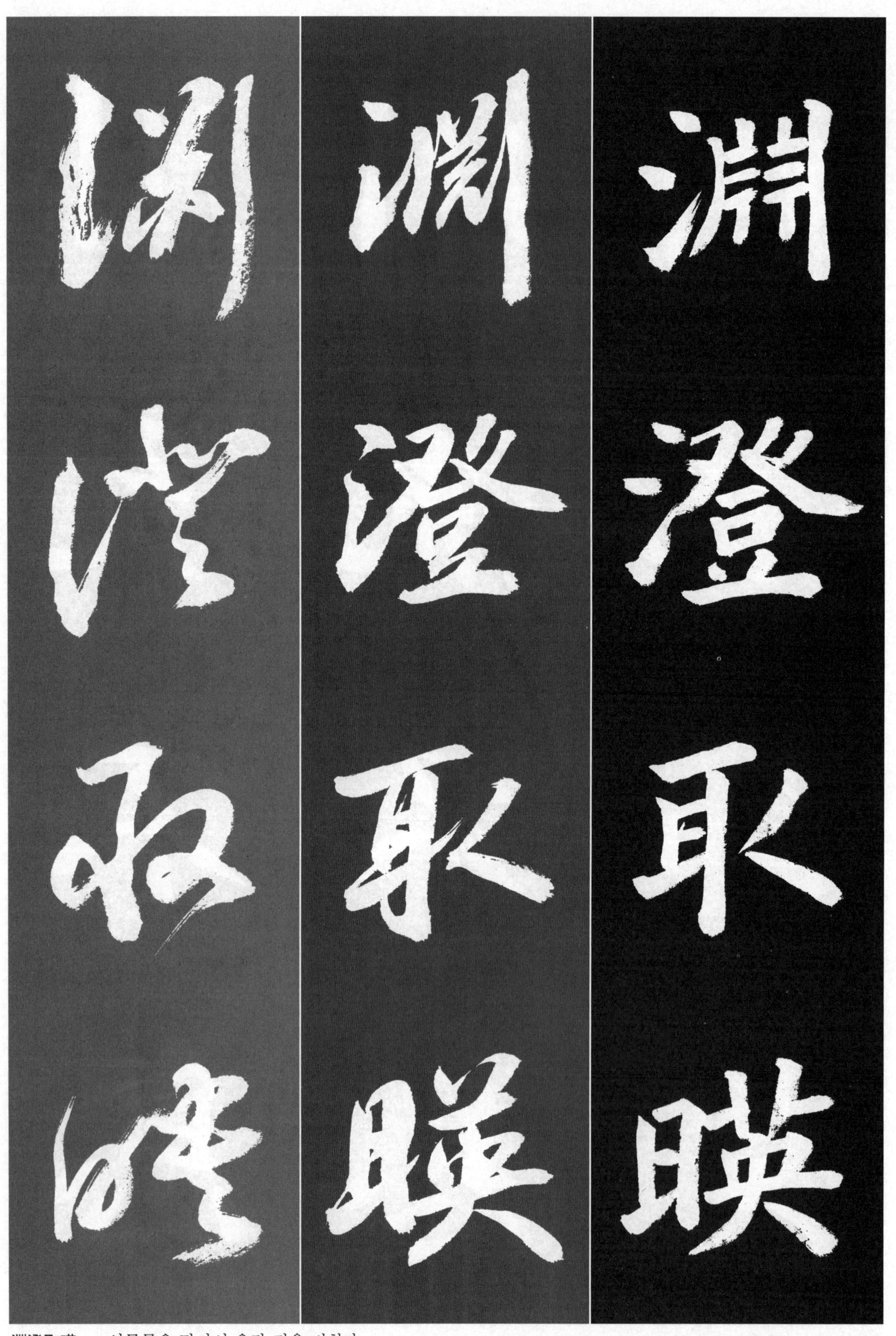

淵 못 연 澄 맑을 징 取 취할 취 暎 비칠 영

淵澄取暎　연못물은 맑아서 온갖 것을 비친다.

容 얼굴 용 止 그칠 지 若 같을 약 思 생각 사

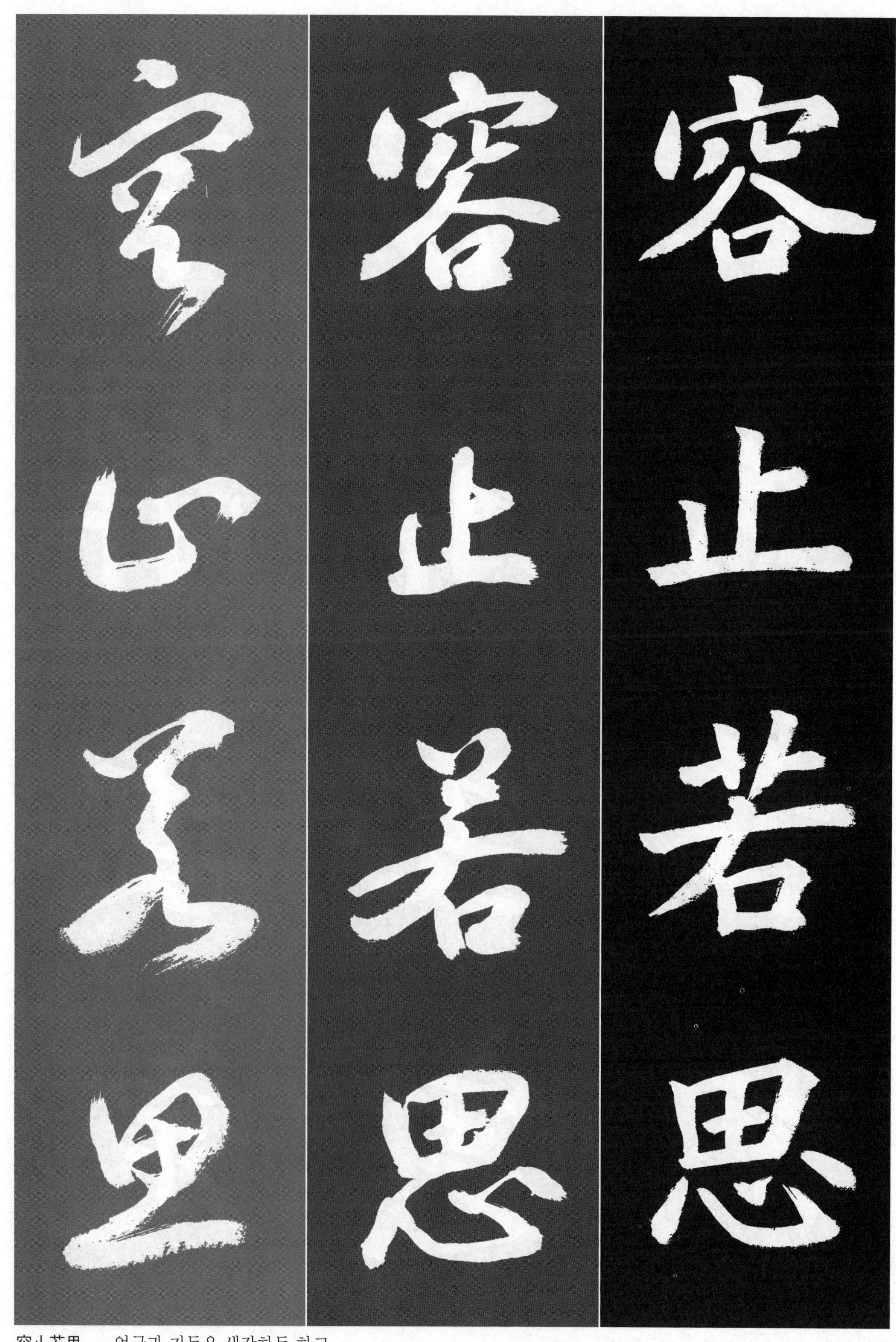

容止若思　얼굴과 거동은 생각하듯 하고,

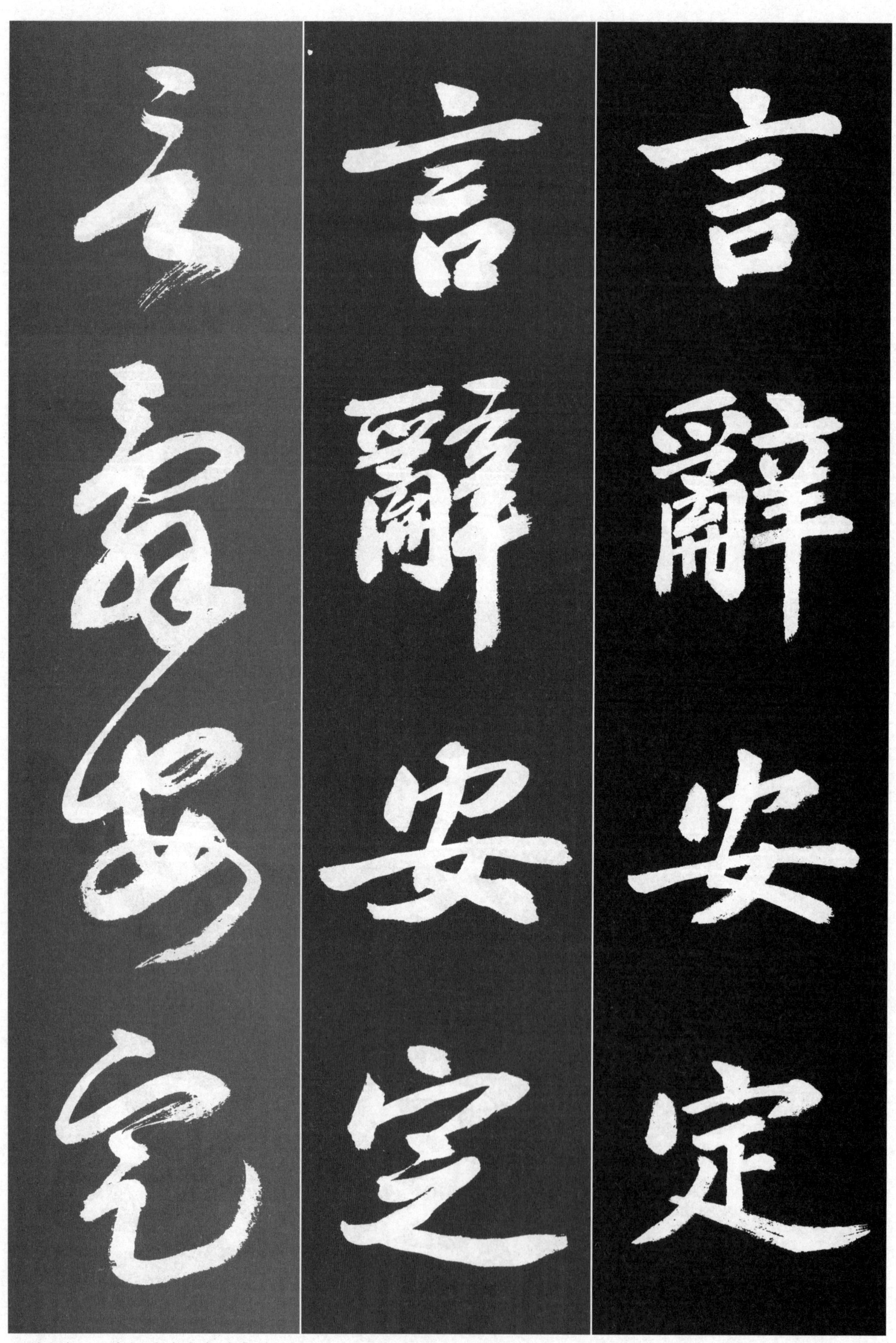

言 말씀 언 辭 말씀 사 安 편안 안 定 정할 정

言辭安定　말은 안정되게 해야 한다.

篤 도타울 독 初 처음 초 誠 정성 성 美 아름다울 미

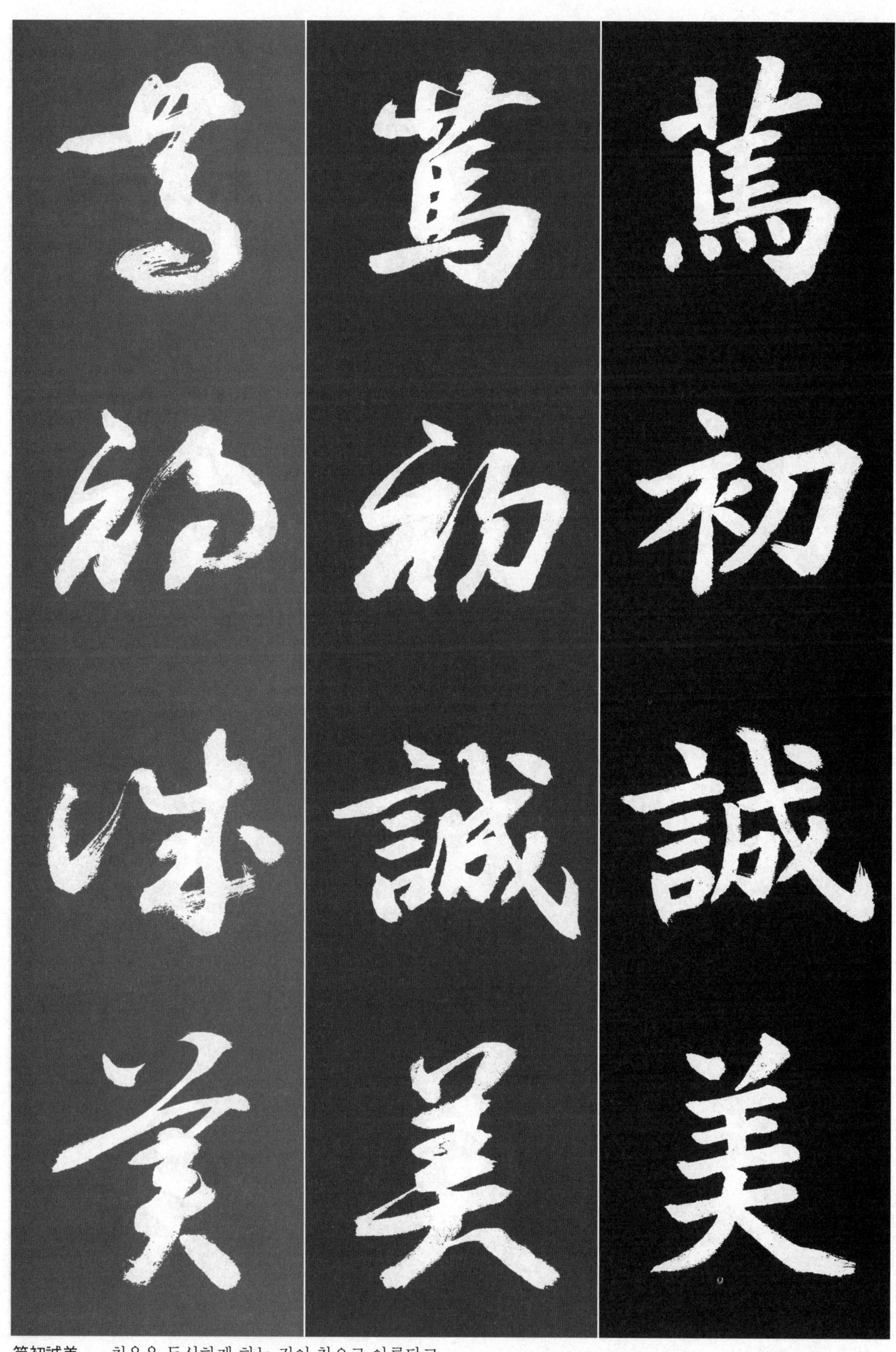

篤初誠美 처음을 독실하게 하는 것이 참으로 아름답고,

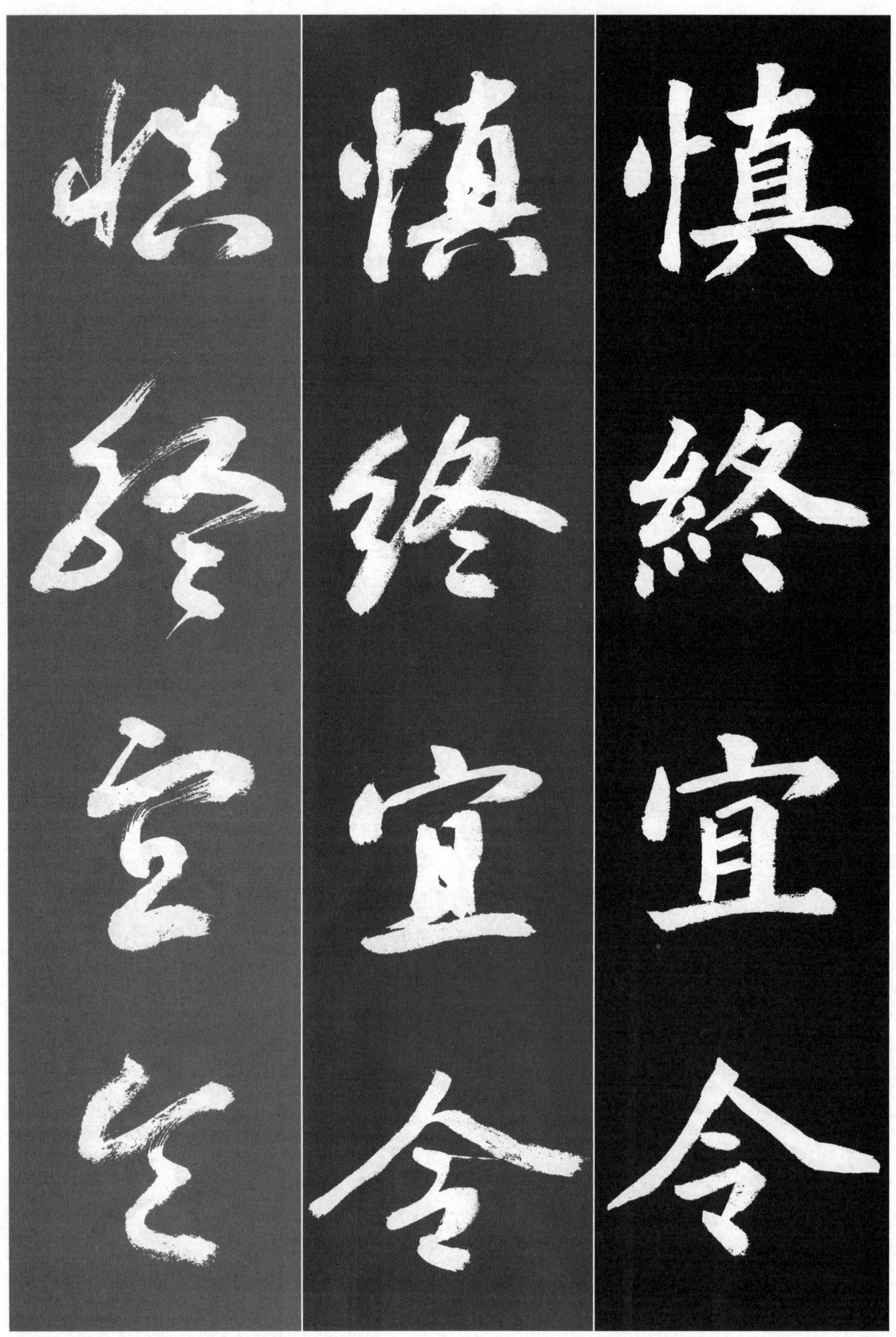

愼 삼갈 신 終 마칠 종 宜 마땅 의 令 하여금 령

愼終宜令　끝맺음을 조심하는 것이 마땅하다.

榮 영화 영
業 업 업
所 바 소
基 터 기

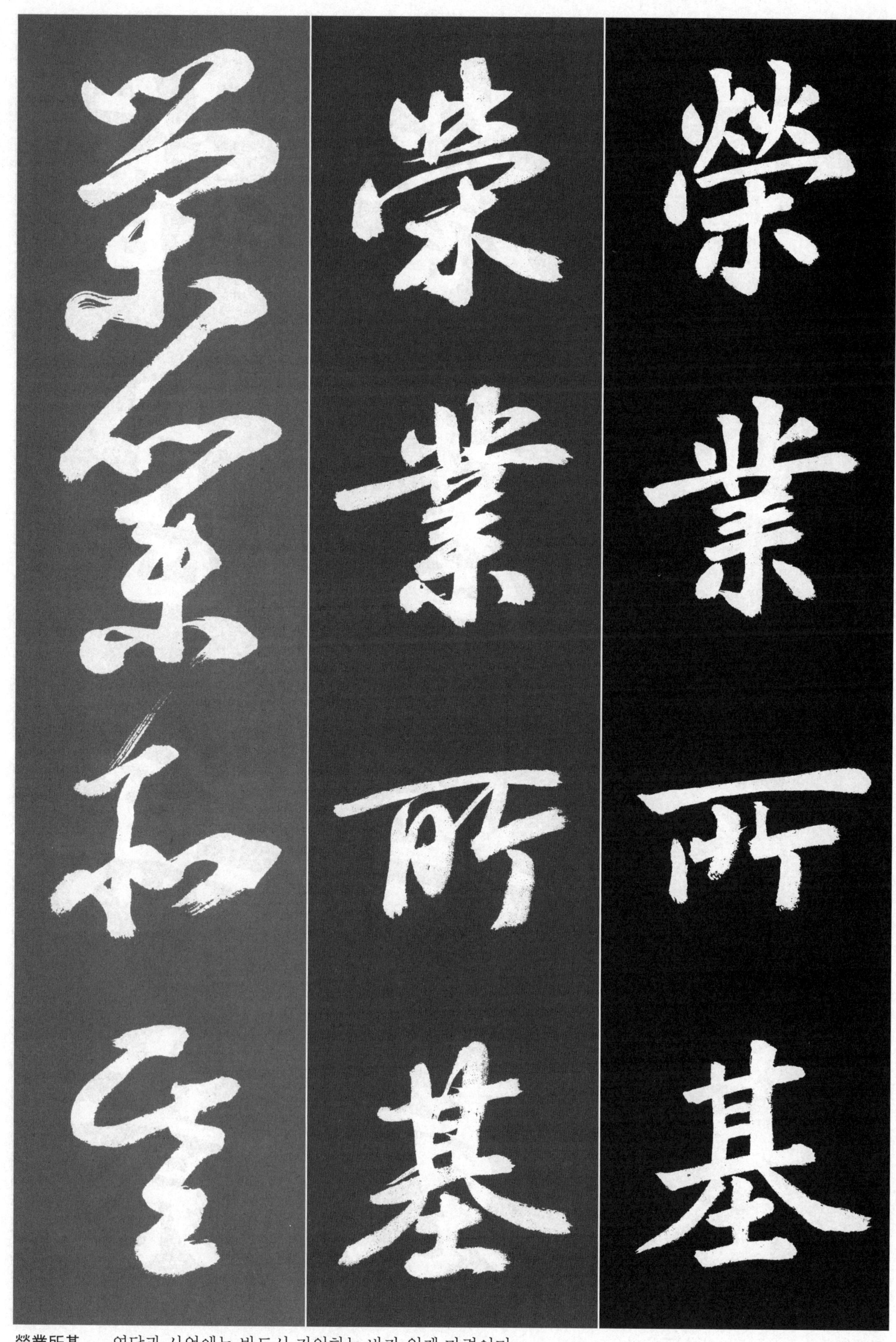

榮業所基　영달과 사업에는 반드시 기인하는 바가 있게 마련이며,

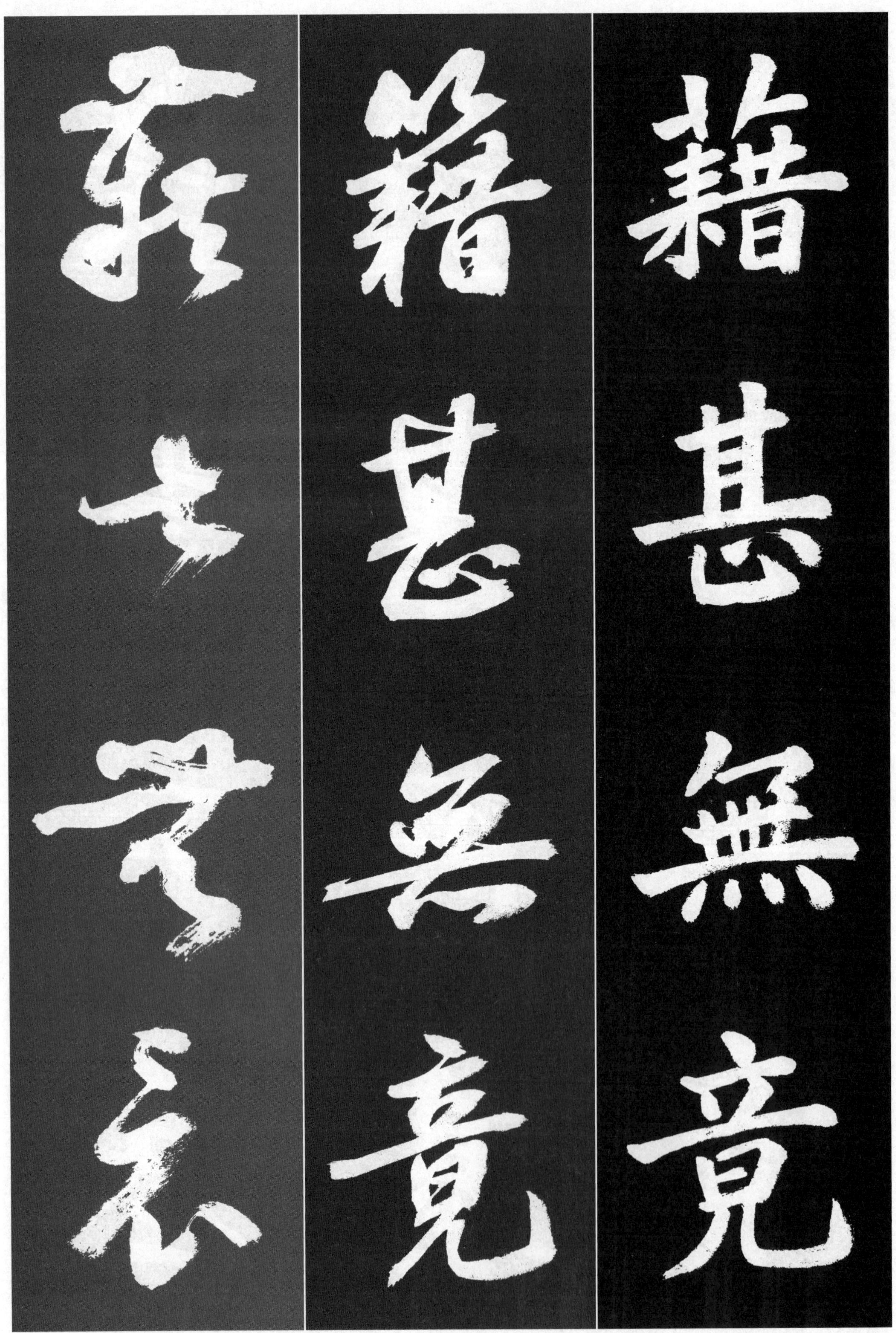

籍 호적 적 甚 심할 심 無 없을 무 竟 마칠 경

籍甚無竟 그래야 명성이 끝이 없을 것이다.

學 배울 학 優 넉넉할 우 登 오를 등 仕 벼슬 사

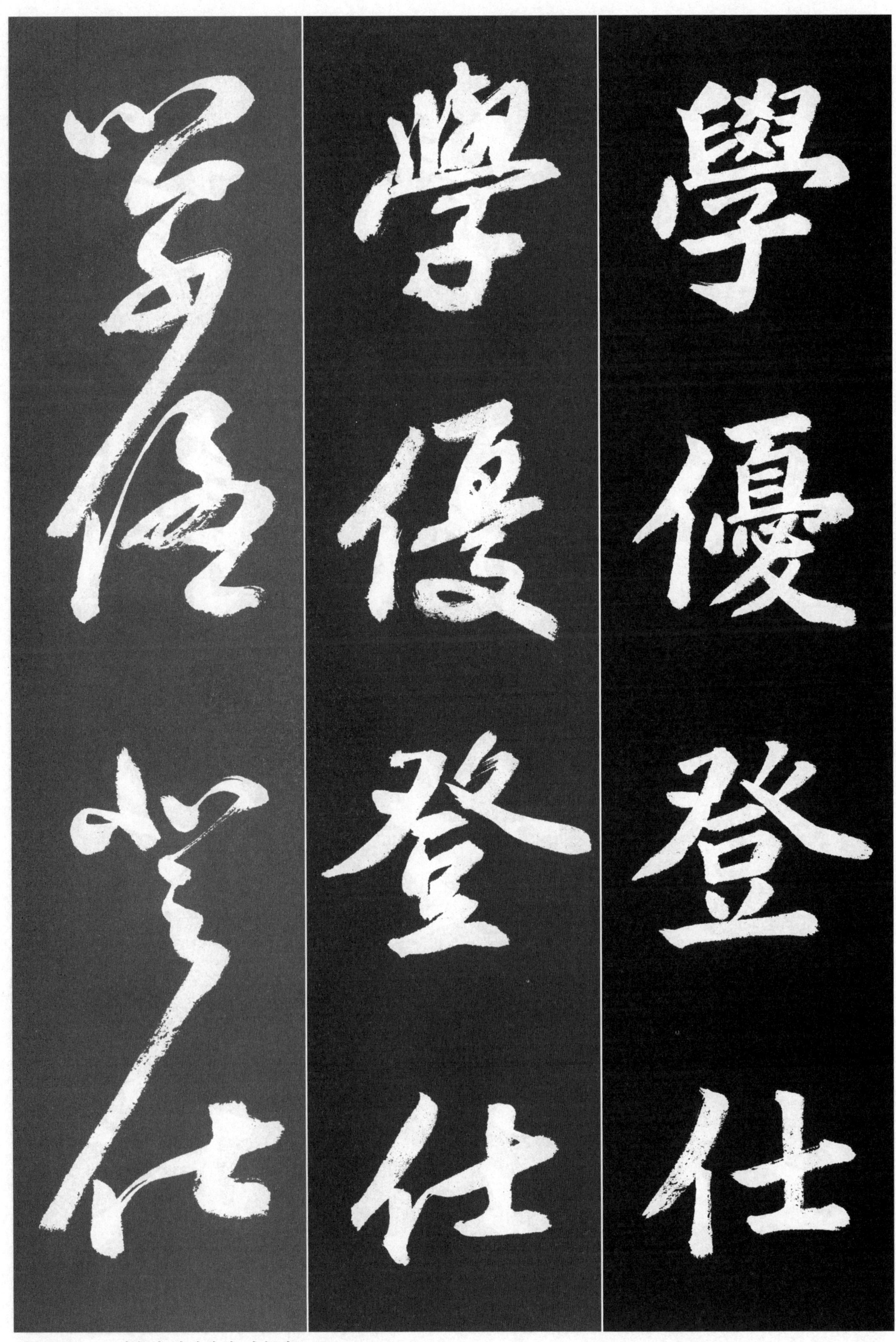

學優登仕　배움이 넉넉하면 벼슬에 오르고,

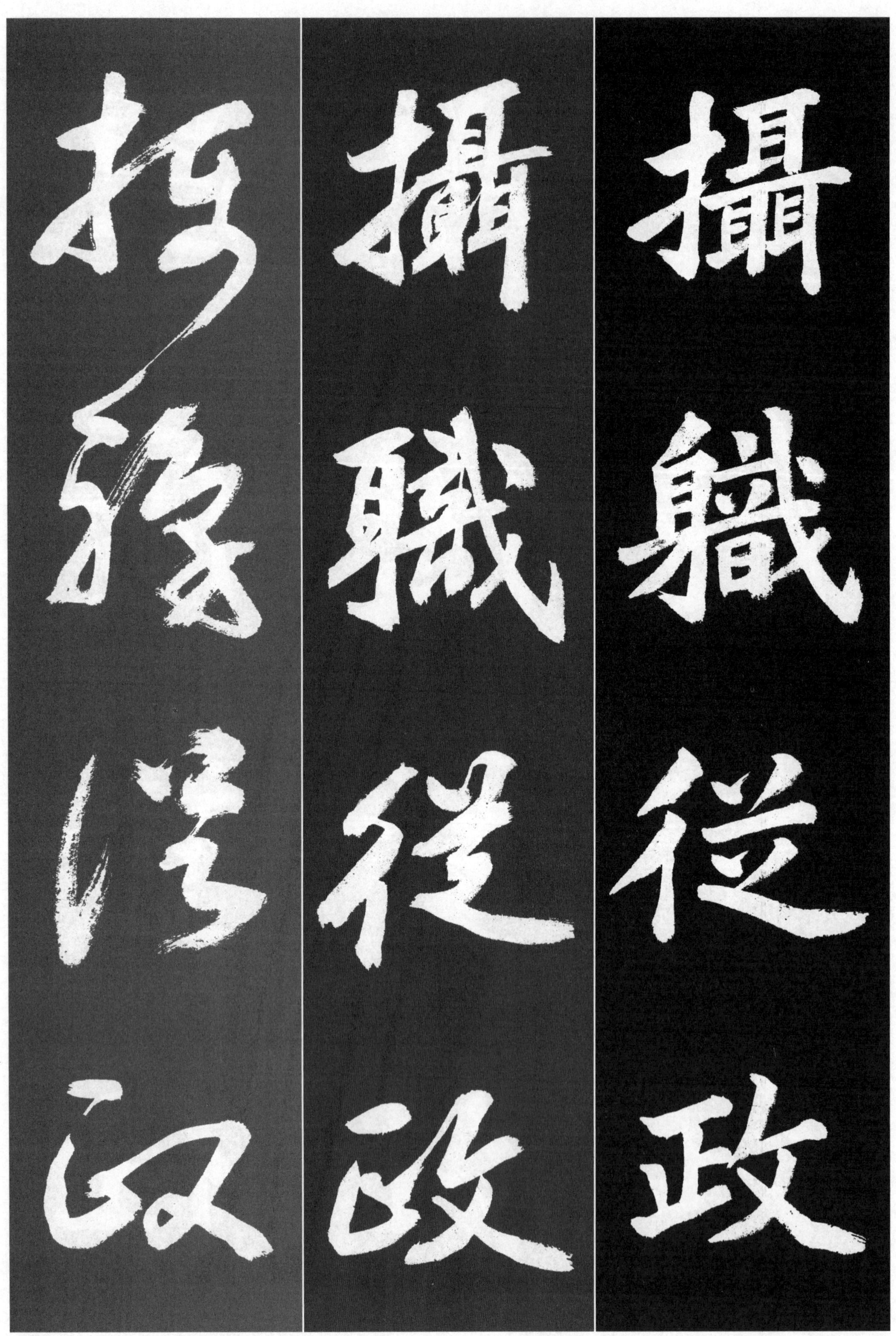

攝 잡을 섭 職 벼슬 직 從 좇을 종 政 정사 정

攝職從政 직무를 맡아 정치에 종사할 수 있다.

存 있을 존 以 써 이 甘 달 감 棠 아가위 당

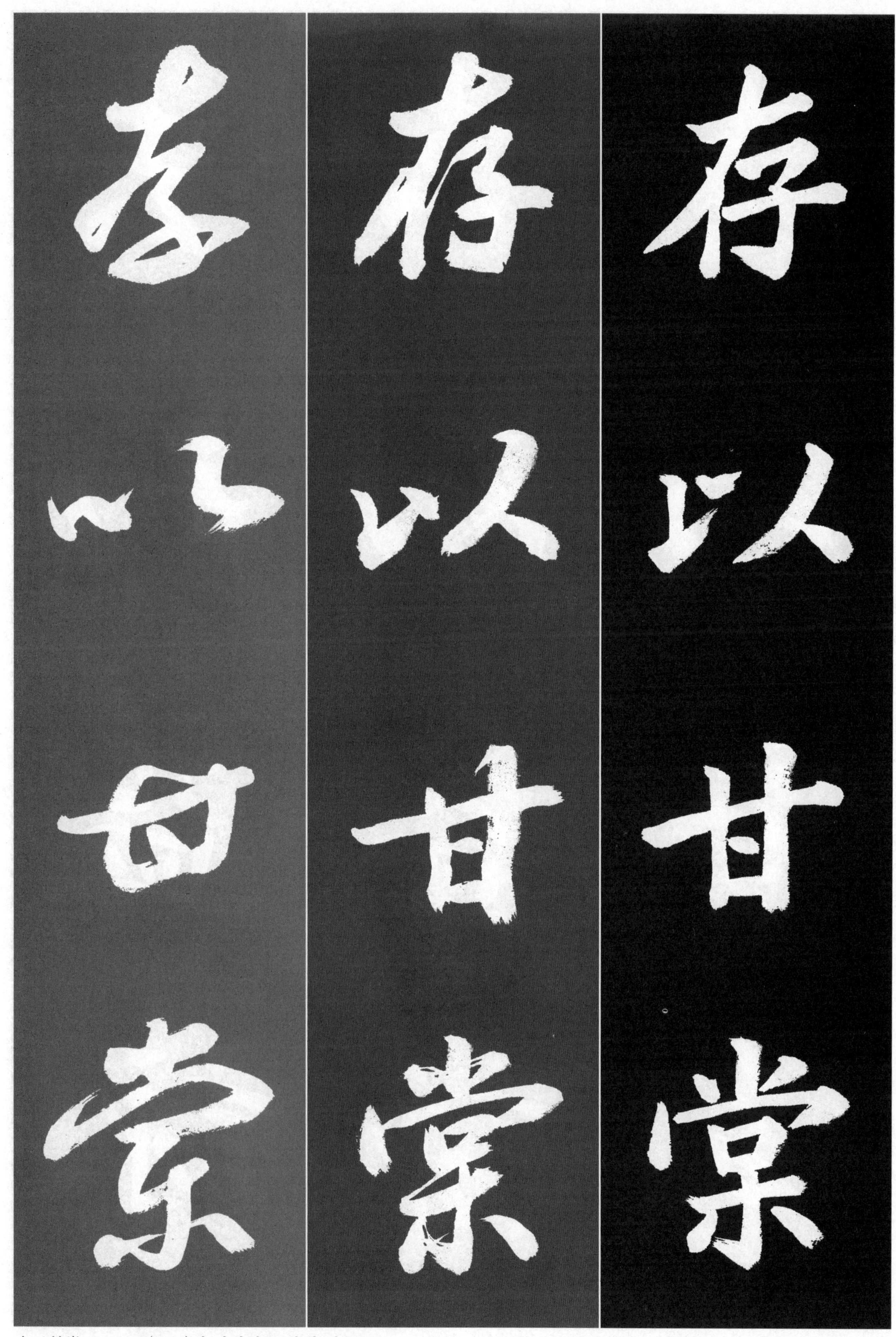

存以甘棠　소공(召公)이 감당나무 아래 머물고,

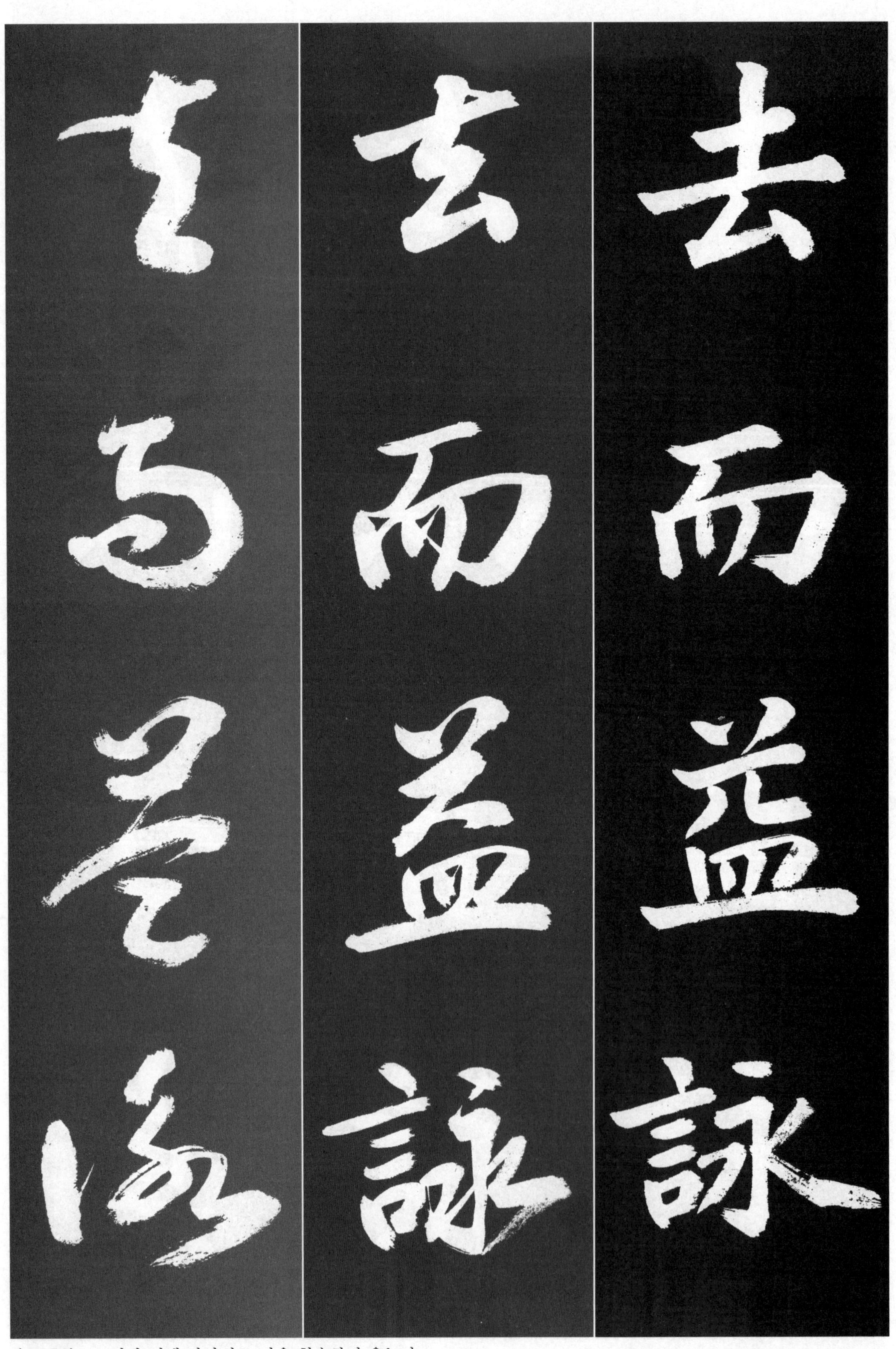

去 갈 거 而 말이을 이 益 더할 익 詠 읊을 영

去而益詠　떠난 뒤엔 감당시로 더욱 칭송하여 읊는다.

樂 풍류 악 殊 다를 수 貴 귀할 귀 賤 천할 천

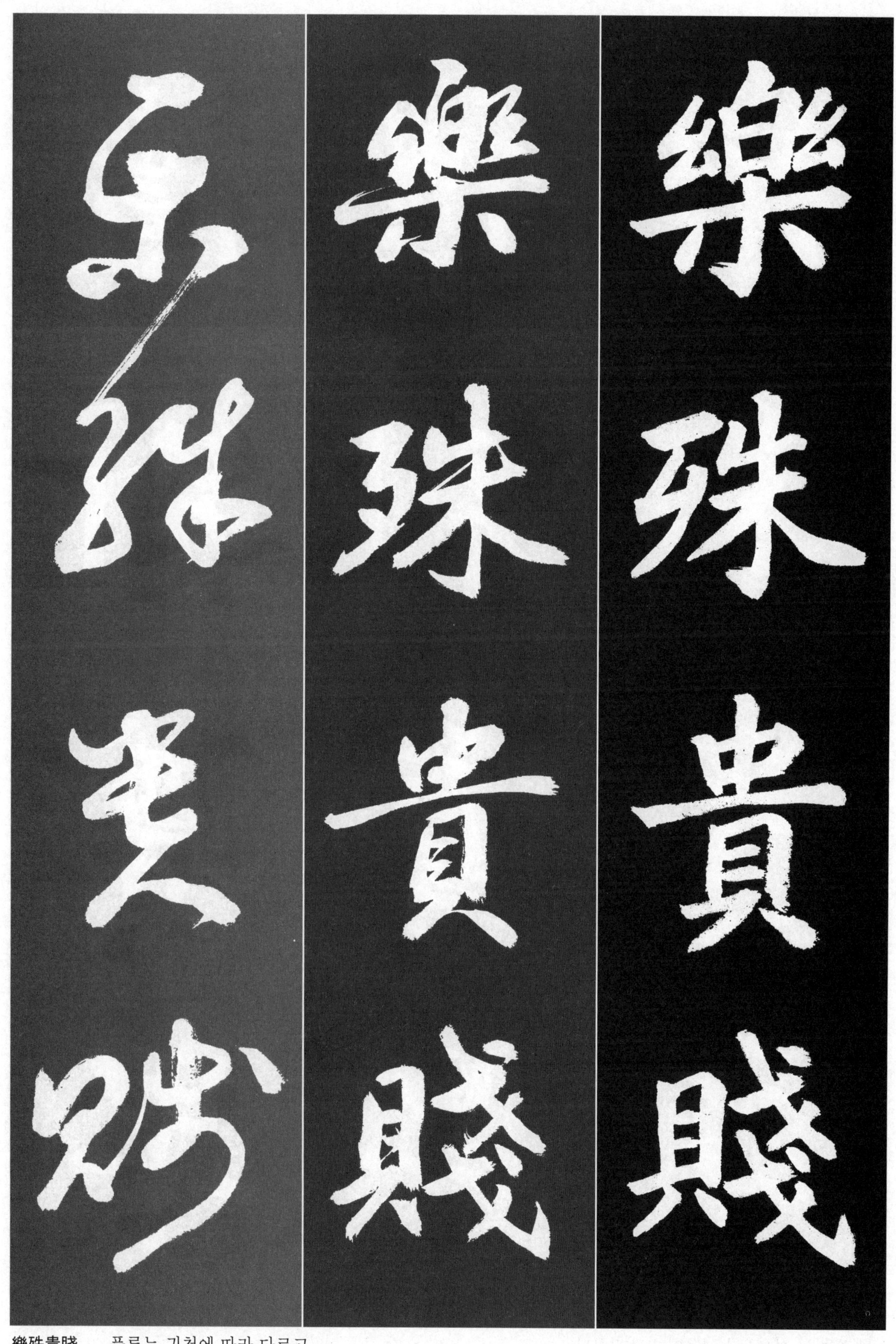

樂殊貴賤　풍류는 귀천에 따라 다르고,

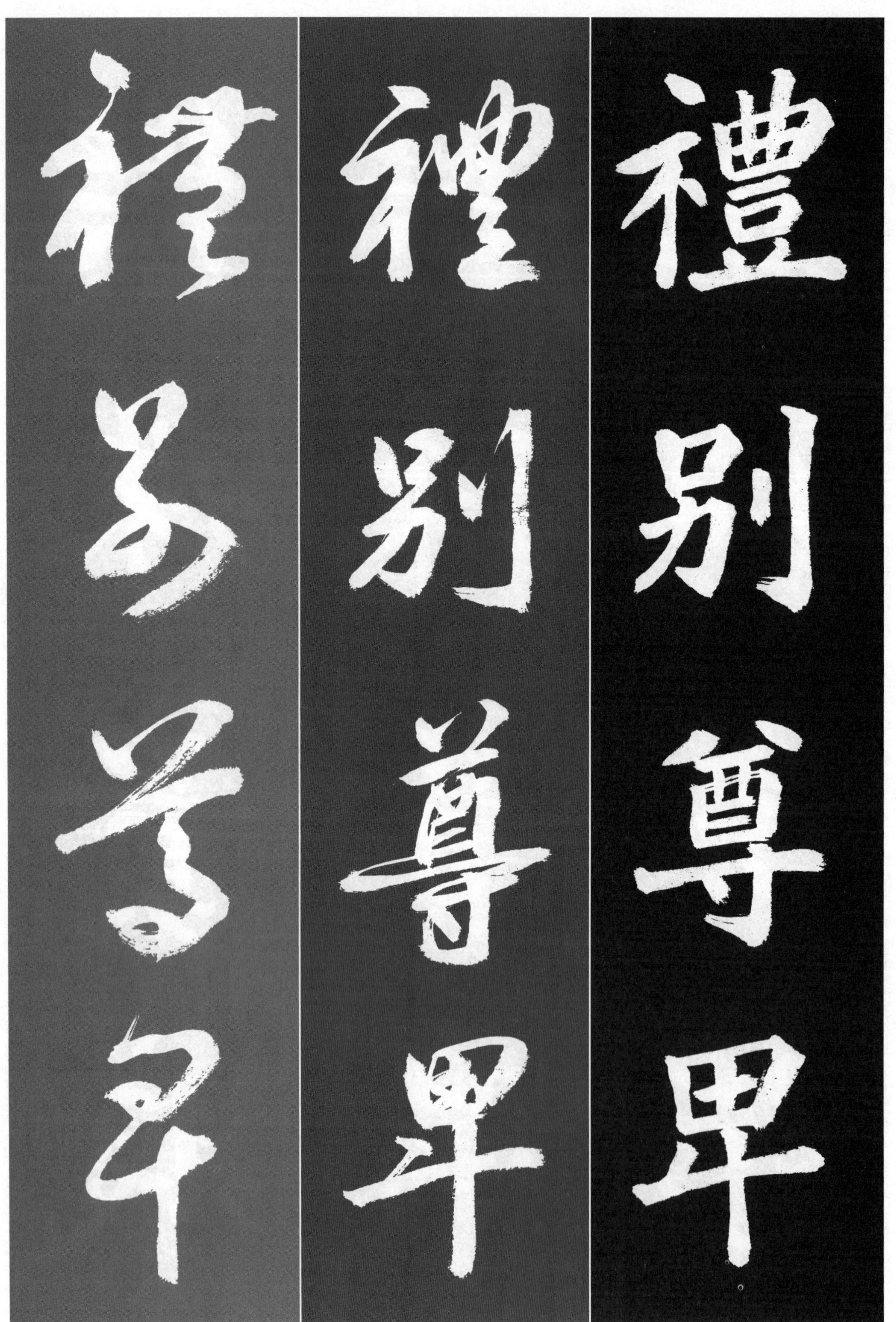

禮 예도 례 別 다를 별 尊 높을 존 卑 낮을 비

禮別尊卑　　예의도 높낮음에 따라 다르다.

上 윗상 和 화할화 下 아래하 睦 화목할목

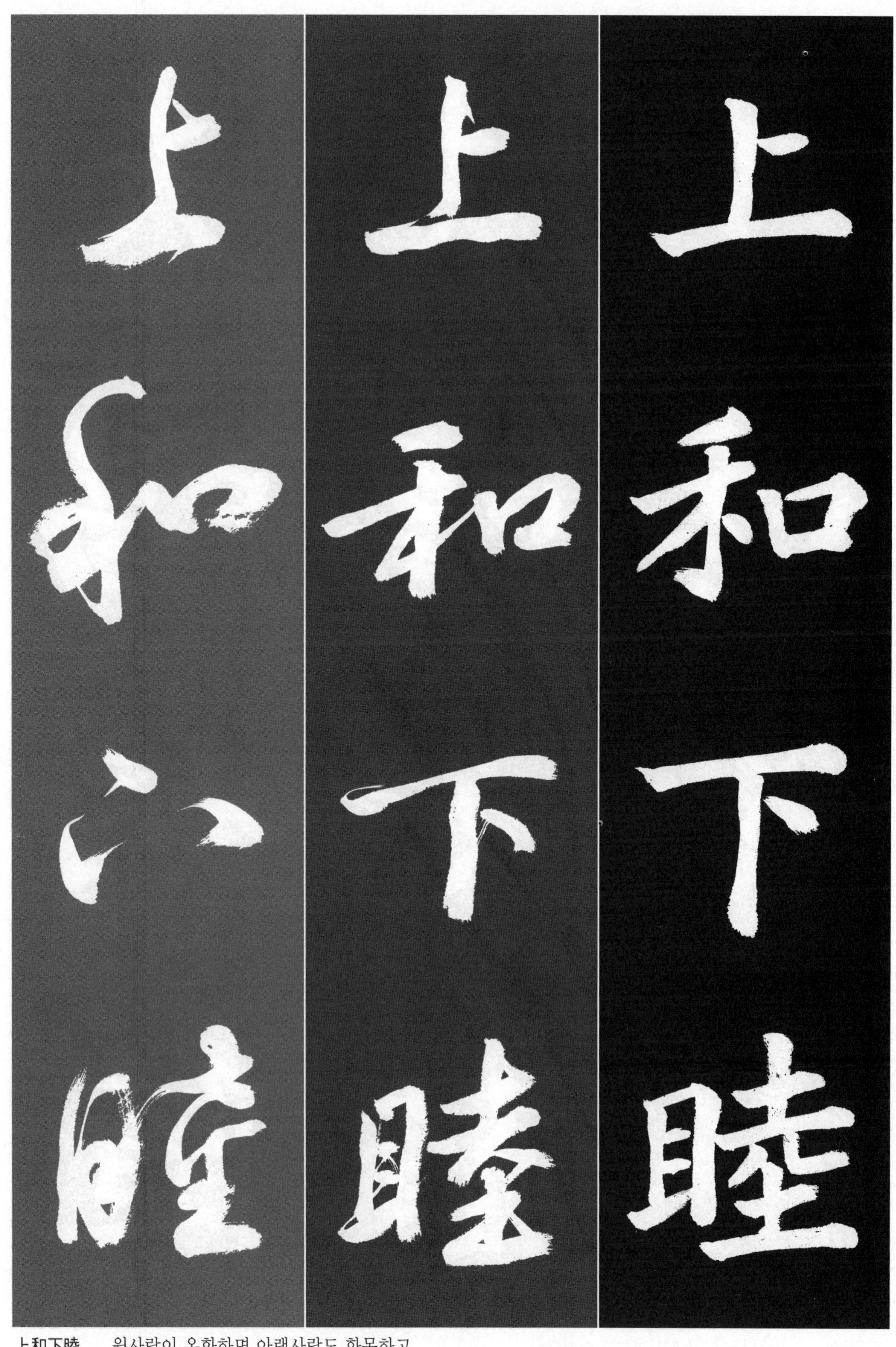

上和下睦 윗사람이 온화하면 아랫사람도 화목하고,

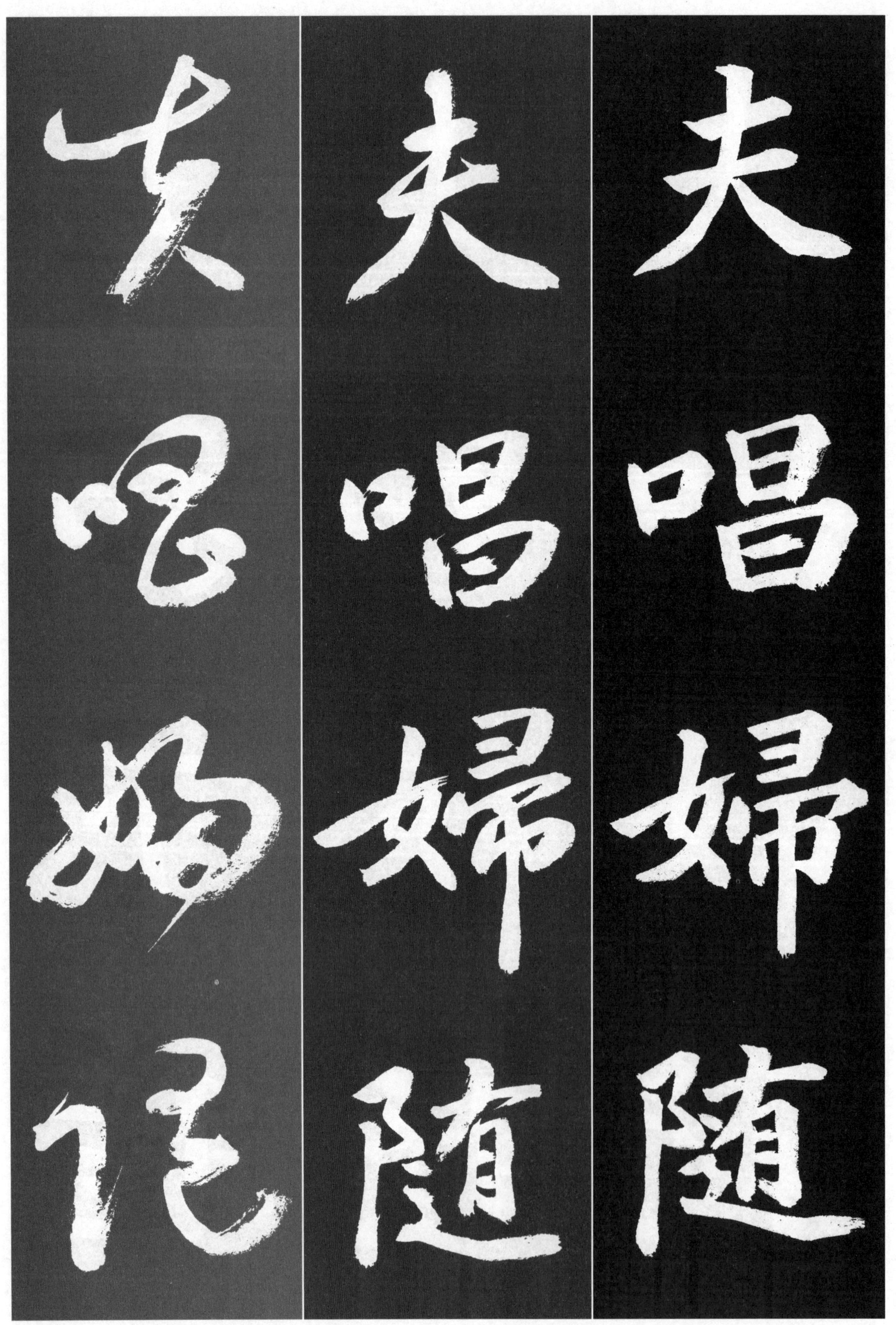

夫 지아비 부 唱 부를 창 婦 아내 부 隨 따를 수

夫唱婦隨　　지아비는 이끌고 지어미는 따른다.

外 바깥 외
受 받을 수
傅 스승 부
訓 가르칠 훈

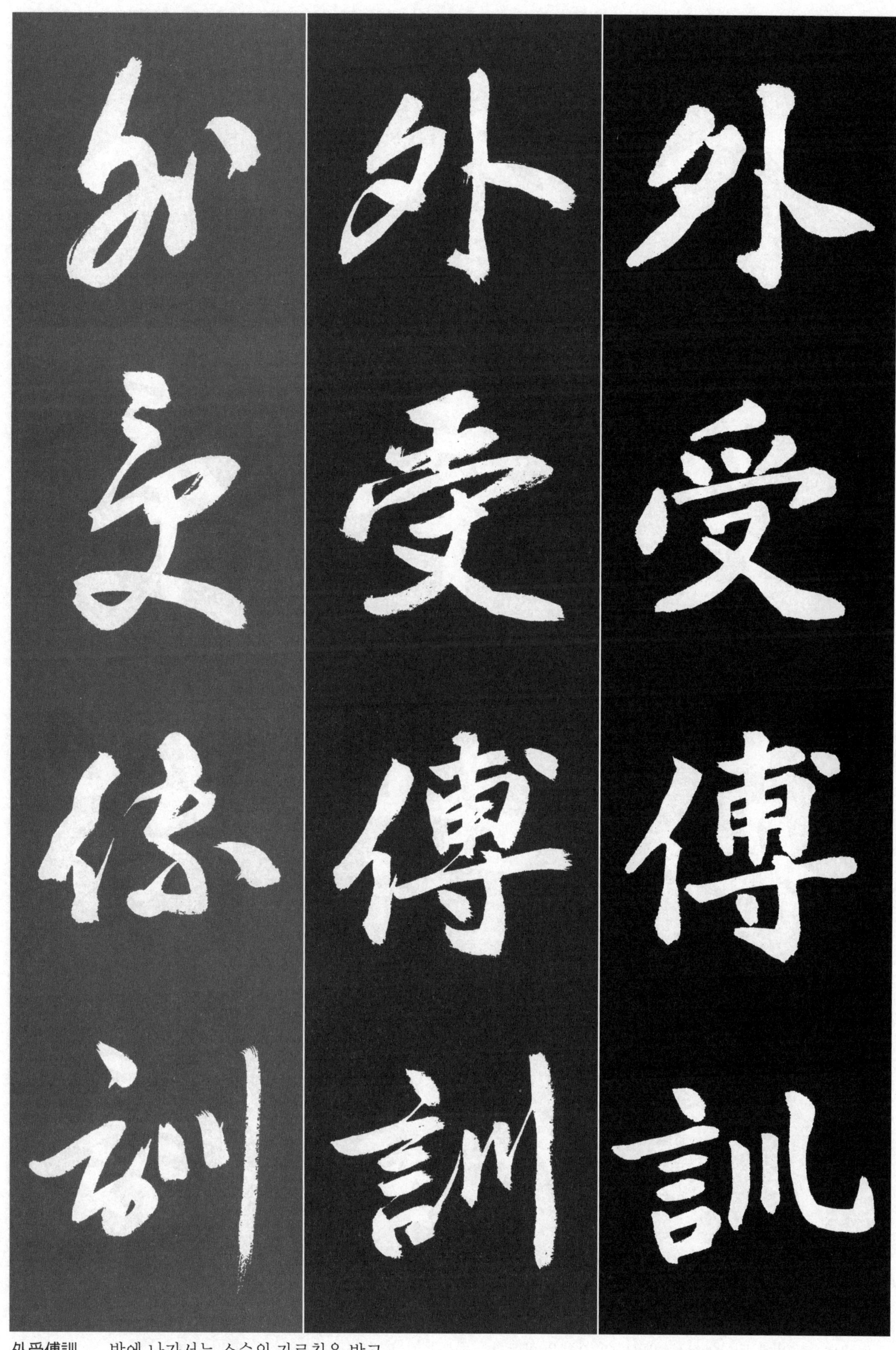

外受傅訓　밖에 나가서는 스승의 가르침을 받고,

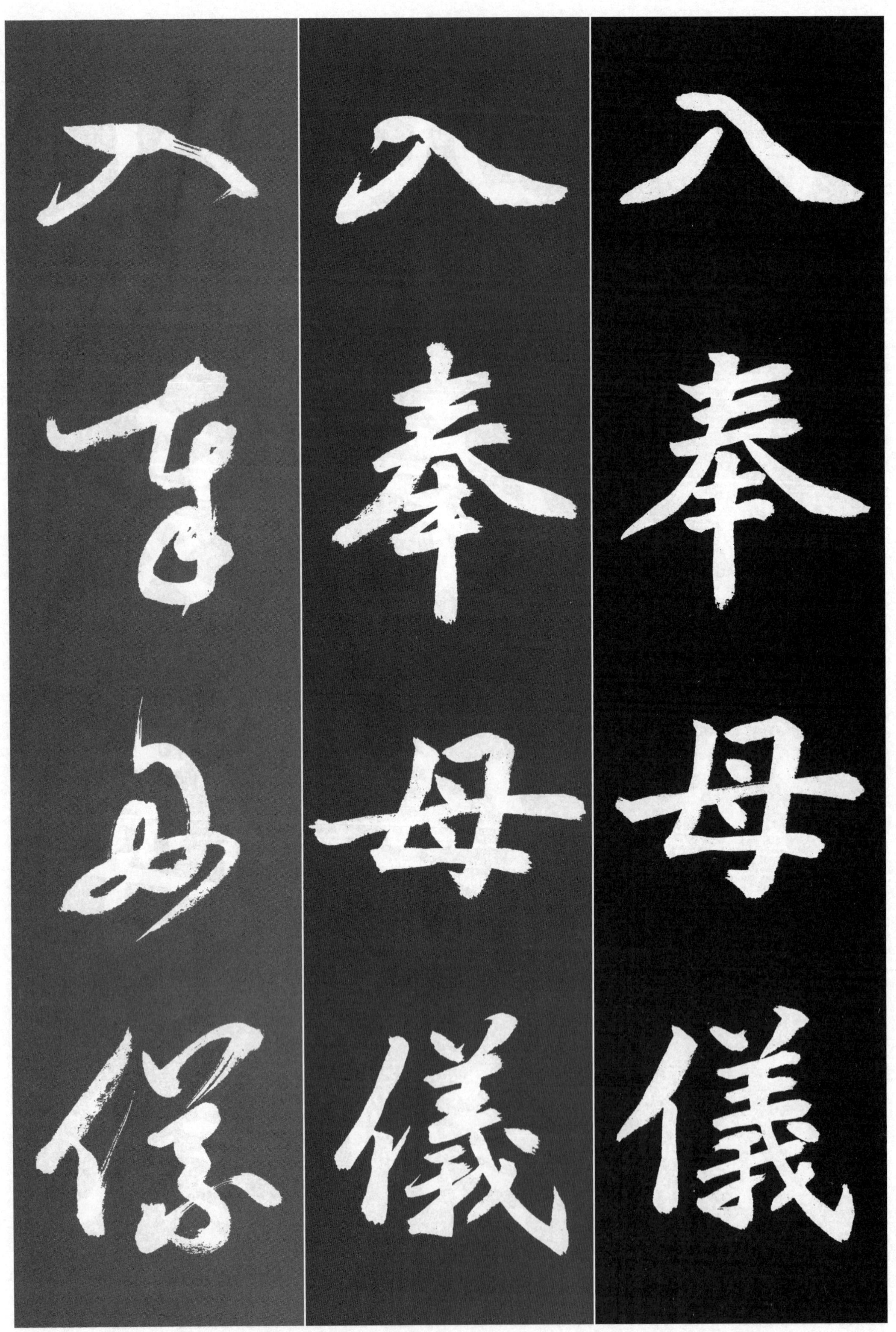

入 들 입 奉 받들 봉 母 어머니 모 儀 거동 의

入奉母儀 안에 들어와서는 어머니의 거동을 받든다.

諸 모두 제 姑 고모 고 伯 맏 백 叔 아저씨 숙

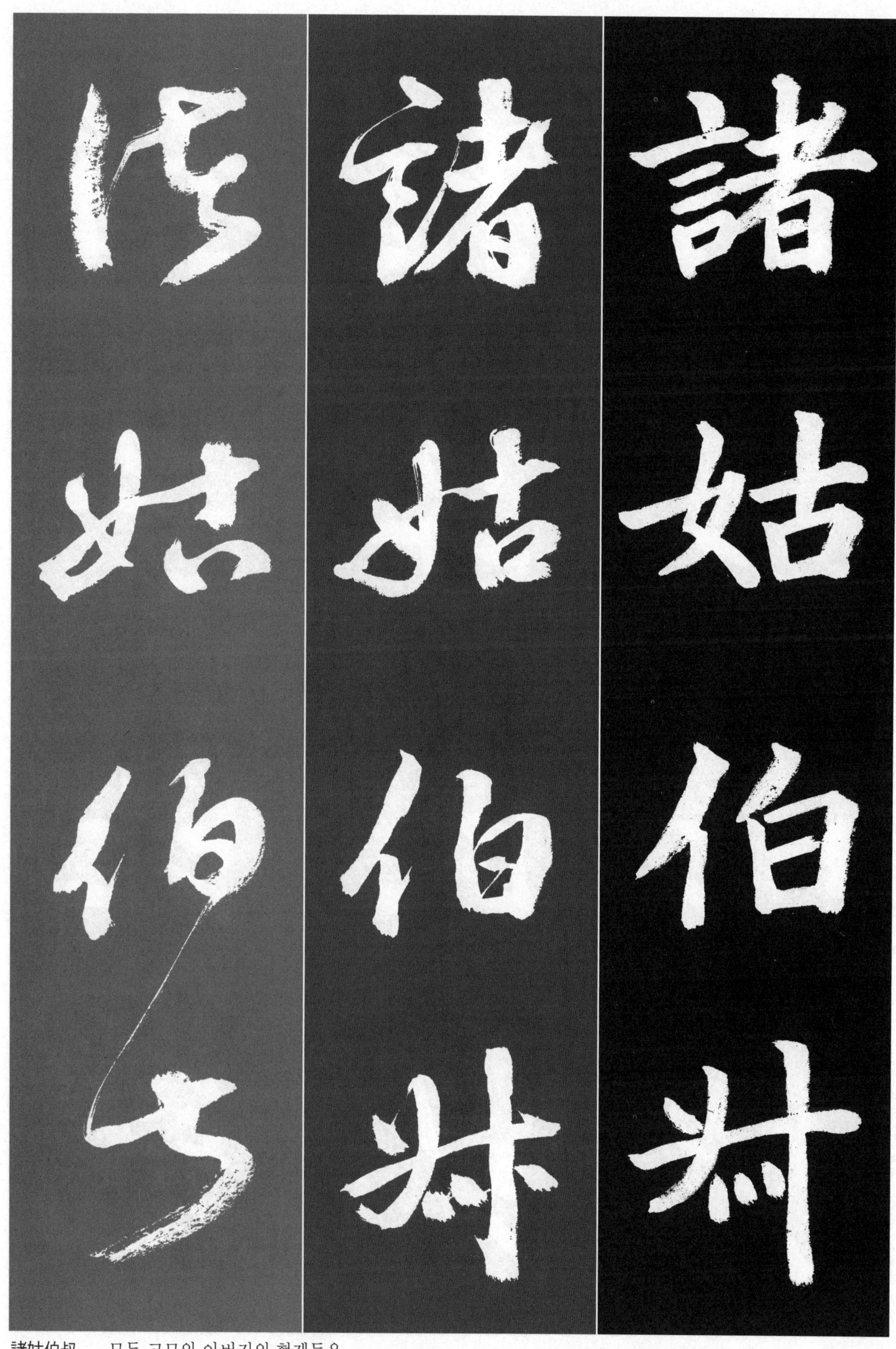

諸姑伯叔　모든 고모와 아버지의 형제들은,

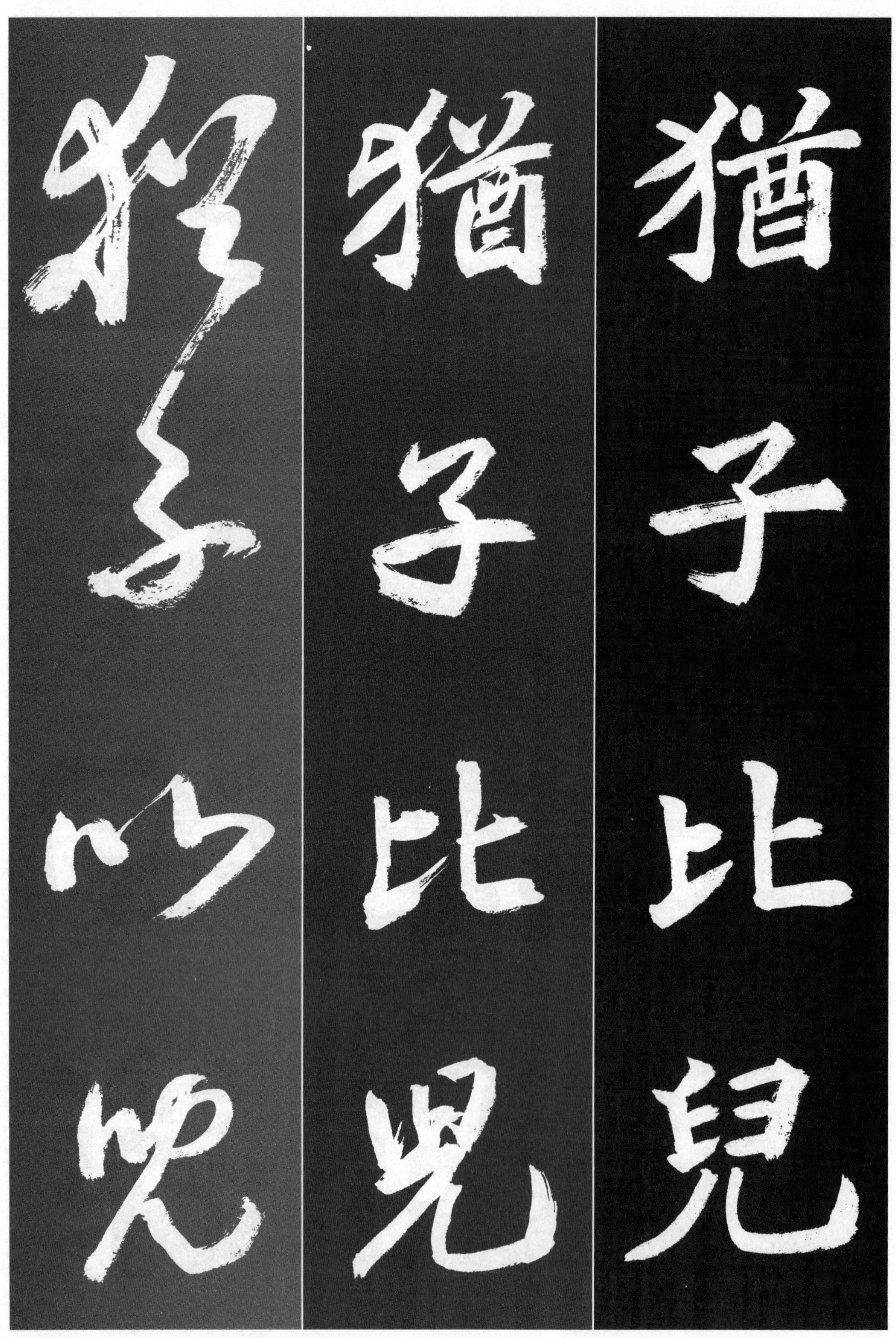

猶 오히려 유 子 아들자 比 견줄 비 兒 아이 아

猶子比兒 조카를 자기 아이처럼 생각하고,

孔 구멍 공
懷 품을 회
兄 맏 형
弟 아우 제

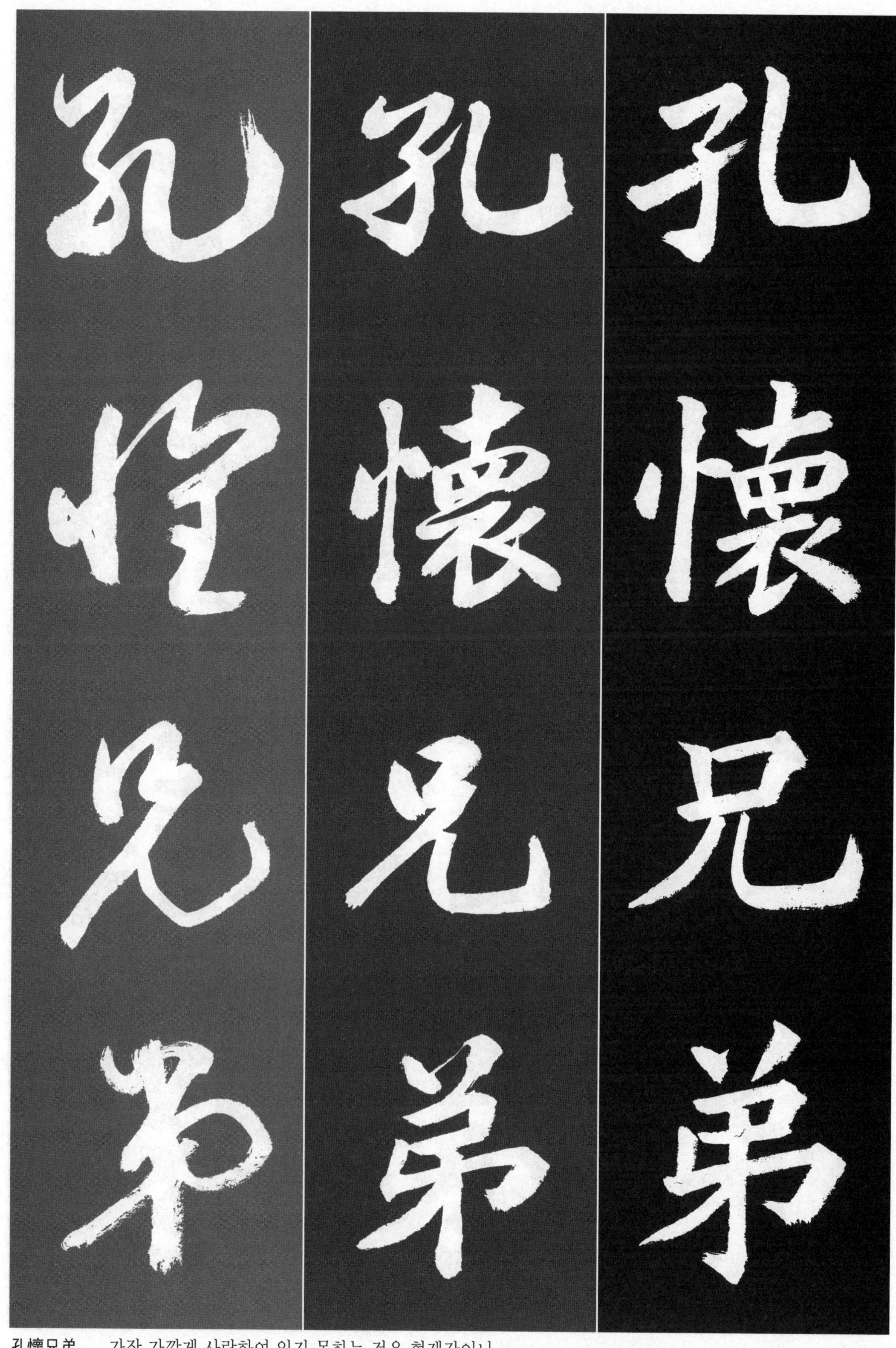

孔懷兄弟　가장 가깝게 사랑하여 잊지 못하는 것은 형제간이니,

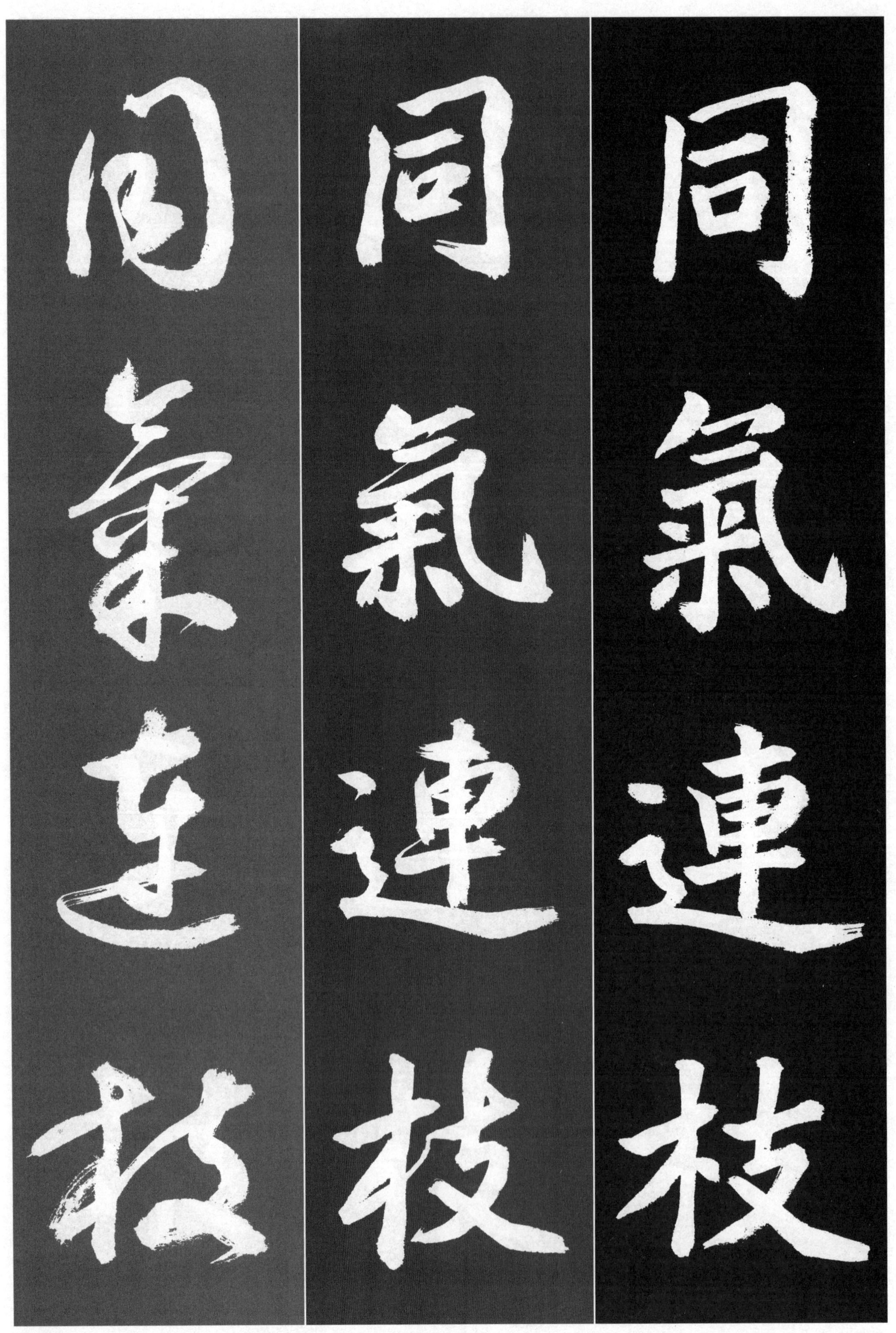

同 한가지 동 氣 기운 기 連 연할 련 枝 가지 지

同氣連枝　　동기간은 한 나무에서 이어진 가지와 같기 때문이다.

交 사귈 교 友 벗 우 投 던질 투 分 나눌 분

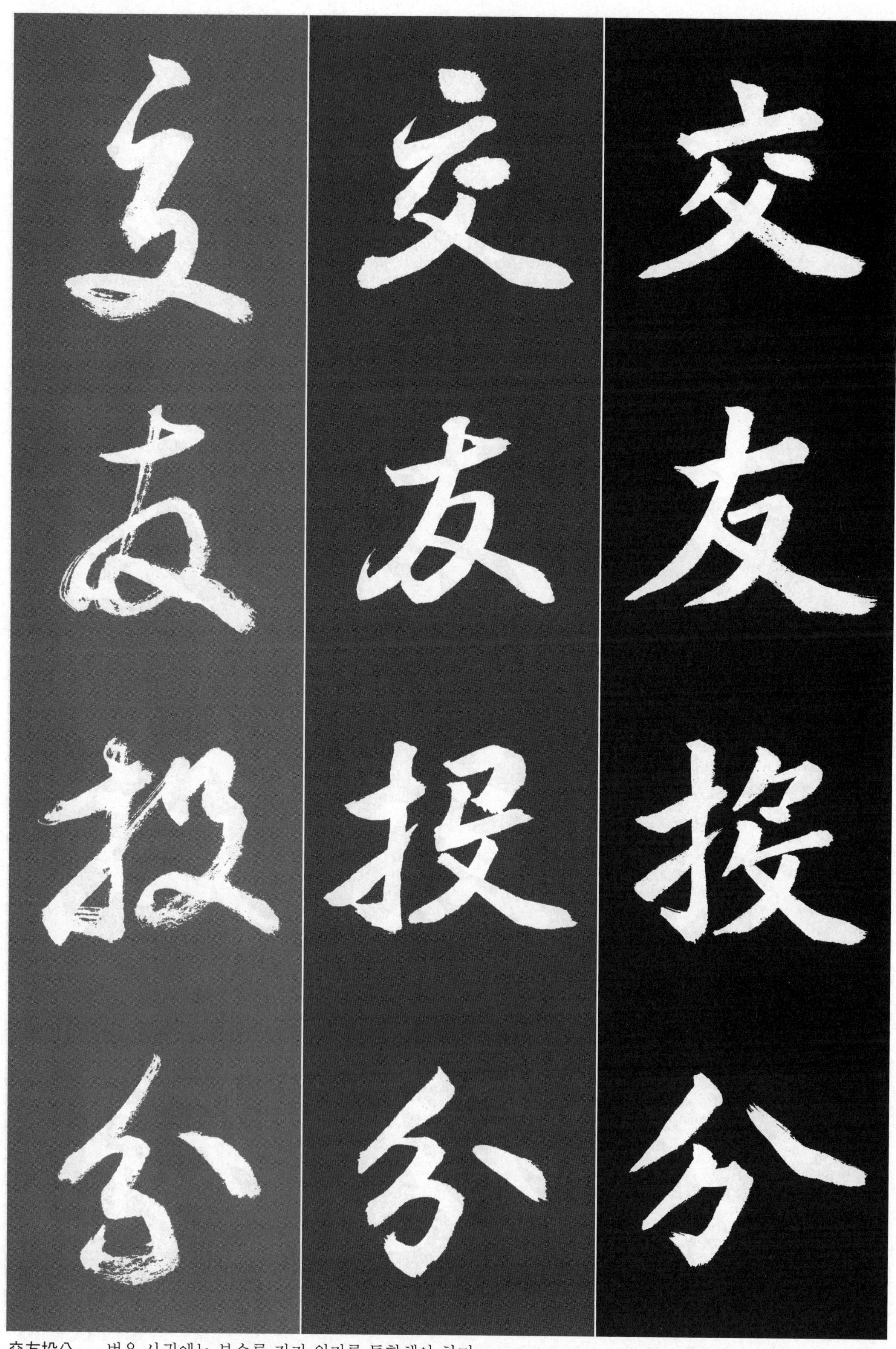

交友投分 벗을 사귐에는 분수를 지켜 의기를 투합해야 하며,

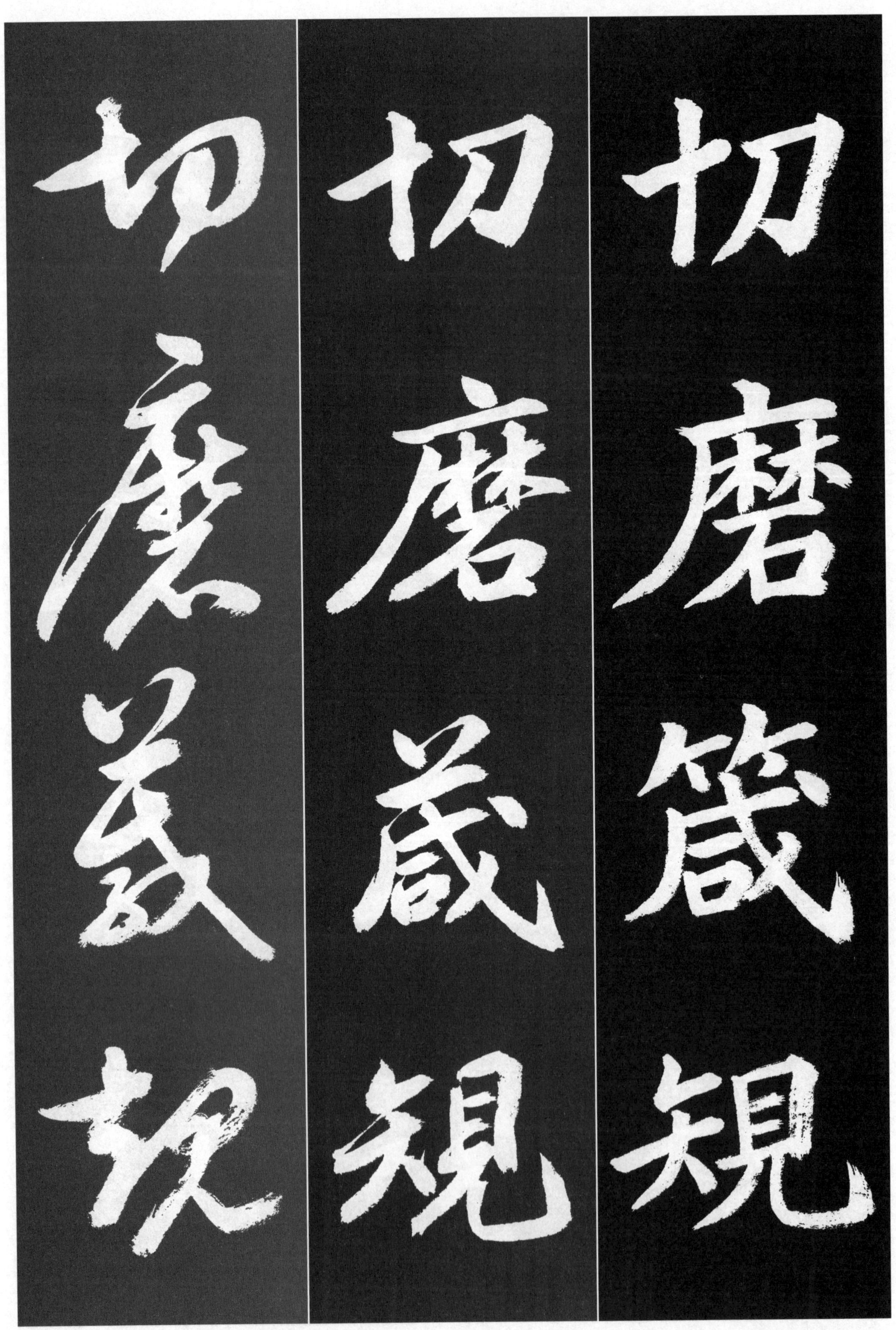

切 간절 절 磨 갈 마 箴 경계할 잠 規 법 규

切磨箴規　학문과 덕행을 갈고 닦아 서로 경계하고 바르게 인도해야 한다.

仁 어질 인 慈 사랑할 자 隱 숨을 은 惻 슬플 측

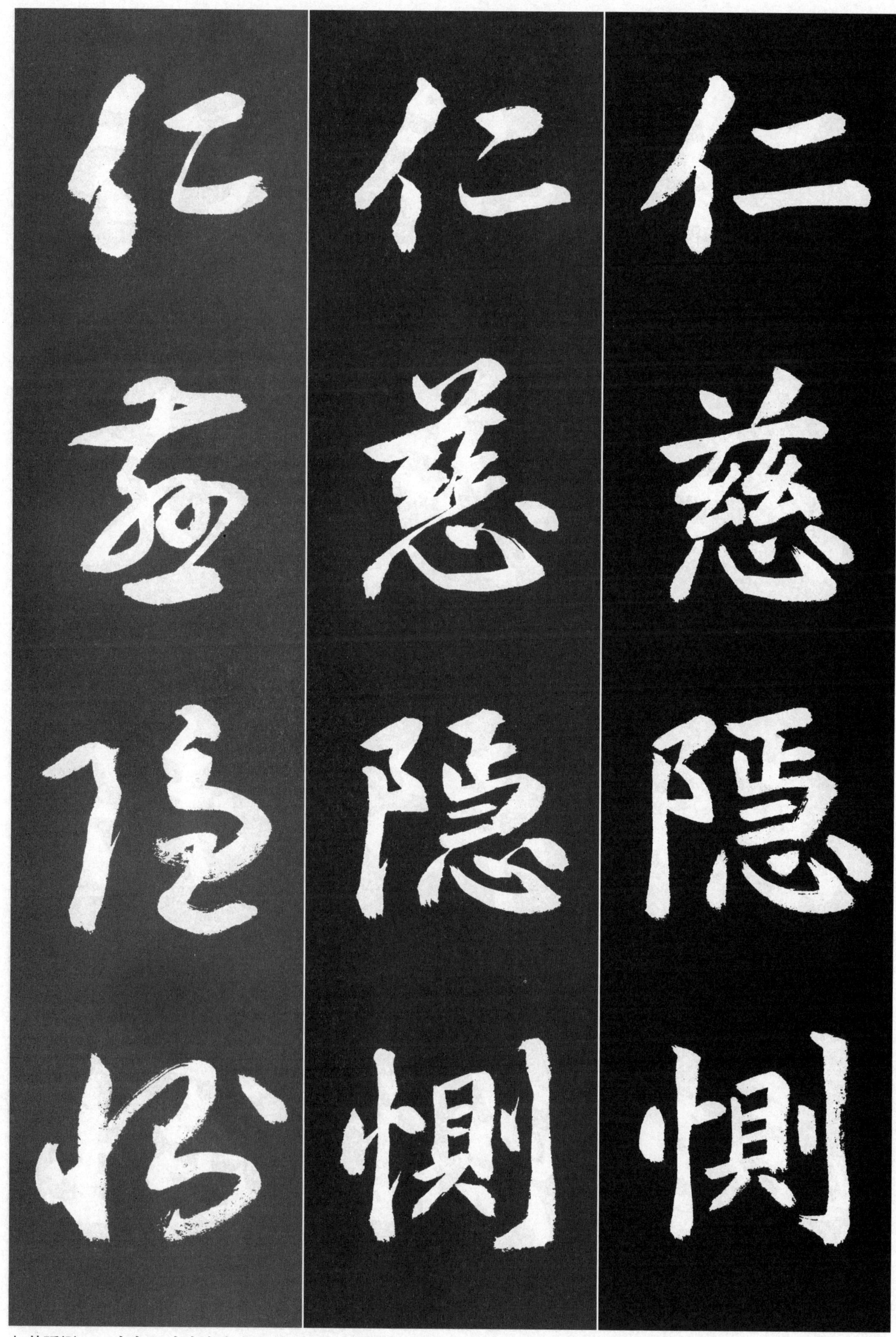

仁慈隱惻 어질고 사랑하며 측은히 여기는 마음이

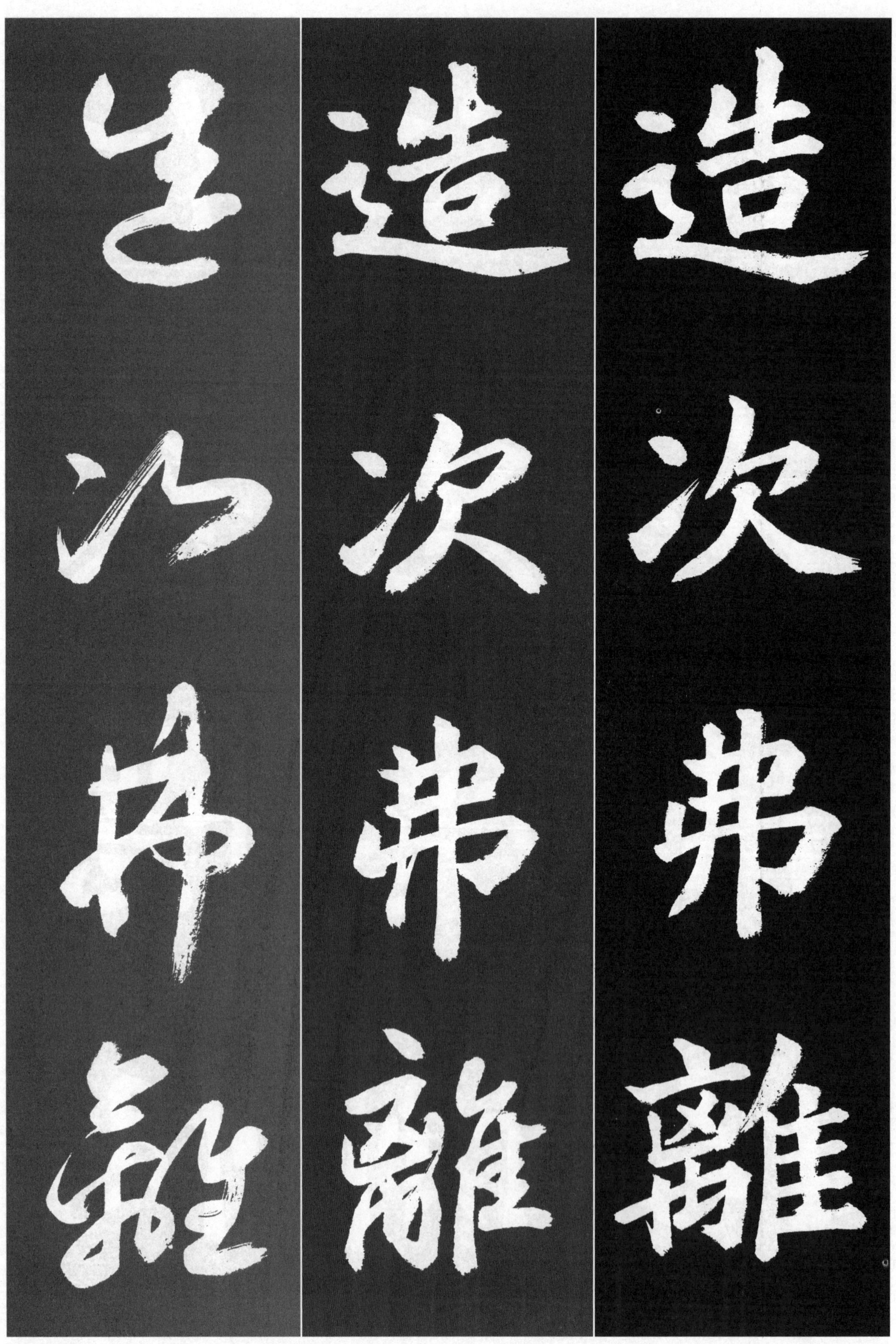

造 지을 조 次 버금 차 弗 아닐 불 離 떠날 리

造次弗離 잠시라도 마음속에서 떠나서는 안 된다.

節 마디 절 義 옳을 의 廉 청렴할 렴 退 물러날 퇴

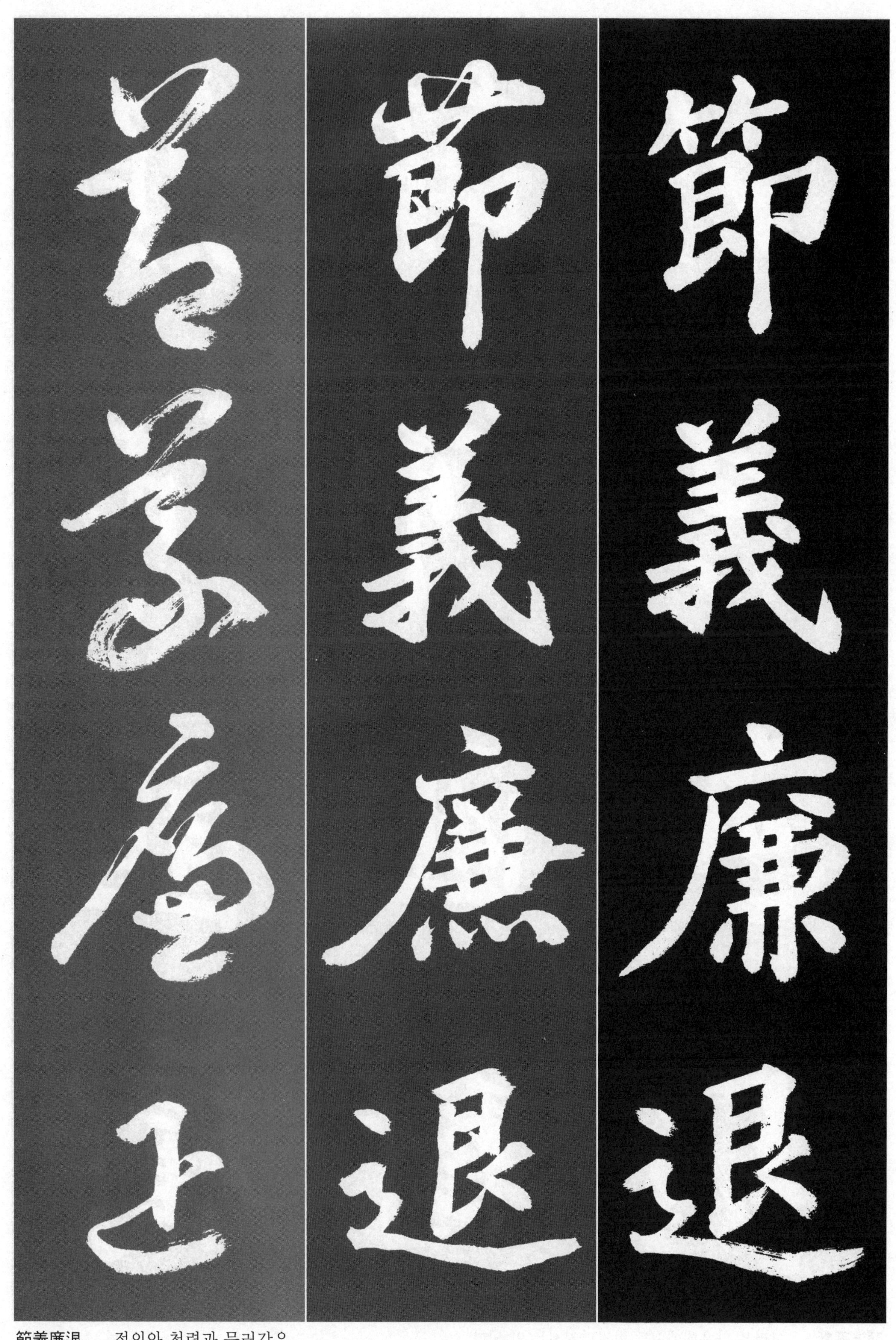

節義廉退 절의와 청렴과 물러감은

顚 엎어질 전 **沛** 자빠질 패 **匪** 아닐 비 **虧** 이지러질 휴

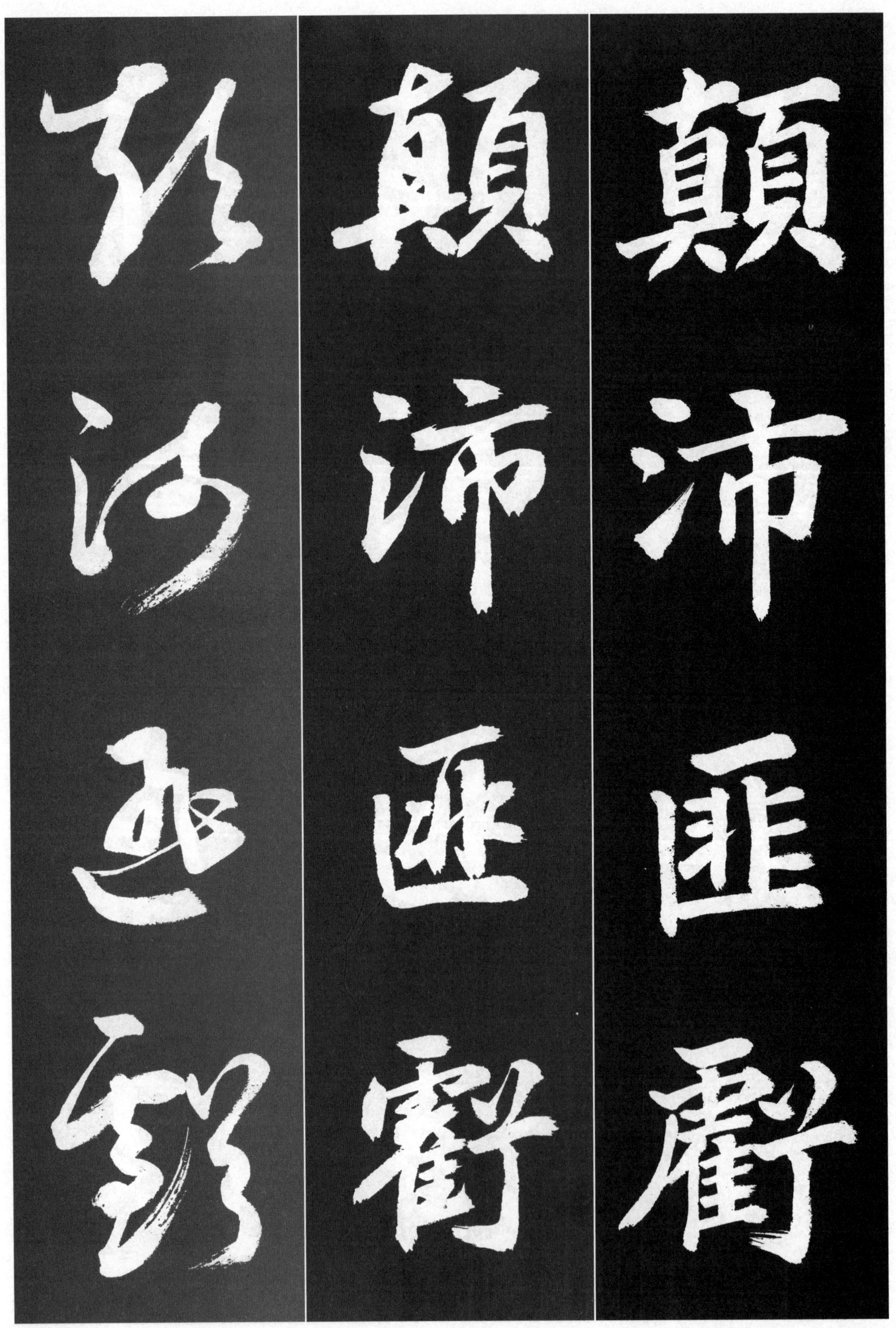

顚沛匪虧 어려운 가운데에서도 이지러져서는 안 된다.

性 성품 성 靜 고요 정 情 뜻 정 逸 편안할 일

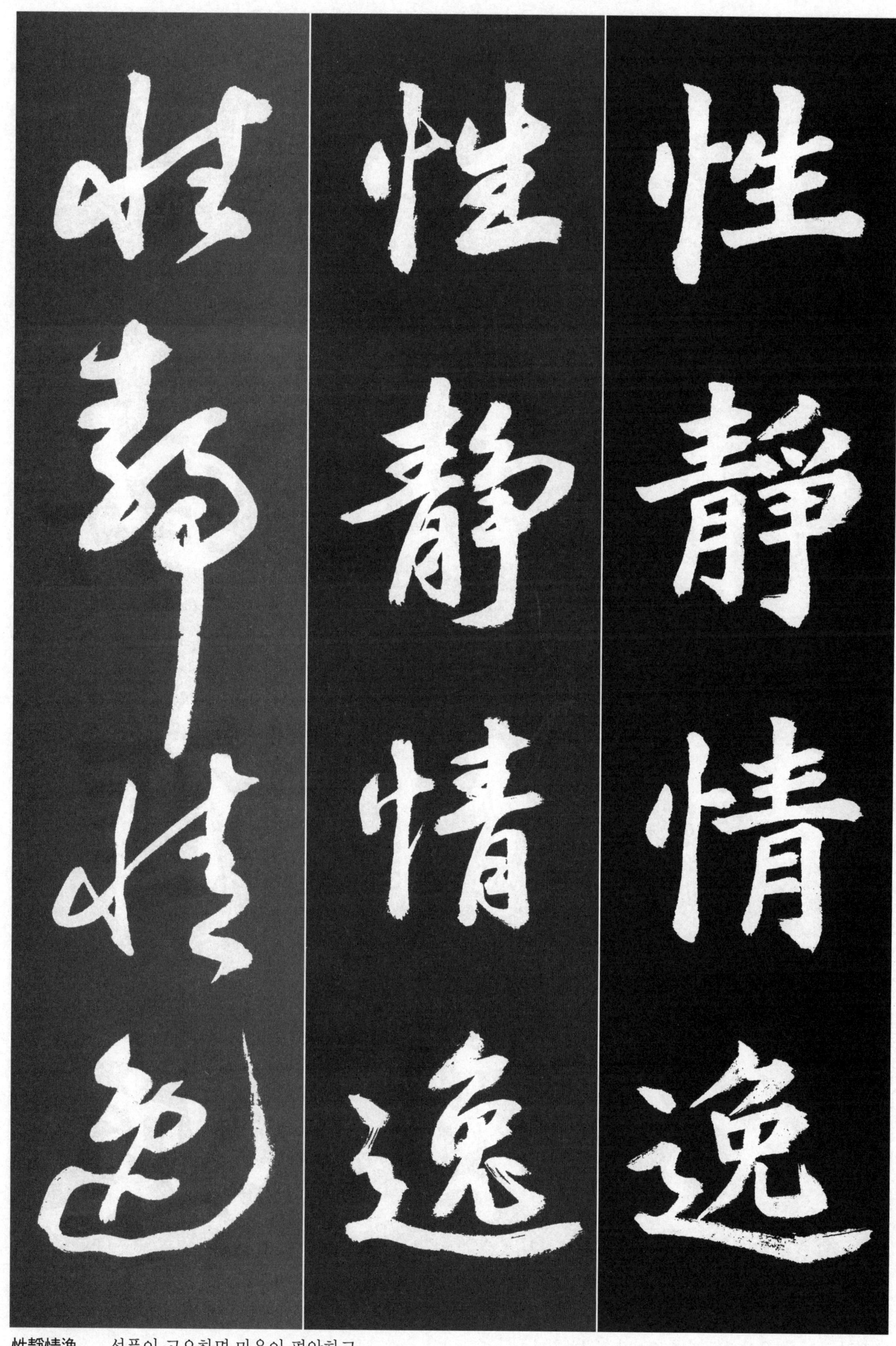

性靜情逸　성품이 고요하면 마음이 편안하고,

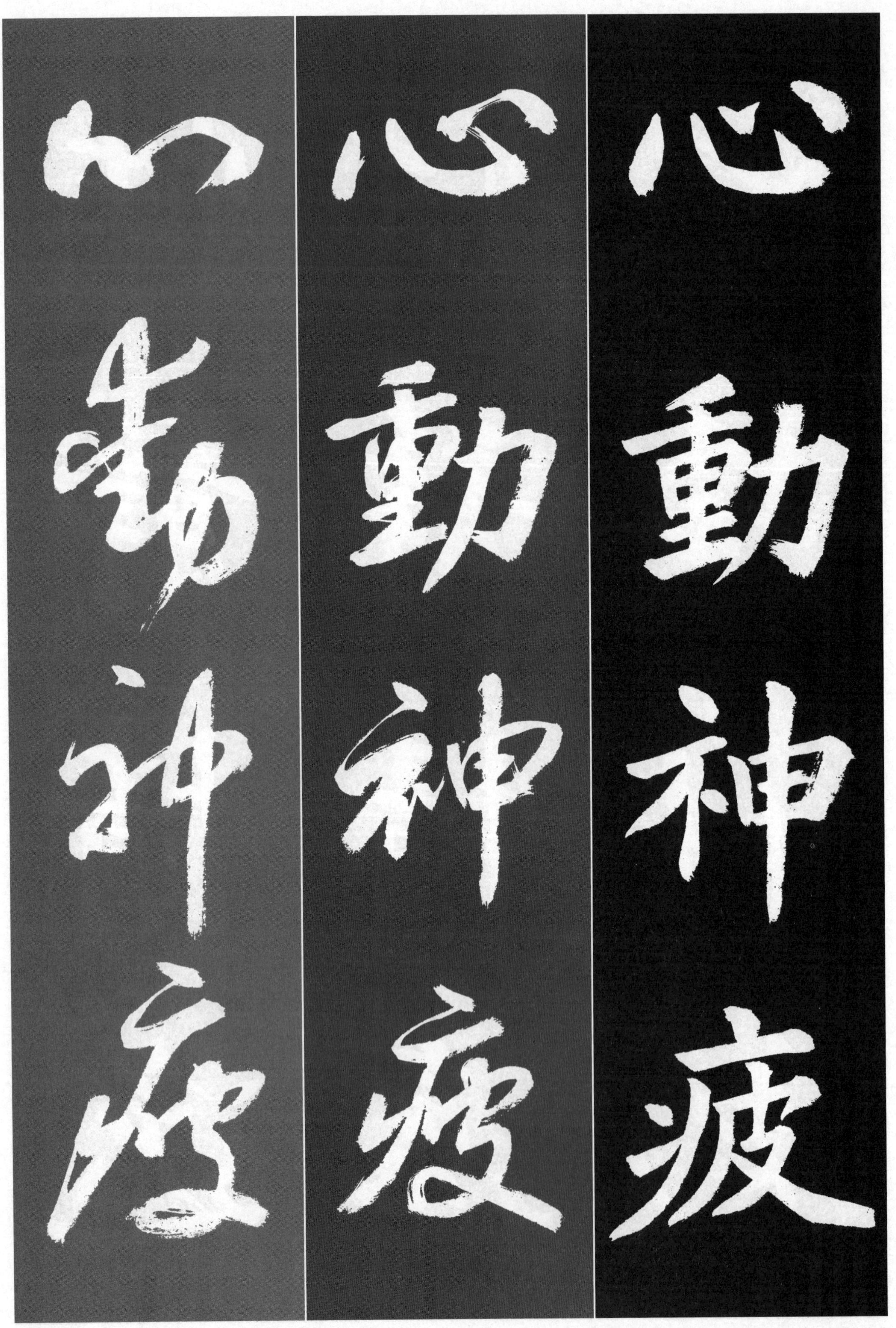

心 마음 심 動 움직일 동 神 귀신 신 疲 피로할 피

心動神疲　마음이 흔들리면 정신이 피로해진다.

守 지킬 수 眞 참 진 志 뜻 지 滿 가득할 만

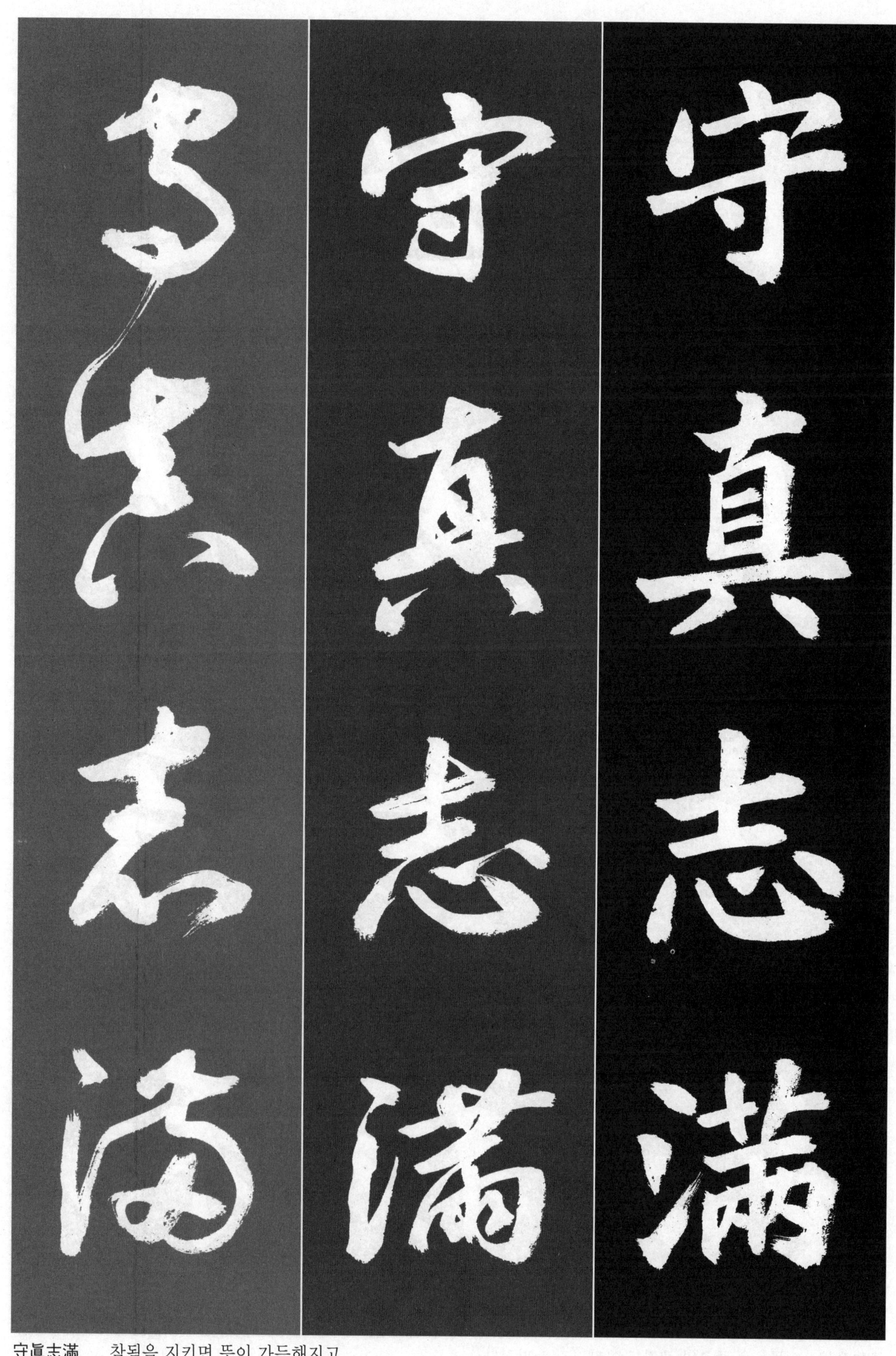

守眞志滿　참됨을 지키면 뜻이 가득해지고,

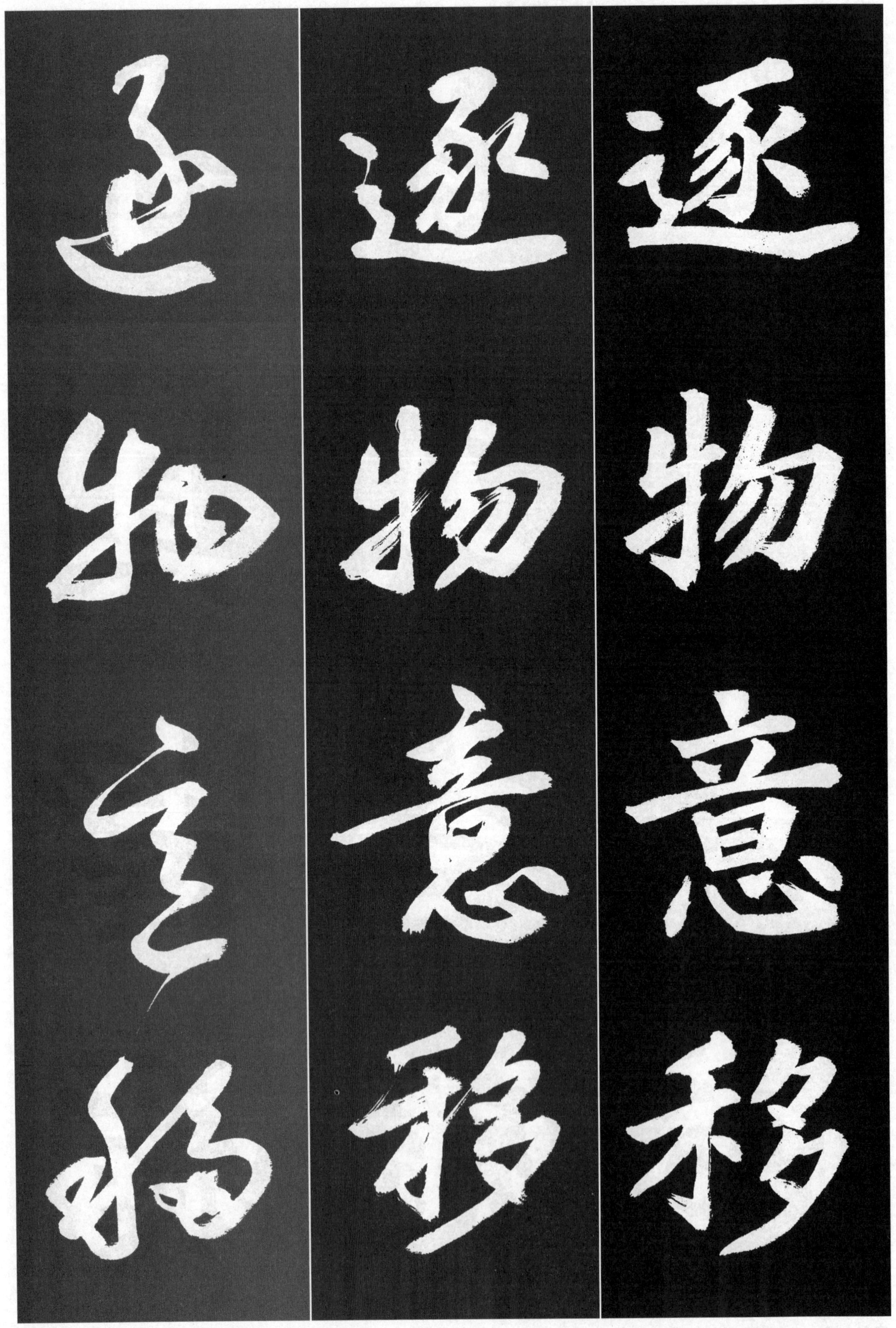

逐 쫓을 축 物 만물 물 意 뜻 의 移 옮길 이

逐物意移　　물욕을 좇으면 생각도 이리저리 옮겨진다.

堅 굳을 견 持 가질 지 雅 바를 아 操 잡을 조

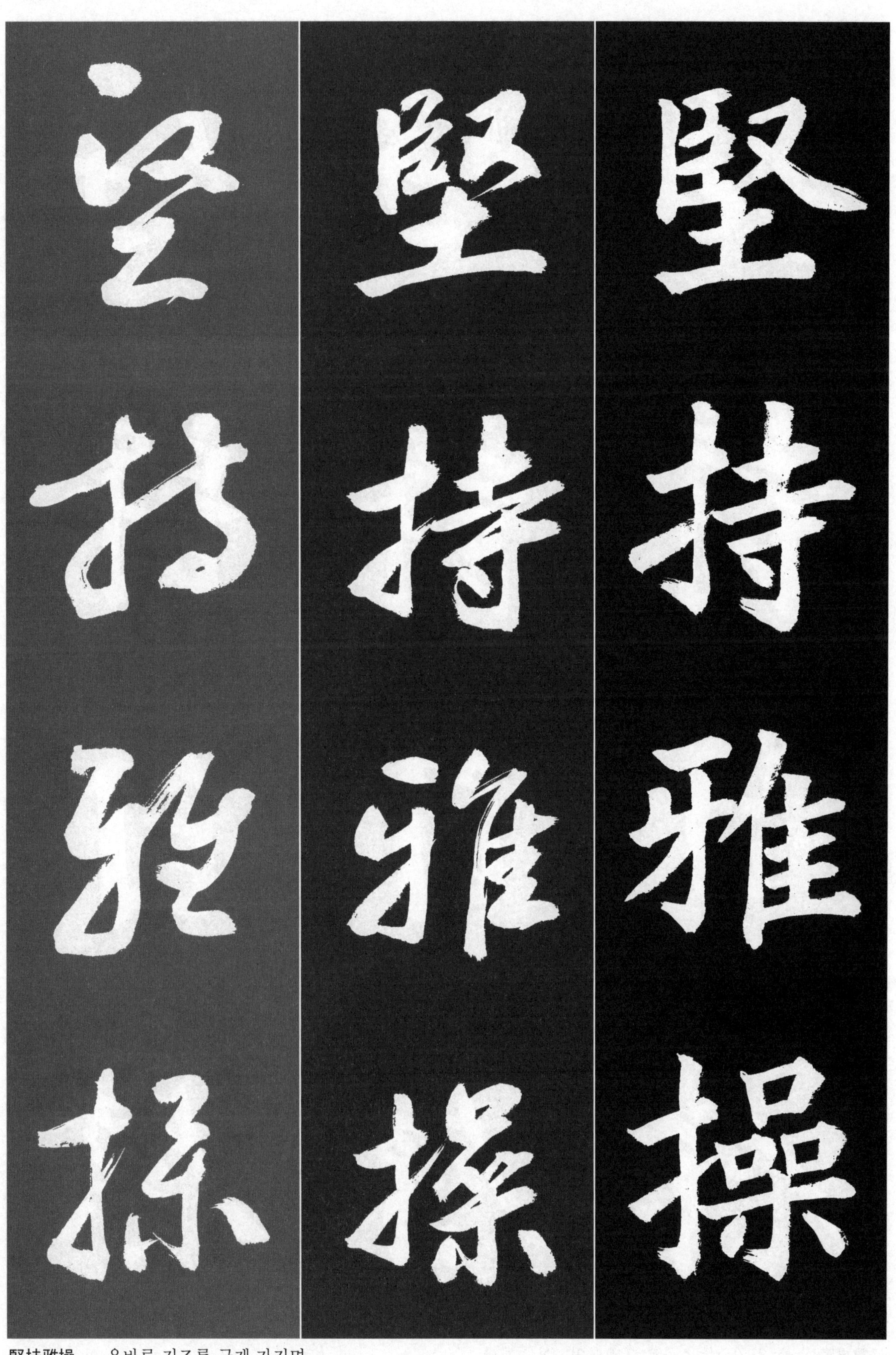

堅持雅操　　올바른 지조를 굳게 가지면,

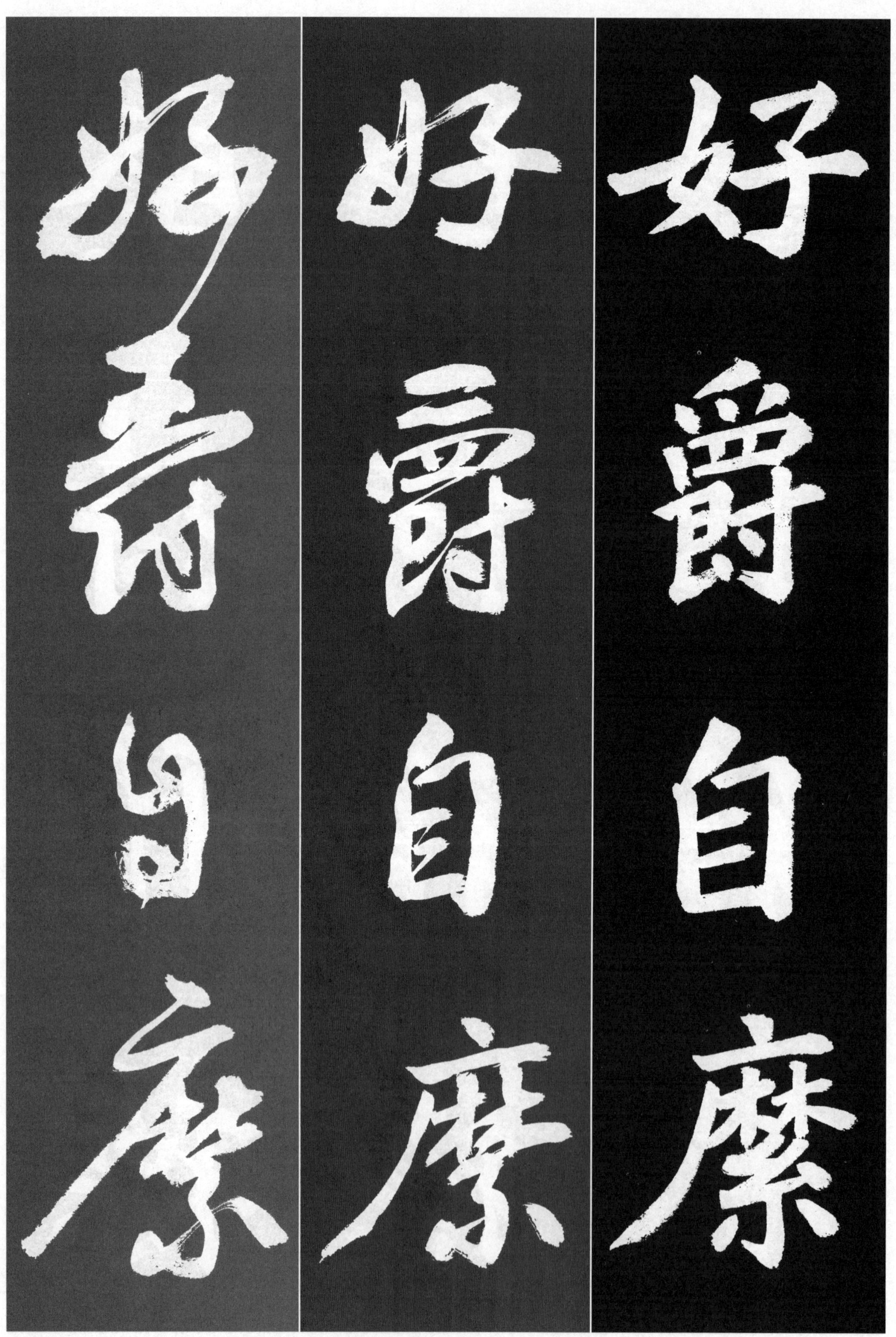

好 좋을 호 爵 벼슬 작 自 스스로 자 縻 얽어맬 미

好爵自縻 높은 지위는 스스로 그에게 얽히어 이른다.

都 도읍 도 邑 고을 읍 華 빛날 화 夏 여름 하

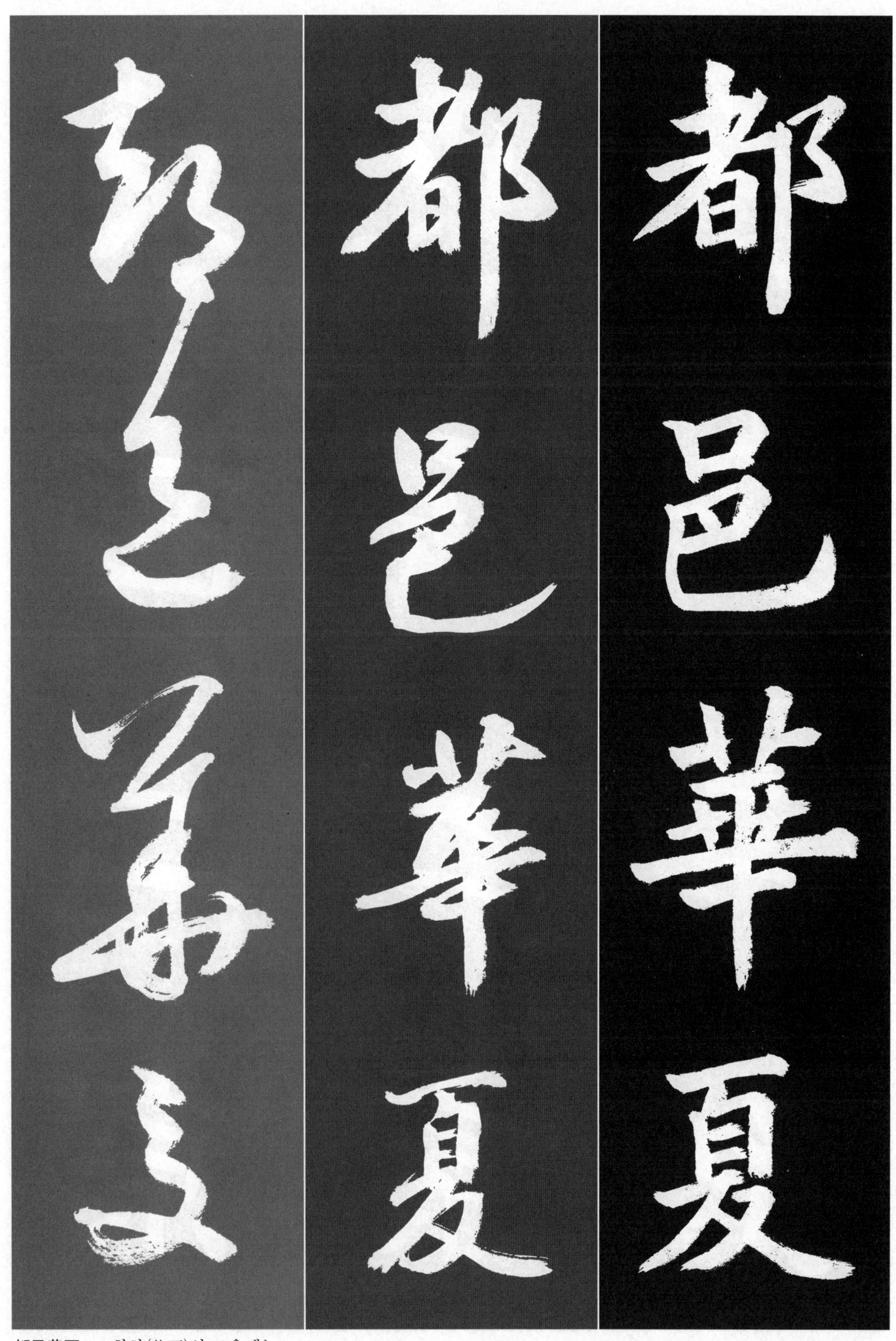

都邑華夏 화하(華夏)의 도읍에는

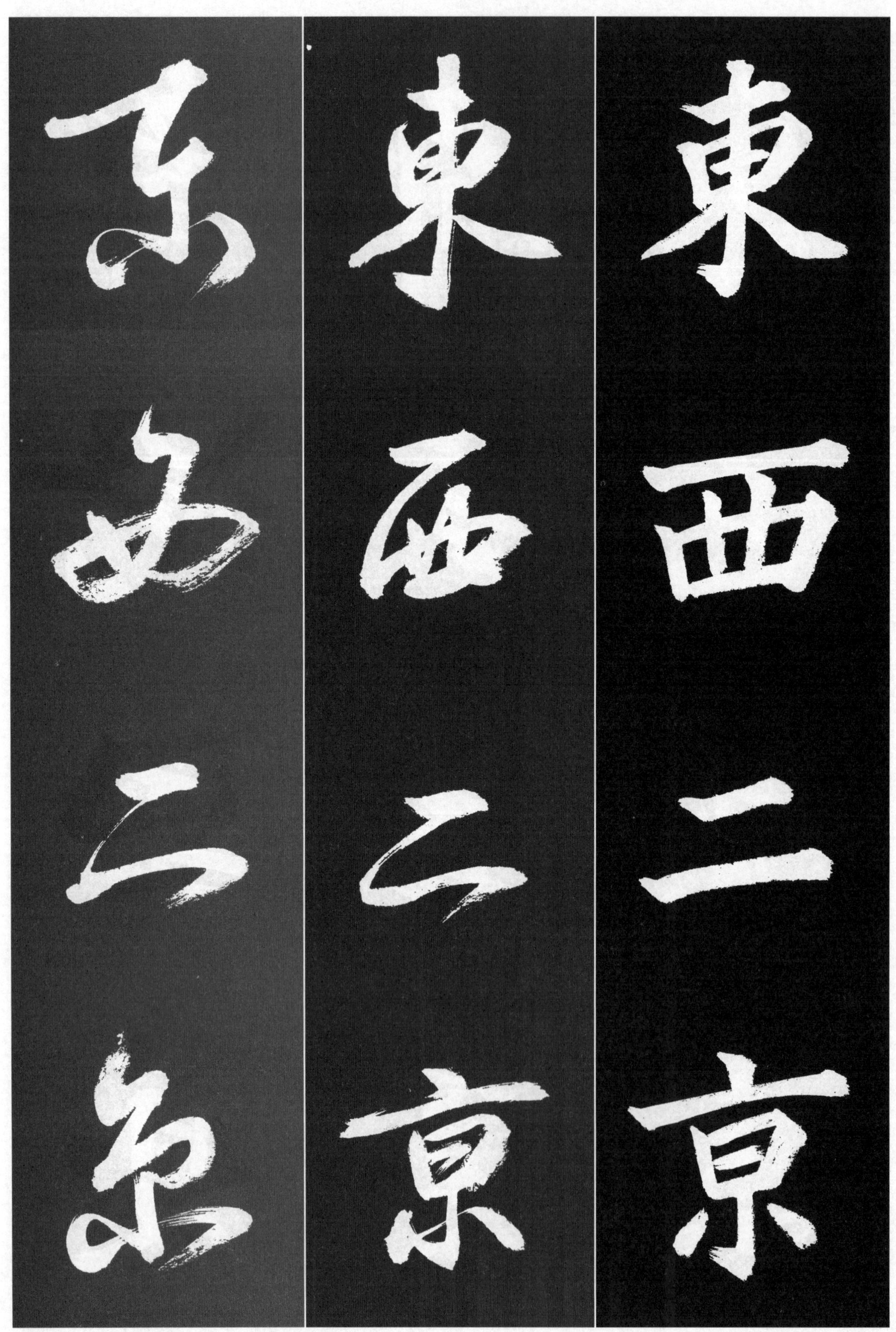

東 동녘 동 西 서녘 서 二 두 이 京 서울 경

東西二京　동경(洛陽)과 서경(長安)이 있다.

背 등 배 **邙** 뫼 망 **面** 낯 면 **洛** 낙수 락

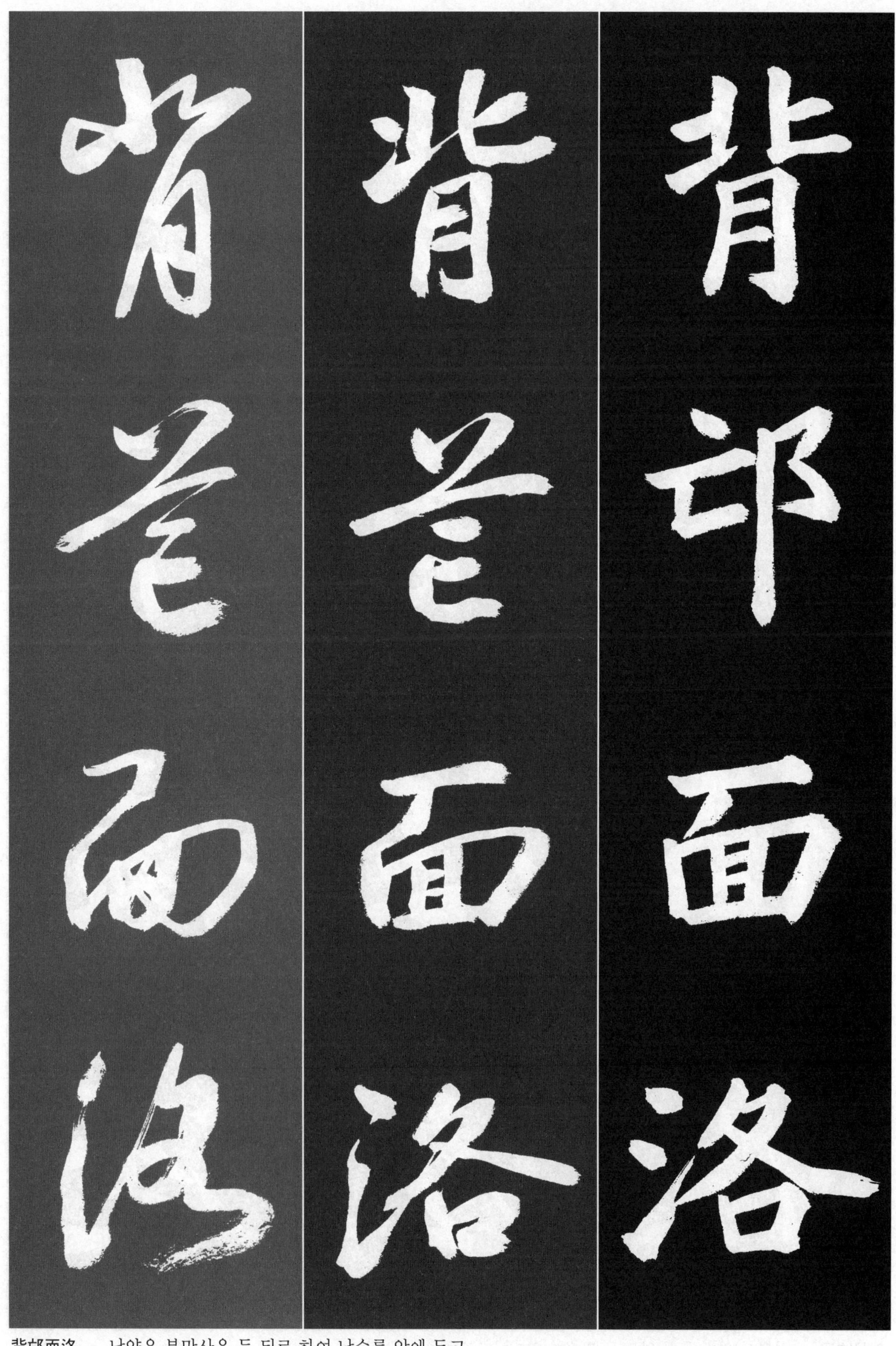

背邙面洛　낙양은 북망산을 등 뒤로 하여 낙수를 앞에 두고,

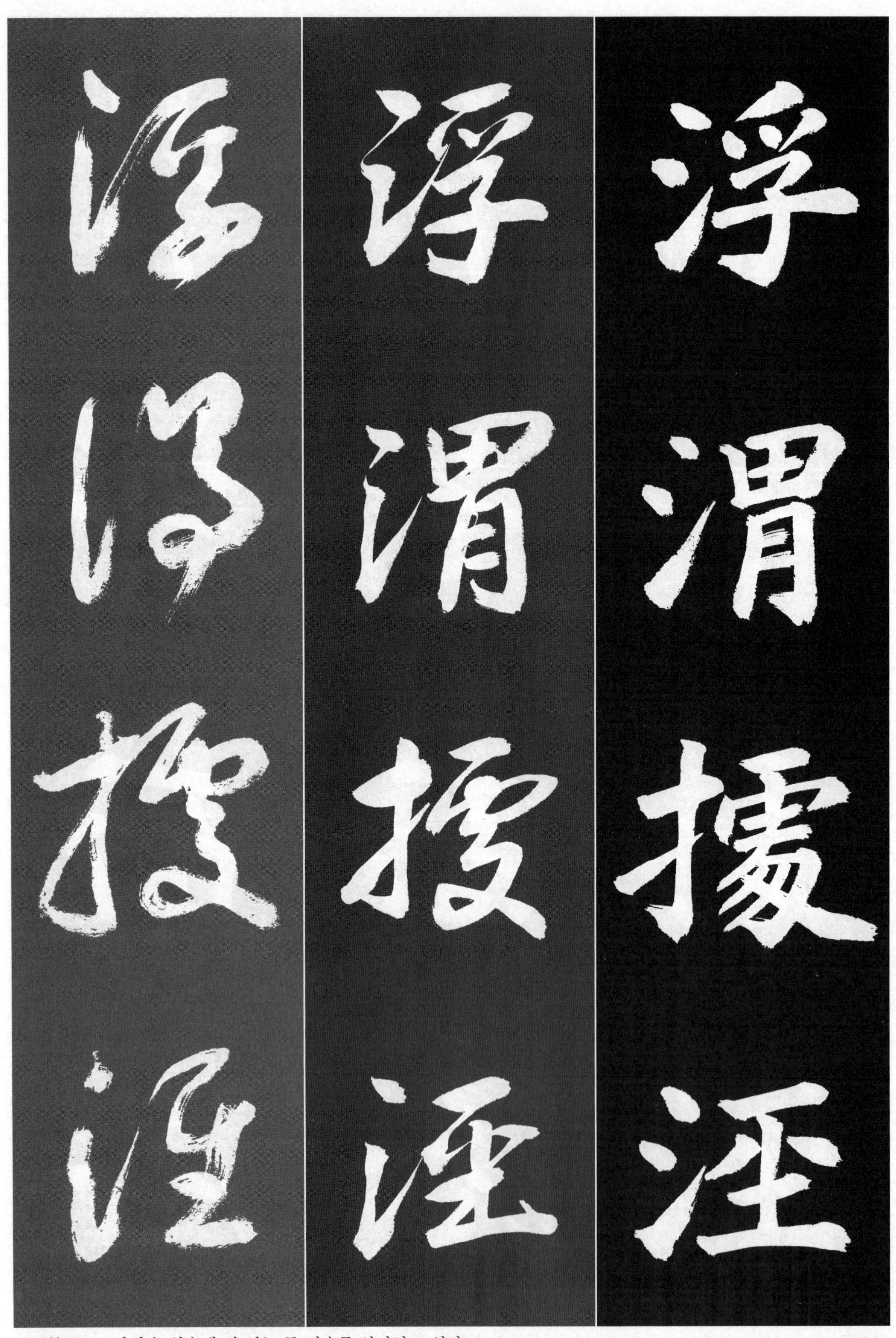

浮 뜰 부 渭 위수 위 據 웅거할 거 涇 경수 경

浮渭據涇　장안은 위수에 떠 있는 듯 경수를 의지하고 있다.

宮 집 궁 殿 전각 전 盤 소반 반 鬱 울창할 울

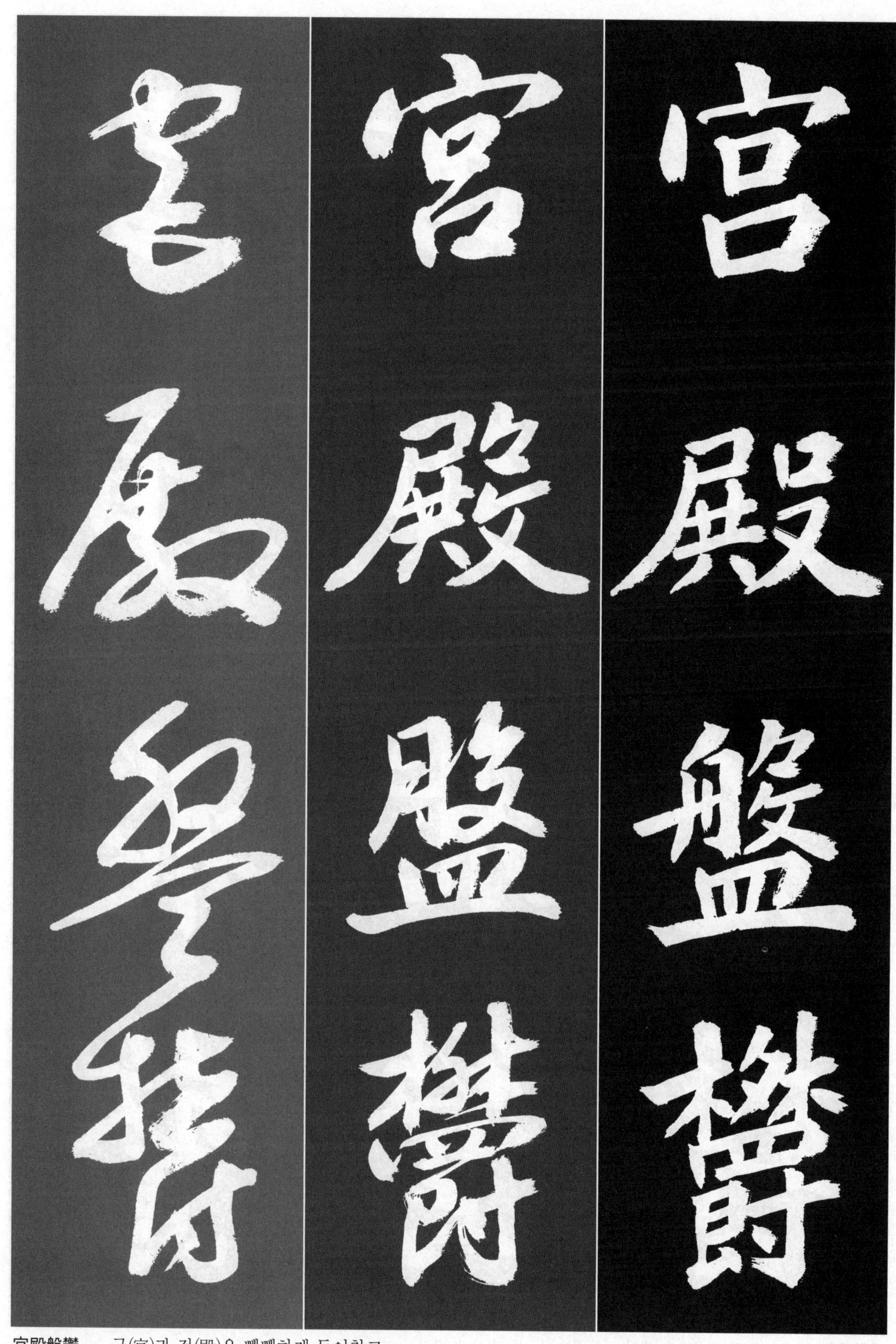

宮殿盤鬱　궁(宮)과 전(殿)은 빽빽하게 들어찼고,

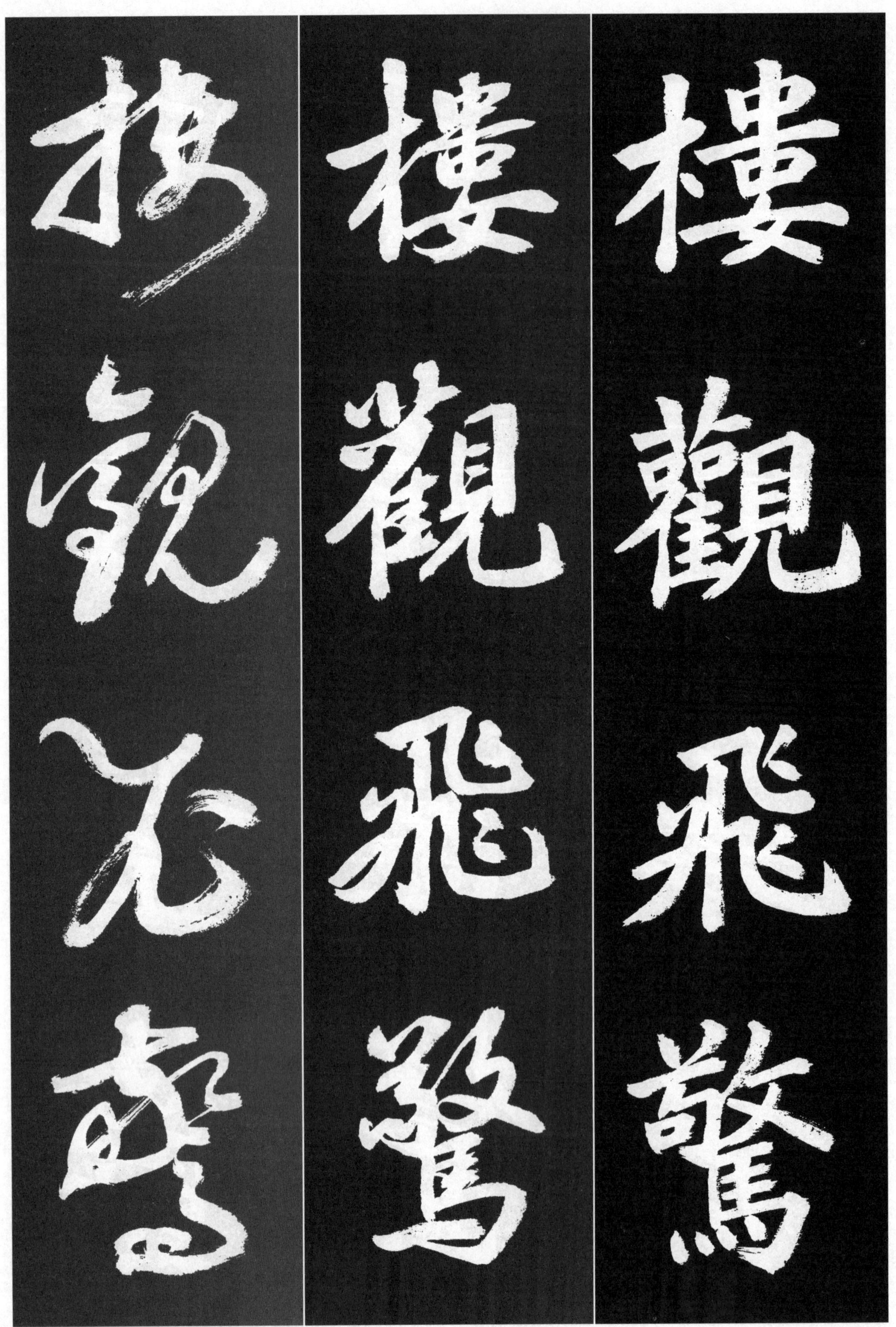

樓 다락 루
觀 볼 관
飛 날 비
驚 놀랄 경

樓觀飛驚 누(樓)와 관(觀)은 새가 하늘을 나는 듯 솟아 놀랍다.

圖 그림 도 寫 쓸 사 禽 새 금 獸 짐승 수

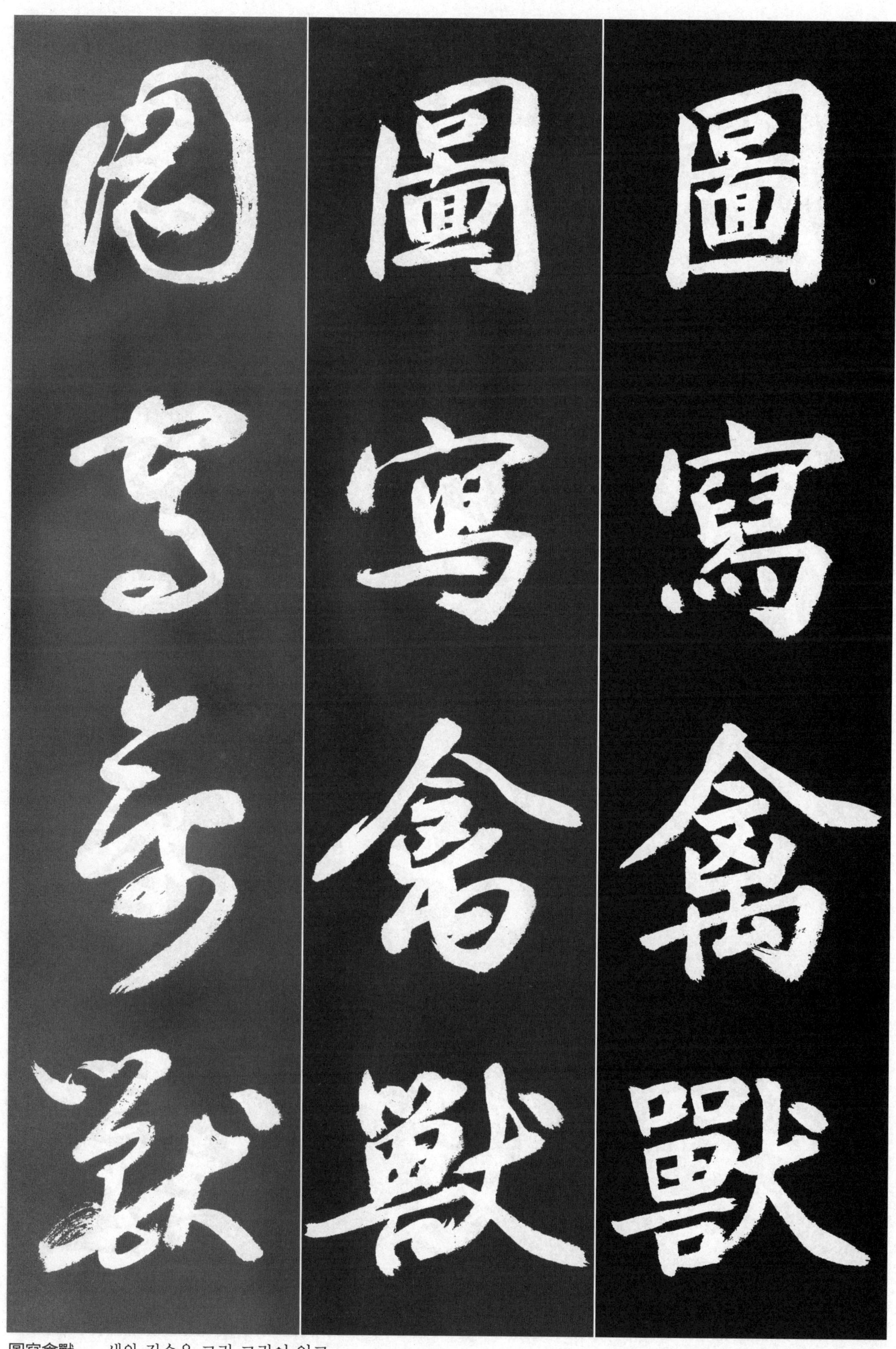

圖寫禽獸　새와 짐승을 그린 그림이 있고,

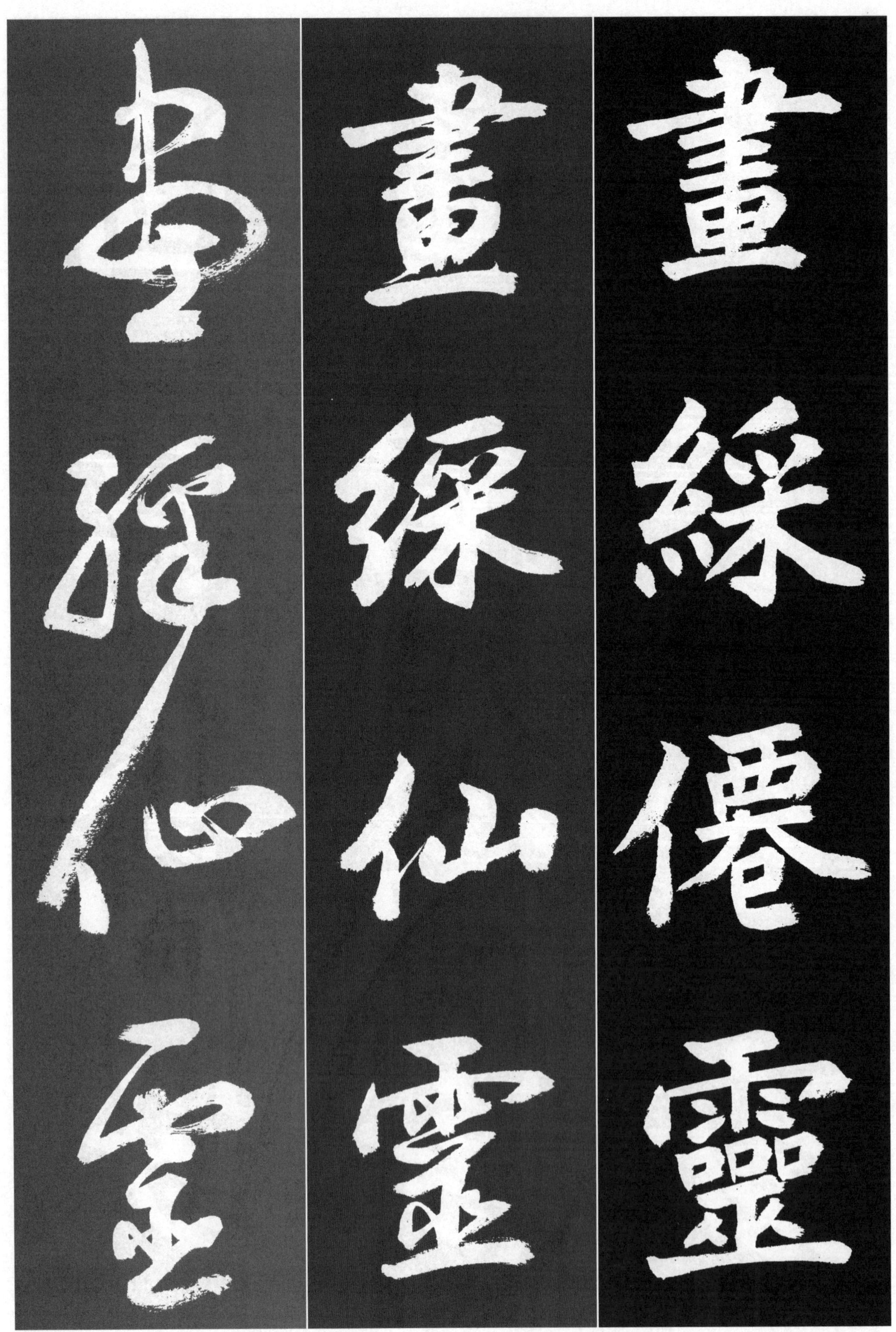

畫 그림 화 彩 채색 채 仙 신선 선 靈 신령 령

畫彩仙靈 신선들의 모습도 채색하여 그렸다.

丙 남녘 병 舍 집 사 傍 곁 방 啓 열 계

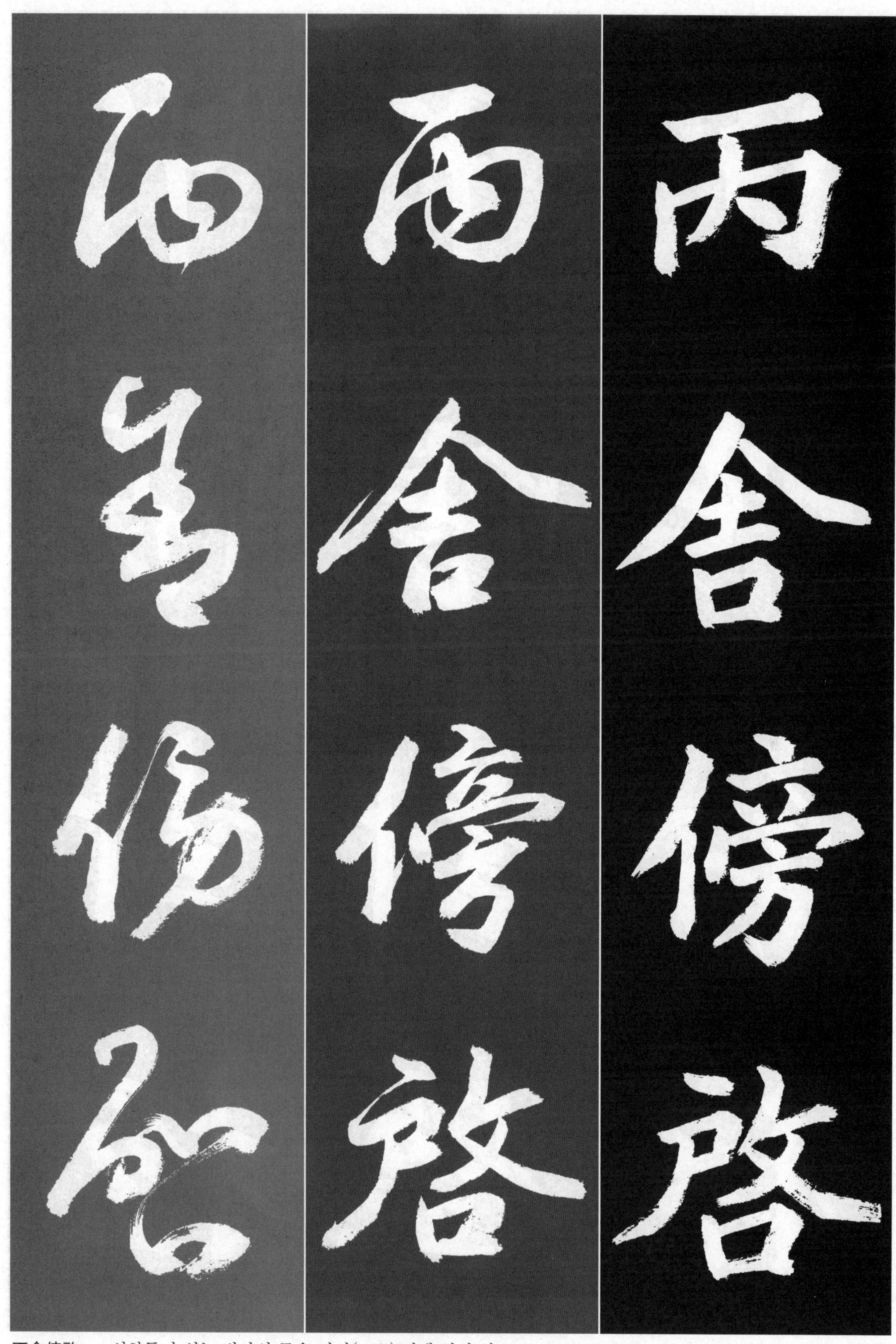

丙舍傍啓　신하들이 쉬는 병사의 문은 정전(正殿) 곁에 열려 있고,

甲 갑옷 갑 帳 장막 장 對 대할 대 楹 기둥 영

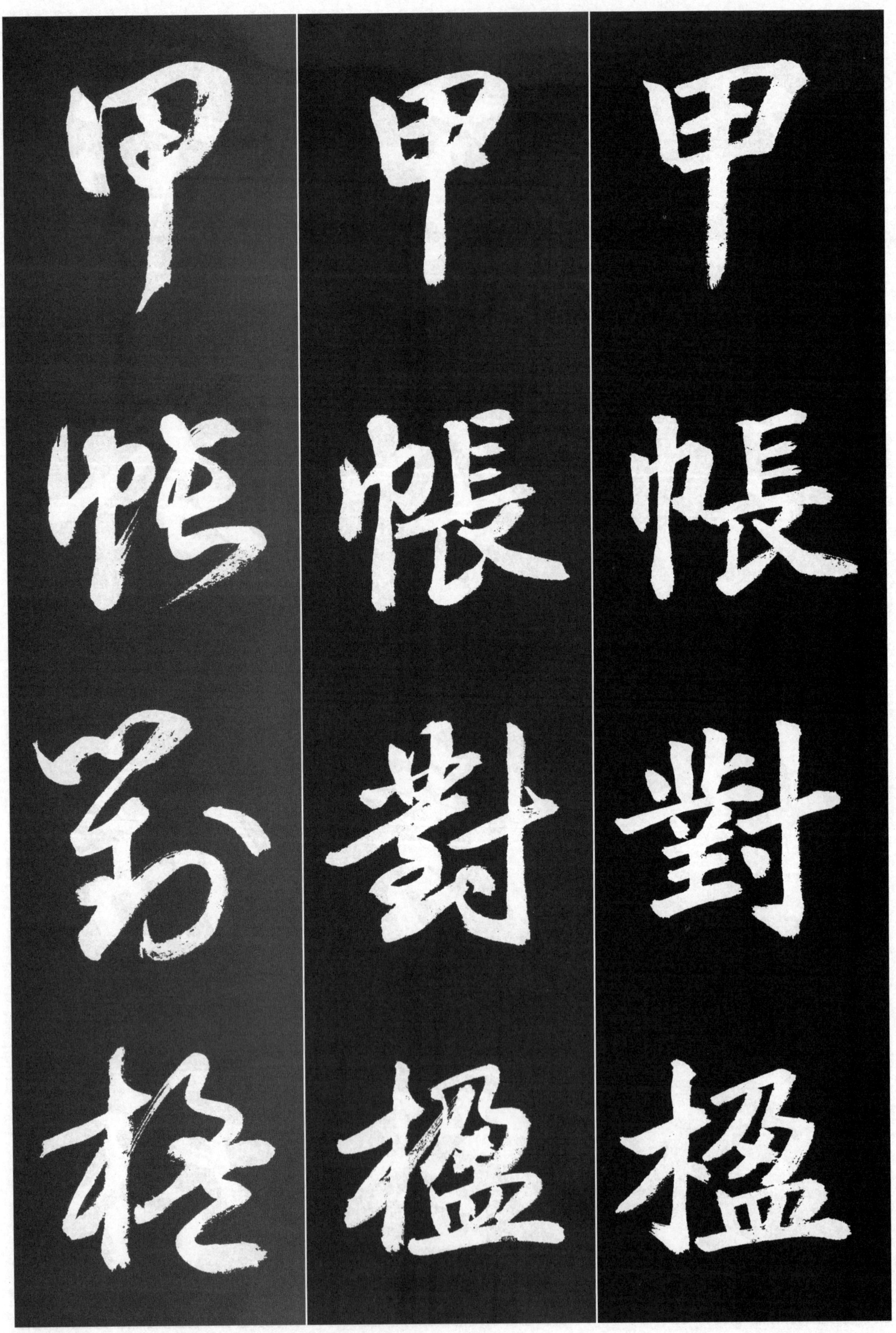

甲帳對楹 화려한 휘장이 큰 기둥에 둘러 있다.

肆 베풀 사 **筵** 자리 연 **設** 베풀 설 **席** 자리 석

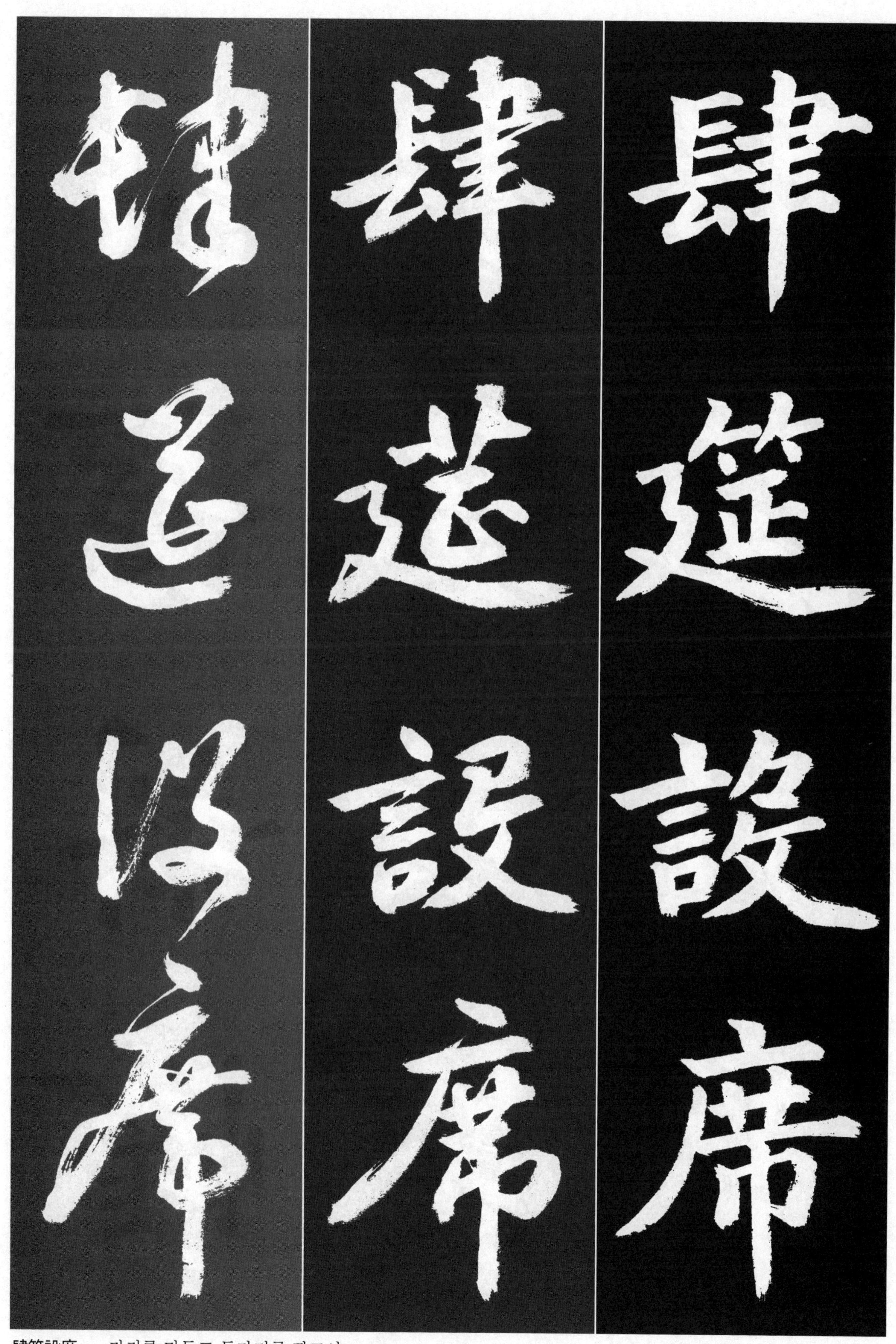

肆筵設席 자리를 만들고 돗자리를 깔고서,

鼓 북고
瑟 비파슬
吹 불취
笙 생황생

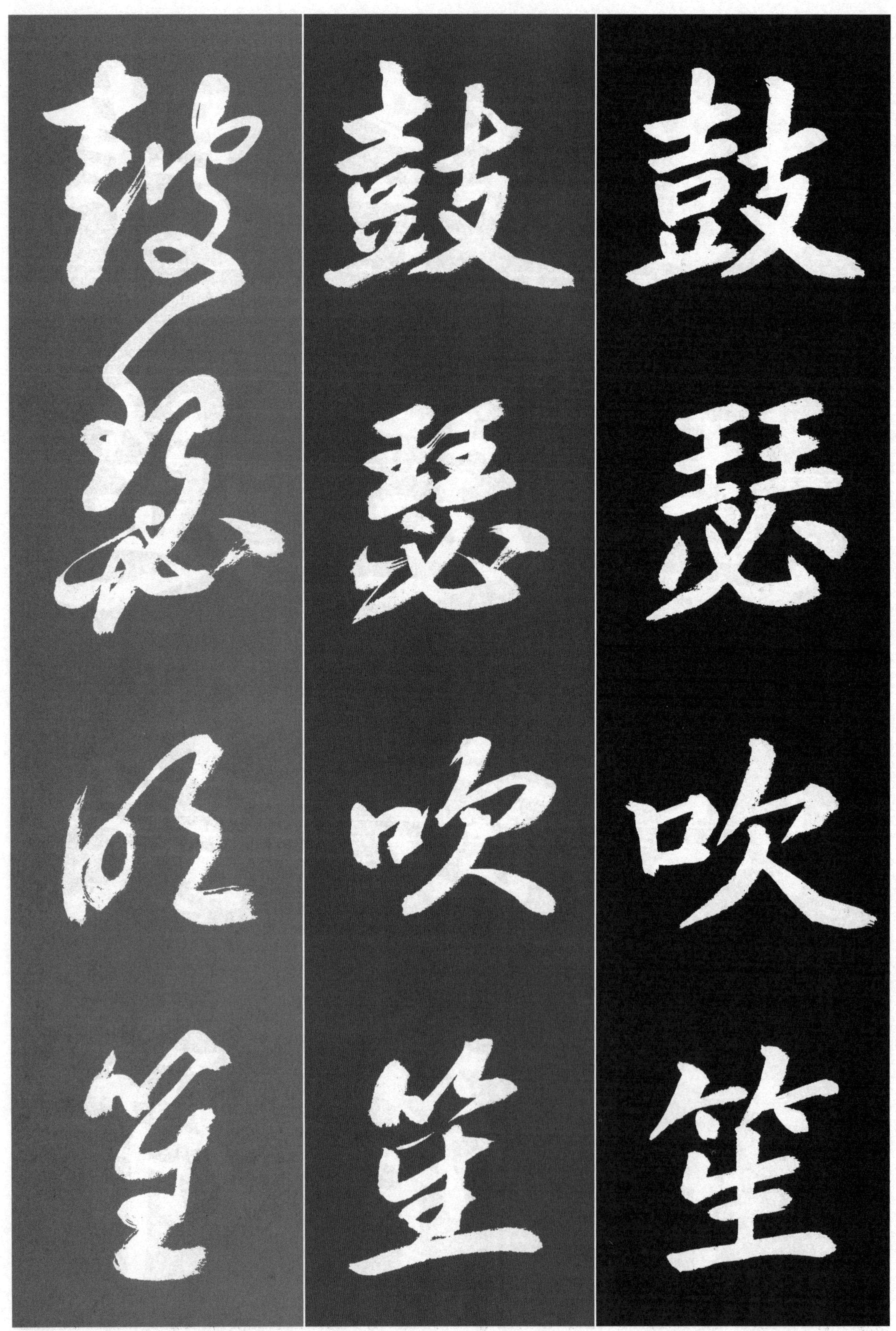

鼓瑟吹笙　비파를 뜯고 생황저를 분다.

陞 오를 승 階 섬돌 계 納 들일 납 陛 뜰 폐

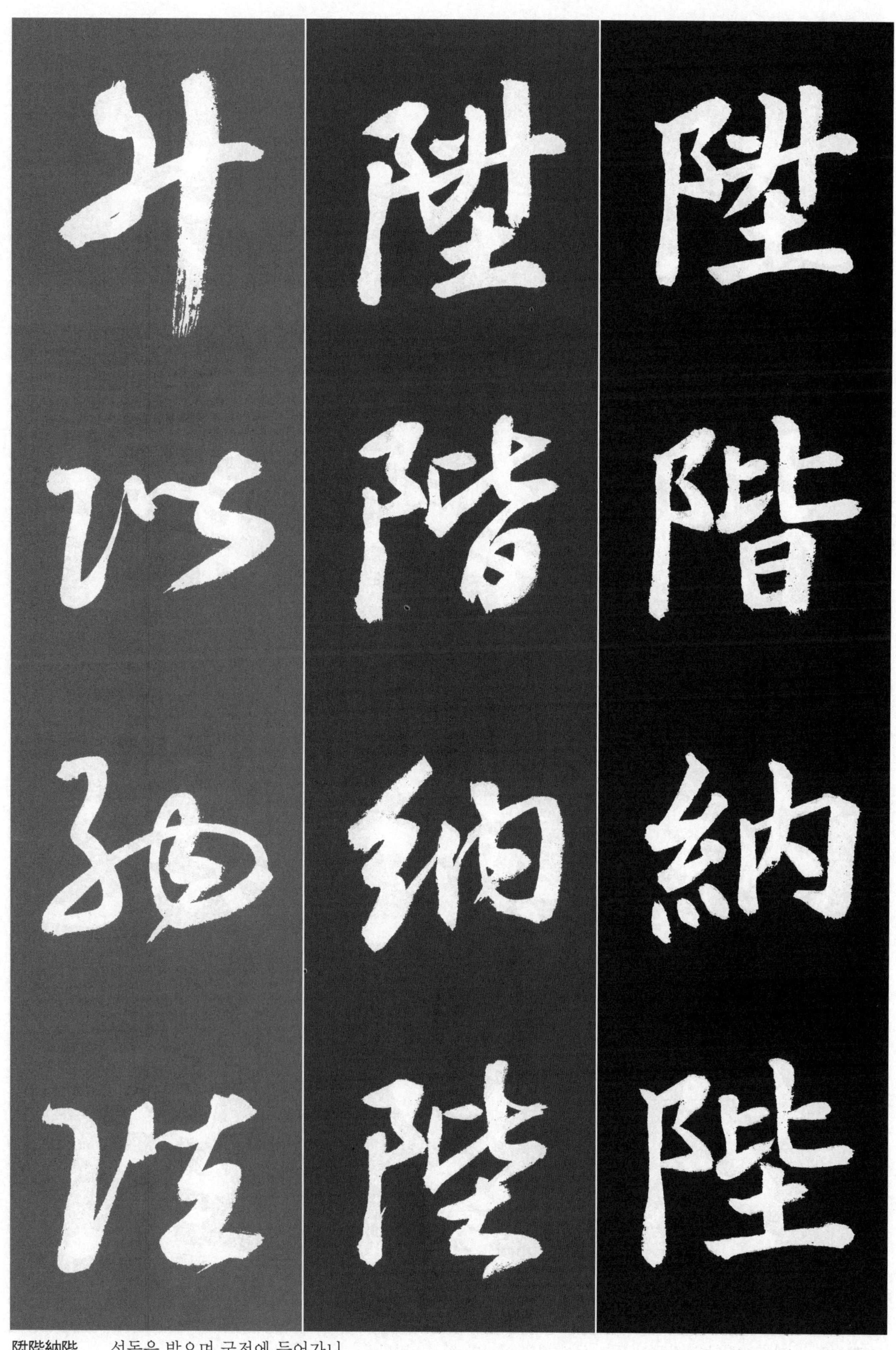

陞階納陛　섬돌을 밟으며 궁전에 들어가니,

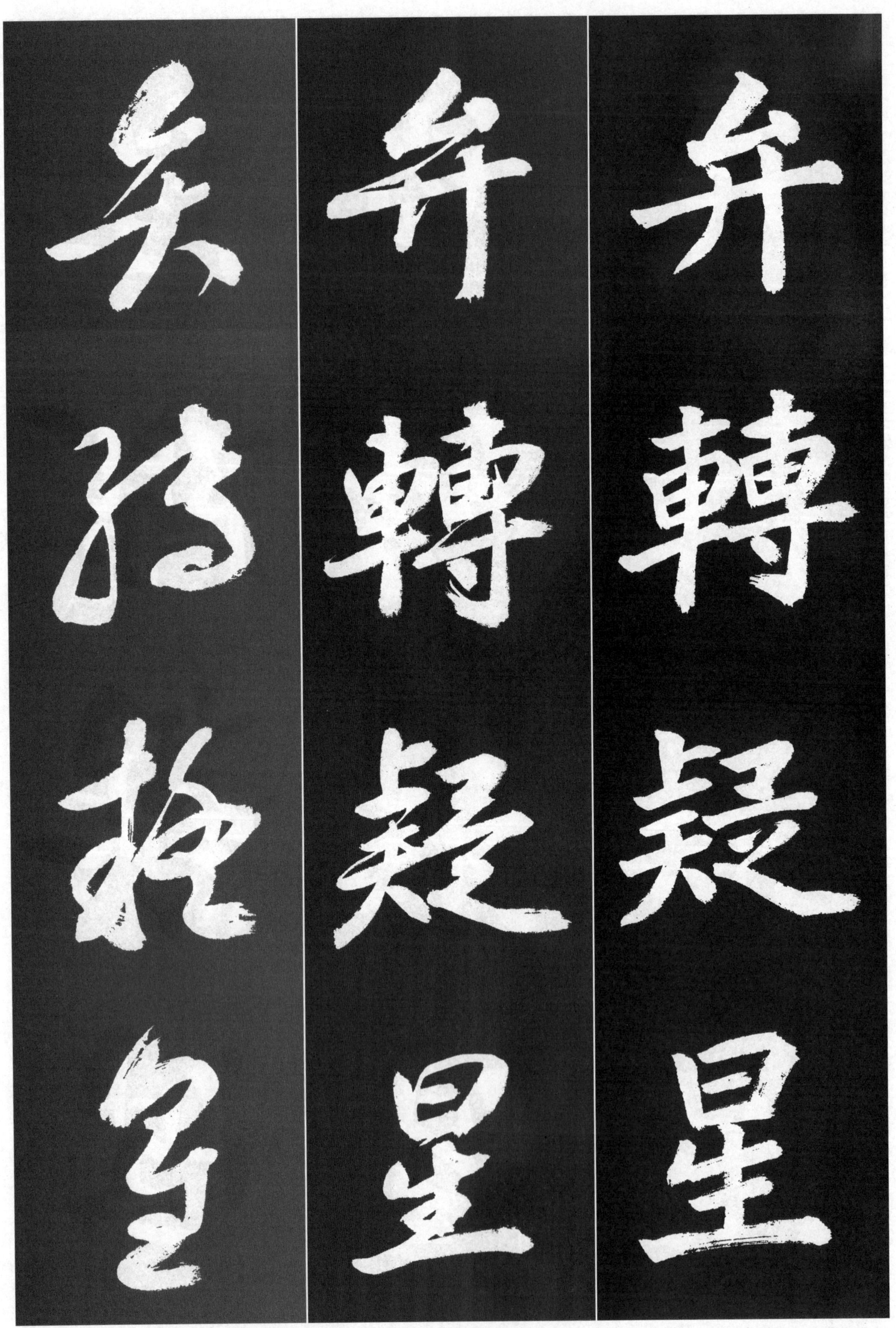

弁 고깔 변 轉 구를 전 疑 의심할 의 星 별 성

弁轉疑星 관(冠)에 단 구슬들이 돌고 돌아 별이 아닌가 의심스럽다.

右 오른 우 通 통할 통 廣 넓을 광 內 안 내

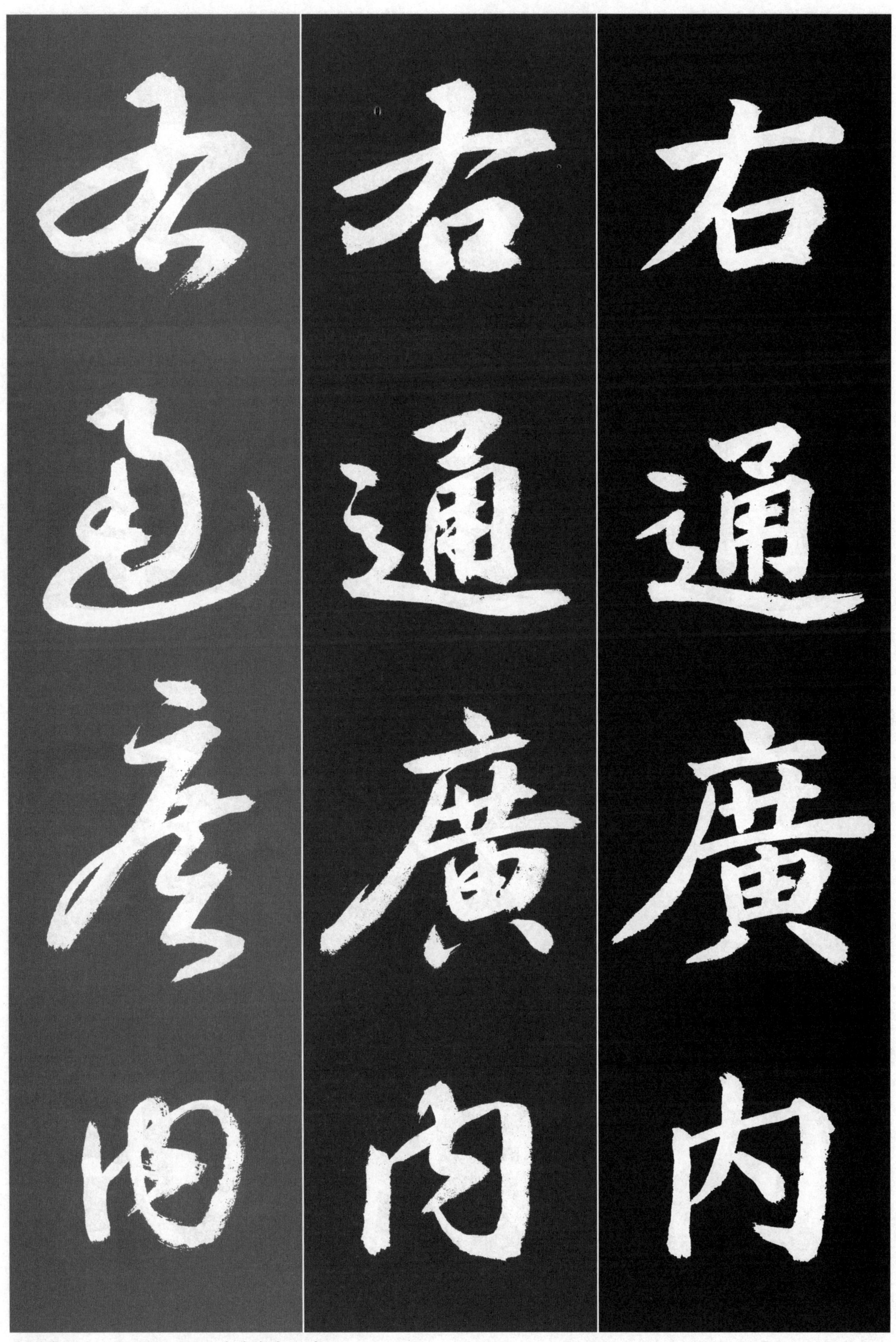

右通廣內　　오른쪽으로는 광내전에 통하고,

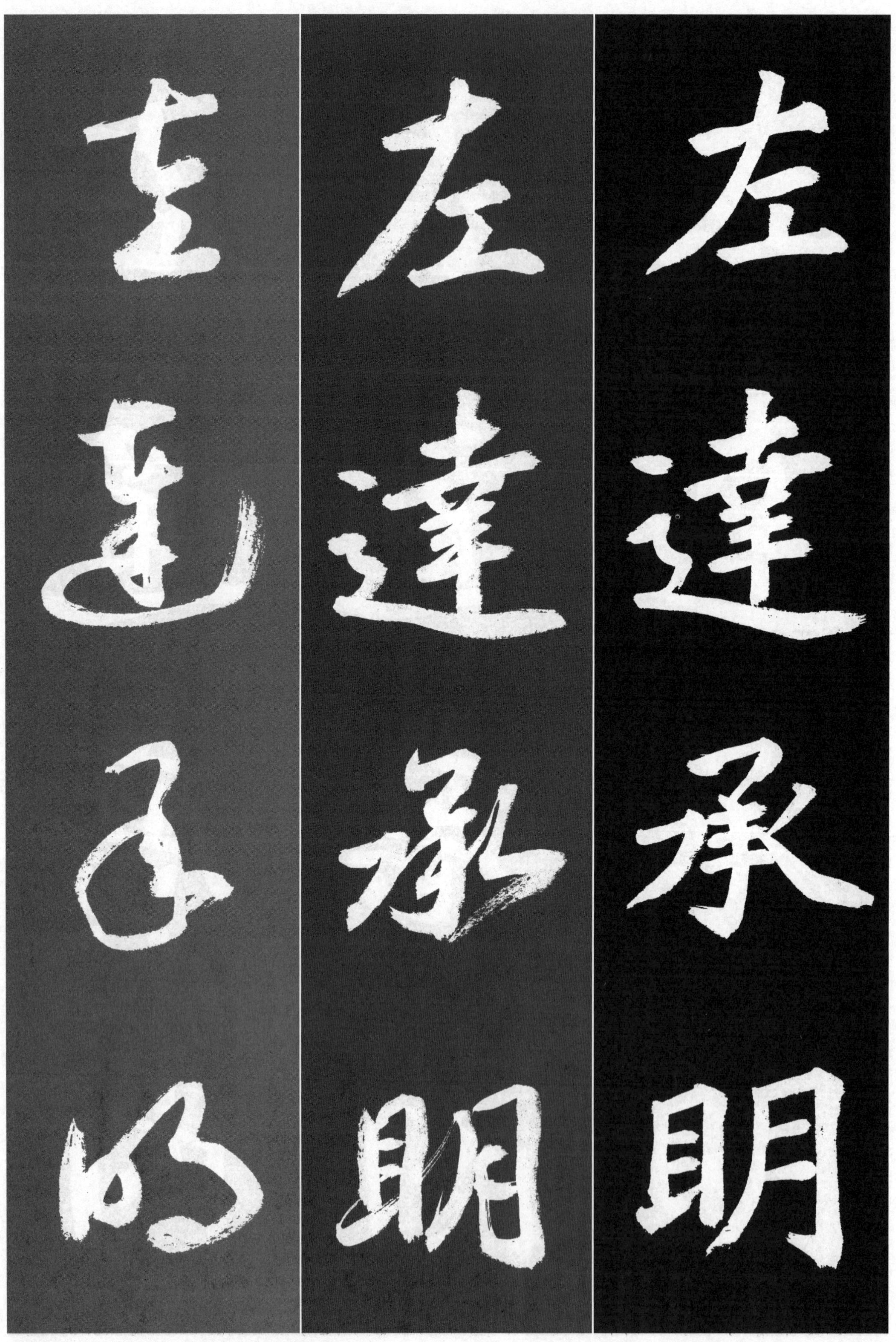

左 왼좌 達 통달달 承 이을승 明 밝을명

左達承明　　왼쪽으로는 승명려에 다다른다.

既 이미 기 集 모을 집 墳 무덤 분 典 법 전

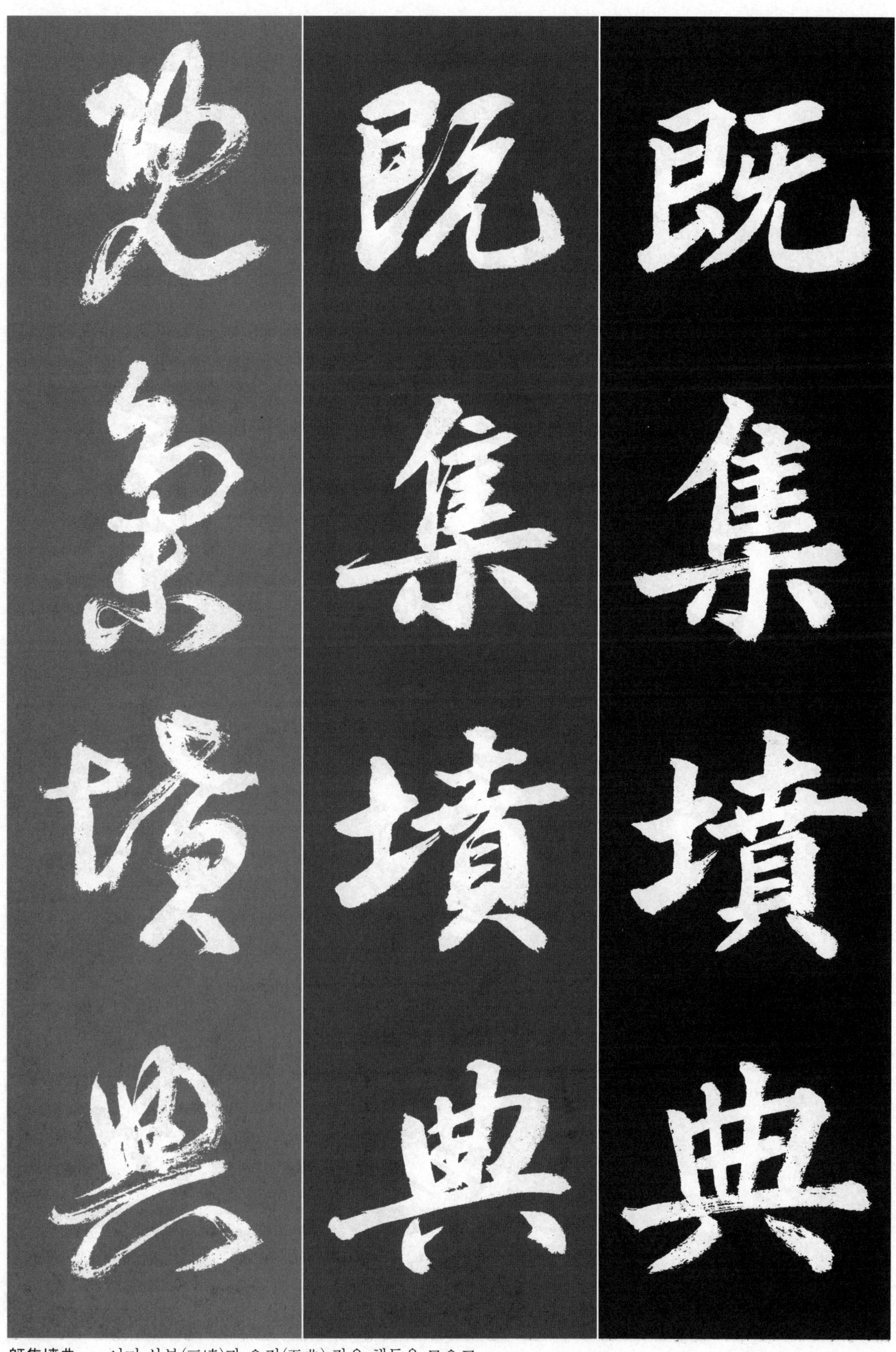

旣集墳典 이미 삼분(三墳)과 오전(五典) 같은 책들을 모으고,

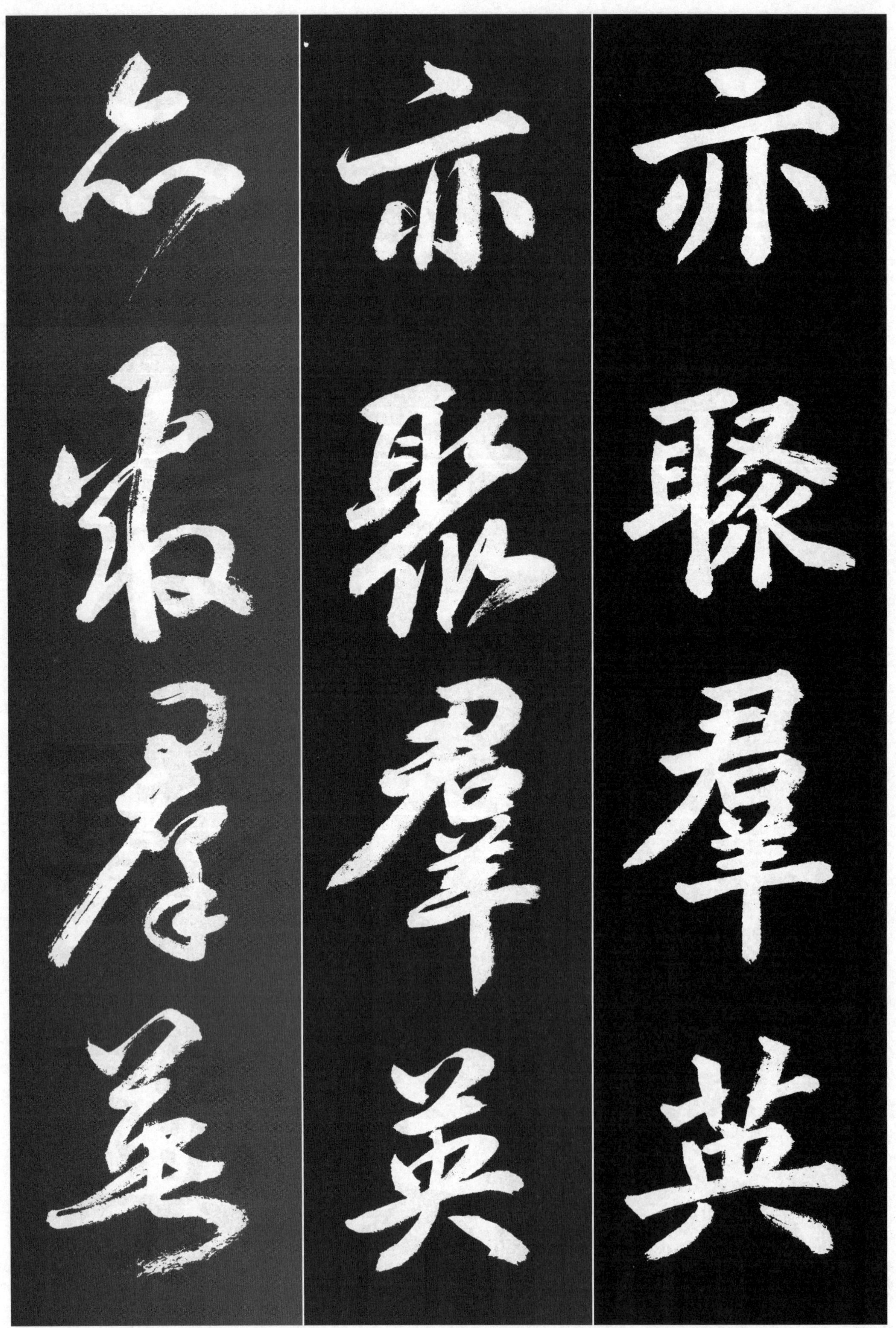

亦 또 역 聚 모을 취 群 무리 군 英 꽃부리 영

亦聚群英　뛰어난 뭇 영재들도 모았다.

杜 막을 두 稾 짚 고 鍾 쇠북 종 隸 글씨 례

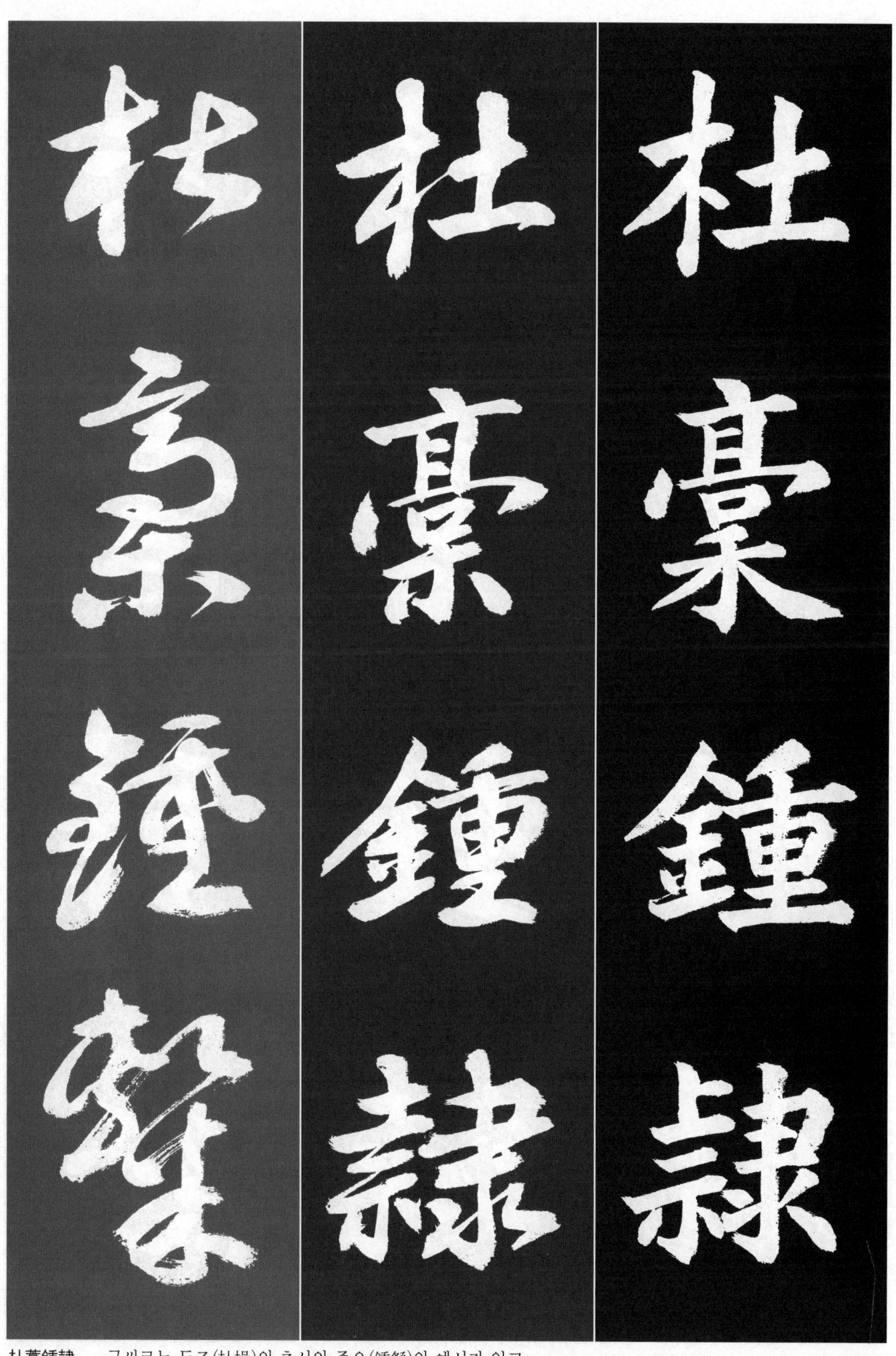

杜稾鍾隸 글씨로는 두조(杜操)의 초서와 종요(鍾繇)의 예서가 있고,

漆 옻칠 書 글서 壁 벽벽 經 글경

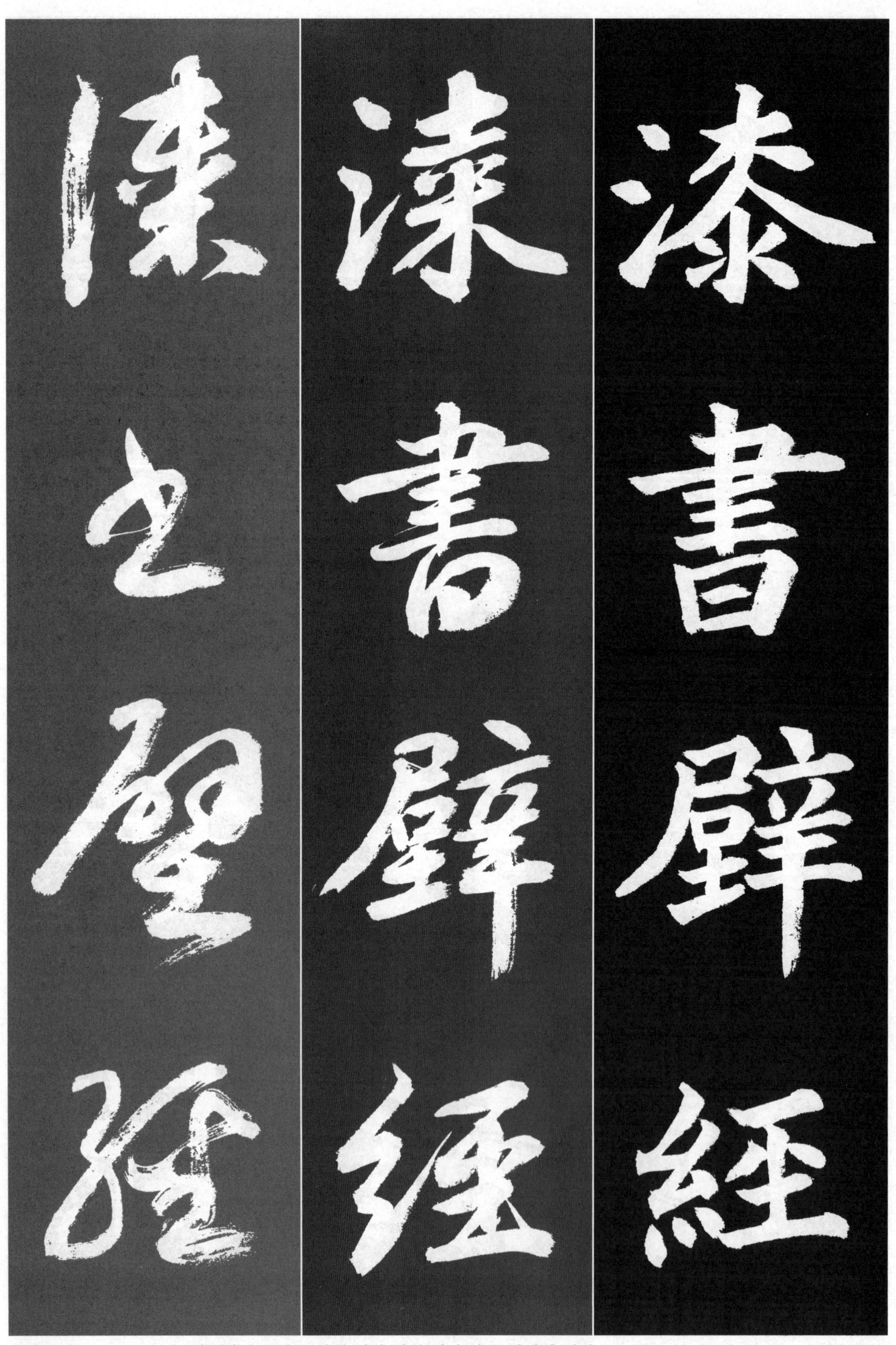

漆書壁經　글로는 과두(蝌蚪)의 글과 공자의 옛집 벽 속에서 나온 경서가 있다.

府 마을 부 羅 벌릴 라 將 장수 장 相 서로 상

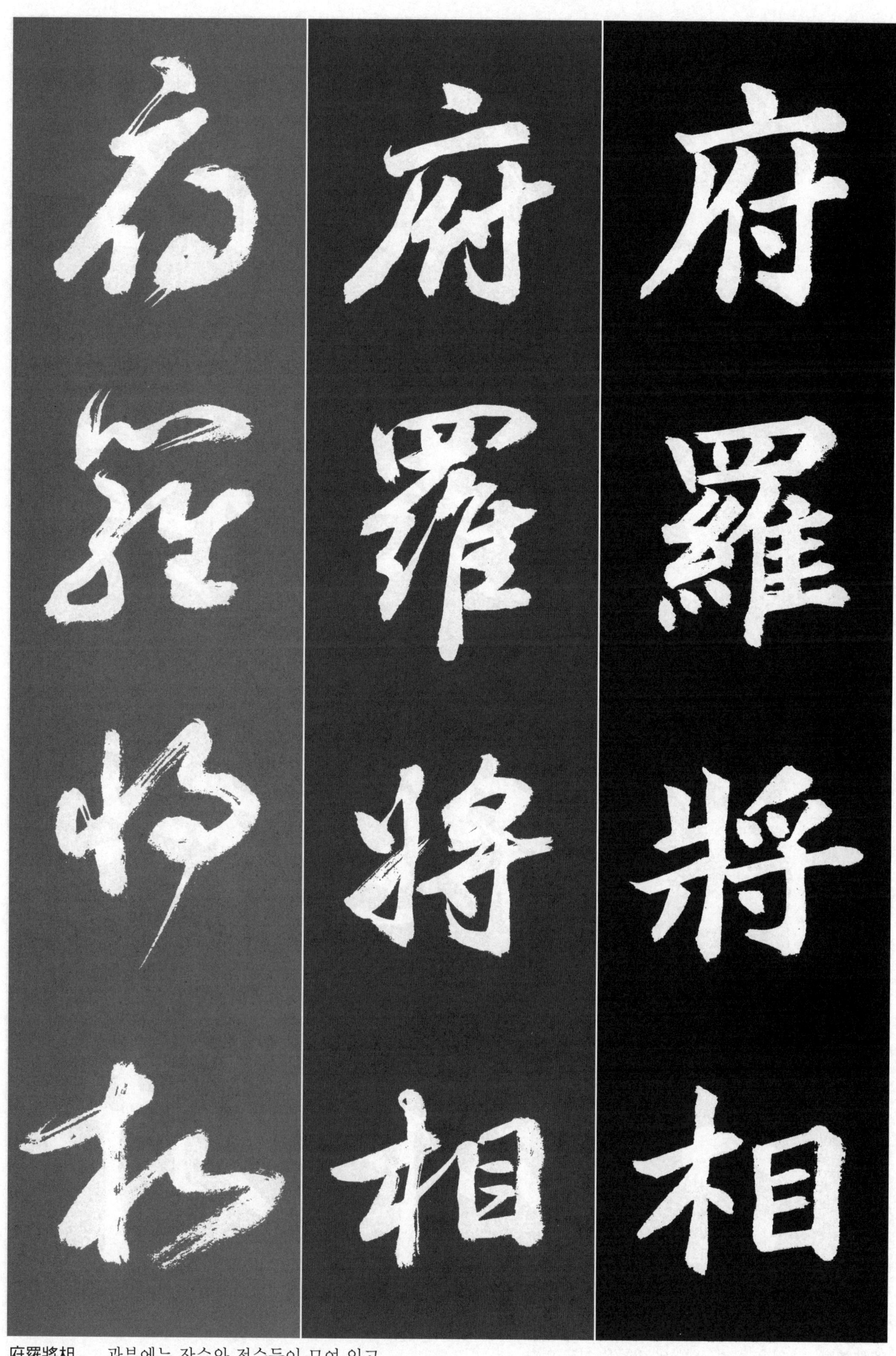

府羅將相　　관부에는 장수와 정승들이 모여 있고,

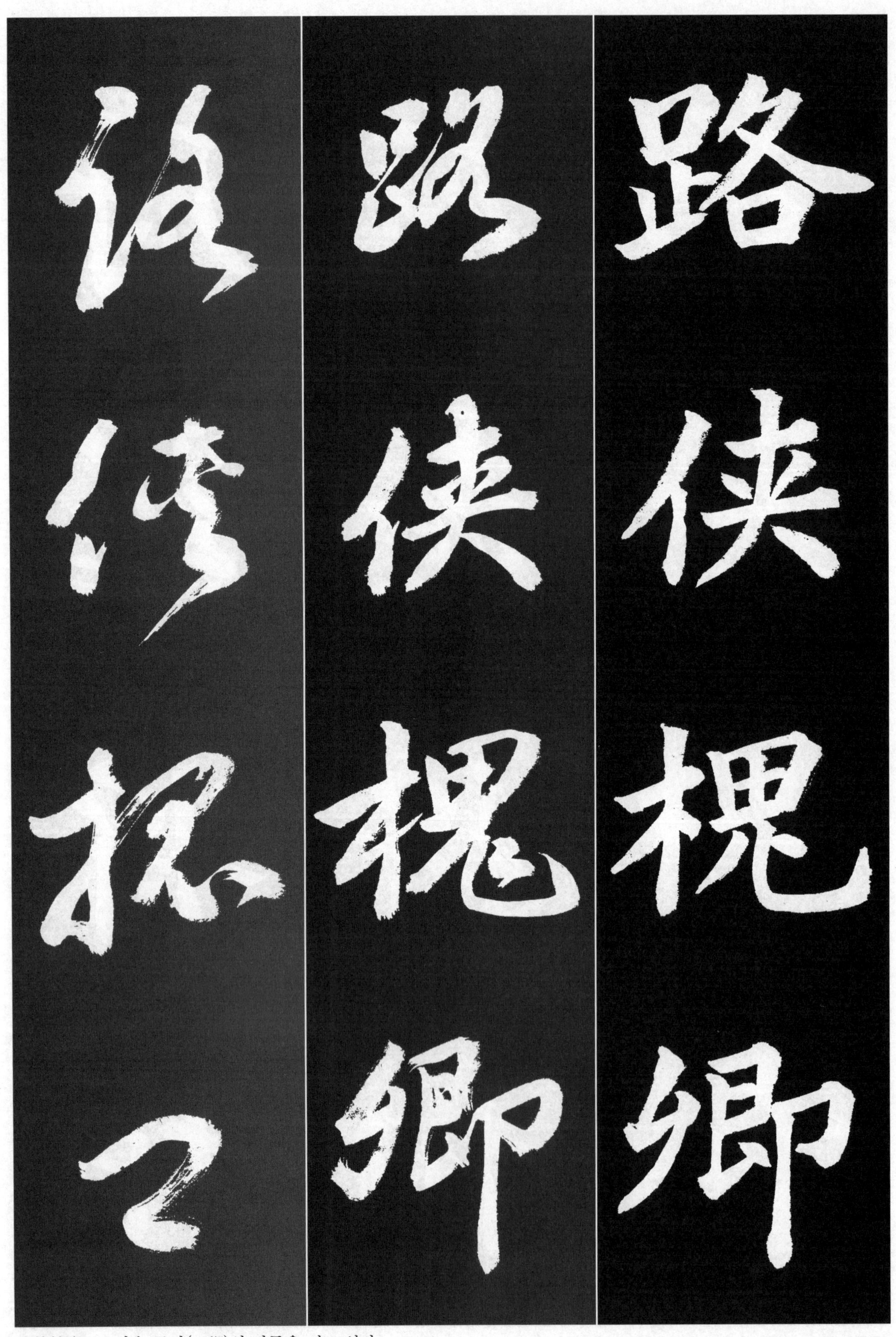

路 길로 俠 낄협 槐 회화나무 괴 卿 벼슬 경

路俠槐卿　길은 공경(公卿)의 집들을 끼고 있다.

戸 지게 호 封 봉할 봉 八 여덟 팔 縣 고을 현

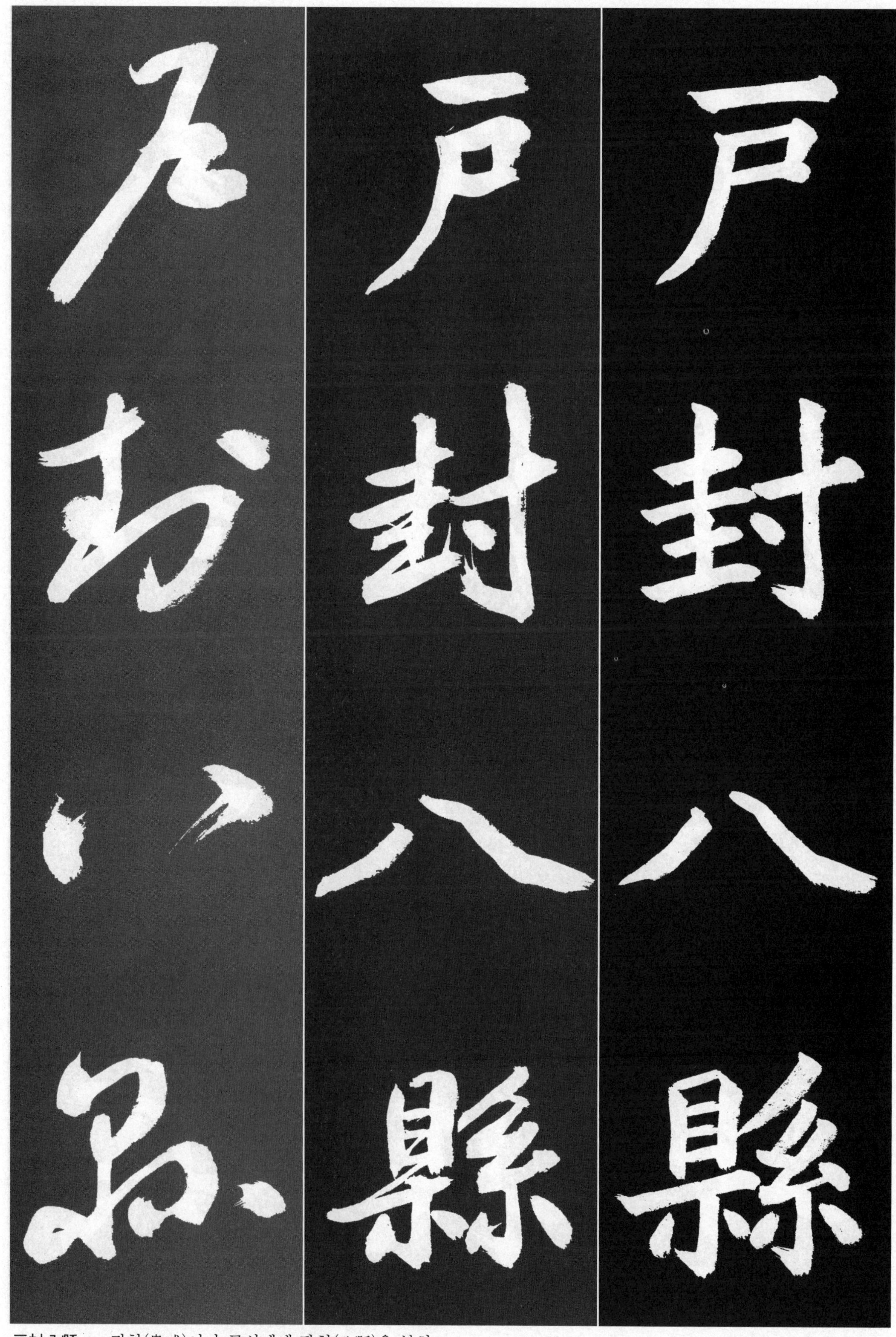

戸封八縣 귀척(貴戚)이나 공신에게 팔현(八縣)을 봉하고,

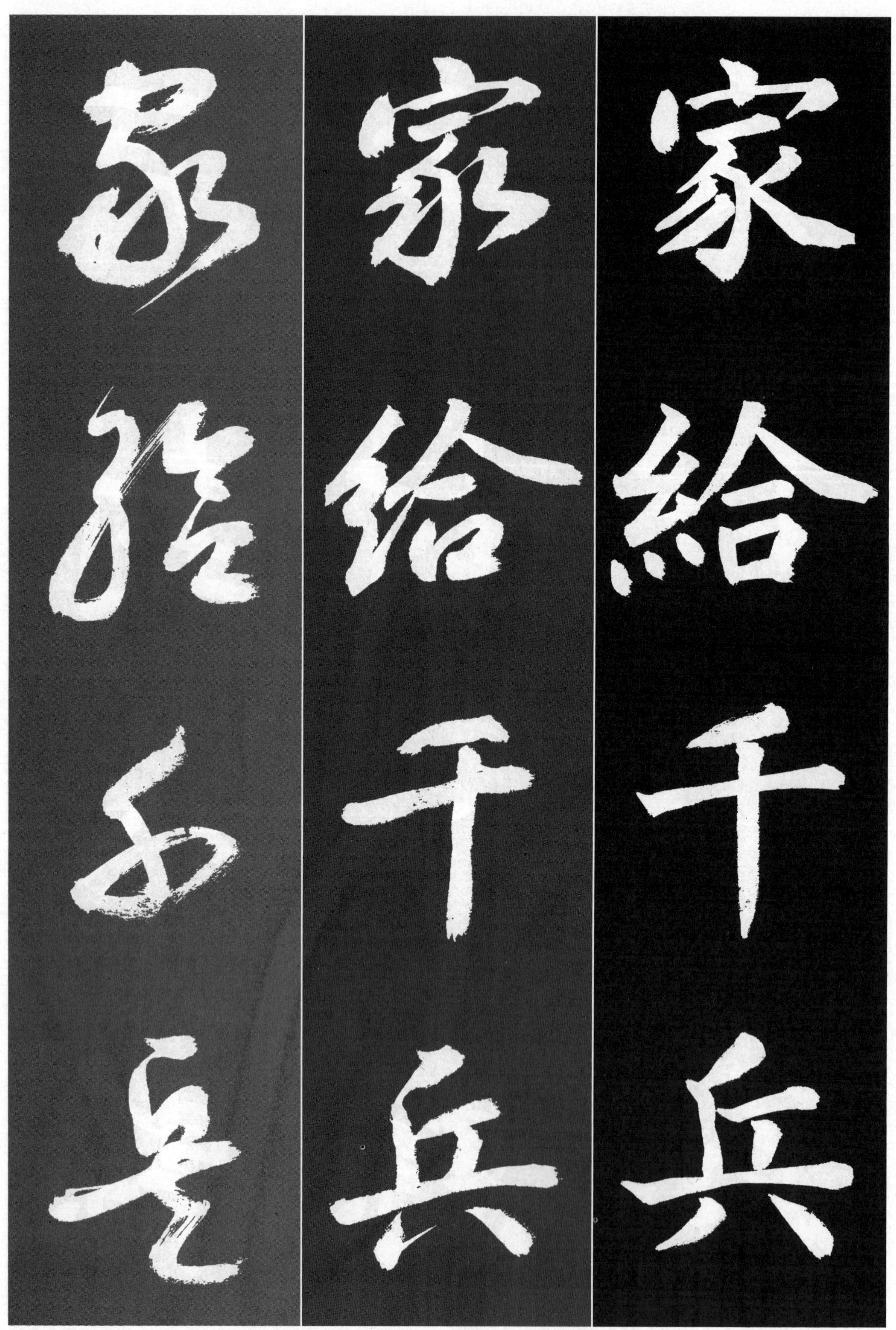

家 집 가 給 줄 급 千 일천 천 兵 군사 병

家給千兵　그들의 집에는 많은 군사를 주었다.

高 높을 고 冠 갓 관 陪 모실 배 輦 수레 련

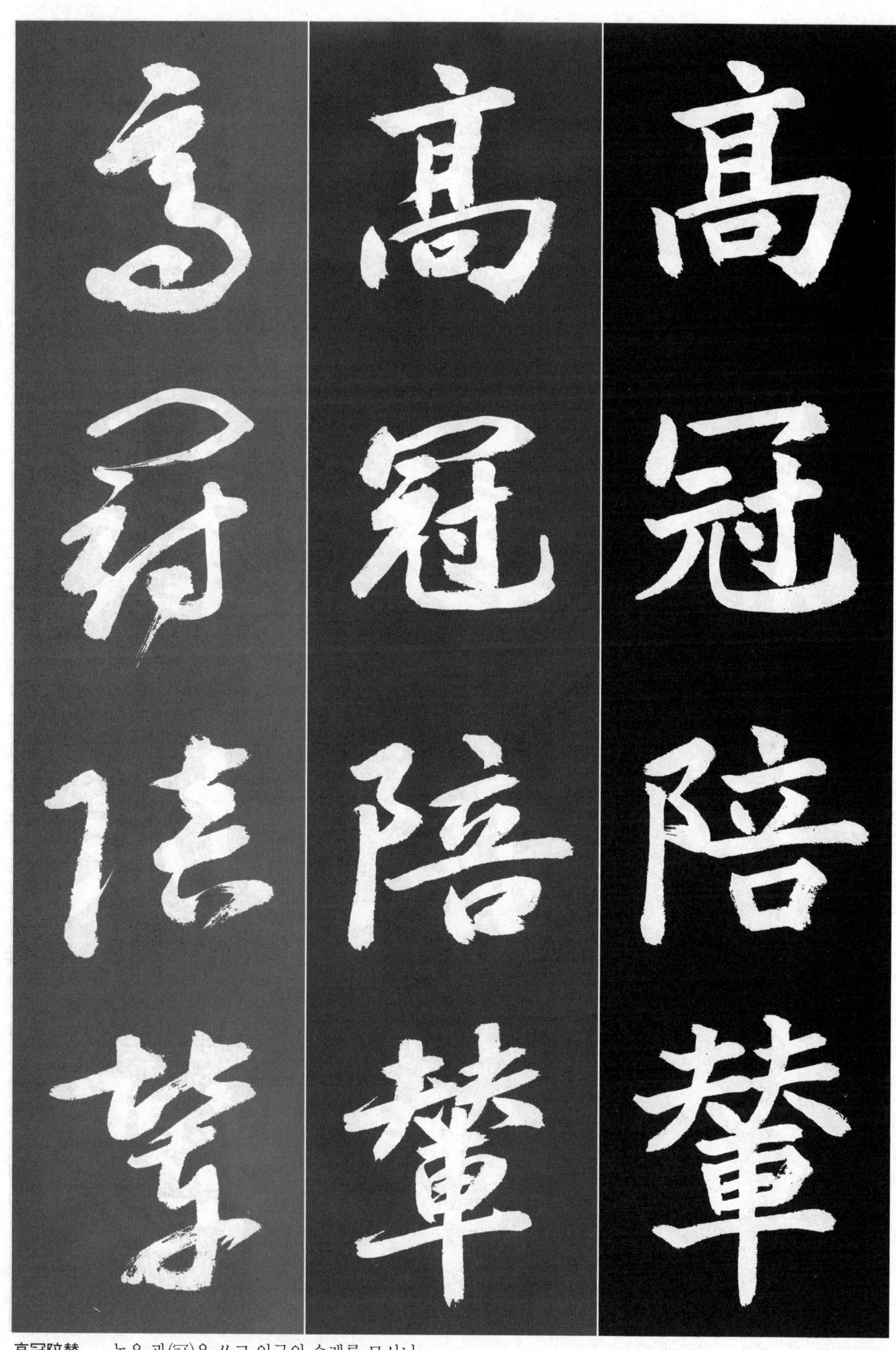

高冠陪輦　높은 관(冠)을 쓰고 임금의 수레를 모시니,

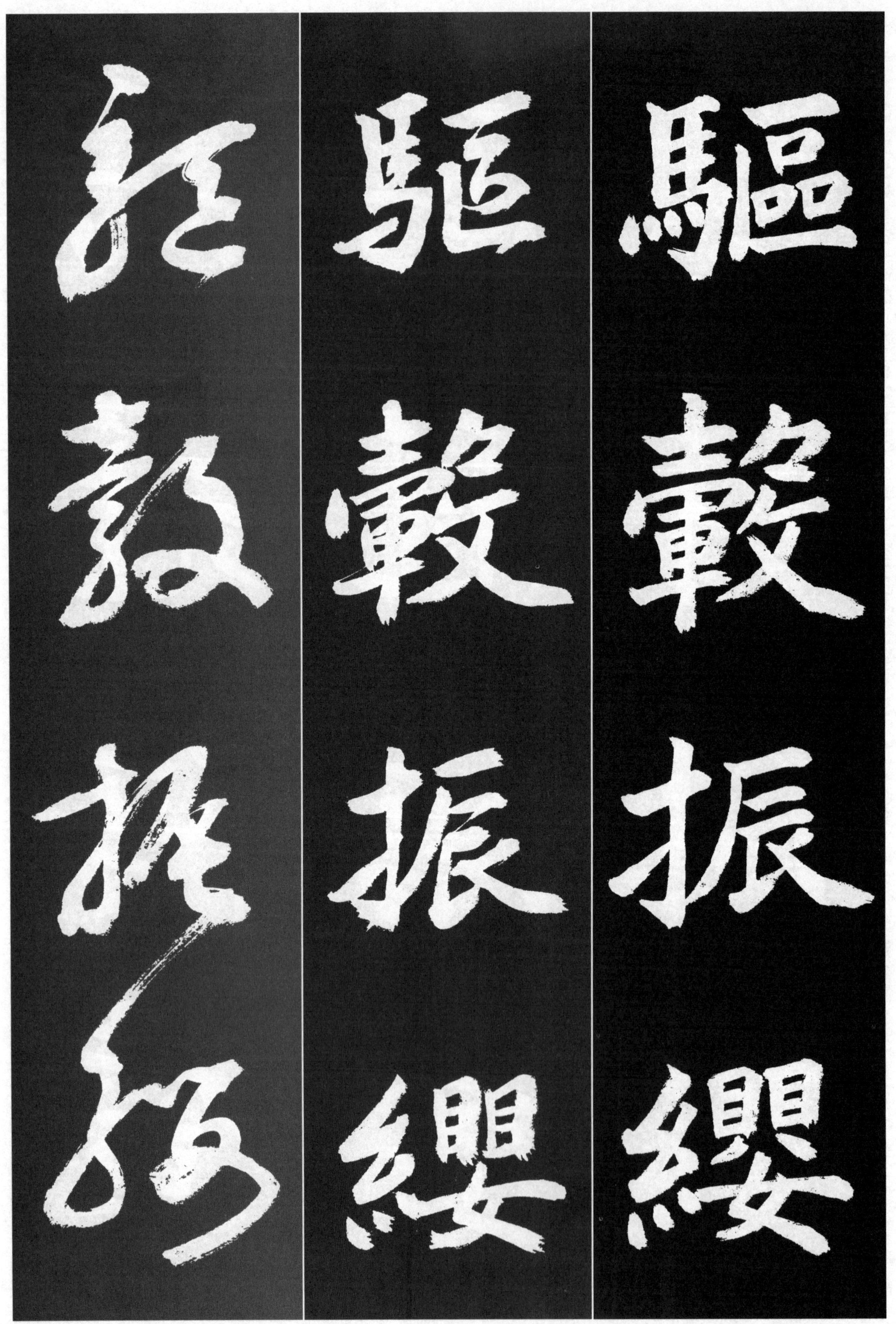

驅 몰 구 轂 바퀴통 곡 振 떨칠 진 纓 갓끈 영

驅轂振纓　수레를 몰 때마다 관끈이 흔들린다.

世 인간 세
祿 녹록
侈 사치 치
富 부자 부

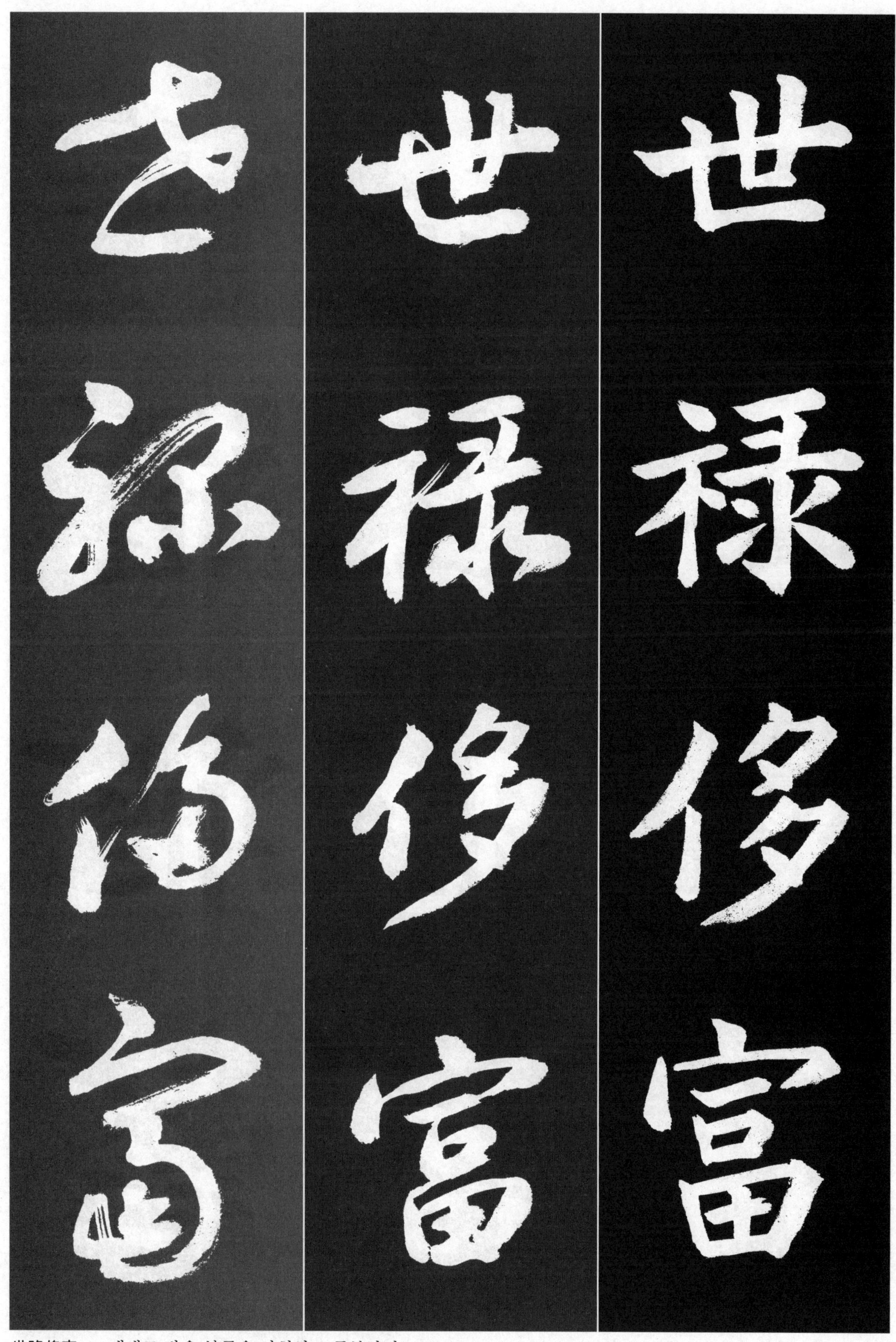

世祿侈富 대대로 받은 봉록은 사치하고 풍부하며,

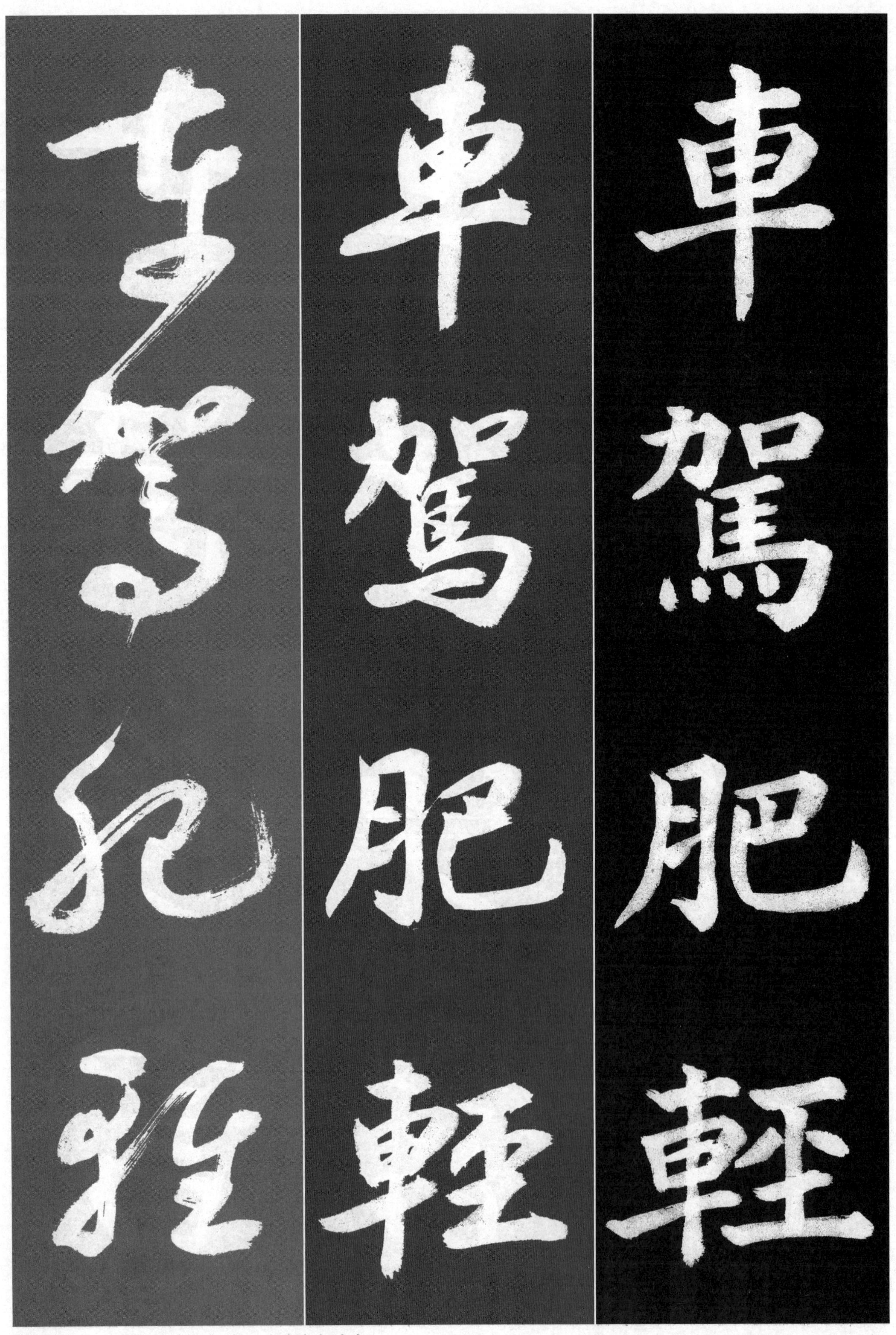

車 수레 거 駕 멍에할 가 肥 살찔 비 輕 가벼울 경

車駕肥輕 말이 살찌니 수레는 가볍기만 하다.

策 꾀 책 功 공 공 茂 성할 무 實 열매 실

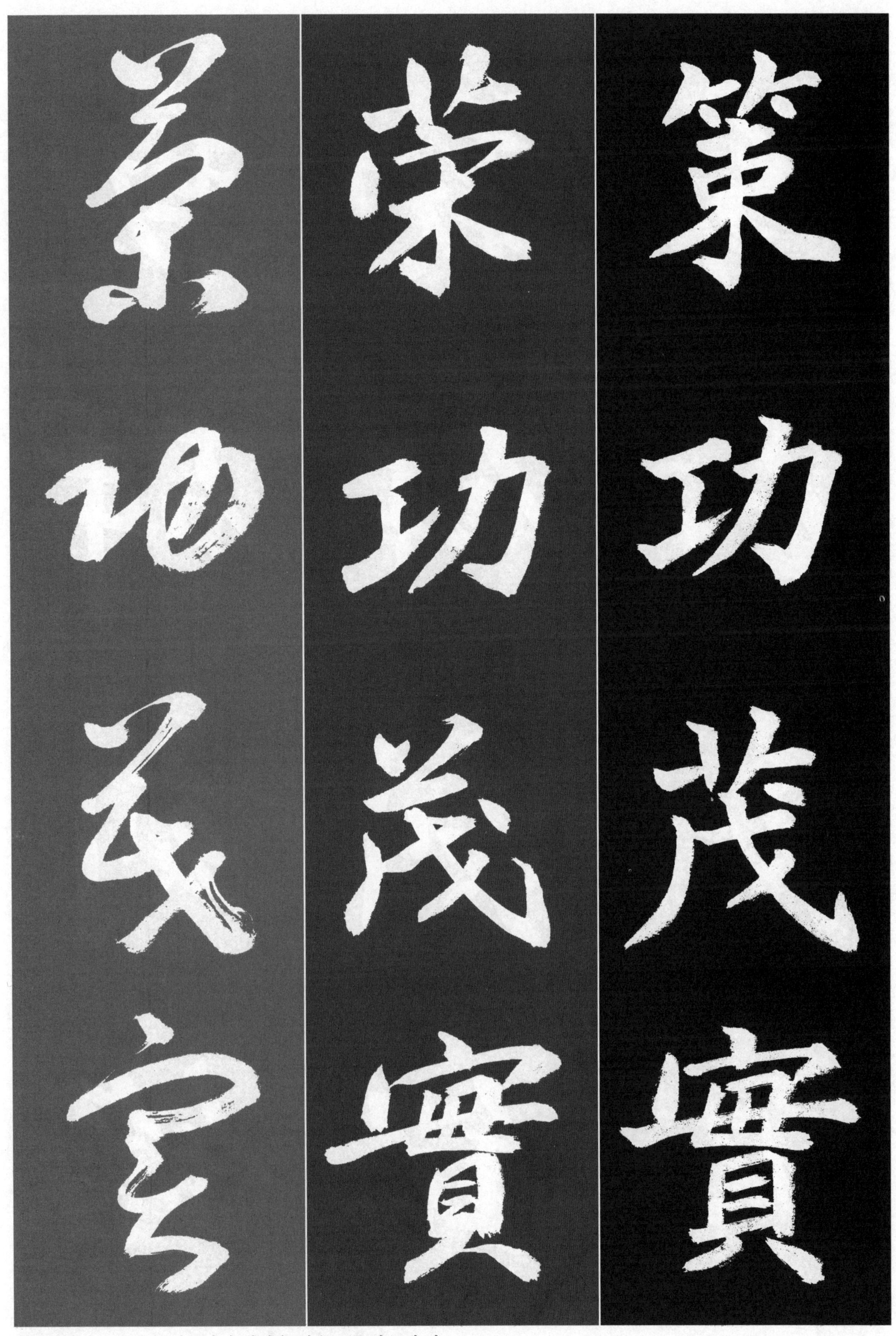

策功茂實　공신을 책록하여 실적을 세우도록 힘쓰게 하고,

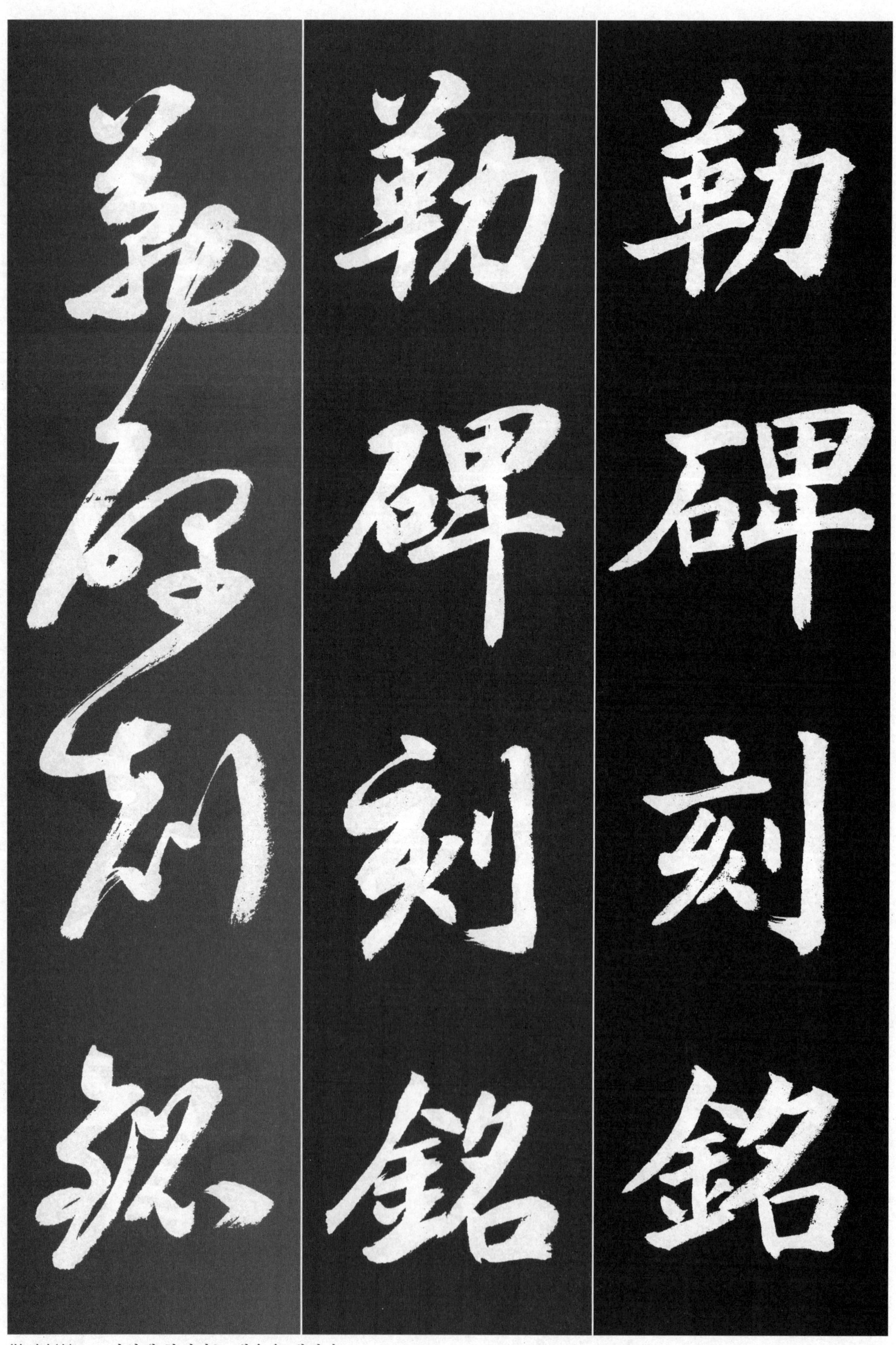

勒 새길 륵 碑 비석 비 刻 새길 각 銘 새길 명

勒碑刻銘 비석에 찬미하는 내용을 새긴다.

磻 돌반 **溪** 시내계 **伊** 저이 **尹** 다스릴윤

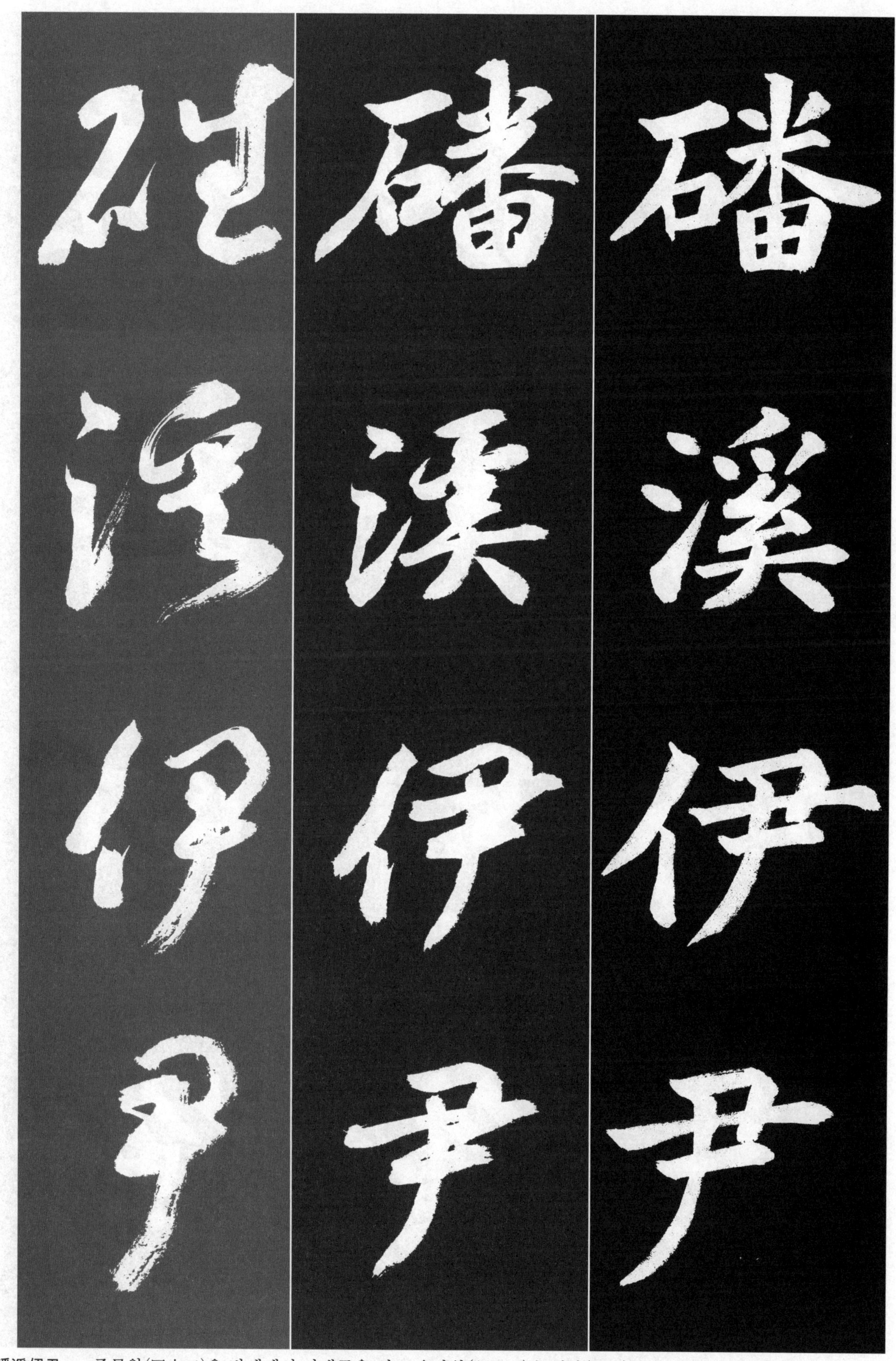

磻溪伊尹 주문왕(周文王)은 반계에서 강태공을 얻고 은탕왕(殷湯王)은 신야(莘野)에서 이윤을 맞으니,

佐 도울 좌 時 때 시 阿 언덕 아 衡 저울대 형

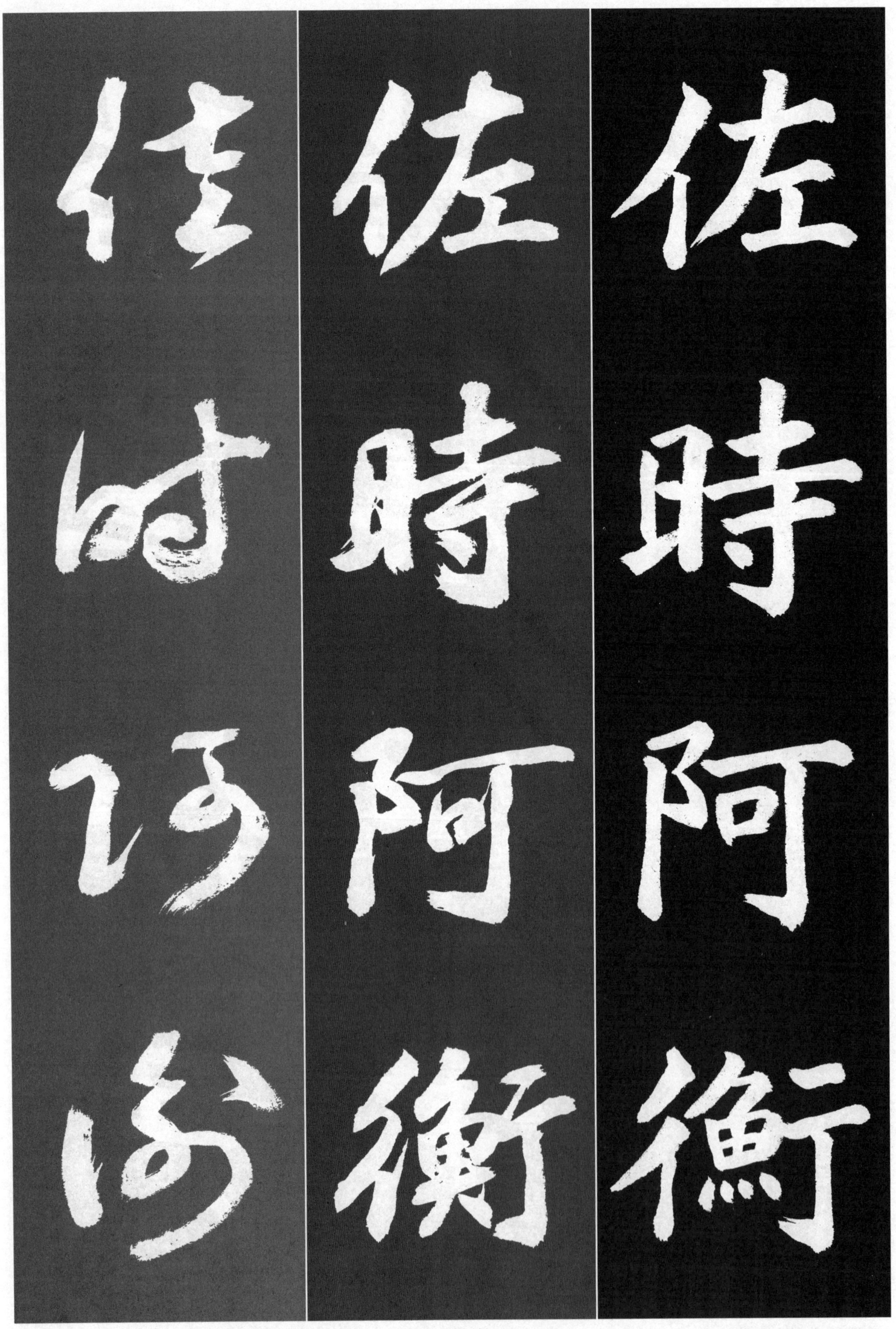

佐時阿衡 그들은 때를 도와 재상 아형(阿衡)의 지위에 올랐다.

奄 문득 엄 **宅** 집 택 **曲** 굽을 곡 **皐** 언덕 부

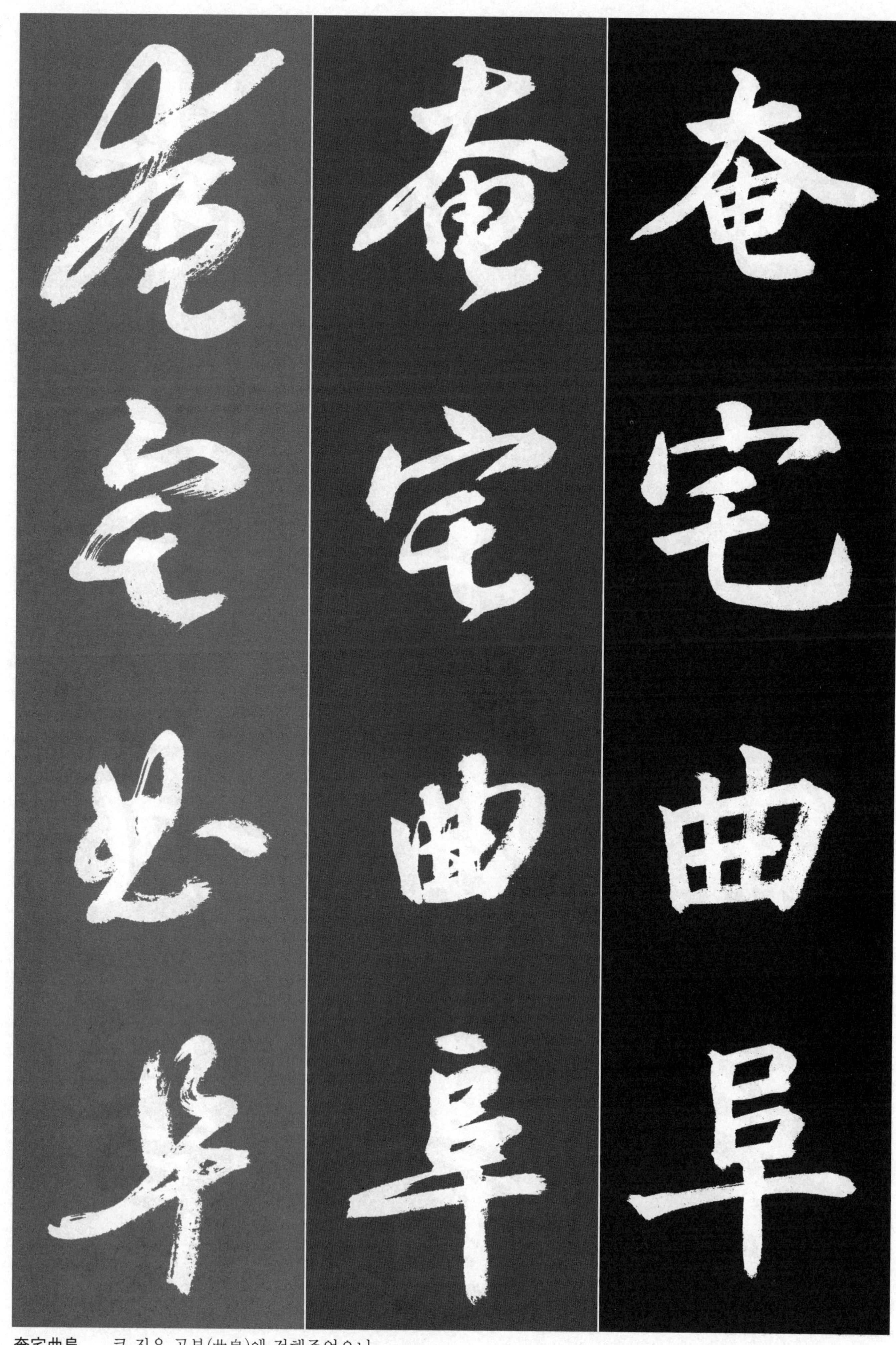

奄宅曲阜 큰 집을 곡부(曲阜)에 정해주었으니,

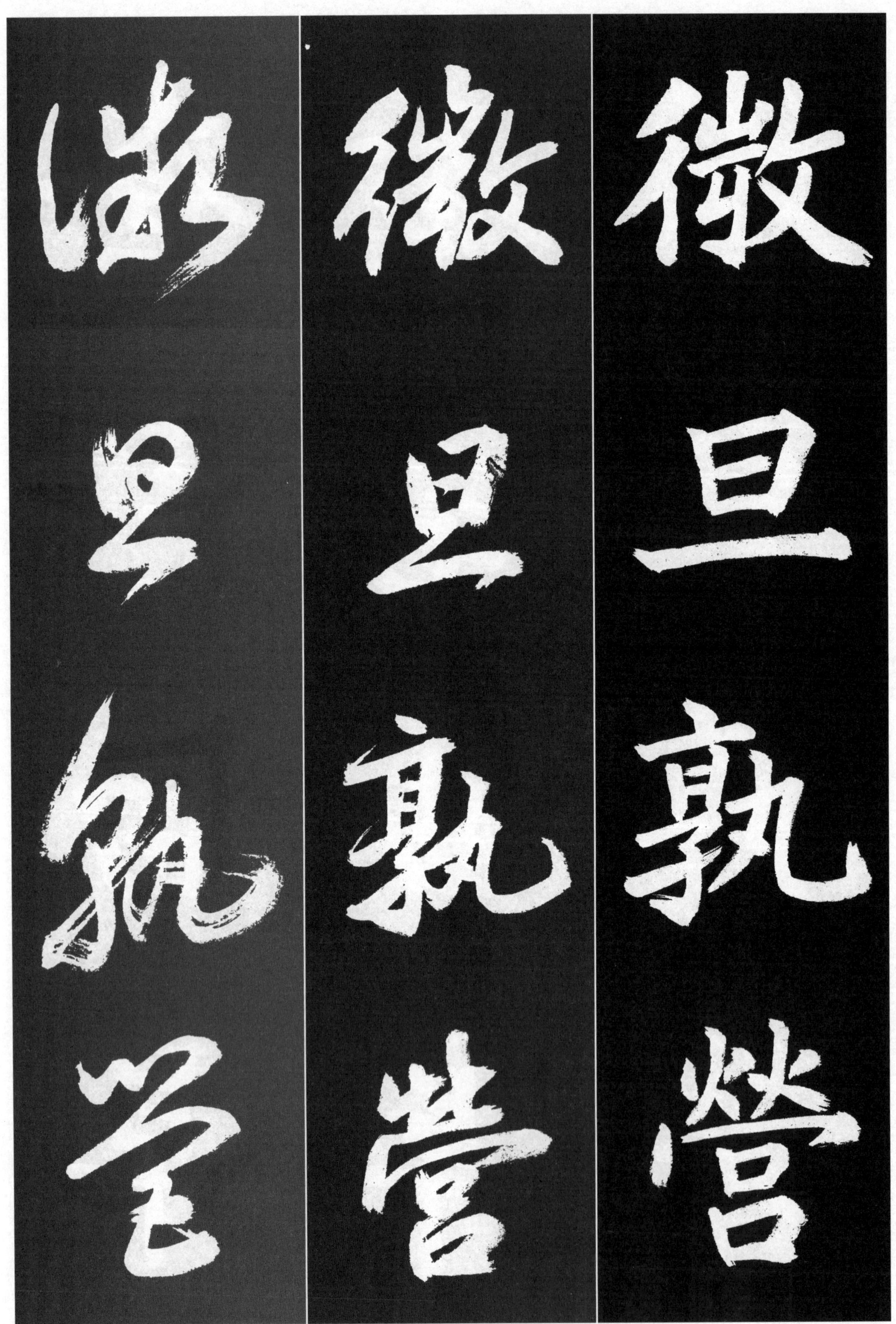

微 작을 미 旦 아침 단 孰 누구 숙 營 경영할 영

微旦孰營　그들이 아니면 누가 경영할 수 있었으랴.

桓 굳셀 환 **公** 공변될 공 **匡** 바를 광 **合** 합할 합

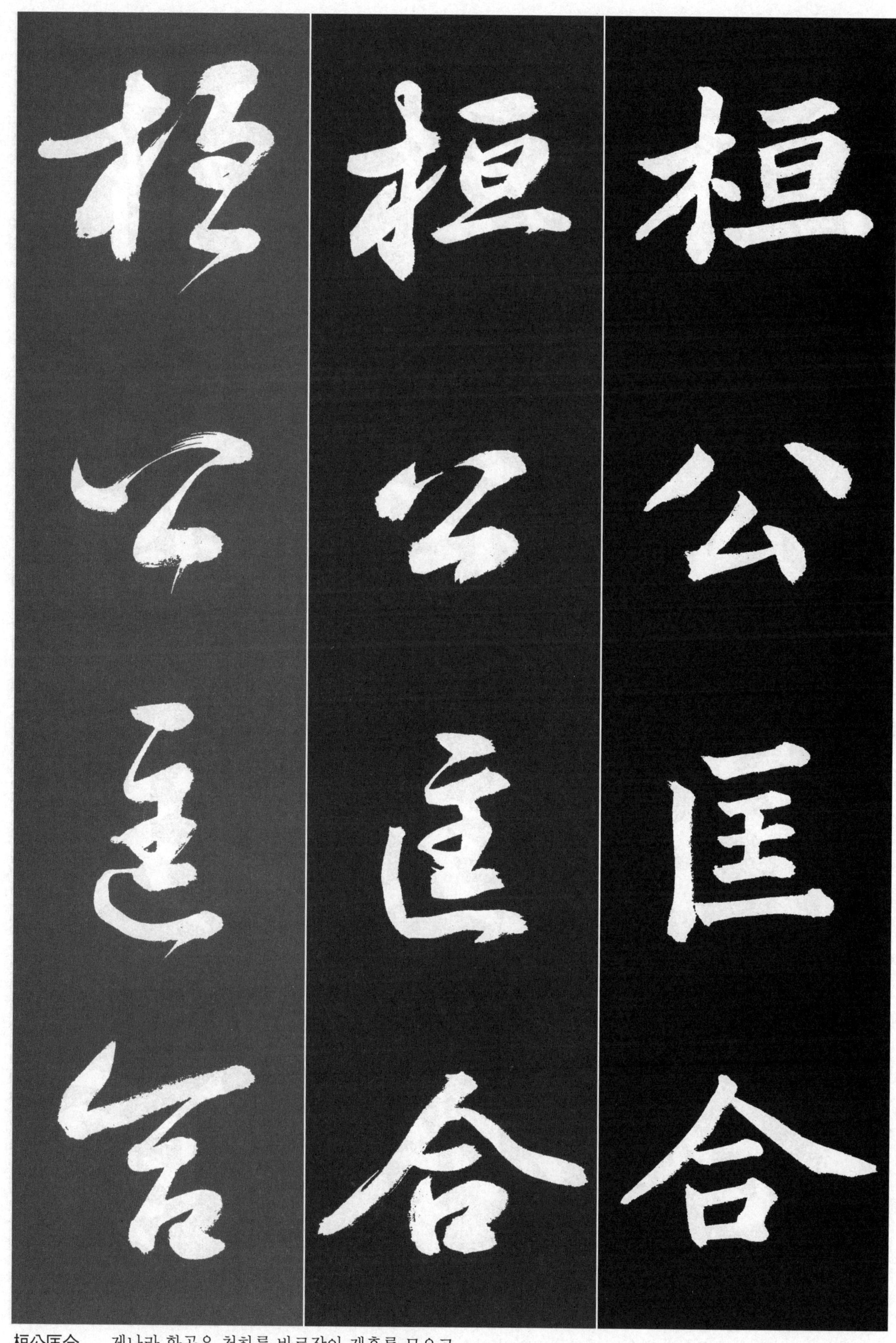

桓公匡合 제나라 환공은 천하를 바로잡아 제후를 모으고,

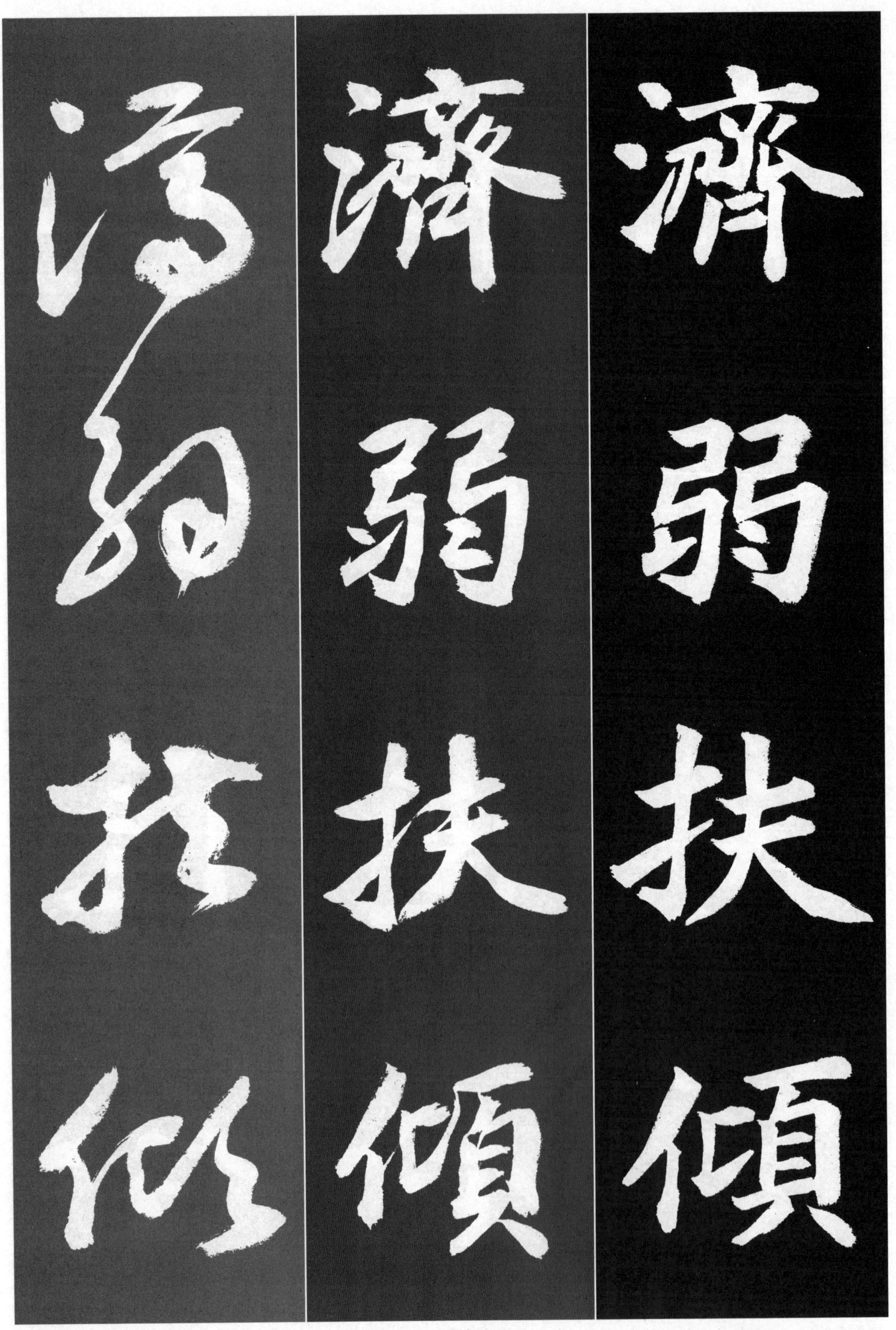

濟 건널 제 弱 약할 약 扶 붙들 부 傾 기울어질 경

濟弱扶傾　약한 자를 구하고 기우는 나라를 도와서 일으켰다.

綺 비단 기 **回** 돌아올 회 **漢** 한수 한 **惠** 은혜 혜

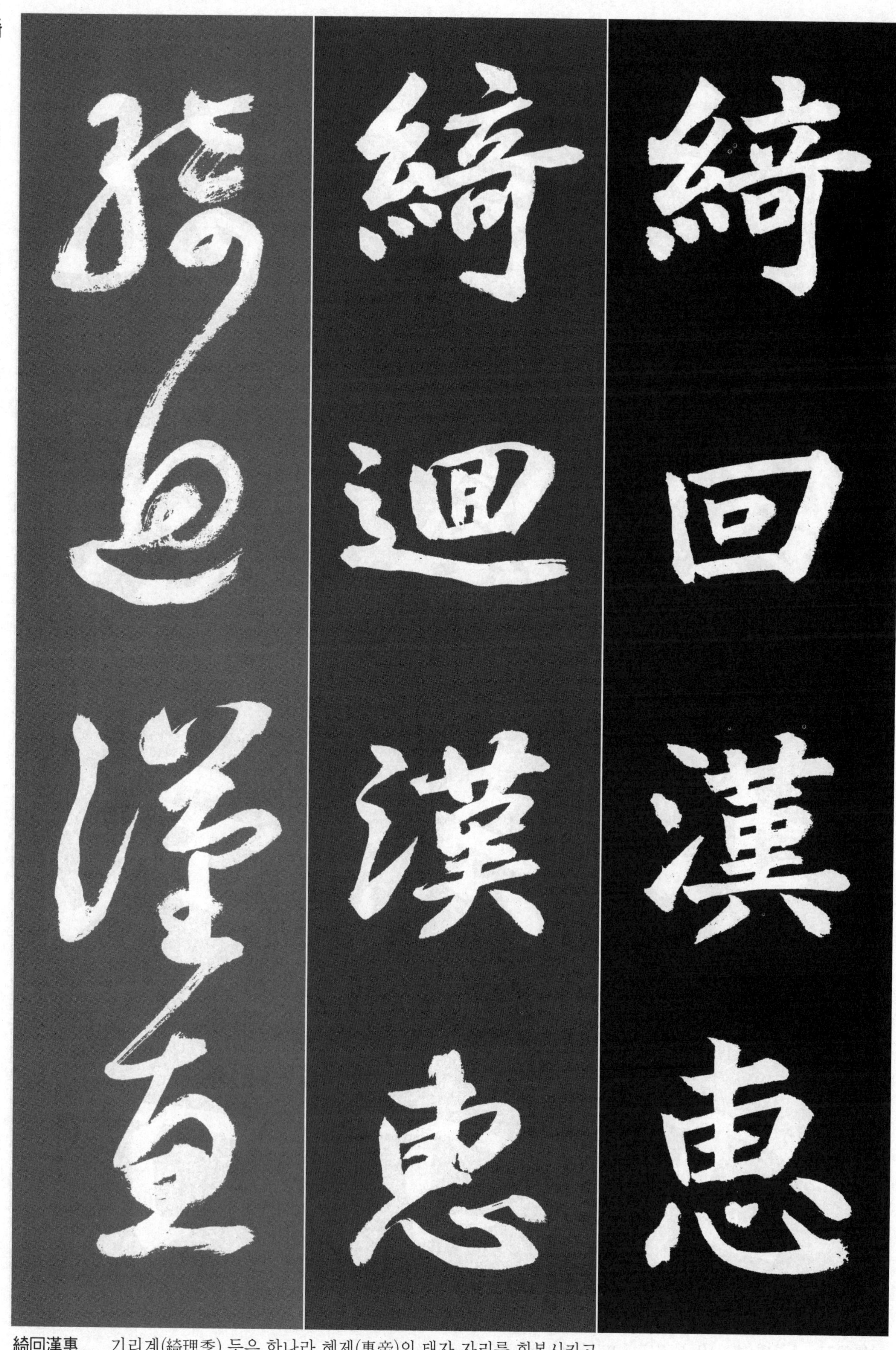

綺回漢惠 기리계(綺理季) 등은 한나라 혜제(惠帝)의 태자 자리를 회복시키고,

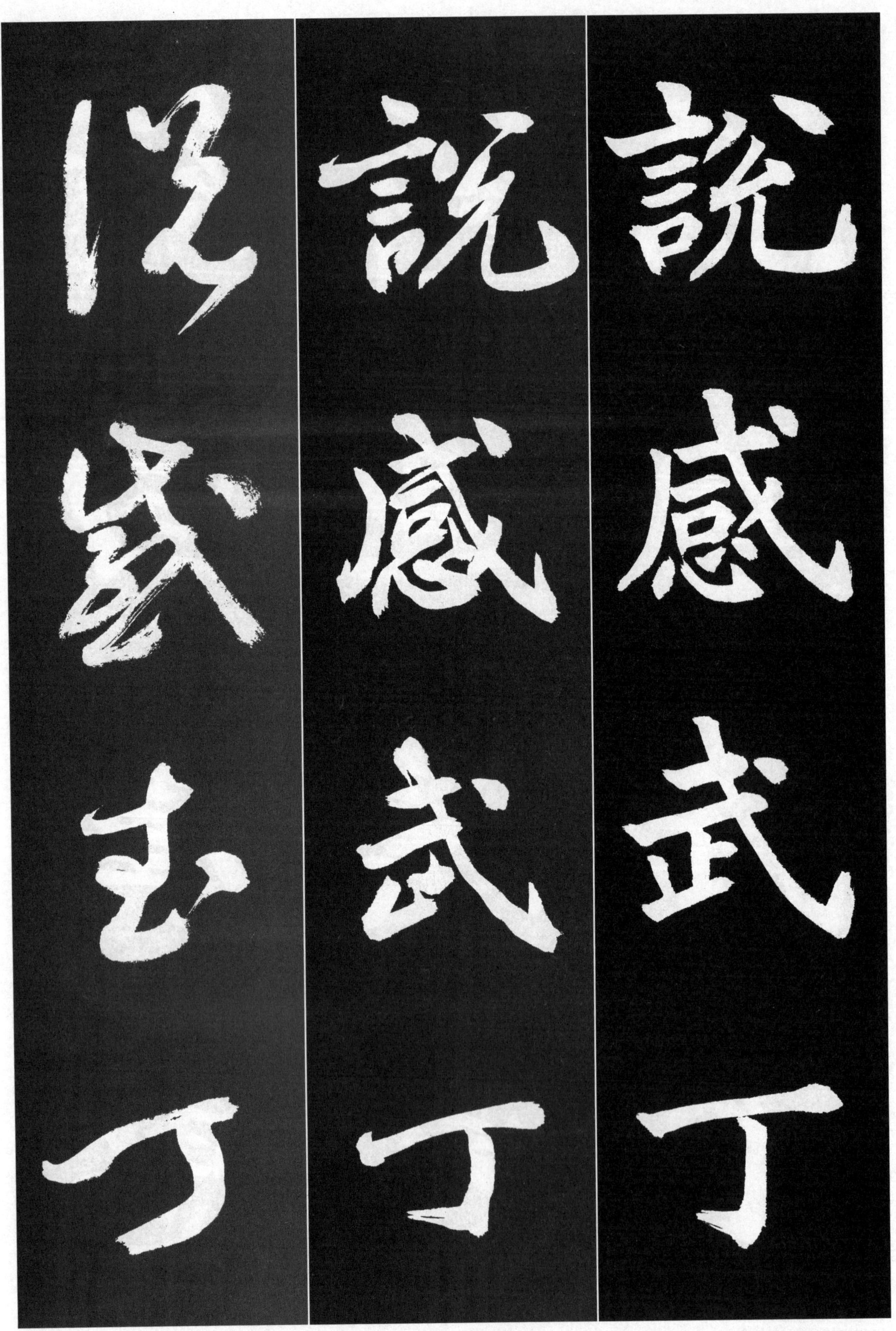

說 기꺼울 열 感 느낄 감 武 호반 무 丁 장정 정

說感武丁　부열(傅說)은 무정(武丁)의 꿈에 나타나 그를 감동시켰다.

俊 준걸 준 乂 어질 예 密 빽빽할 밀 勿 말 물

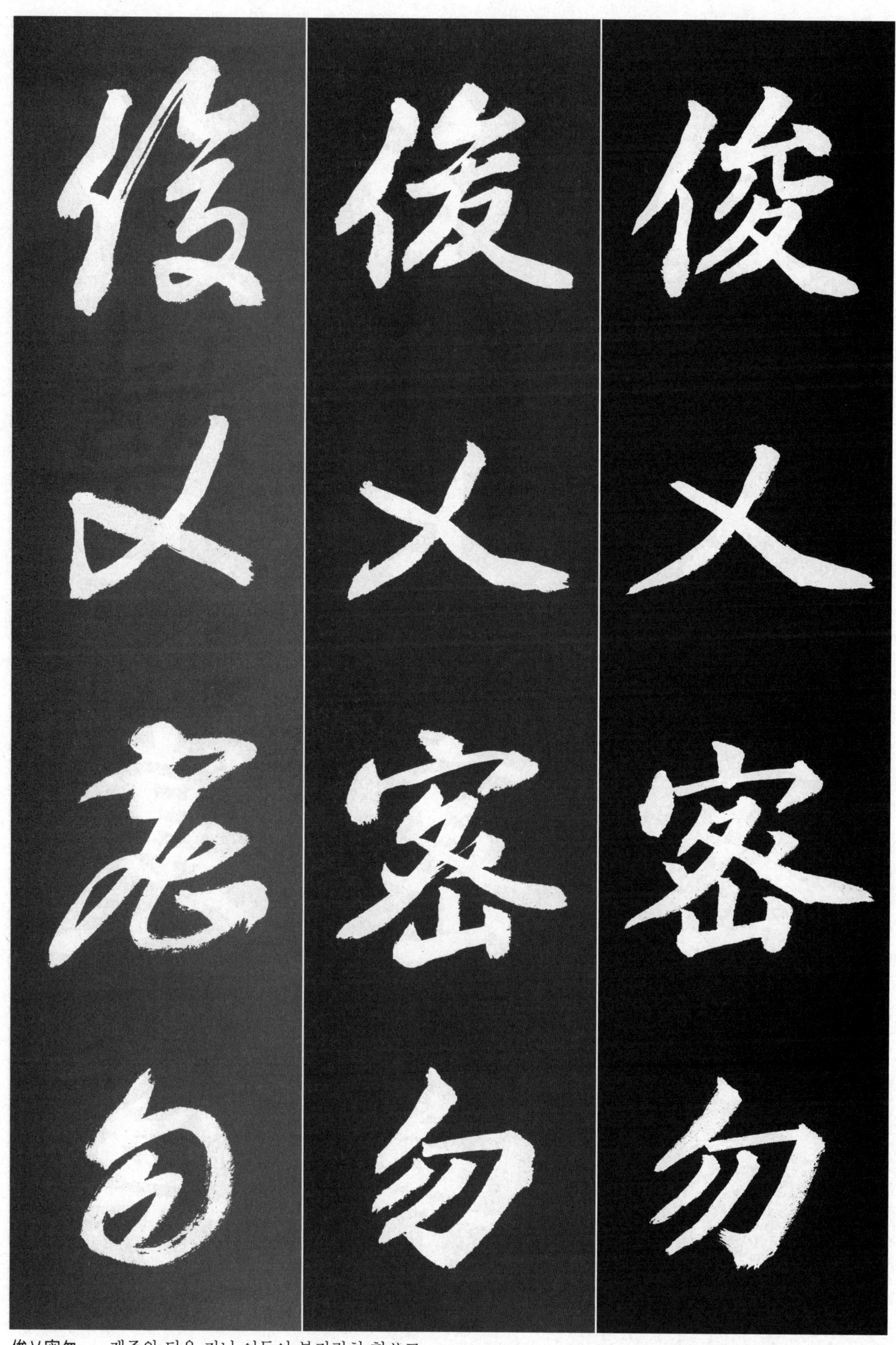

俊乂密勿 재주와 덕을 지닌 이들이 부지런히 힘쓰고,

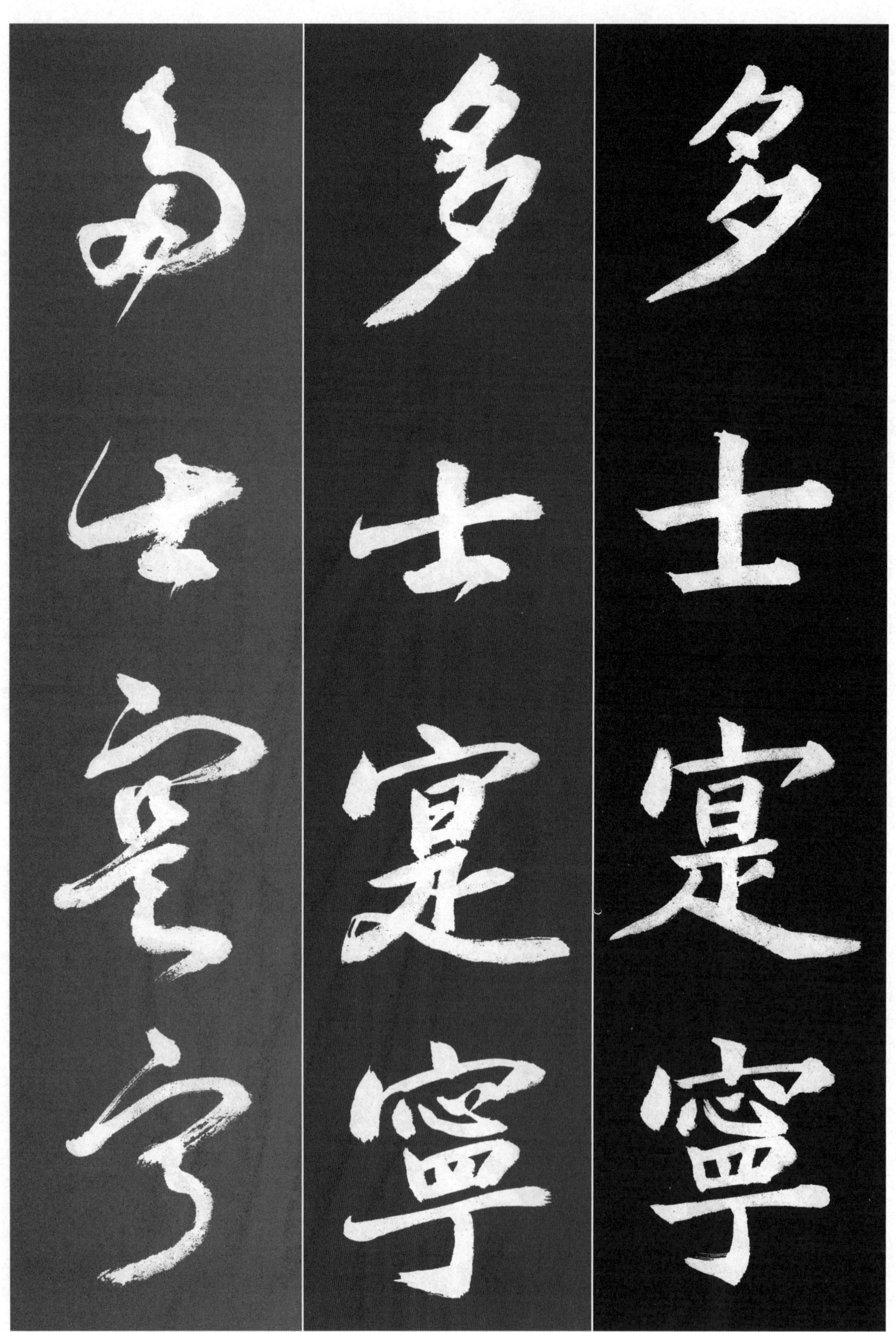

多 많을 다 士 선비 사 寔 이 식 寧 편안할 녕

多士寔寧 많은 인재들이 있어 나라는 실로 편안했다.

晋 나라 진 楚 나라 초 更 번가를 경 霸 으뜸 패

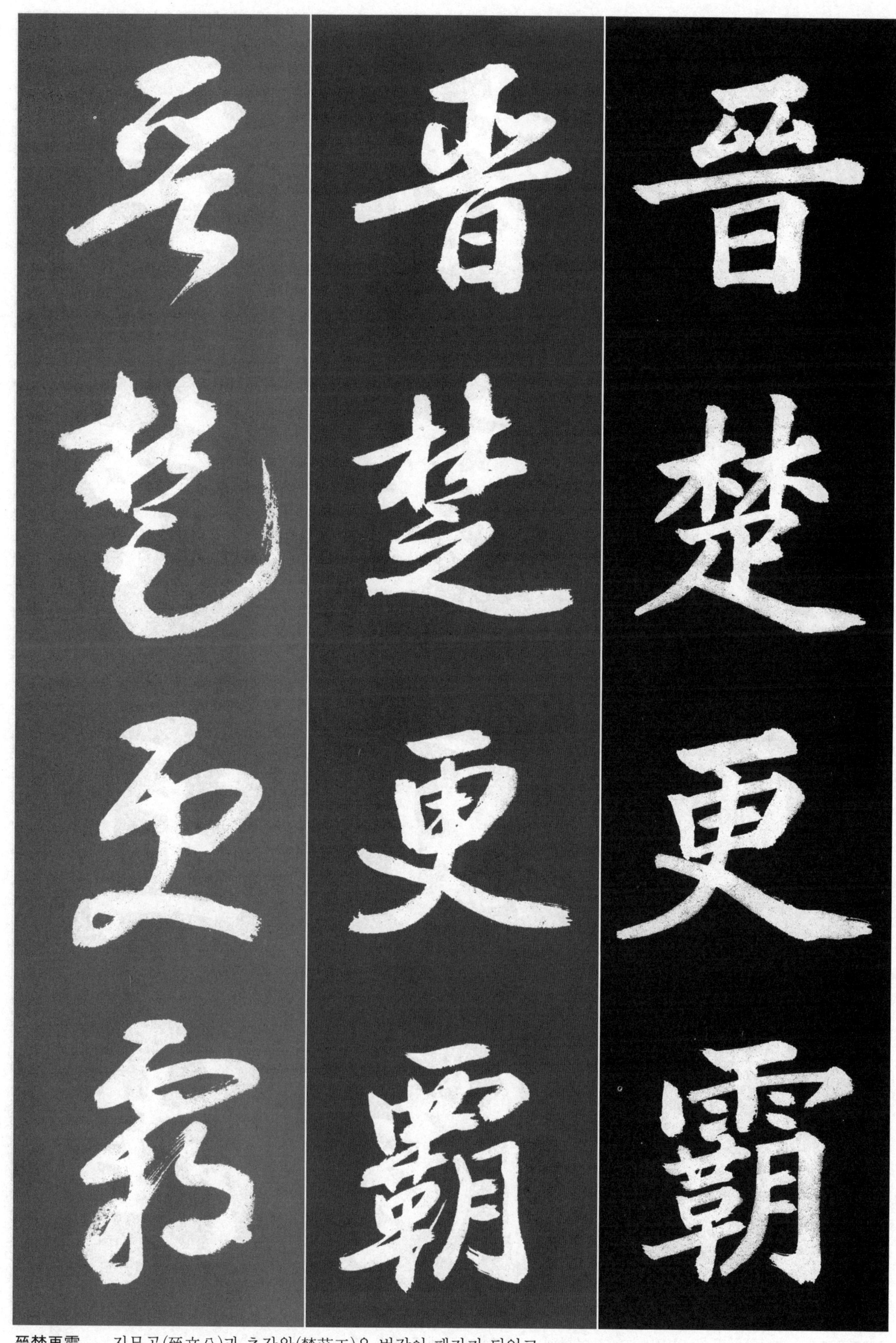

晉楚更霸 진문공(晉文公)과 초장왕(楚莊王)은 번갈아 패자가 되었고,

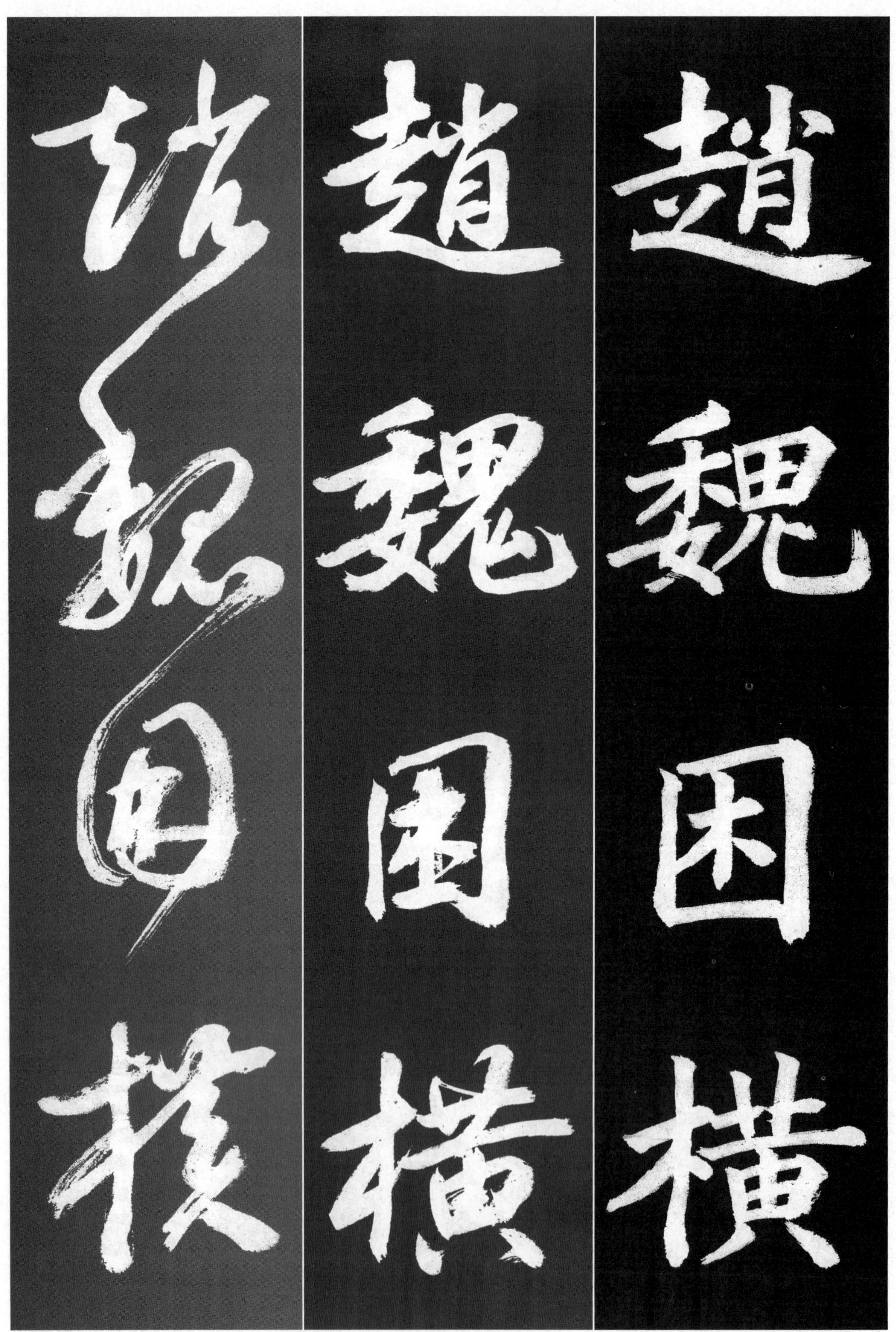

趙 나라 조 **魏** 나라 위 **困** 곤한 곤 **橫** 비낄 횡

趙魏困橫　조(趙)나라와 위(魏)나라는 연횡책(連橫策) 때문에 곤란을 겪었다.

假 빌릴 가 途 길 도 滅 멸할 멸 虢 나라 괵

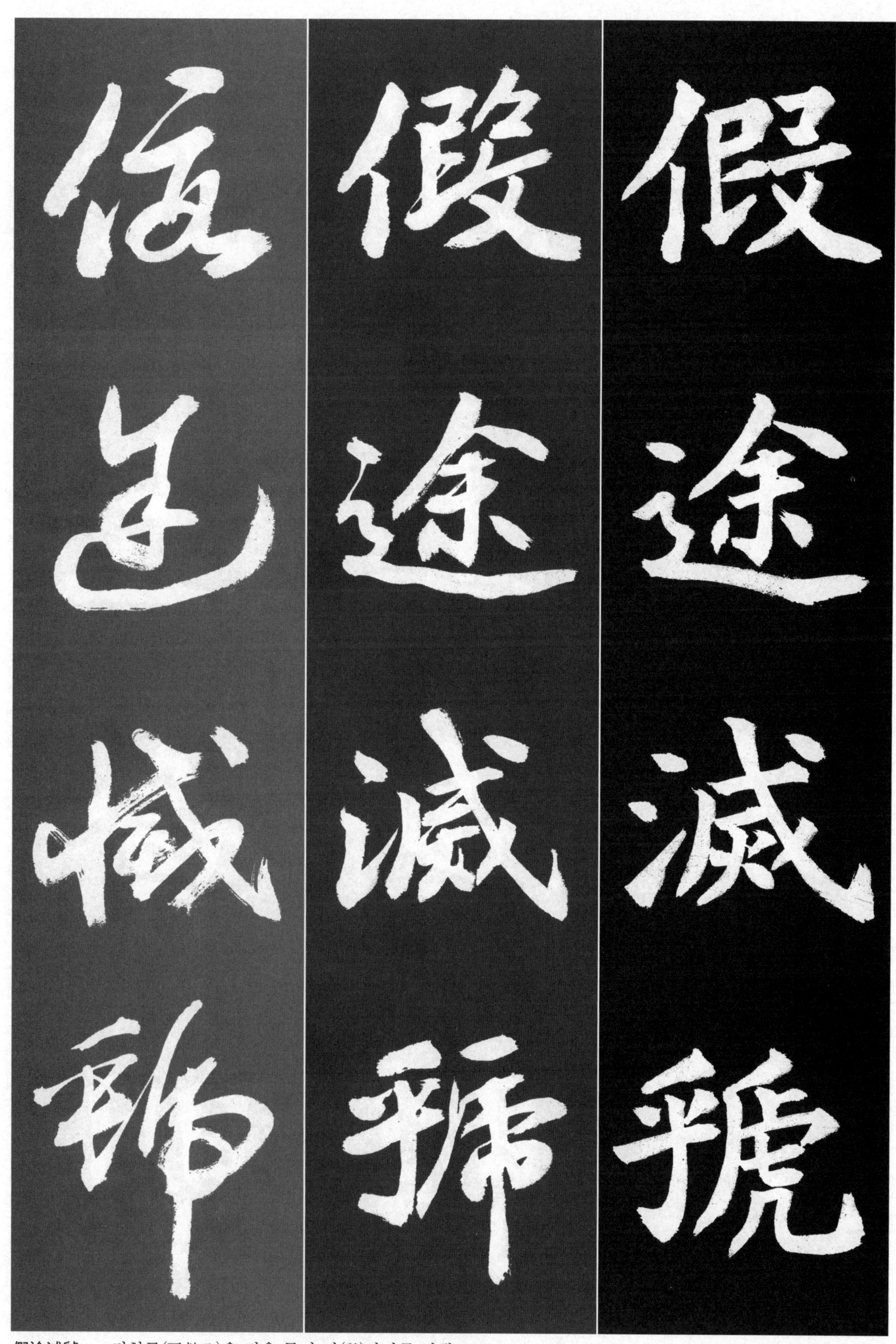

假途滅虢　진헌공(晉獻公)은 길을 물어 괵(虢)나라를 멸했고,

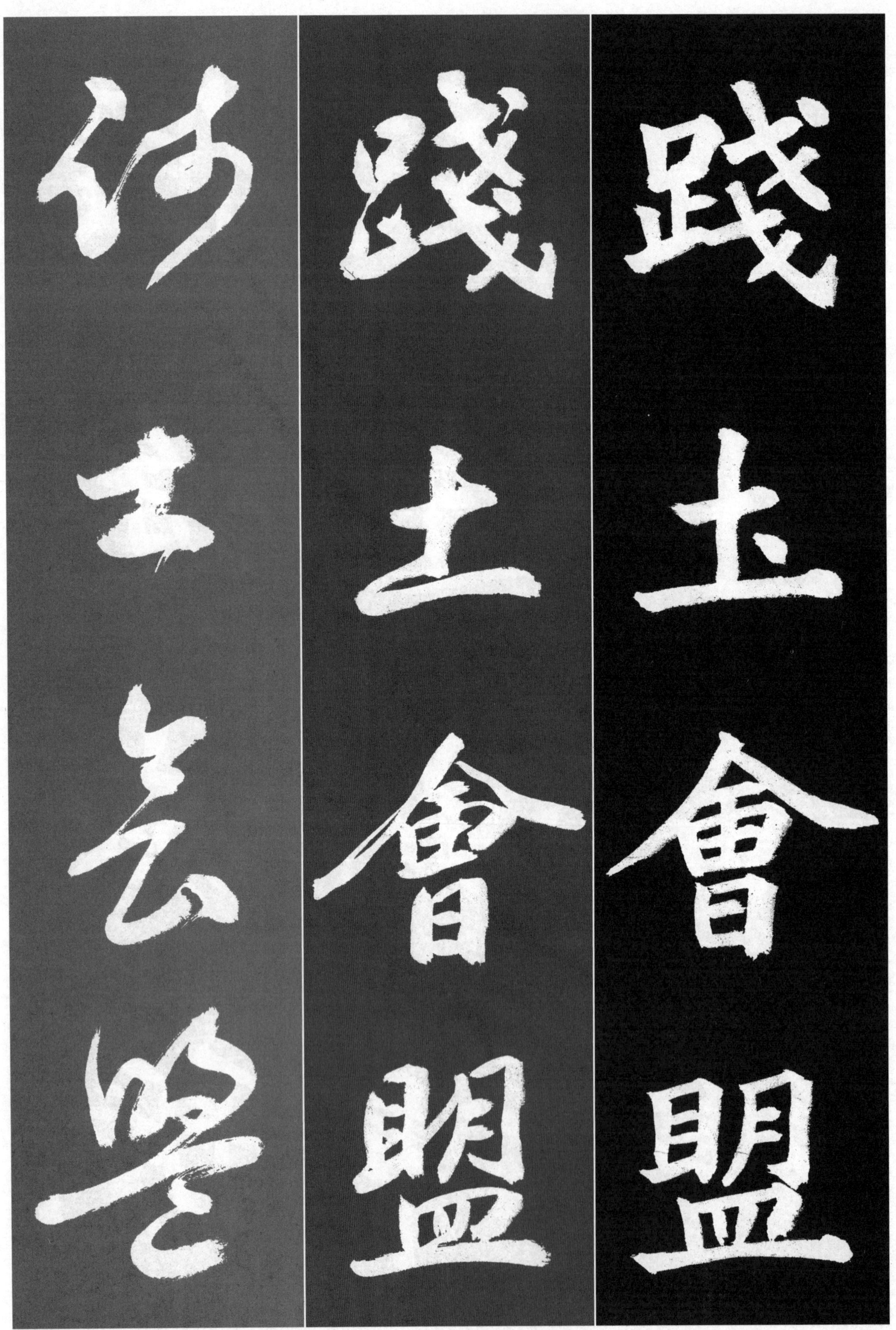

踐 밟을 천 土 흙 토 會 모을 회 盟 맹세 맹

踐土會盟 진문공(晉文公)은 제후를 천토대(踐土臺)에 모아 맹세하게 했다.

何 어찌 하 遵 좇을 준 約 요약할 약 法 법 법

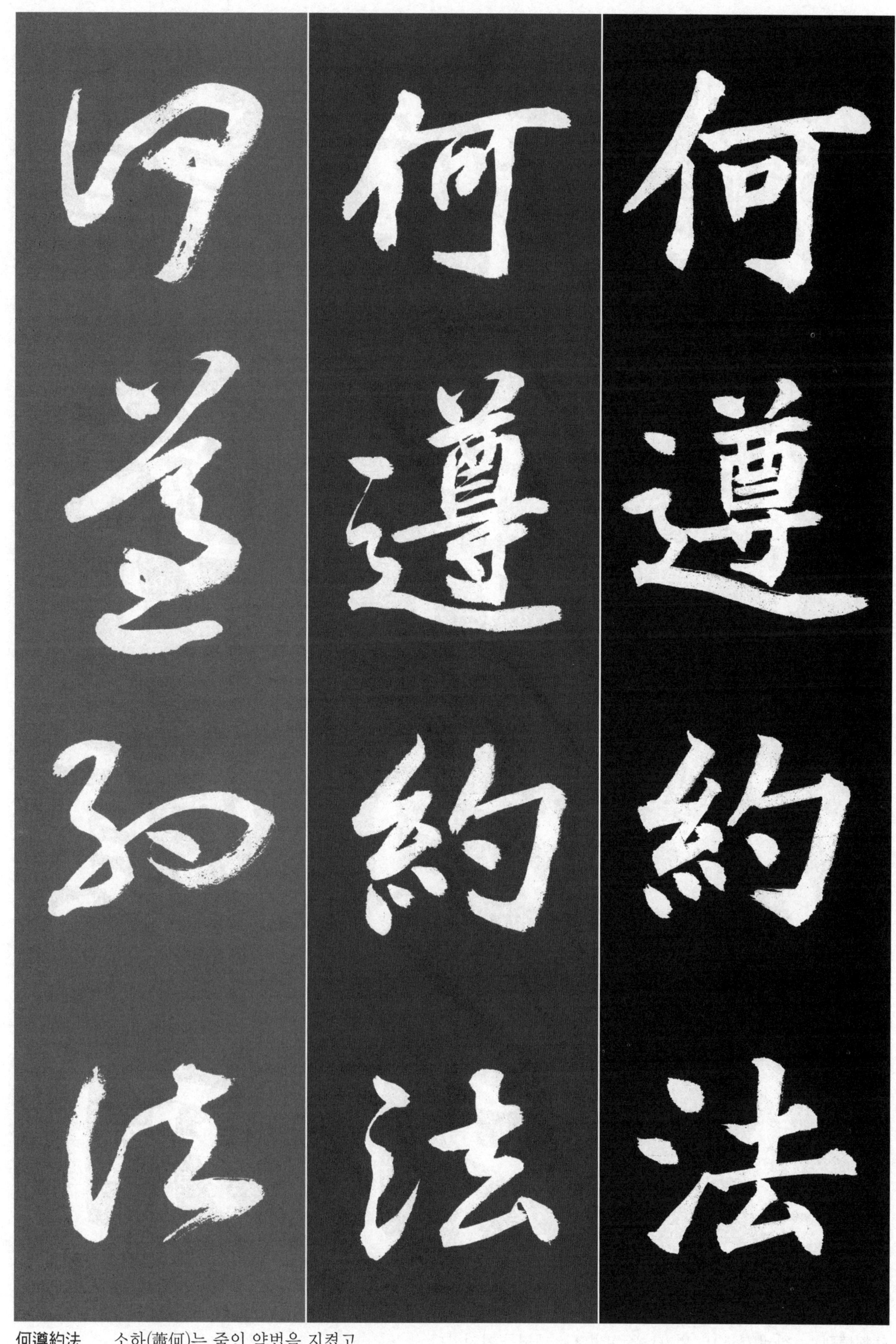

何遵約法 소하(蕭何)는 줄인 약법을 지켰고,

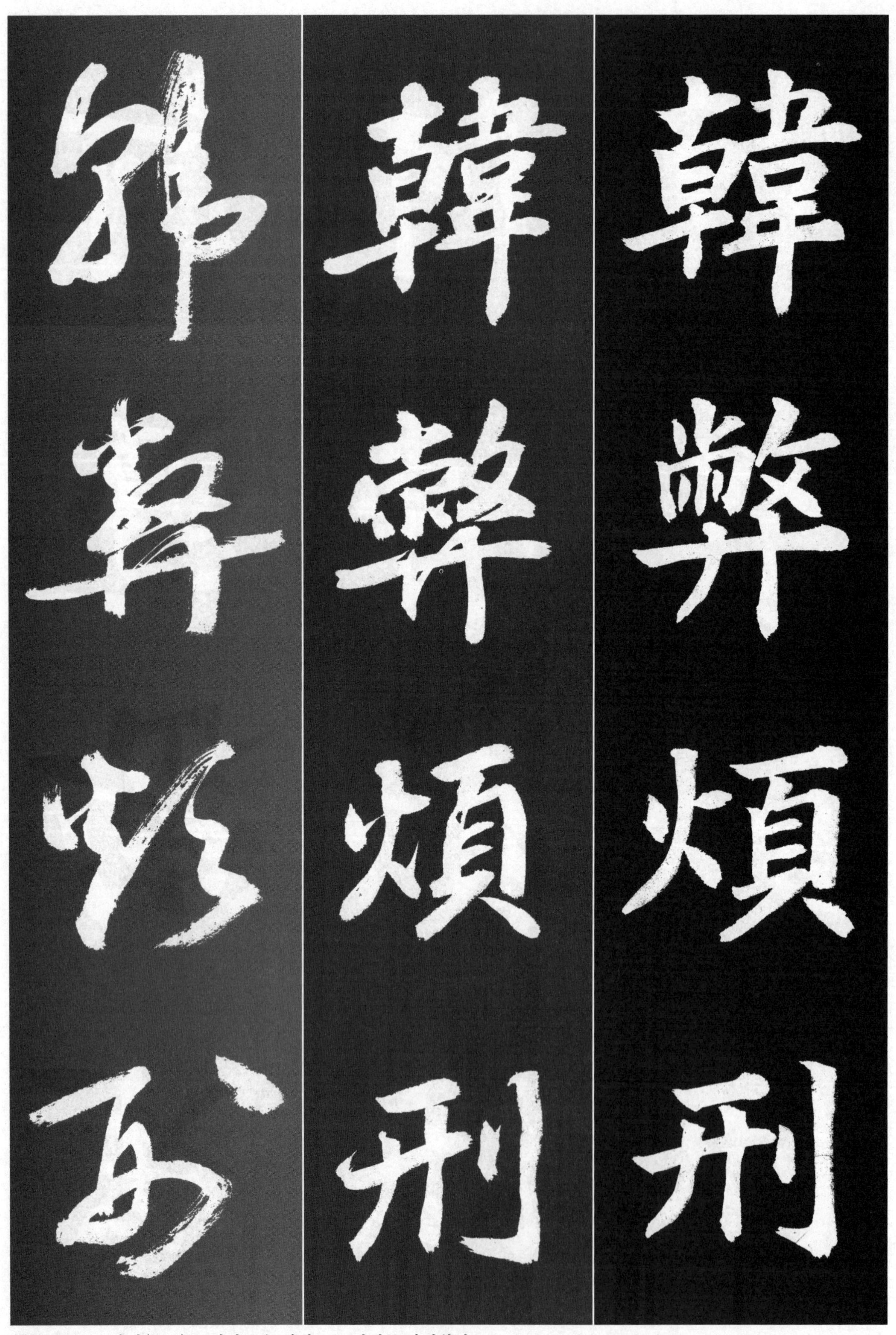

韓 나라 한 弊 해질 폐 煩 번거로울 번 刑 형벌 형

韓弊煩刑 한비(韓非)는 번거로운 형법으로 폐해를 가져왔다.

起 일어날 기 **翦** 자를 전 **頗** 자못 파 **牧** 칠 목

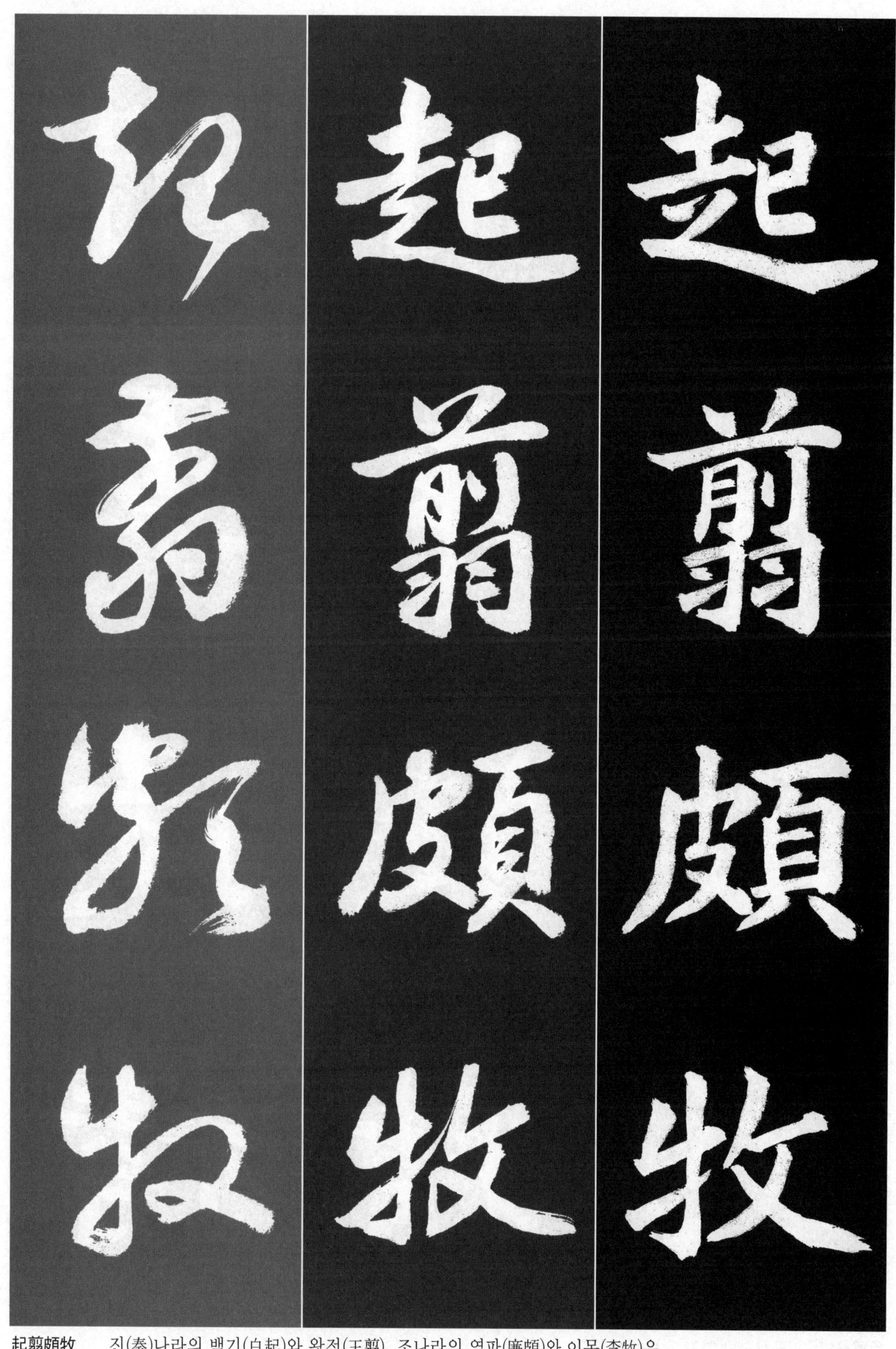

起翦頗牧 진(秦)나라의 백기(白起)와 왕전(王翦), 조나라의 염파(廉頗)와 이목(李牧)은

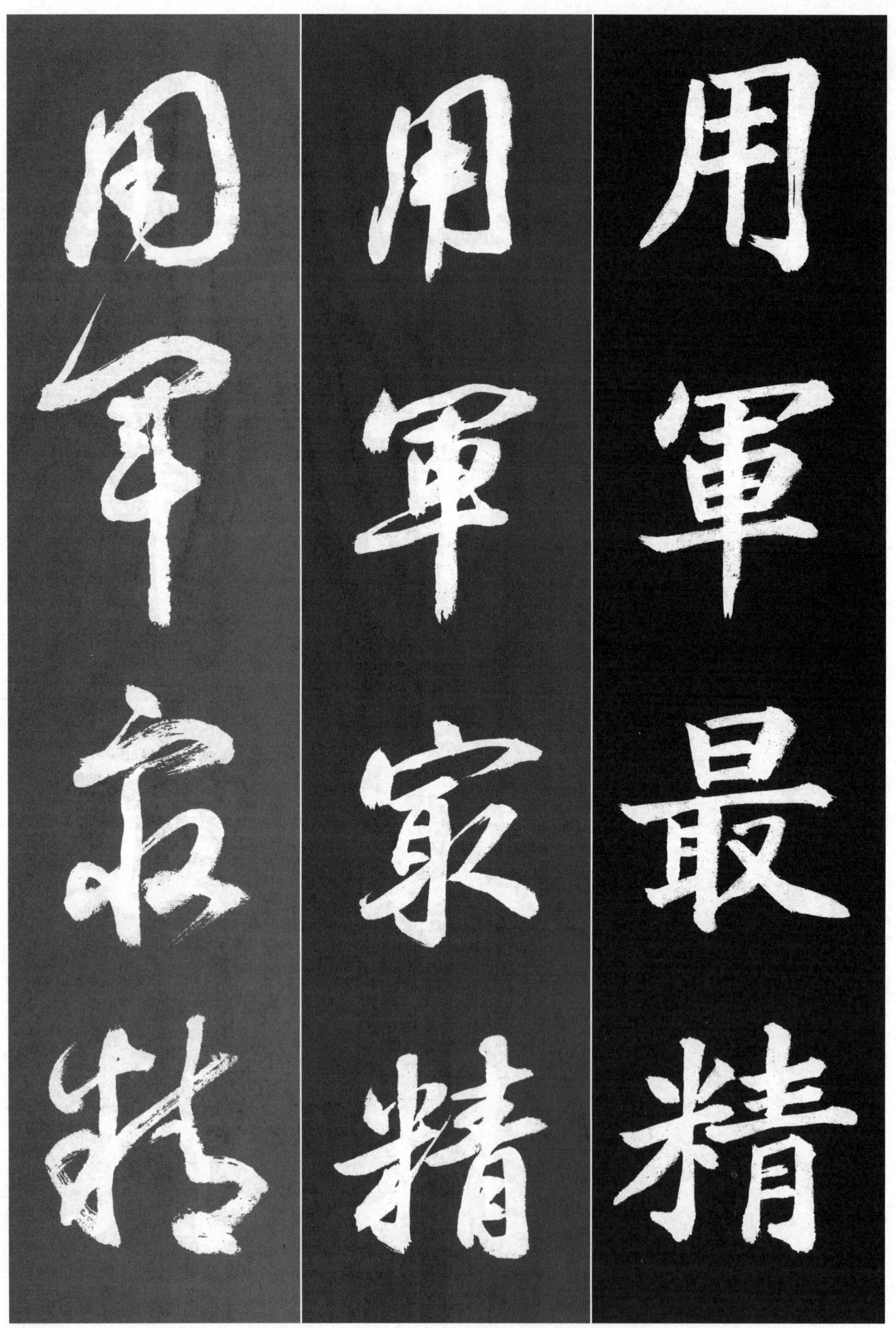

用 쓸 용 軍 군사 군 最 가장 최 精 정할 정

用軍最精 군사술이 가장 정밀하게 했다.

宣 베풀 선
威 위엄 위
沙 모래 사
漠 아득할 막

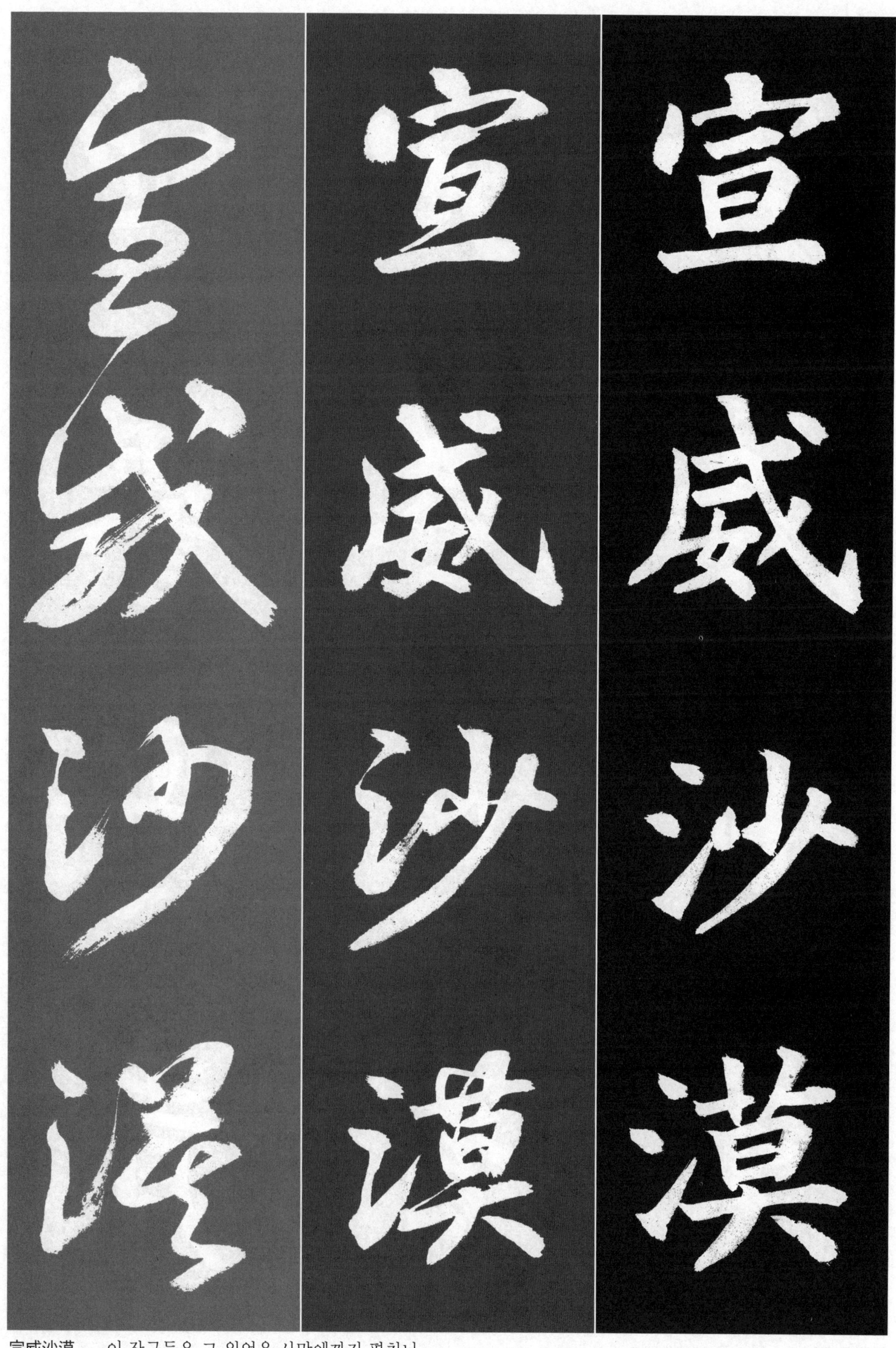

宣威沙漠　이 장군들은 그 위엄을 사막에까지 펼치니,

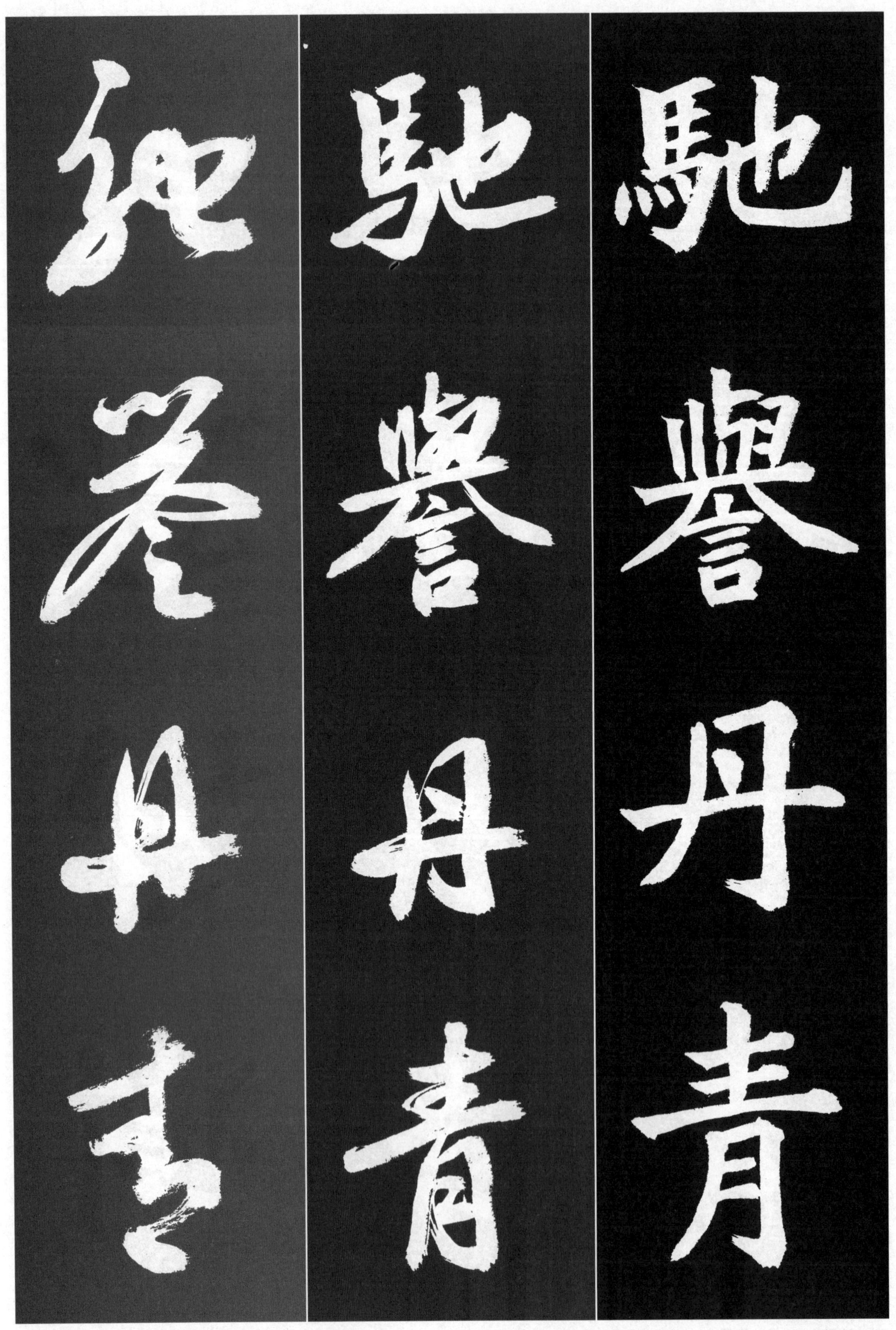

馳 달릴 치 譽 기릴 예 丹 붉을 단 靑 푸를 청

馳譽丹靑 그 명예를 채색으로 그려서 전했다.

九 아홉 구 州 고을 주 禹 임금 우 跡 자취 적

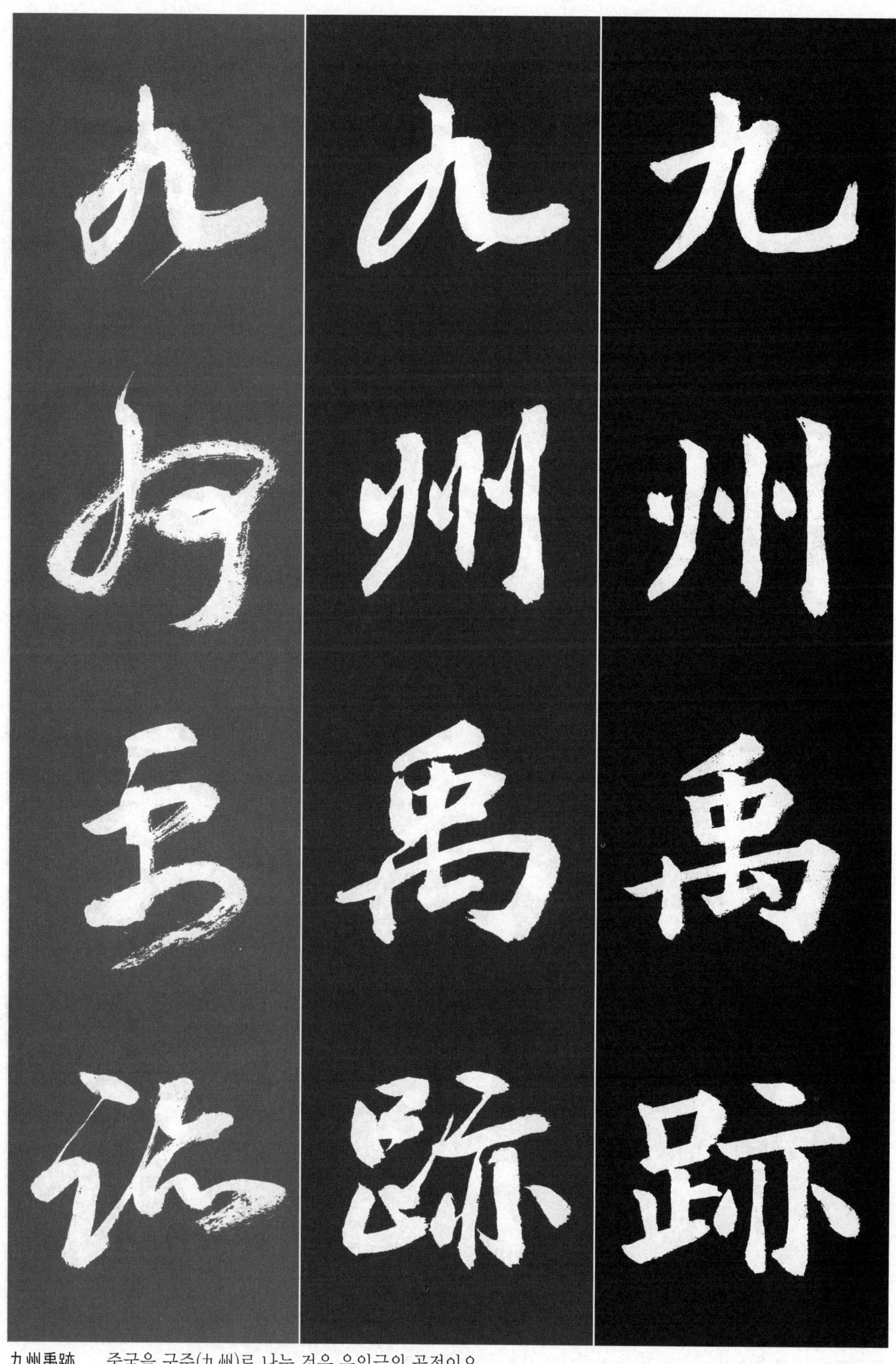

九州禹跡　중국을 구주(九州)로 나눈 것은 우임금의 공적이요

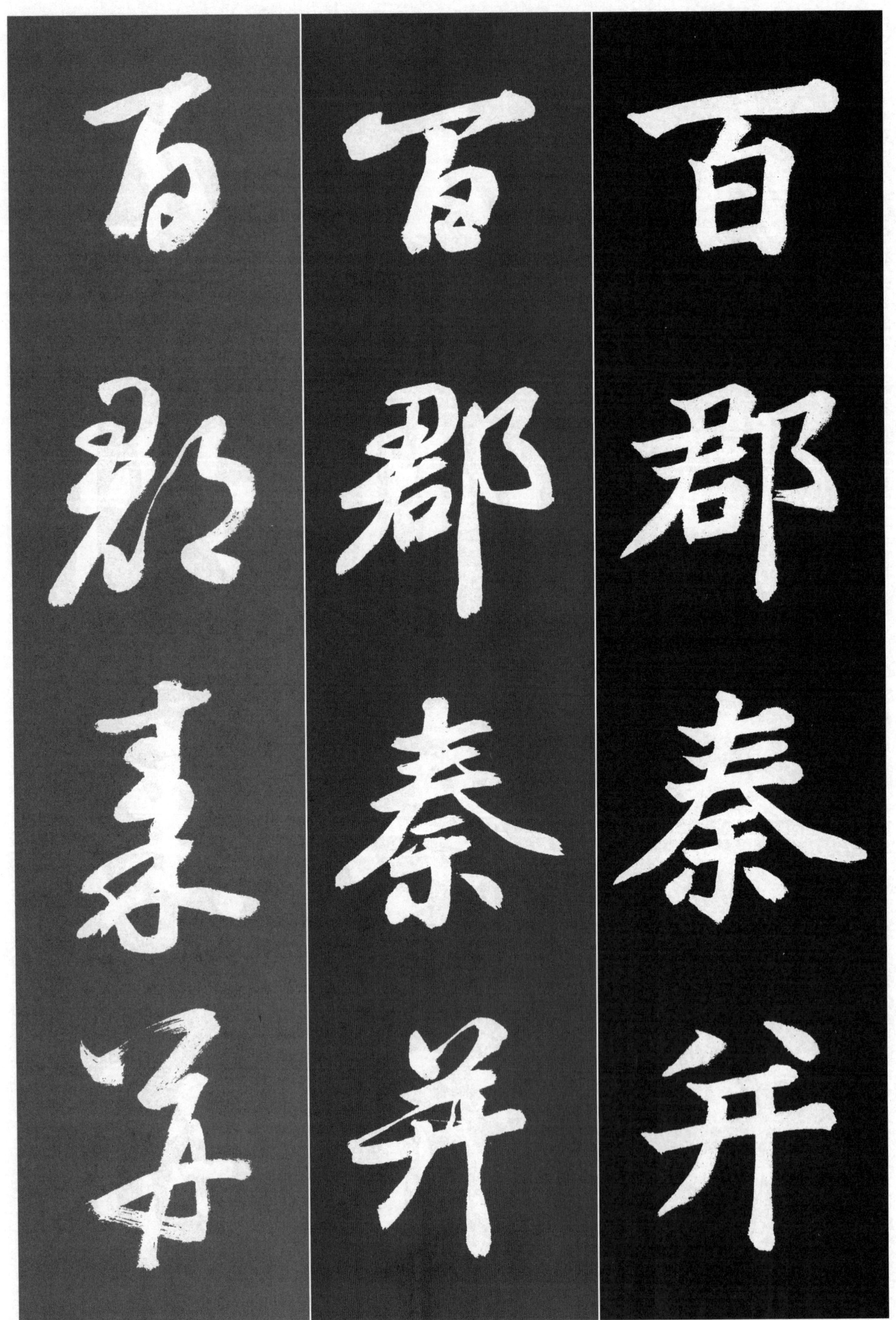

百 일백 백 郡 고을 군 秦 나라 진 并 아우를 병

百郡秦并　　백군(百郡)으로 나눈 것은 진나라 시왕(始王)의 큰 공이다.

嶽 큰산 악 宗 마루 종 恒 항상 항 岱 대산 대

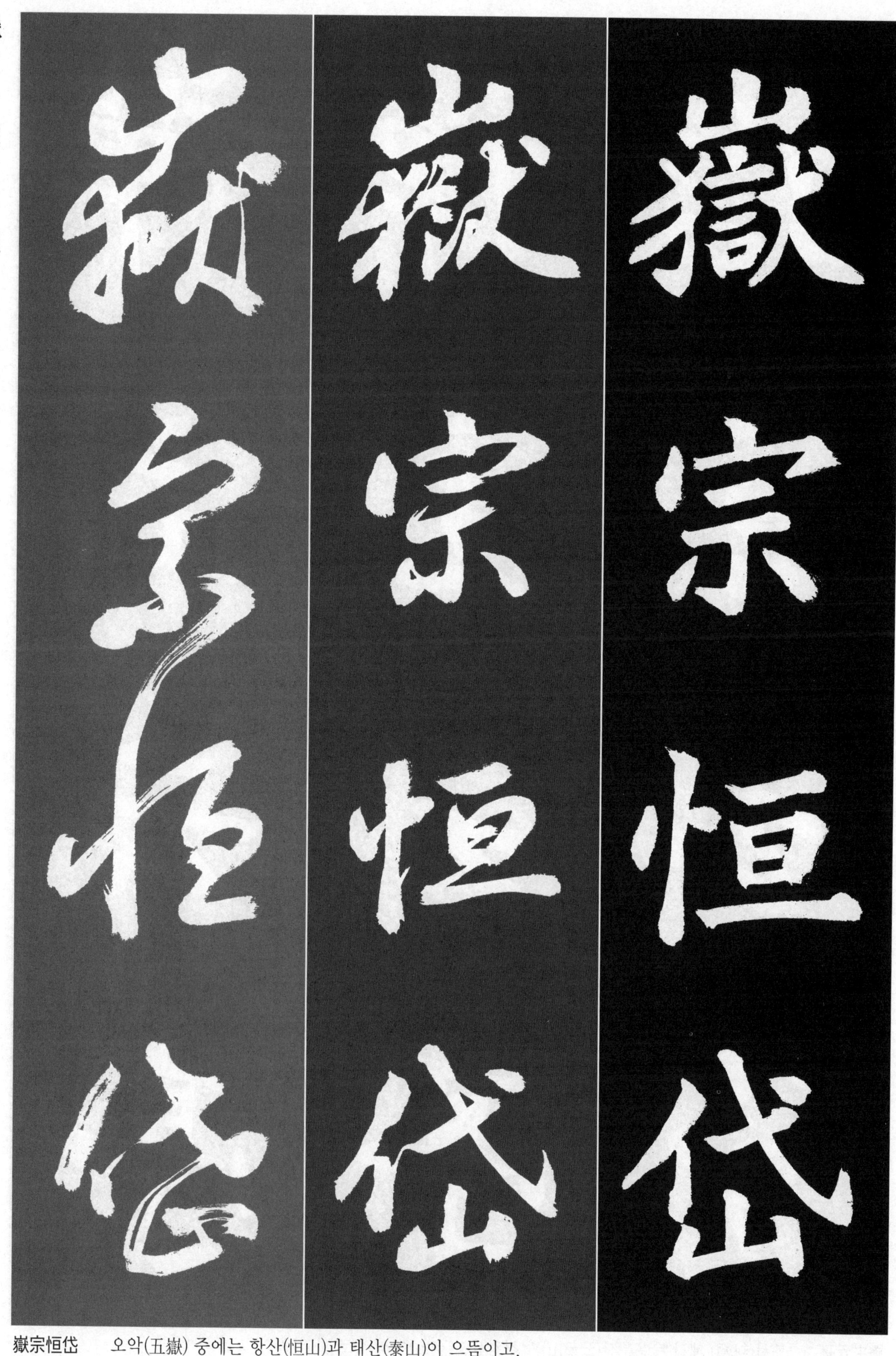

嶽宗恒岱 오악(五嶽) 중에는 항산(恒山)과 태산(泰山)이 으뜸이고,

禪 터닦을 선 主 임금 주 云 이를 운 亭 정자 정

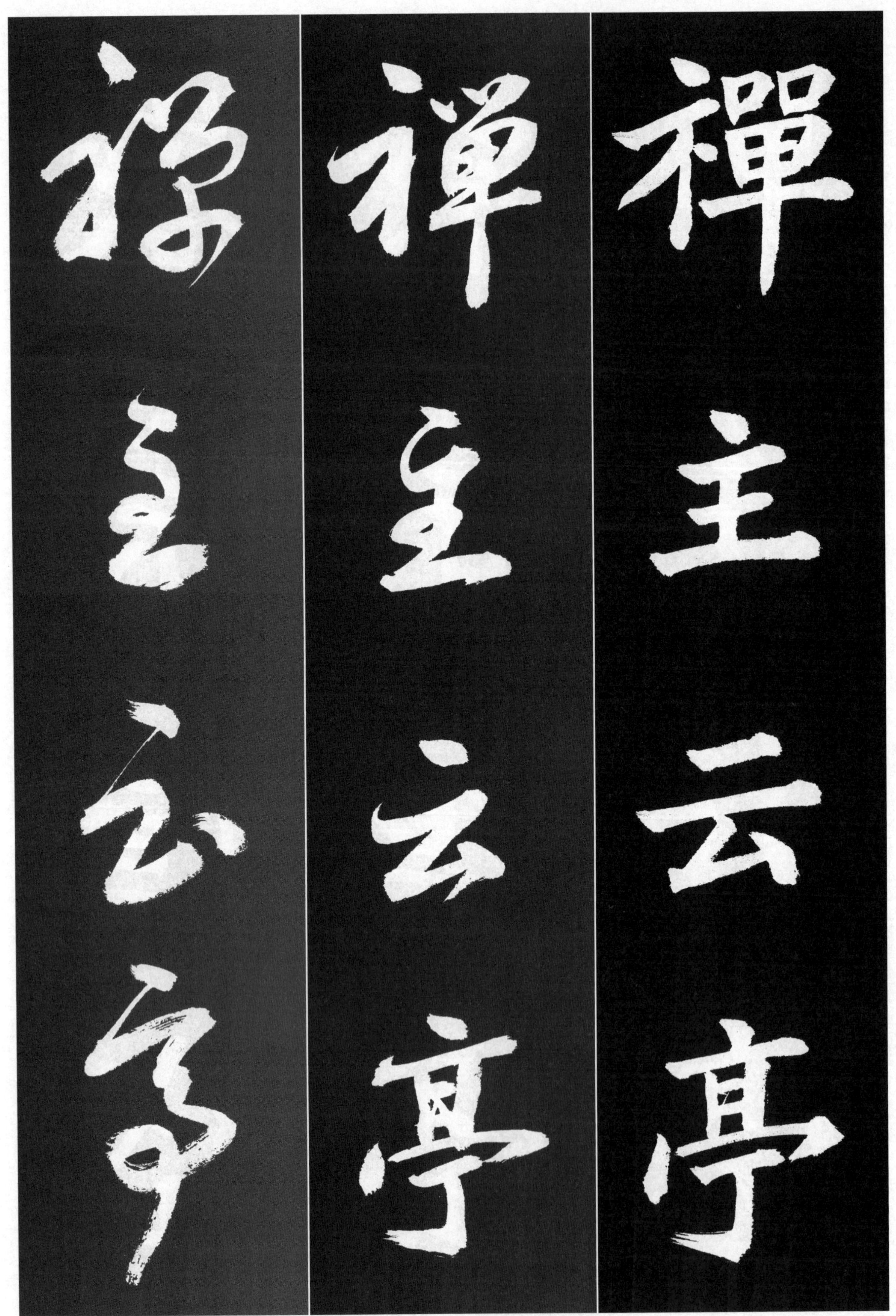

禪主云亭 봉선(封禪) 제사는 운운산(云云山)과 정정산(亭亭山)에서 주로 하였다.

雁 기러기 안 門 문 문 紫 붉을 자 塞 변방 새

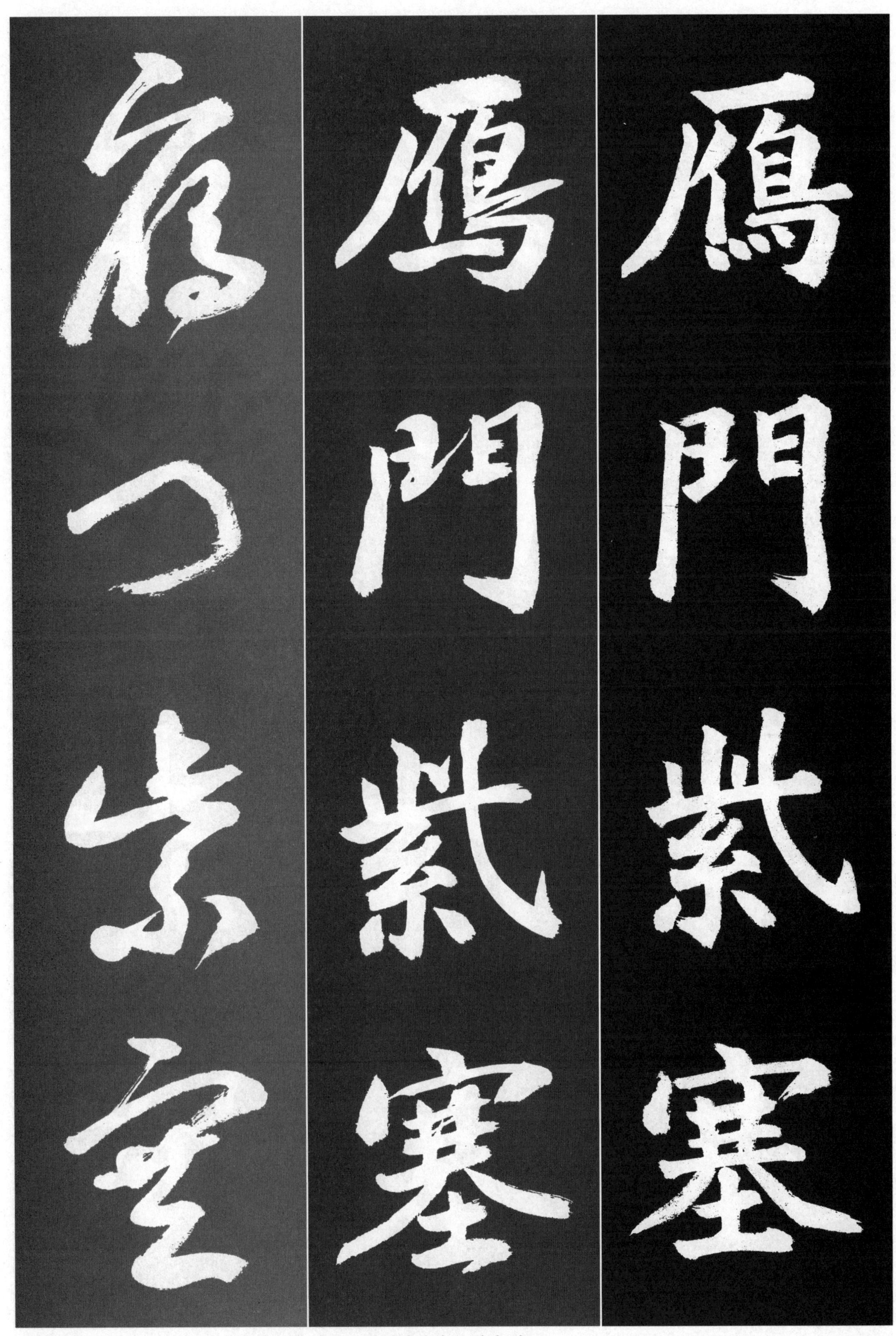

雁門紫塞 기러기 날으는 안문(雁門) 궐에는 만리장성의 요새가 있고,

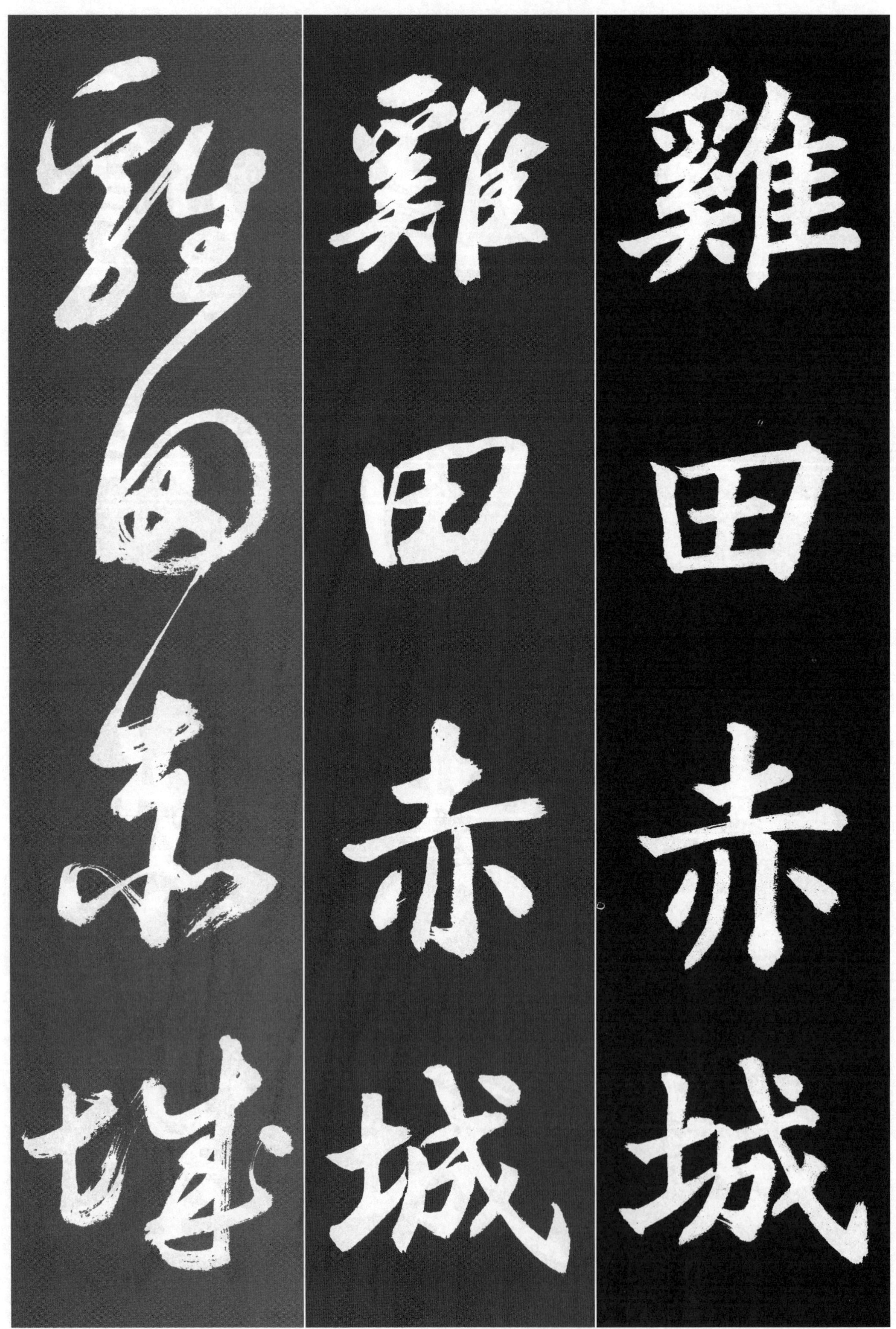

鷄 닭계 田 밭전 赤 붉을적 城 재성

鷄田赤城　　그 앞에는 계전과 적성이 있다.

昆 맏곤 池 못지 碣 돌갈 石 돌석

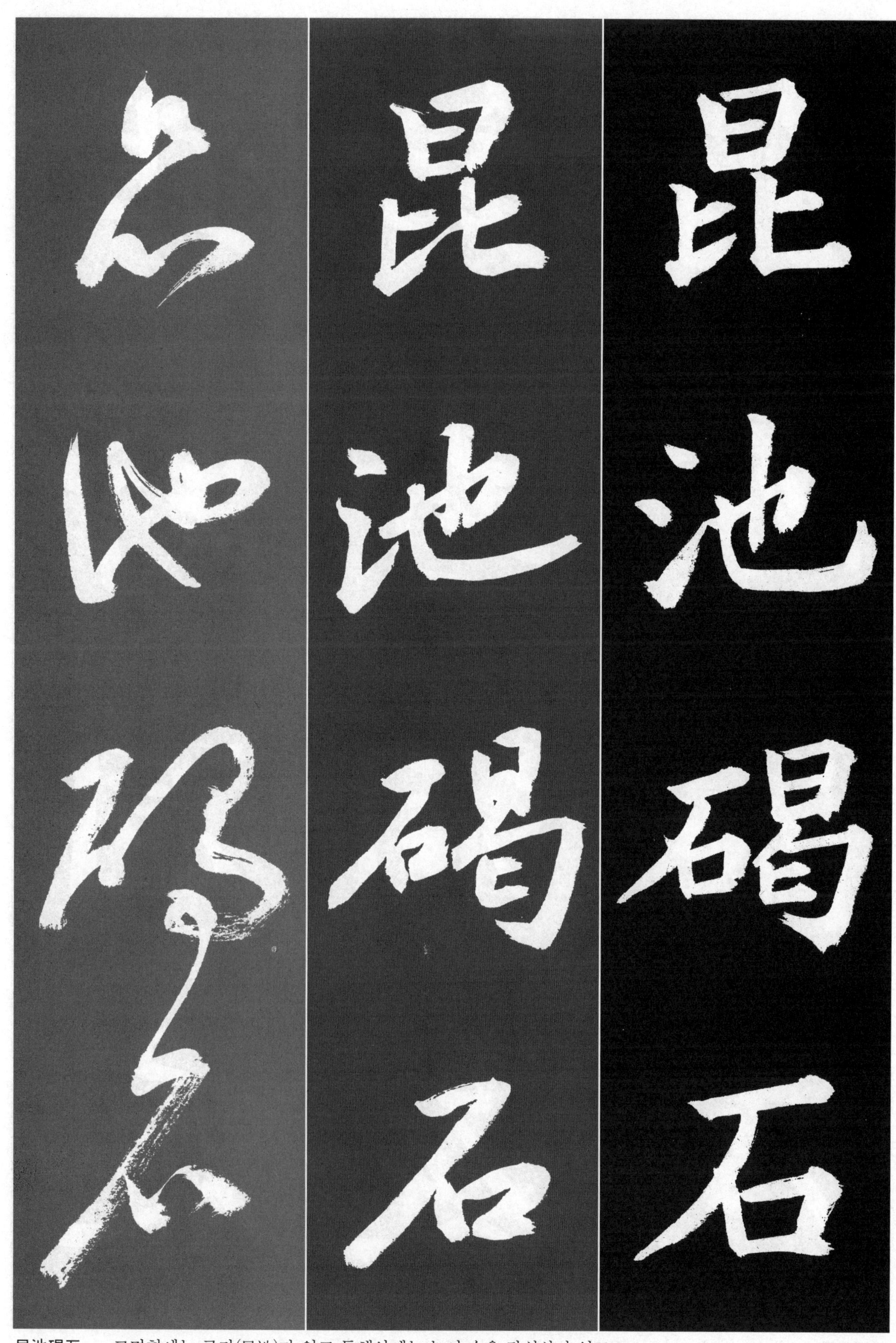

昆池碣石 고면현에는 곤지(昆池)가 있고 동해안에는 높이 솟은 갈석산이 있고

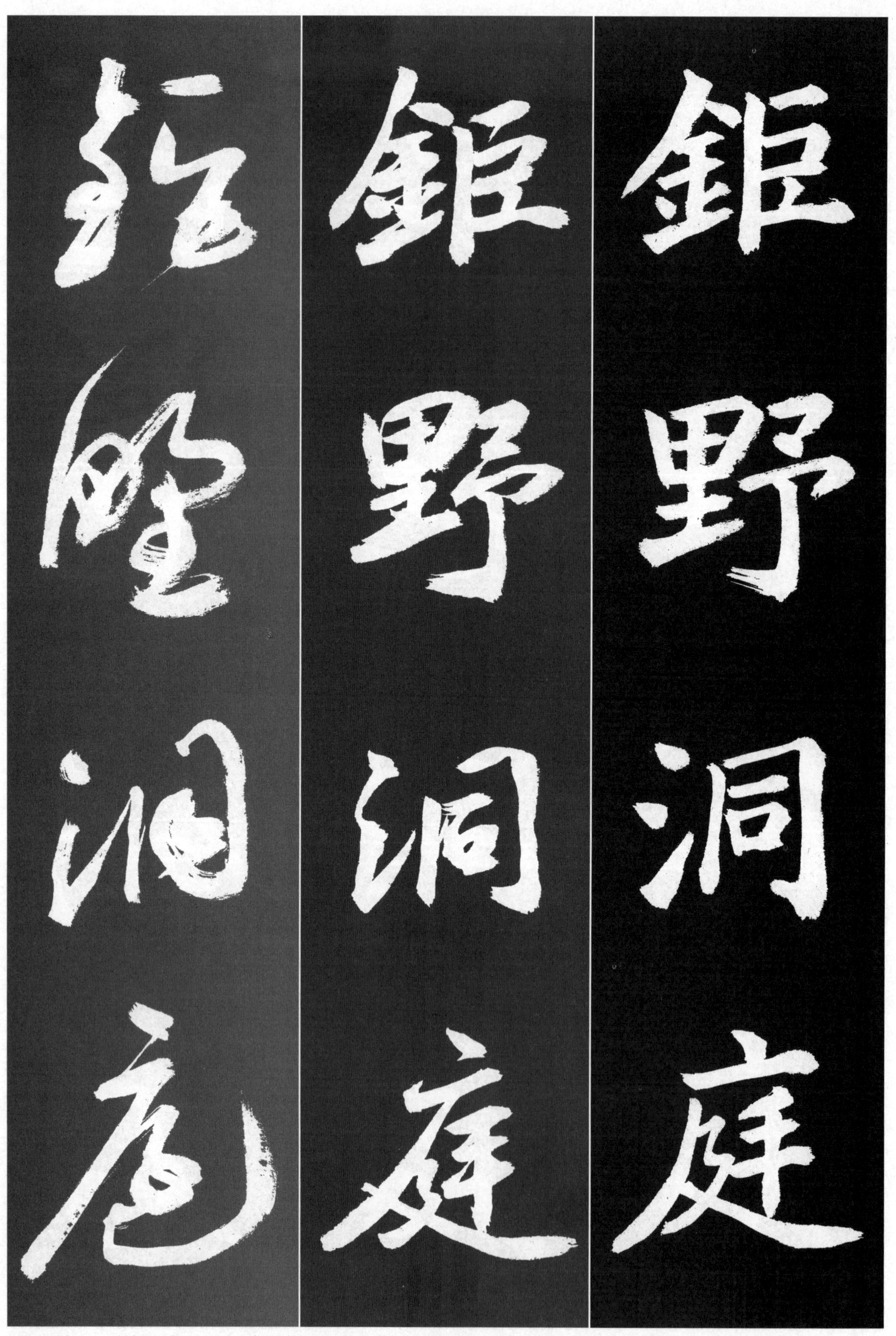

鉅 톱거 野 들야 洞 골동 庭 뜰정

鉅野洞庭 태산 동편에는 거야(鉅野)라는 넓은 평야가 있으며 중국 최대의 동정호(洞庭湖)가 있다.

曠 빌광 遠 멀원 綿 솜면 邈 멀막

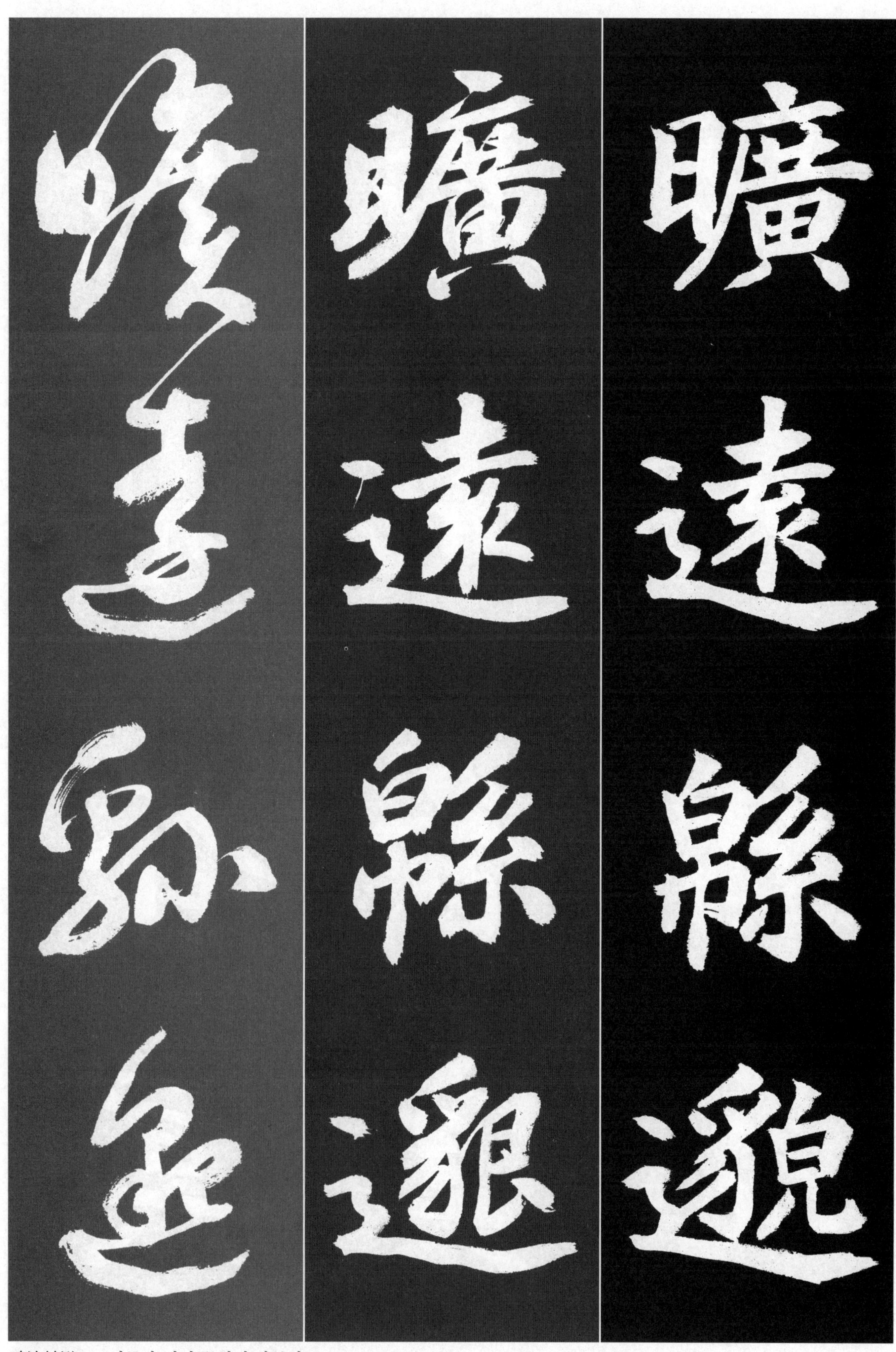

曠遠綿邈　　너무나 멀어 끝없이 아득하고,

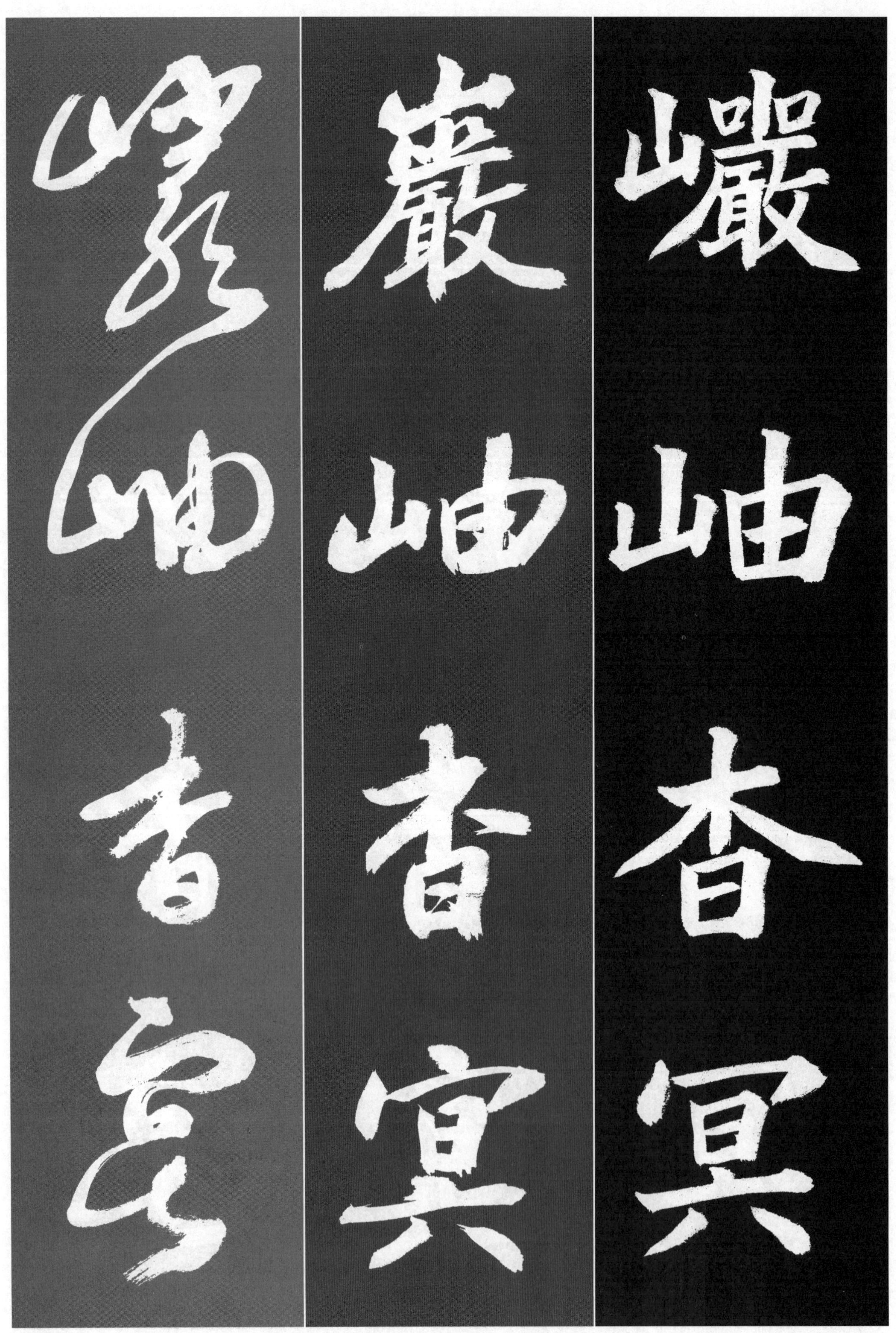

巖岫杳冥 바위와 산은 그윽하여 깊고 어두워 보인다.

治 다스릴 치 本 근본 본 於 어조사 어 農 농사 농

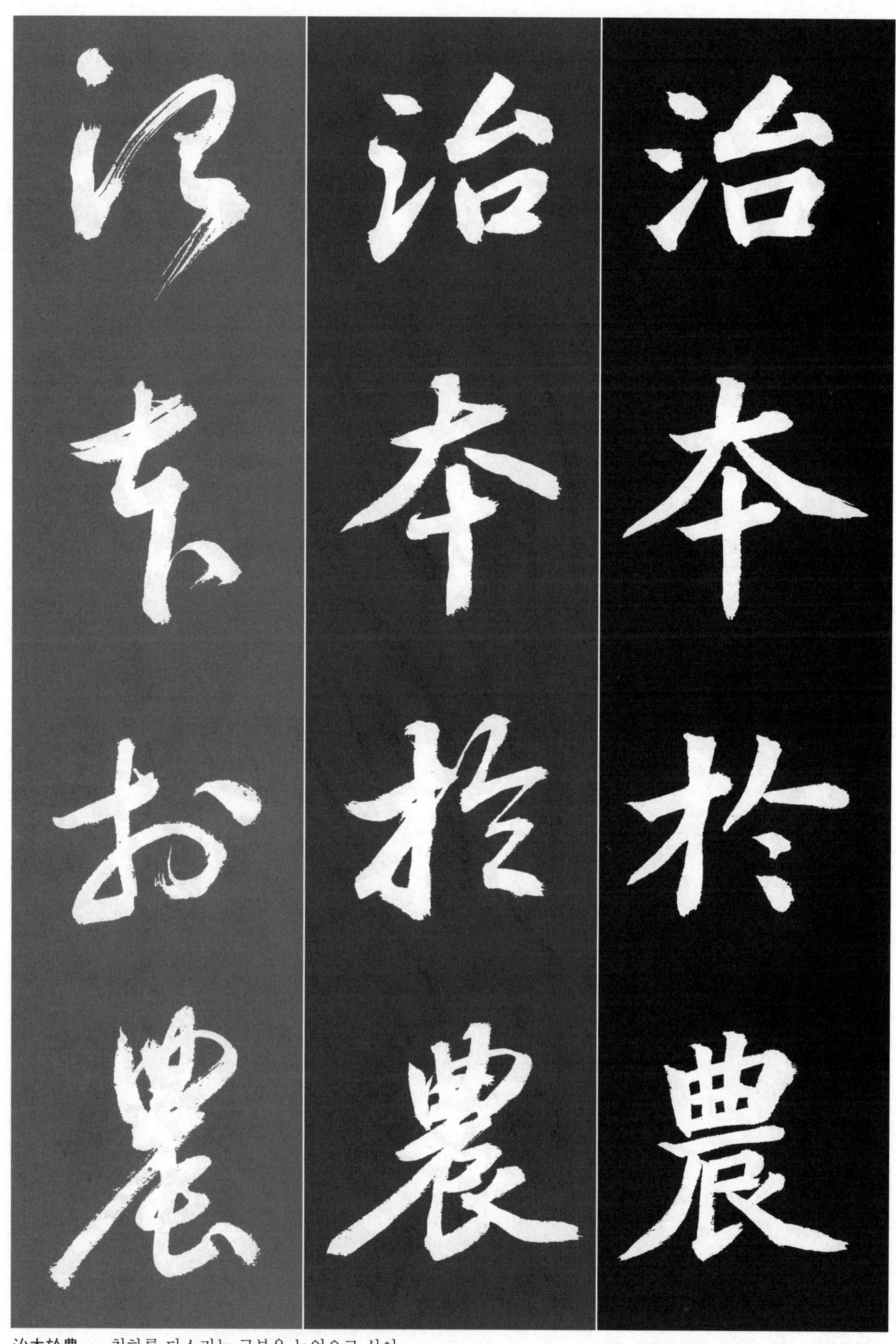

治本於農　천하를 다스리는 근본을 농업으로 삼아,

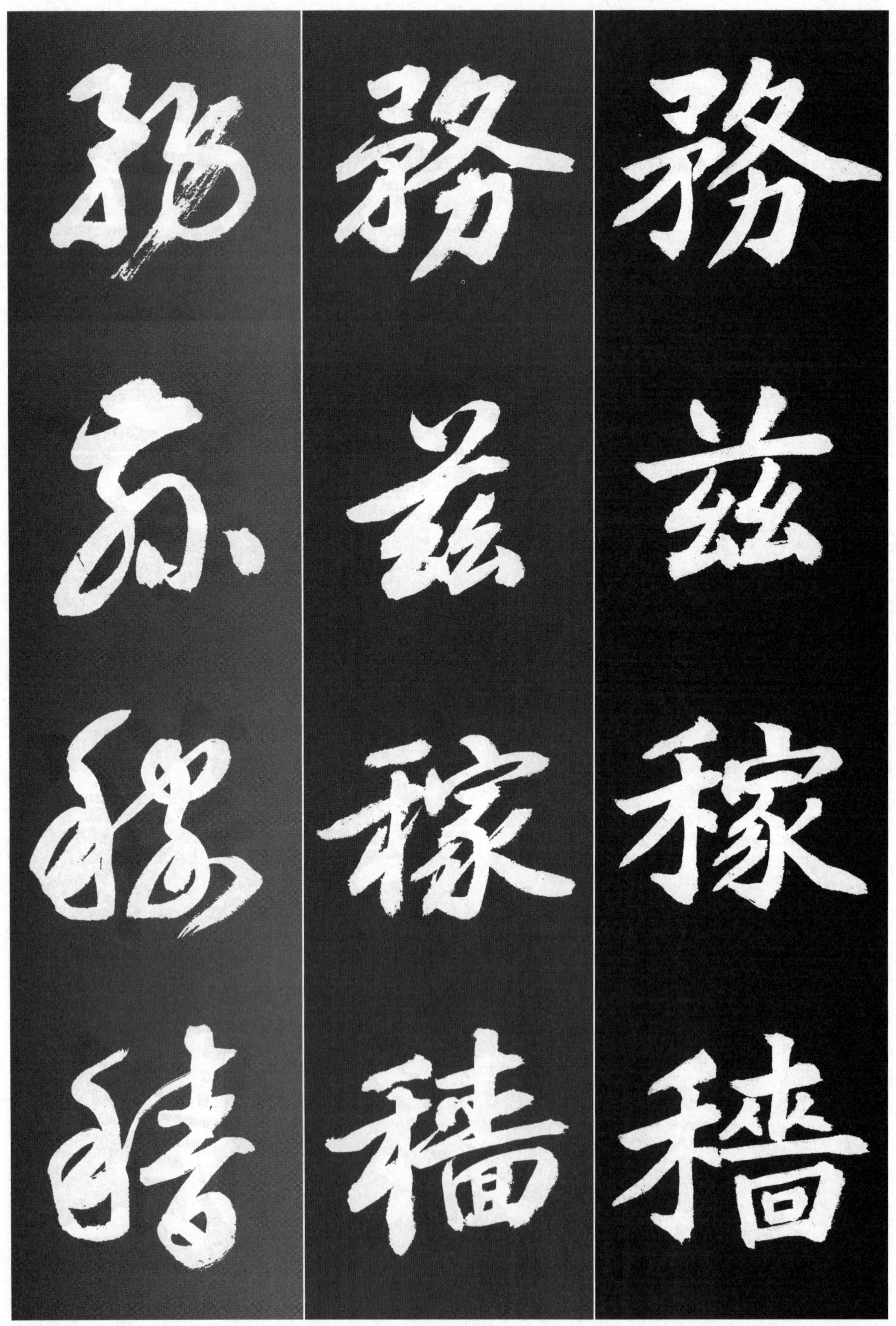

務 힘쓸 무 玆 이 자 稼 심을 가 穡 거둘 색

務玆稼穡 심고 거두기를 힘쓰게 하였다.

俶 비로소 숙 載 실을 재 南 남녘 남 畝 이랑 묘

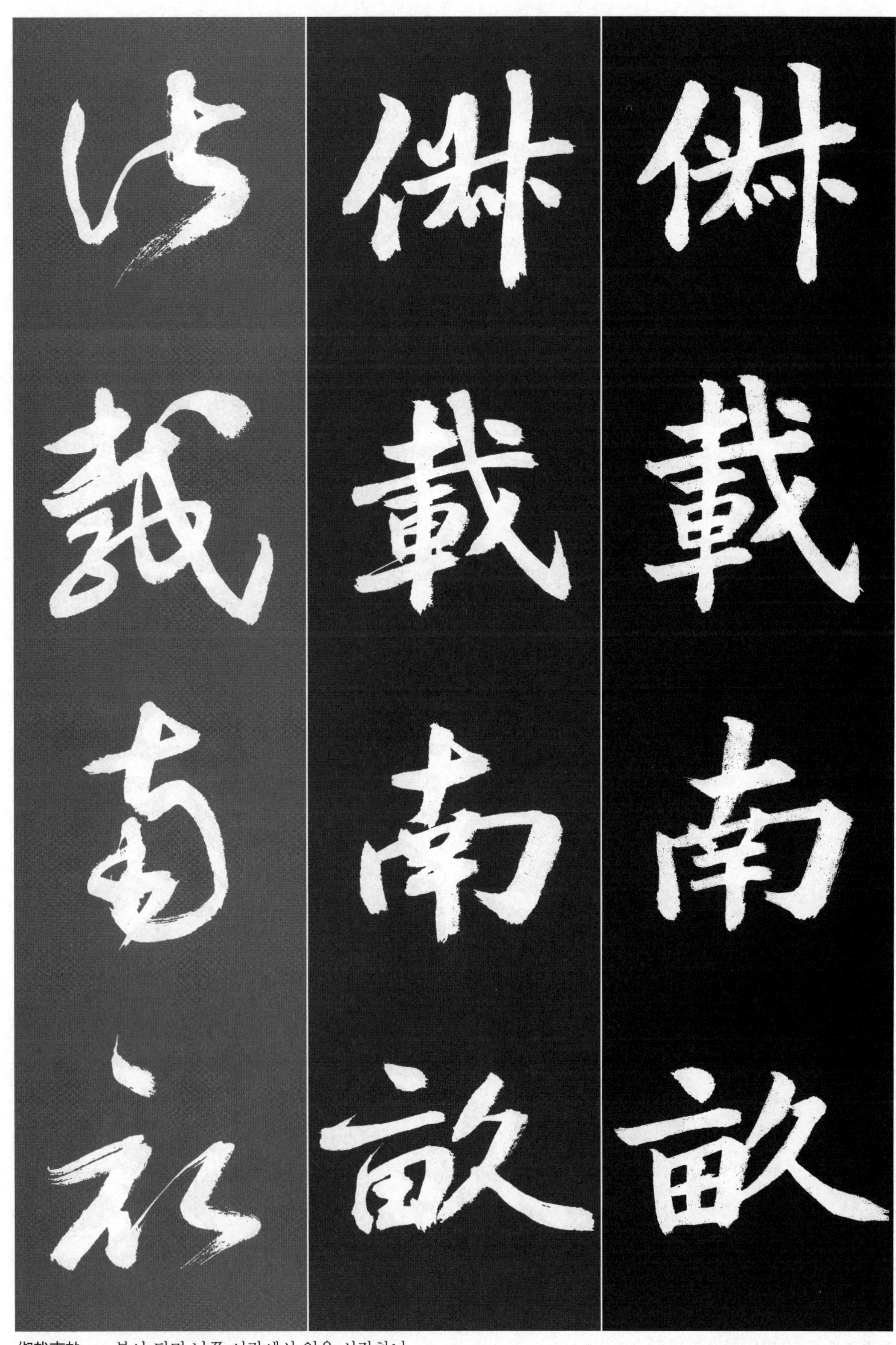

俶載南畝　봄이 되면 남쪽 이랑에서 일을 시작하니,

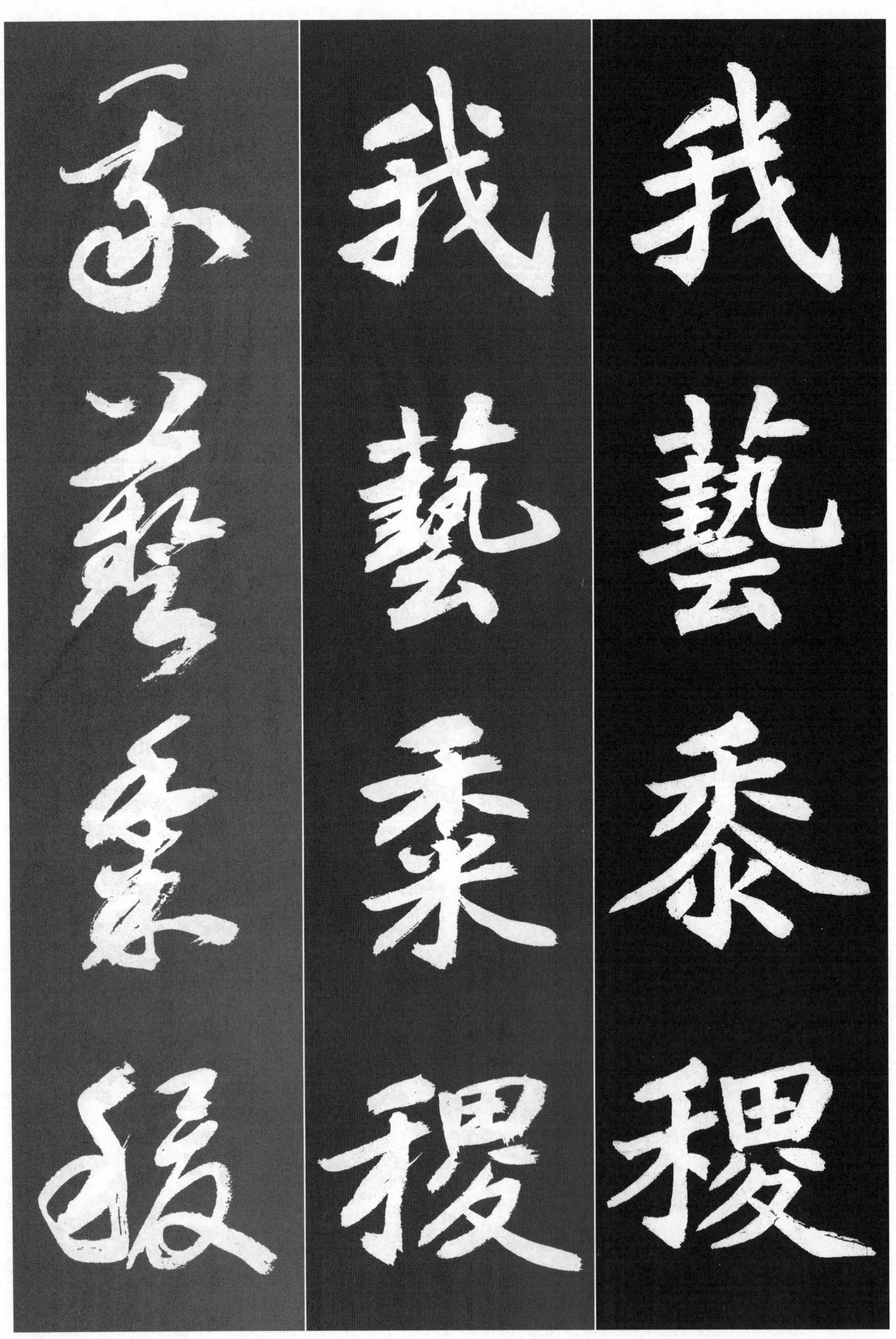

我 나아 藝 심을 예 黍 기장 서 稷 피 직

我藝黍稷　　우리는 기장과 피를 심으리라.

稅 구실 세 熟 익을 숙 貢 바칠 공 新 새로울 신

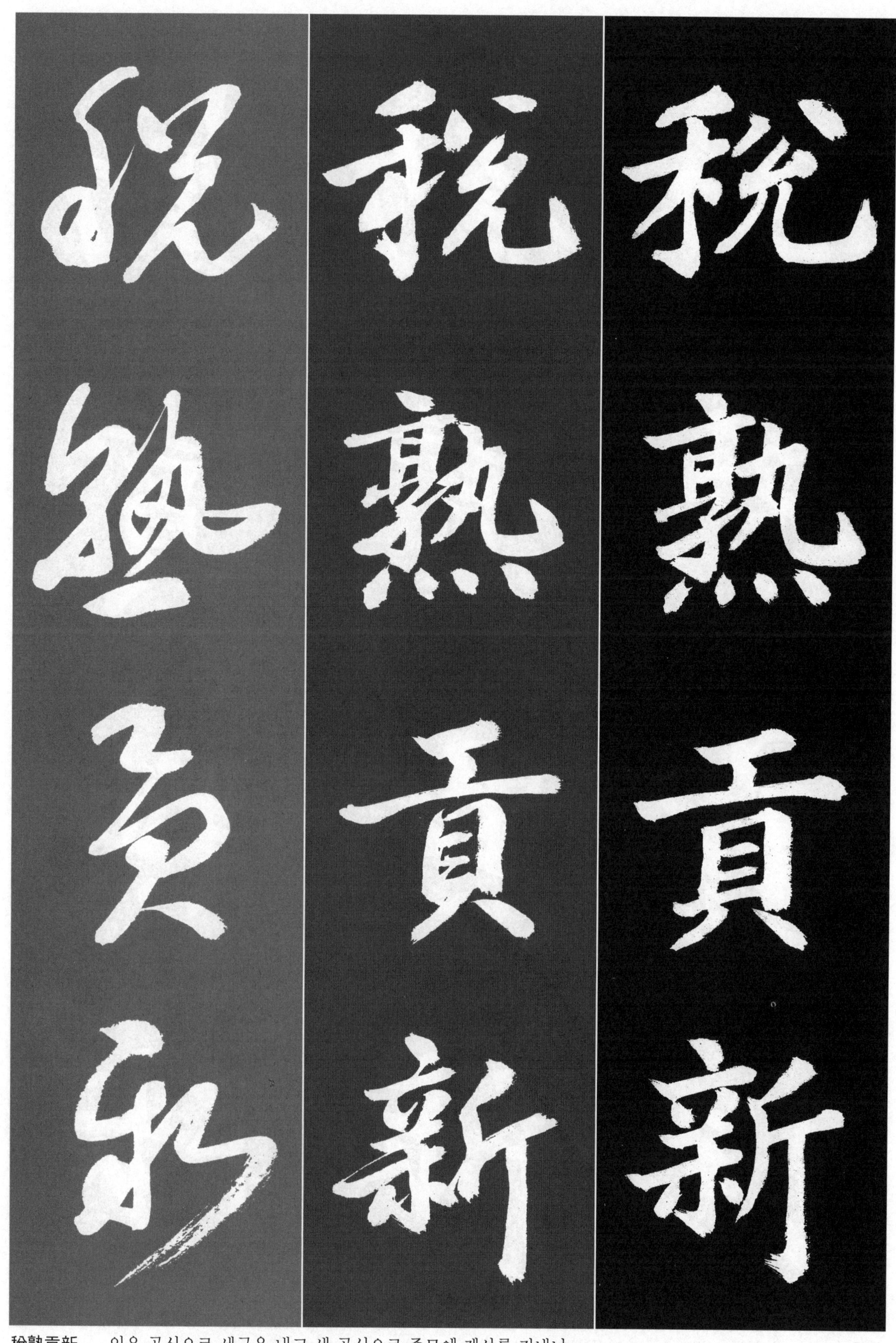

稅熟貢新 익은 곡식으로 세금을 내고 새 곡식으로 종묘에 제사를 지내니,

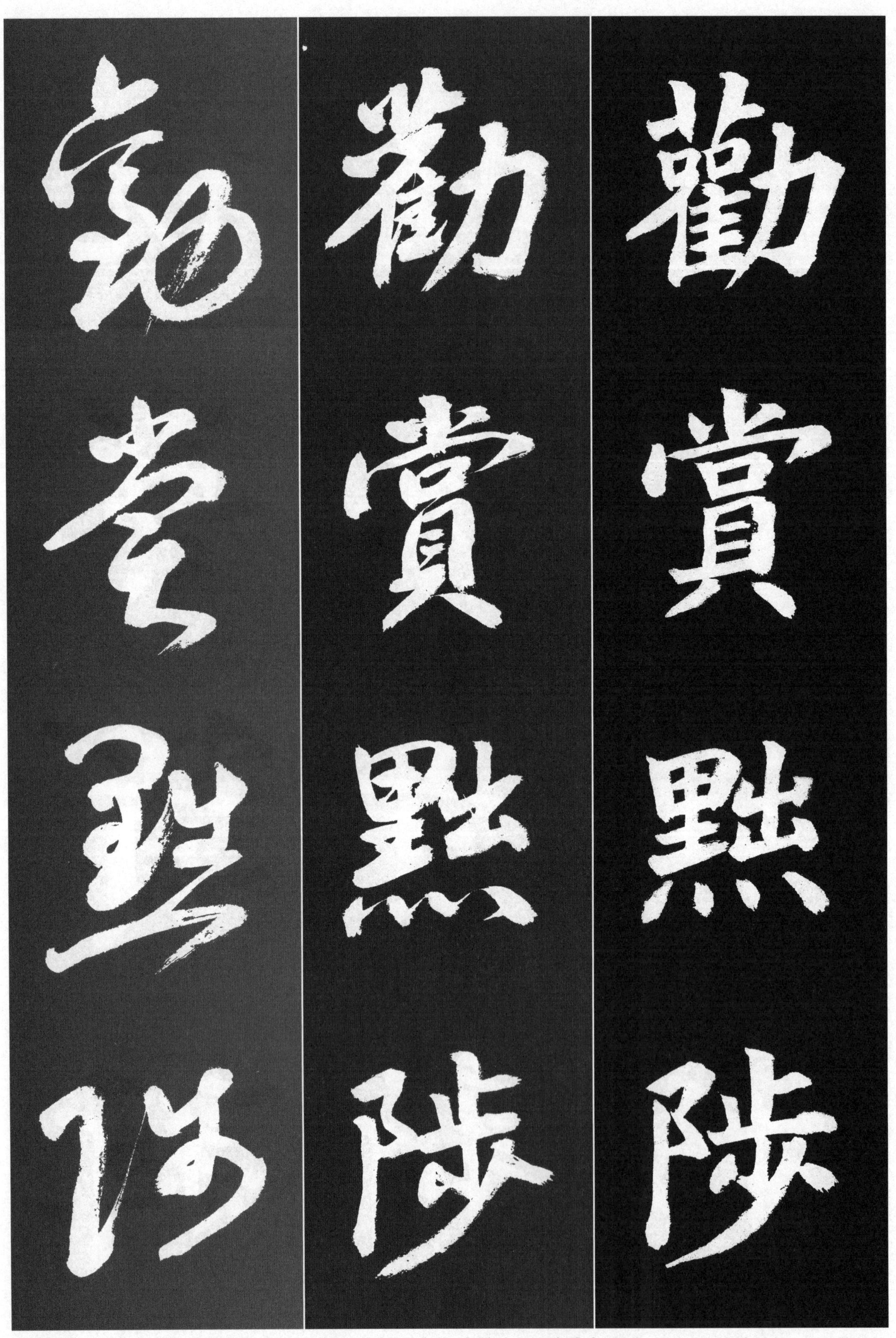

勸 권할 권 賞 상줄 상 黜 내칠 출 陟 오를 척

勸賞黜陟 권면하고 상을 주되 무능한 사람은 내치고 유능한 사람은 등용한다.

孟 맏맹
軻 수레가
敦 도타울돈
素 바탕소

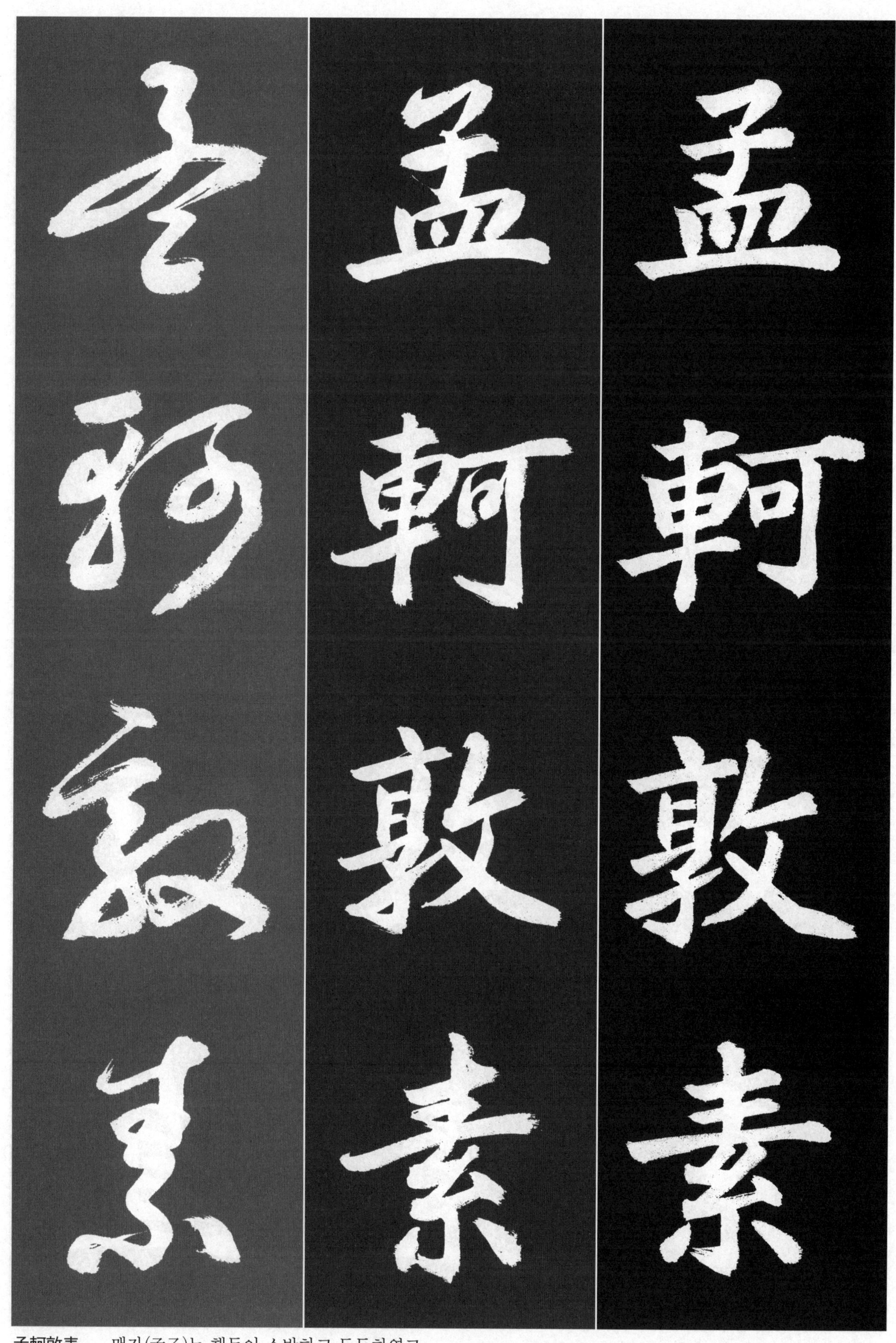

孟軻敦素　맹자(孟子)는 행동이 소박하고 돈독하였고,

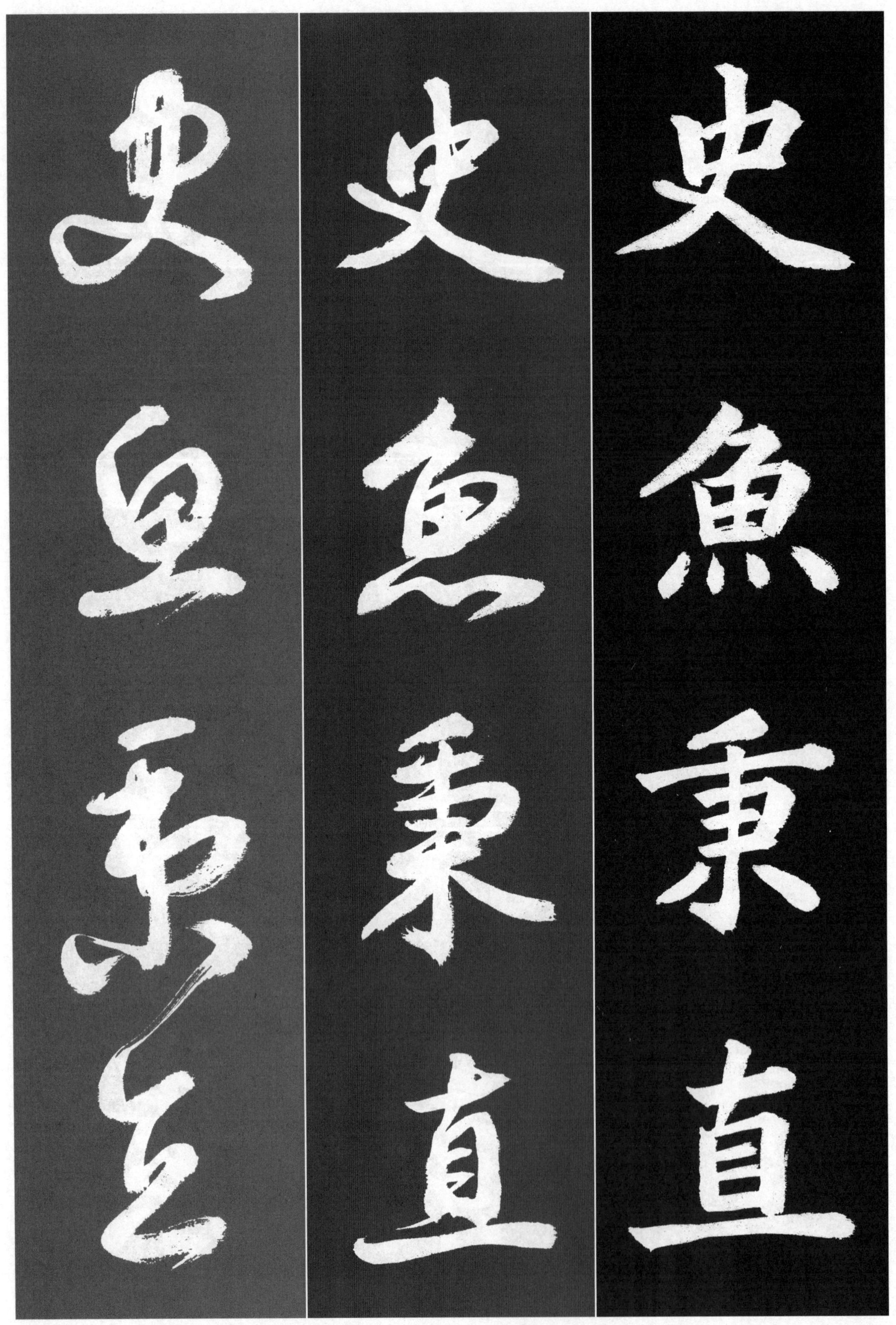

史 역사 사 魚 물고기 어 秉 잡을 병 直 곧을 직

史魚秉直 사어(史魚)는 직간(直諫)을 잘 하였다.

庶 거의 서 幾 거의 기 中 가운데 중 庸 떳떳할 용

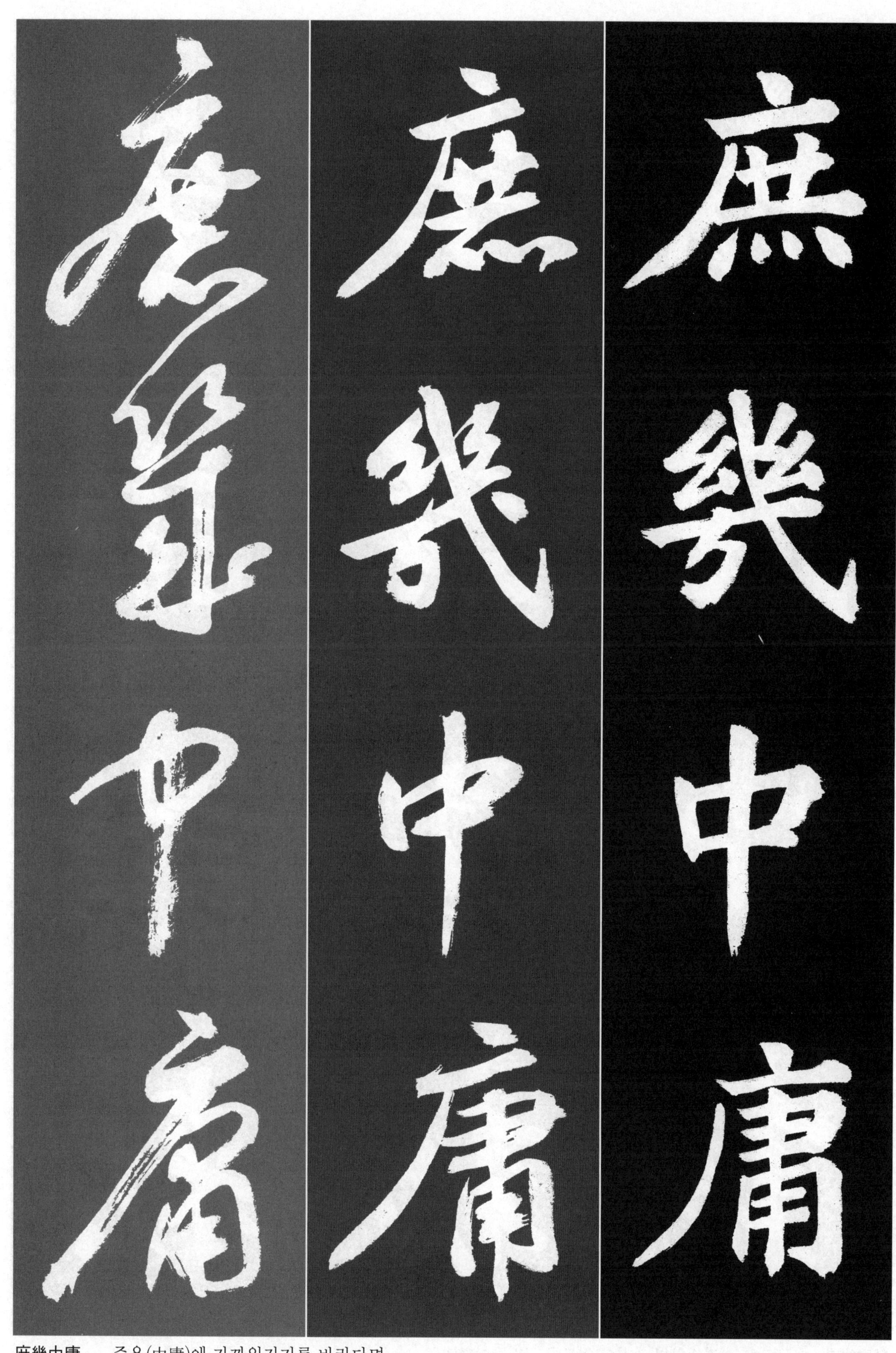

庶幾中庸 중용(中庸)에 가까워지기를 바란다면,

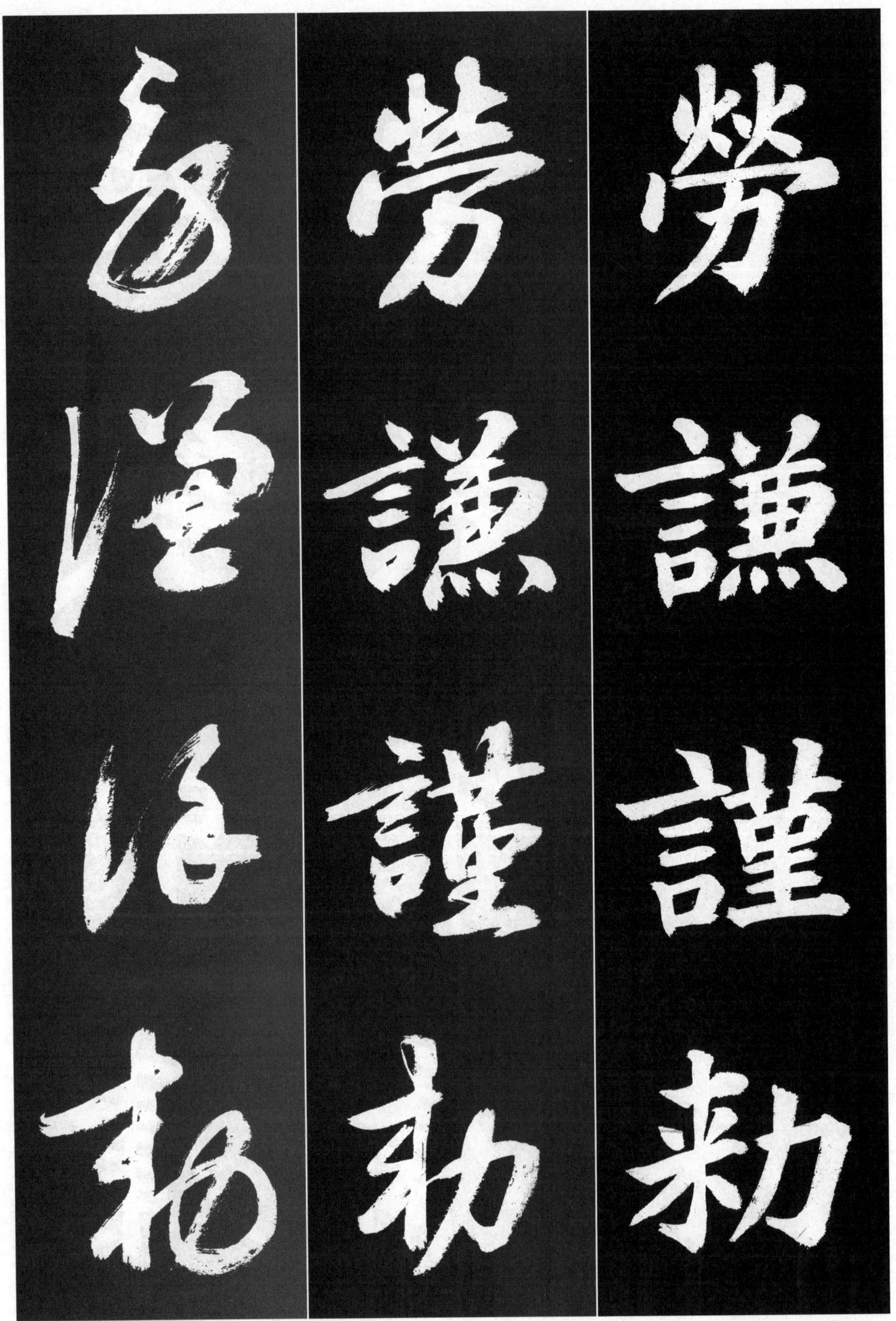

勞 수고로울 로
謙 겸손할 겸
謹 삼갈 근
勅 경계할 칙

勞謙謹勅　근로하고 겸손하며 과실이 없도록 근신해야 한다.

聆 들을 령 音 소리 음 察 살필 찰 理 다스릴 리

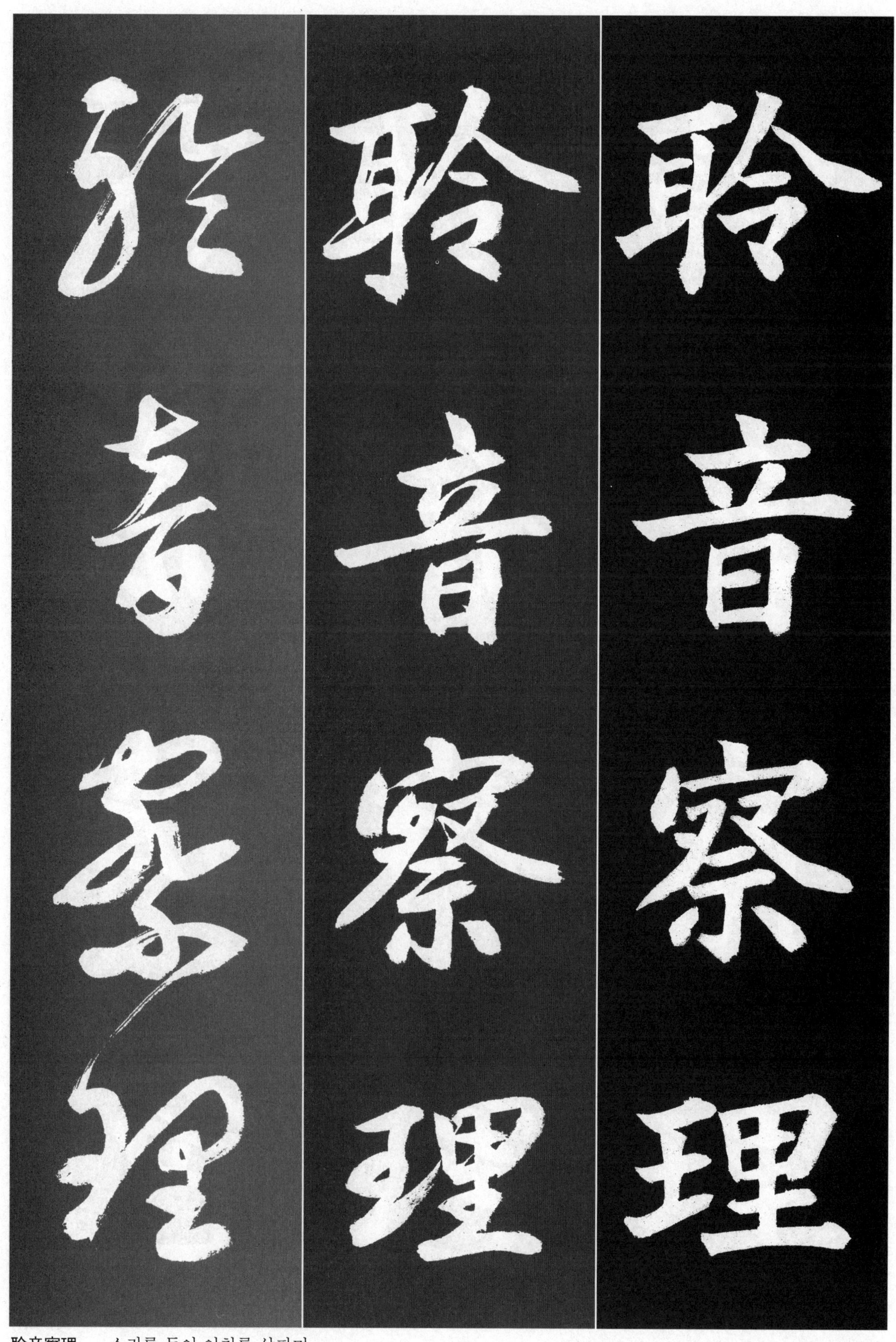

聆音察理　소리를 들어 이치를 살피며,

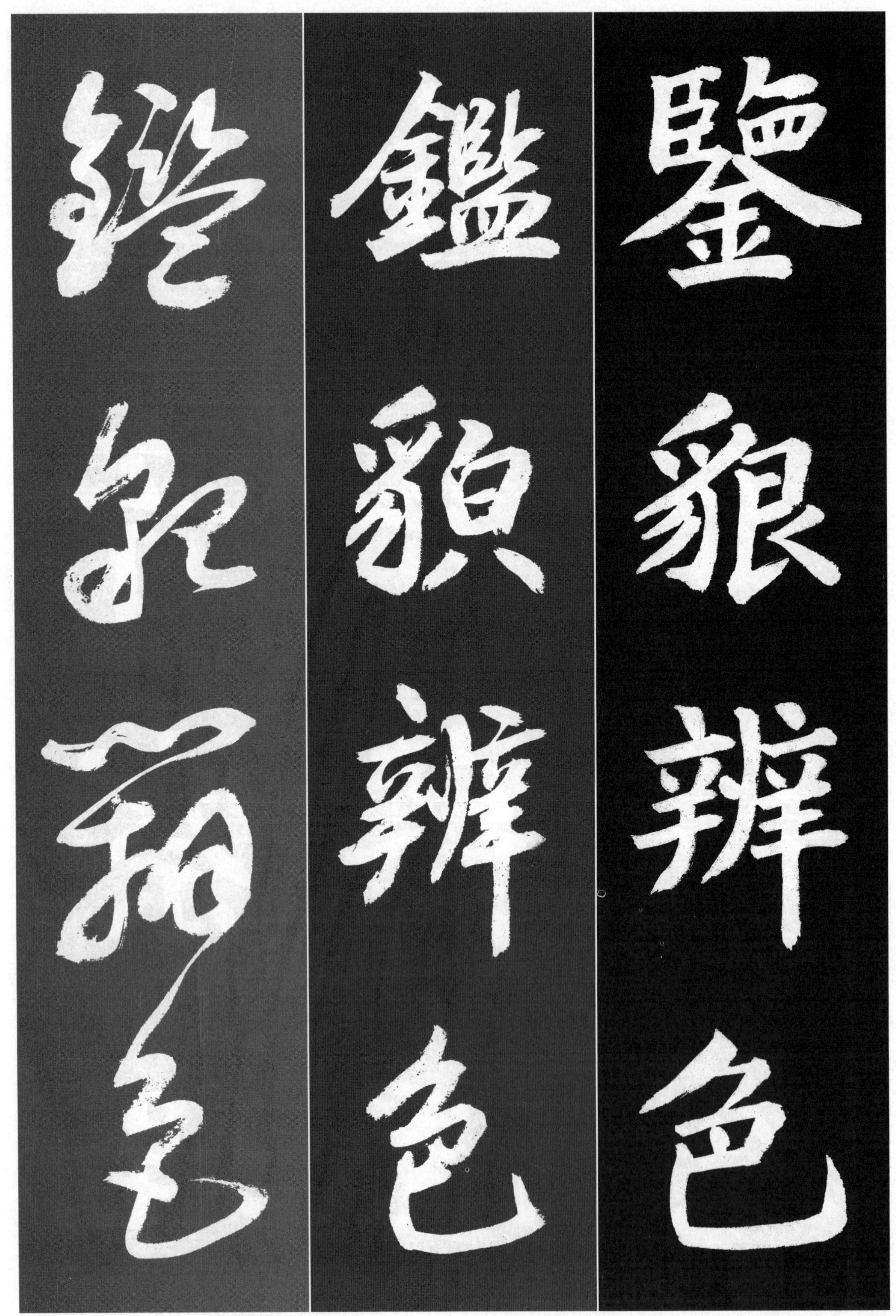

鑑 거울 감 貌 모양 모 辨 분변할 변 色 빛 색

鑑貌辨色 모습을 거울삼아 낯빛을 분별한다.

貽 줄 이 **厥** 그 궐 **嘉** 아름다울 가 **猷** 꾀 유

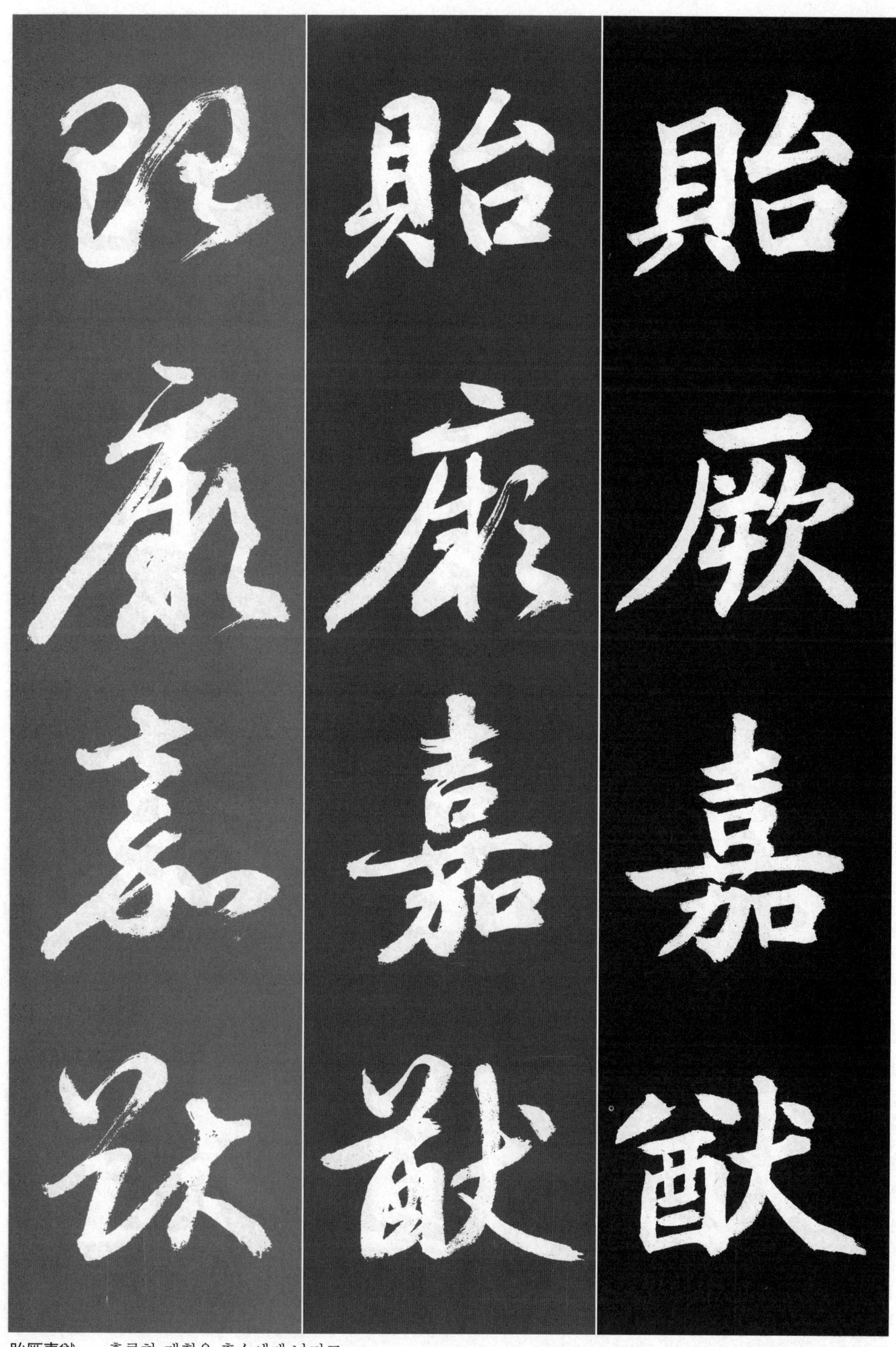

貽厥嘉猷 훌륭한 계획을 후손에게 남기고,

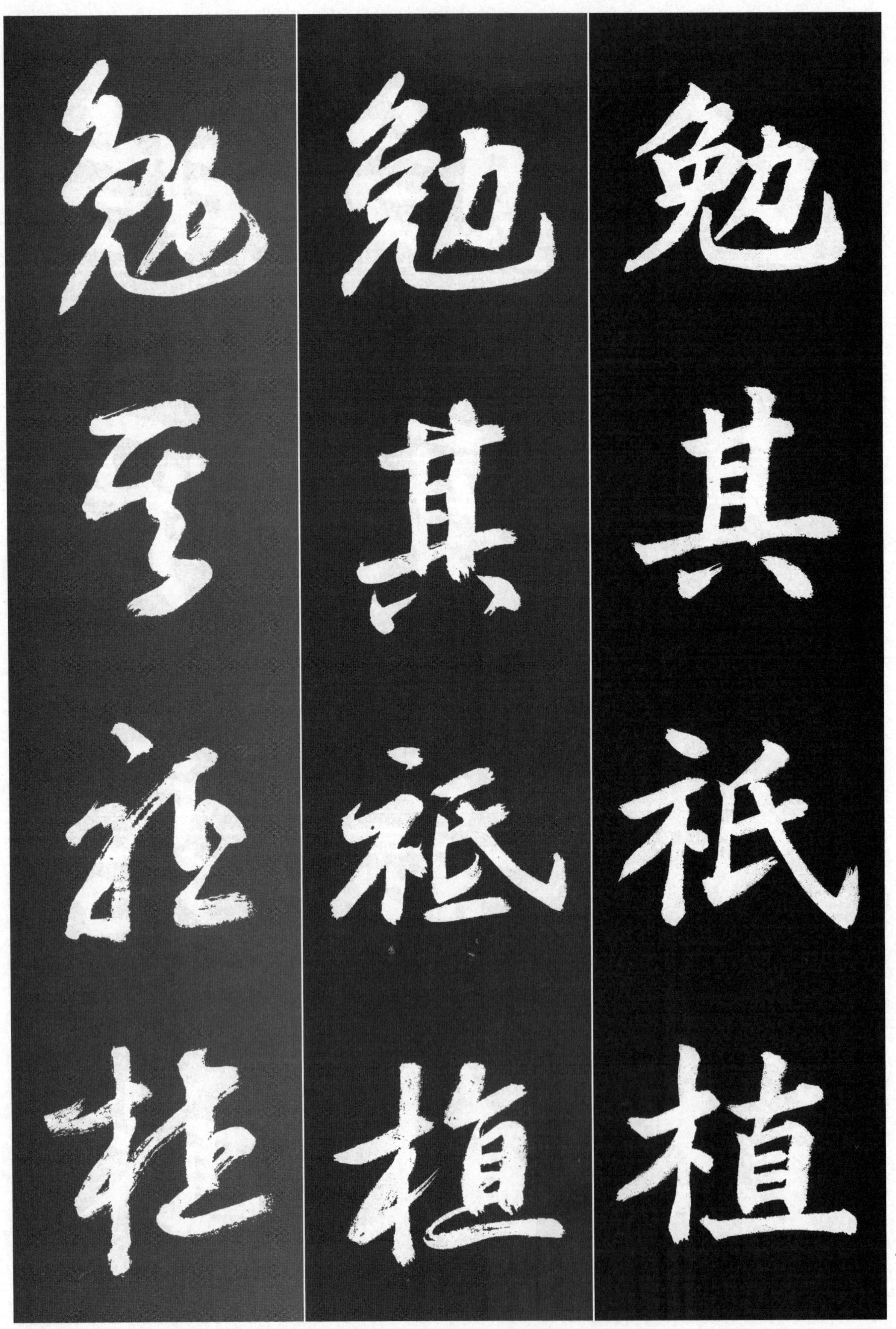

勉 힘쓸 면 其 그 기 祇 공경 지 植 심을 식

勉其祇植 공경히 선조들의 계획을 이어나가길 힘써라.

省 살필 성 躬 몸 궁 譏 나무랄 기 誡 경계할 계

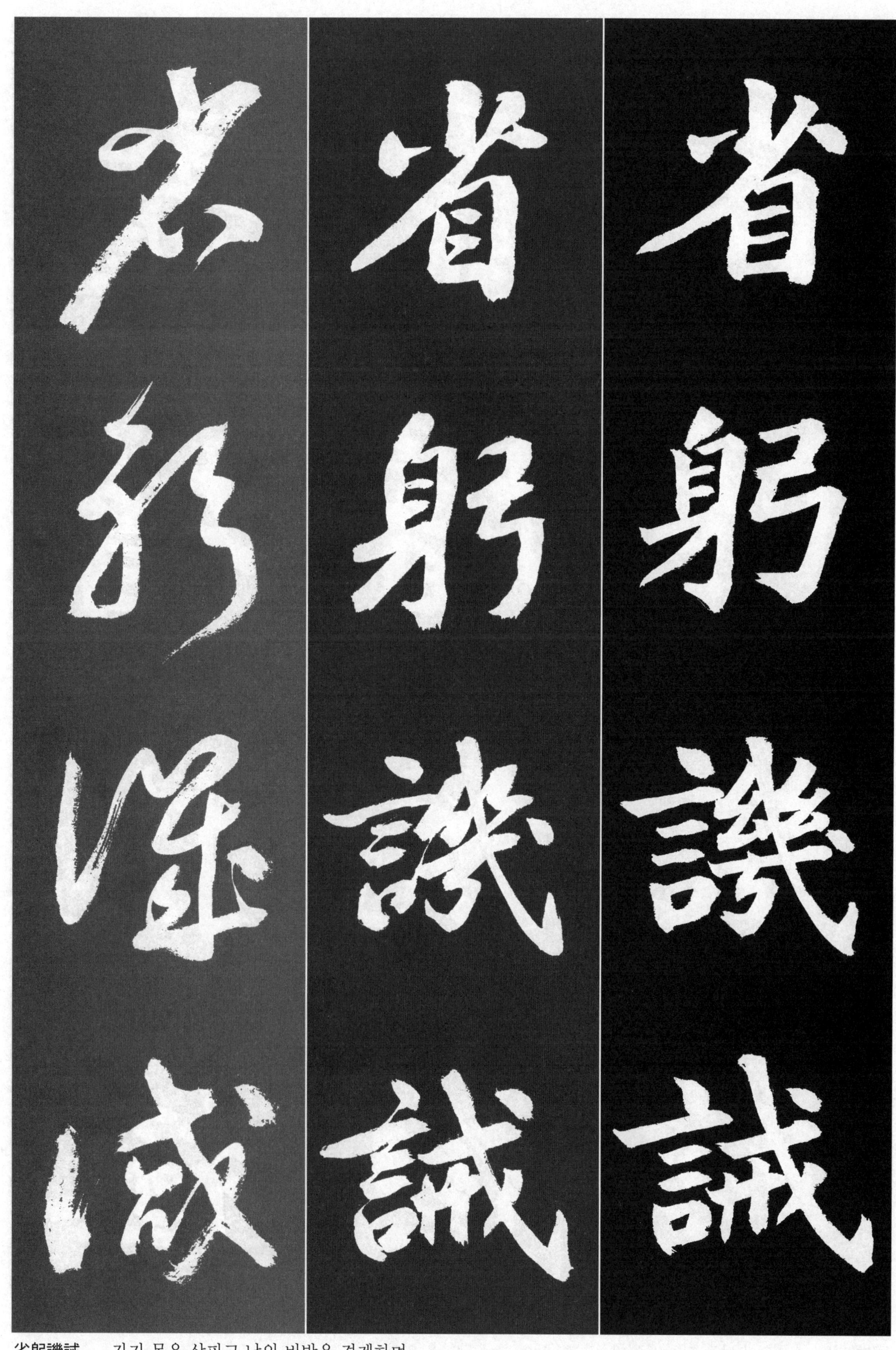

省躬譏誡 자기 몸을 살피고 남의 비방을 경계하며,

寵 고일총 增 더할증 抗 겨룰항 極 다할극

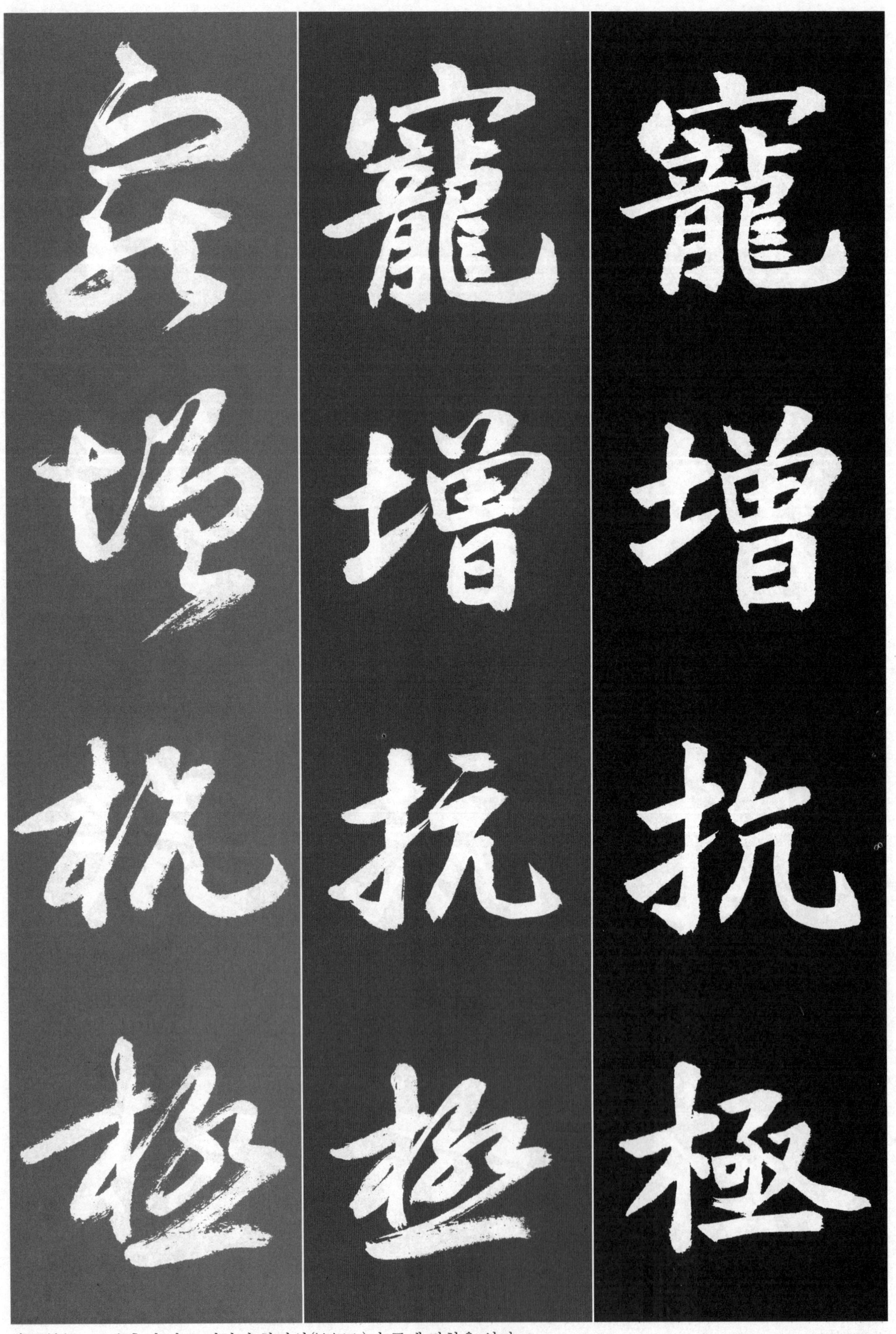

寵增抗極 은총이 날로 더하면 항거심(抗拒心)이 극에 달함을 알라.

殆 위태할 태 辱 욕될 욕 近 가까울 근 恥 부끄러울 치

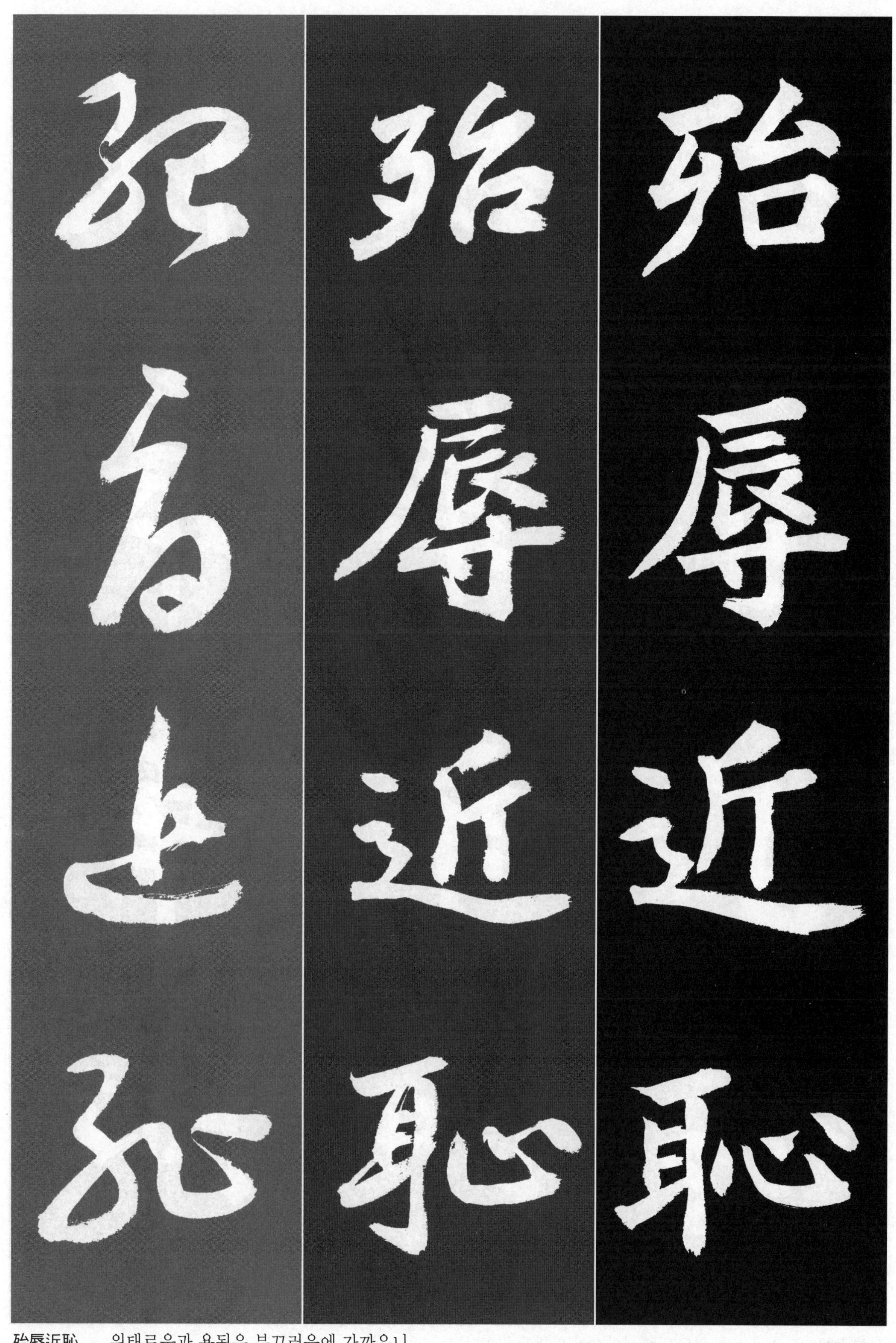

殆辱近恥 위태로움과 욕됨은 부끄러움에 가까우니,

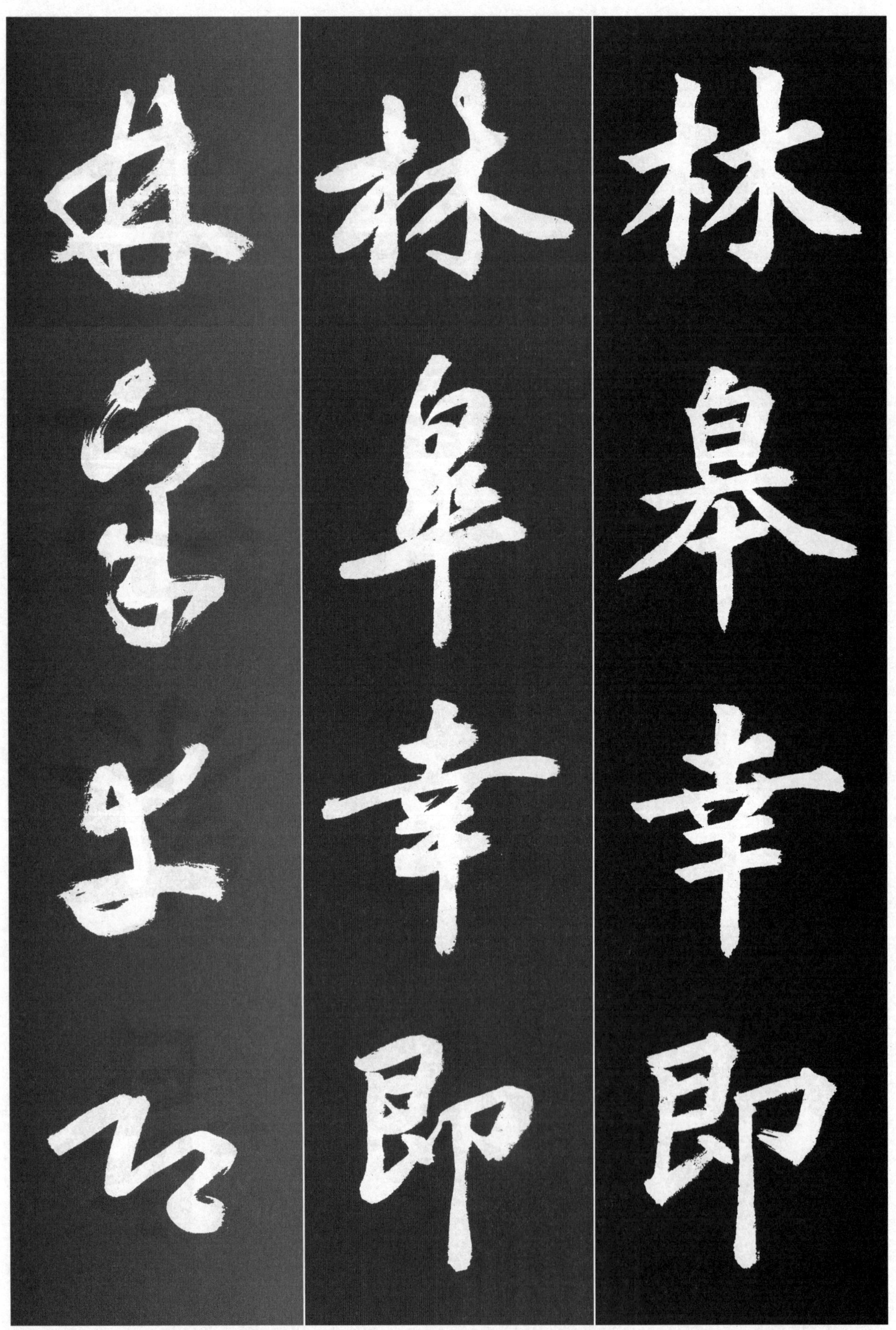

林 수풀 림 皐 언덕 고 幸 갈 행 卽 곧 즉

林皐幸卽　　숲 우거진 언덕으로 나아감이 다행한 일이다.

兩 두 량 疏 성글 소 見 볼 견 機 틀 기

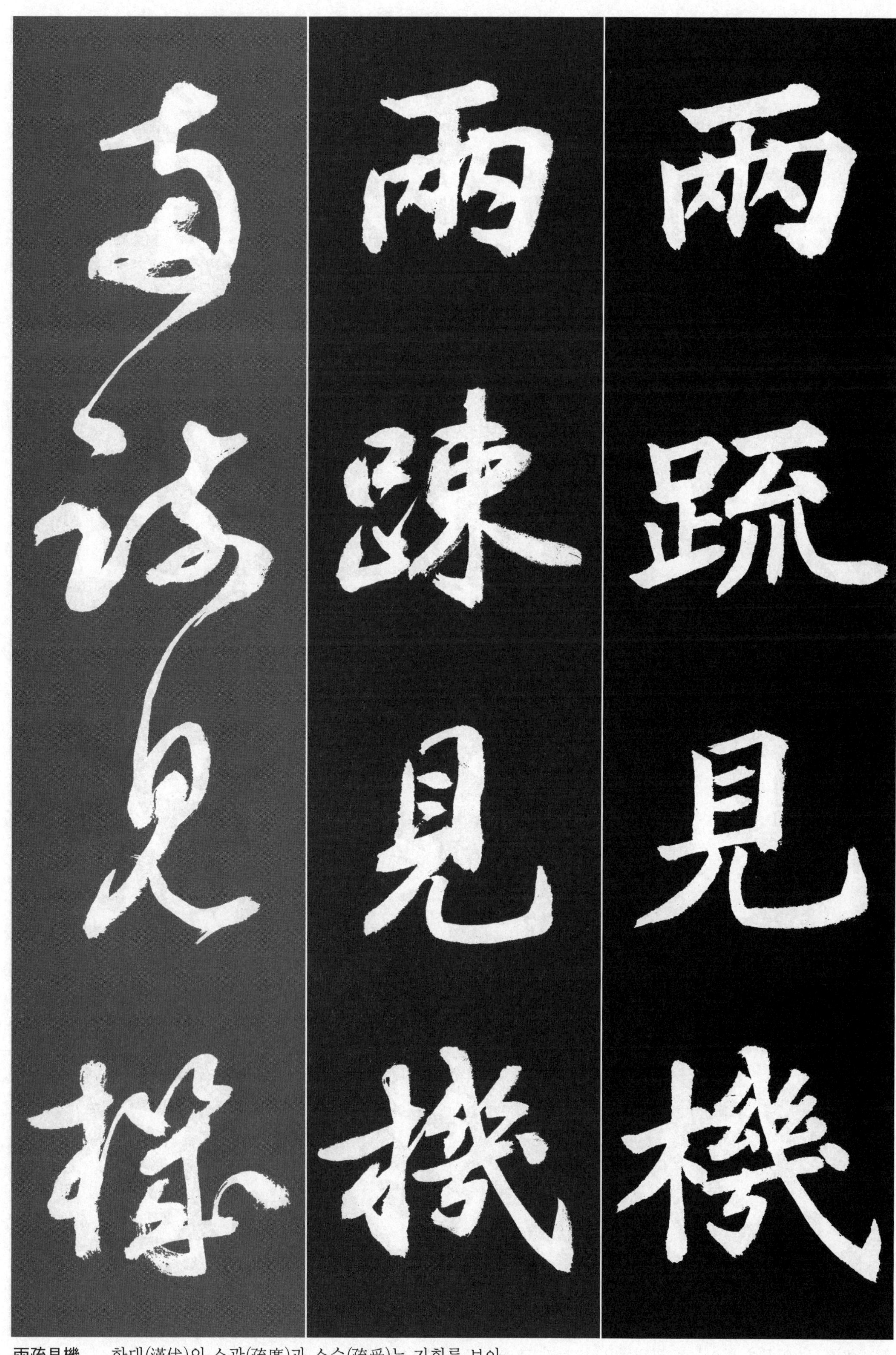

兩疏見機 한대(漢代)의 소광(疏廣)과 소수(疏受)는 기회를 보아

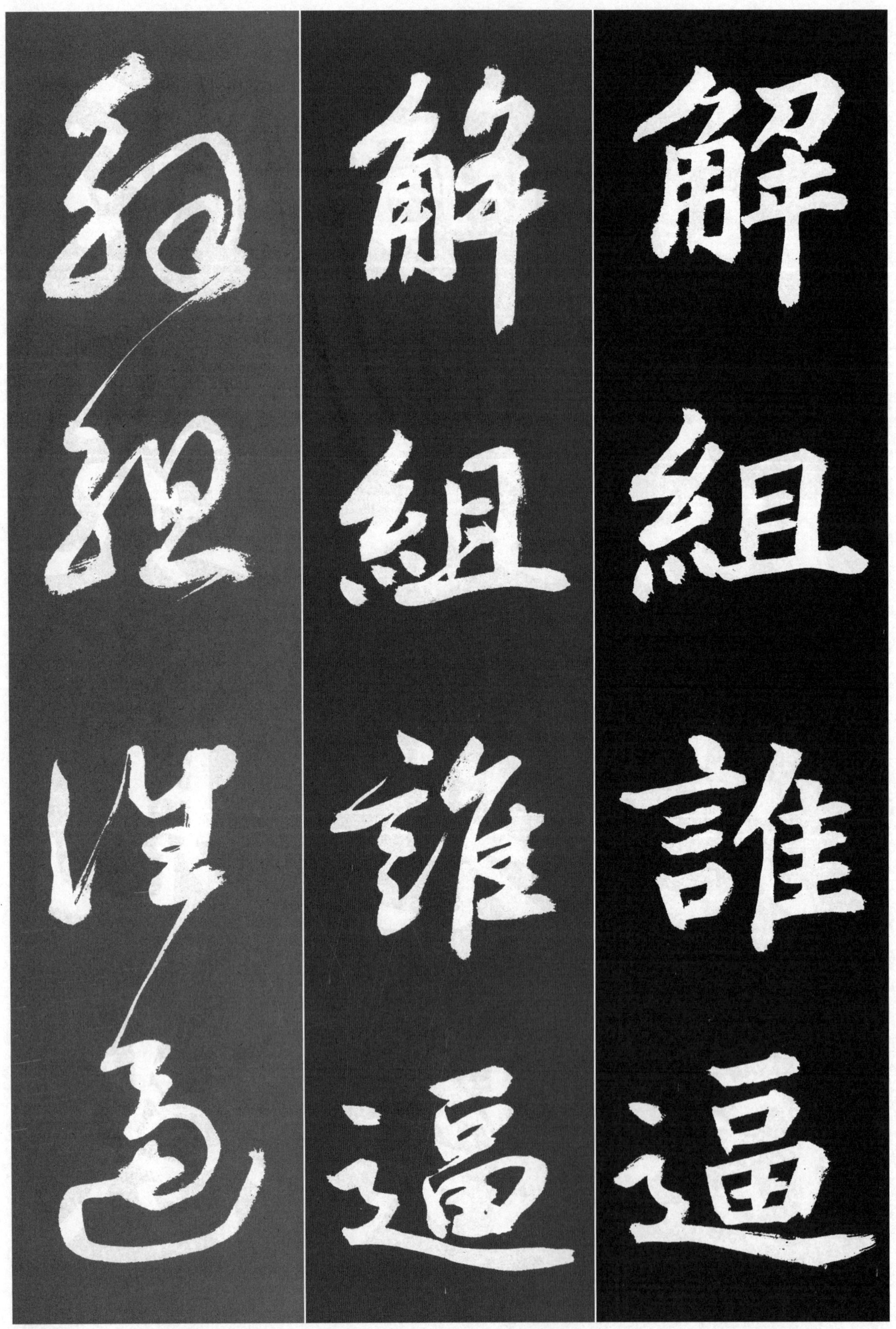

解 풀 해
組 끈 조
誰 누구 수
逼 핍박할 핍

解組誰逼　인끈을 풀어놓고 가버렸으니, 누가 그 행동을 막을 수 있으리오.

索 찾을 색 居 살 거 閑 한가할 한 處 곳 처

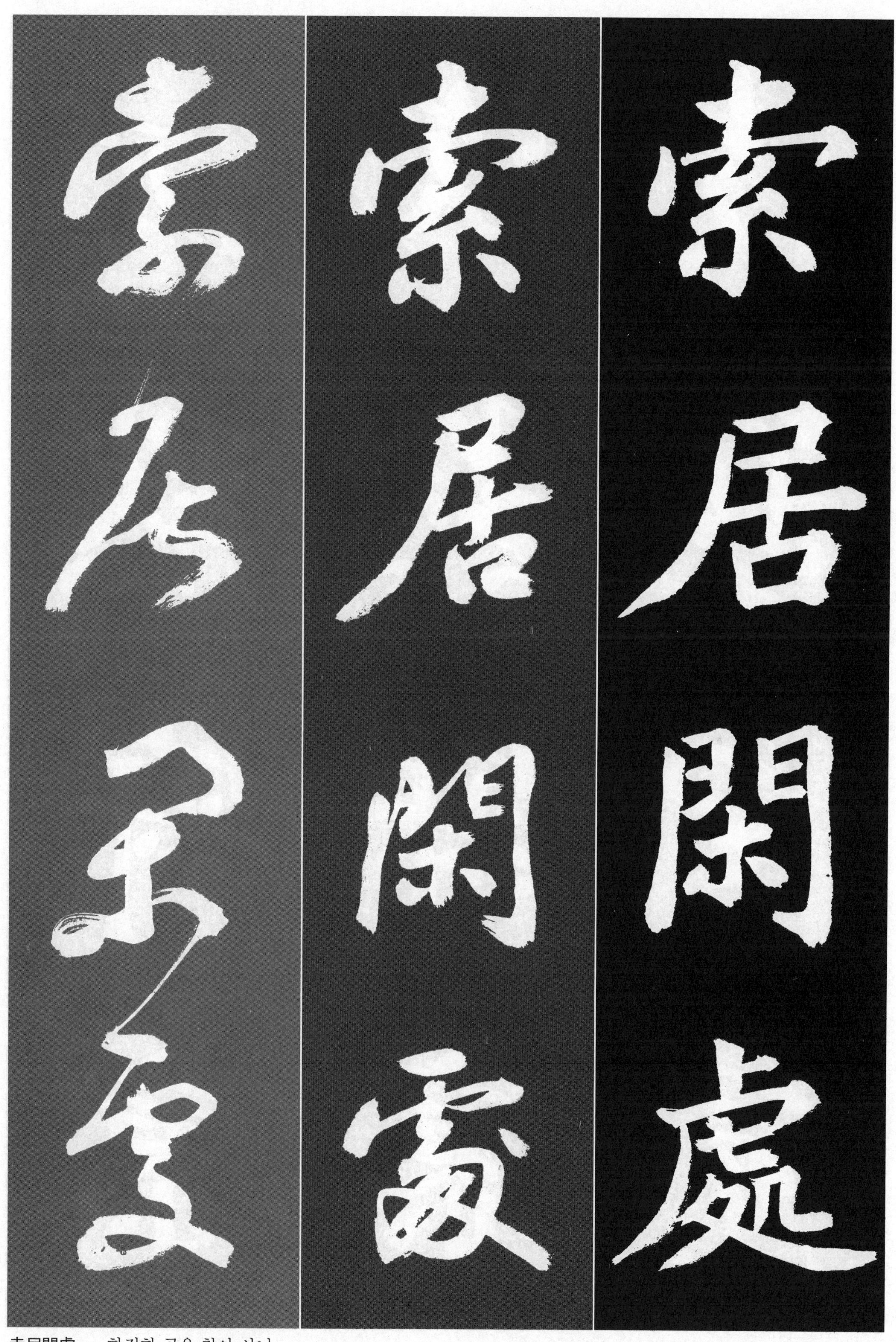

索居閑處　한적한 곳을 찾아 사니,

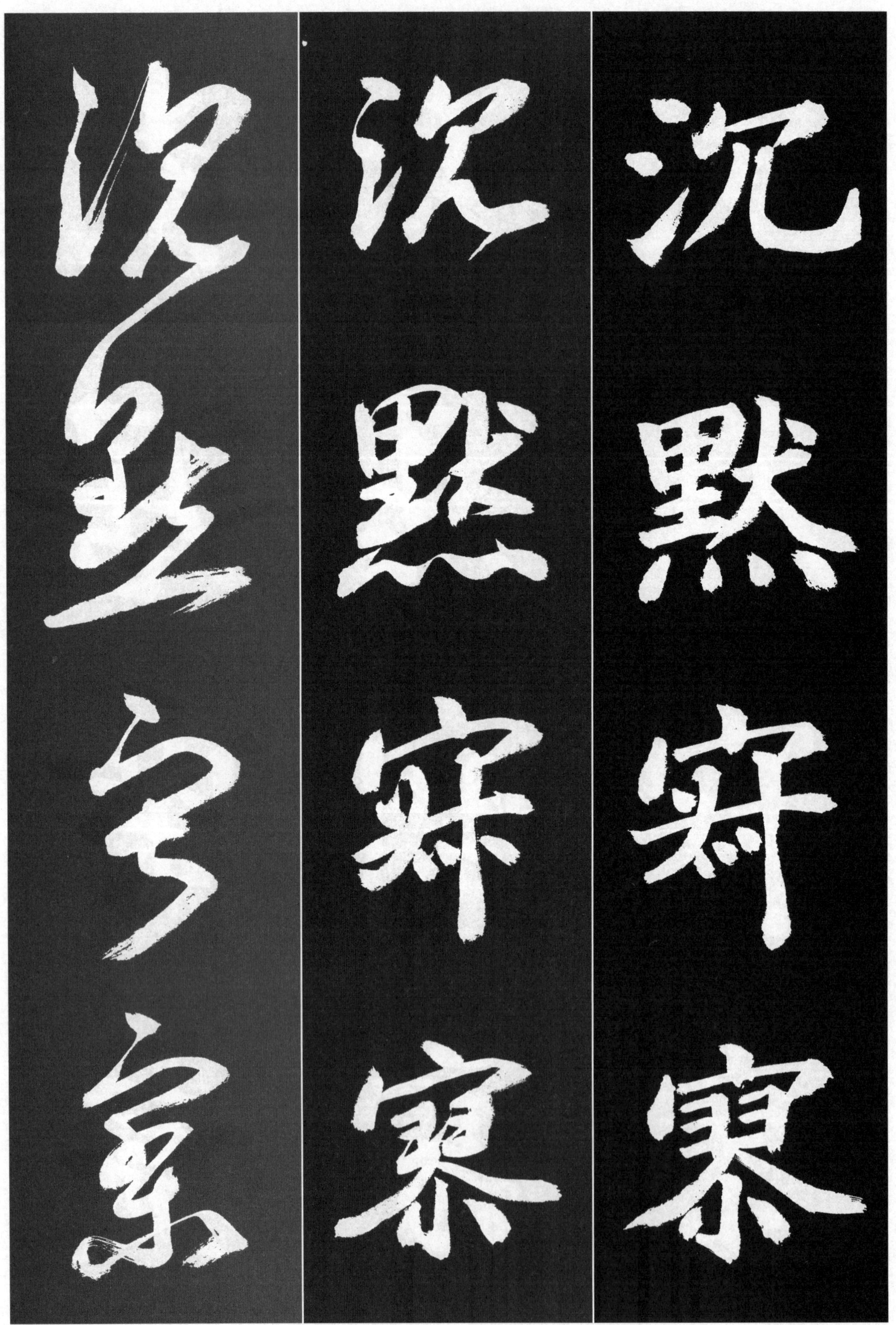

沈 잠길 침 默 잠잠할 묵 寂 고요할 적 寥 고요할 료

沈默寂寥 말 한 마디도 없이 고요하기만 하다.

求 구할 구 古 예 고 尋 찾을 심 論 의논할 론

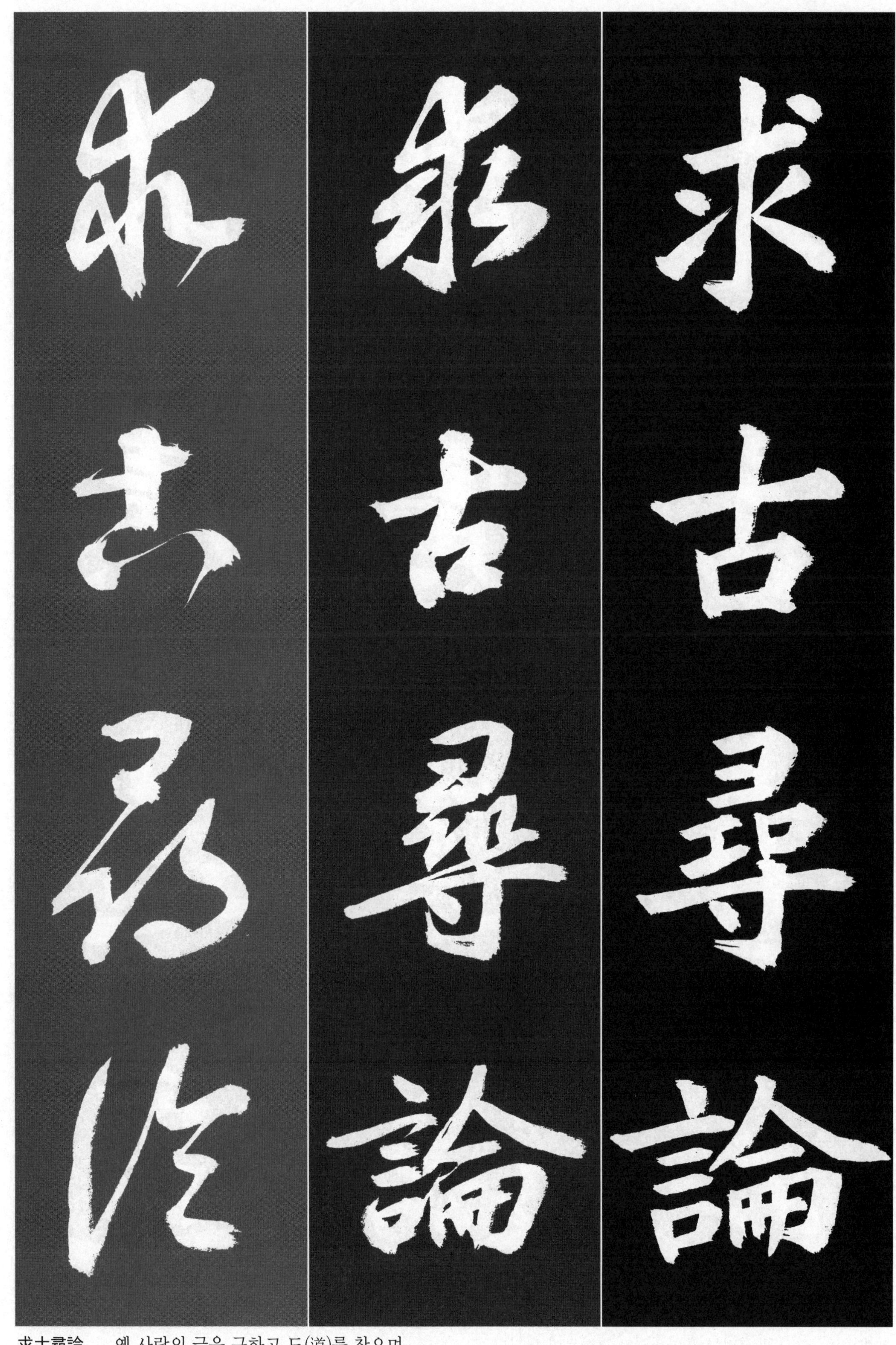

求古尋論　옛 사람의 글을 구하고 도(道)를 찾으며,

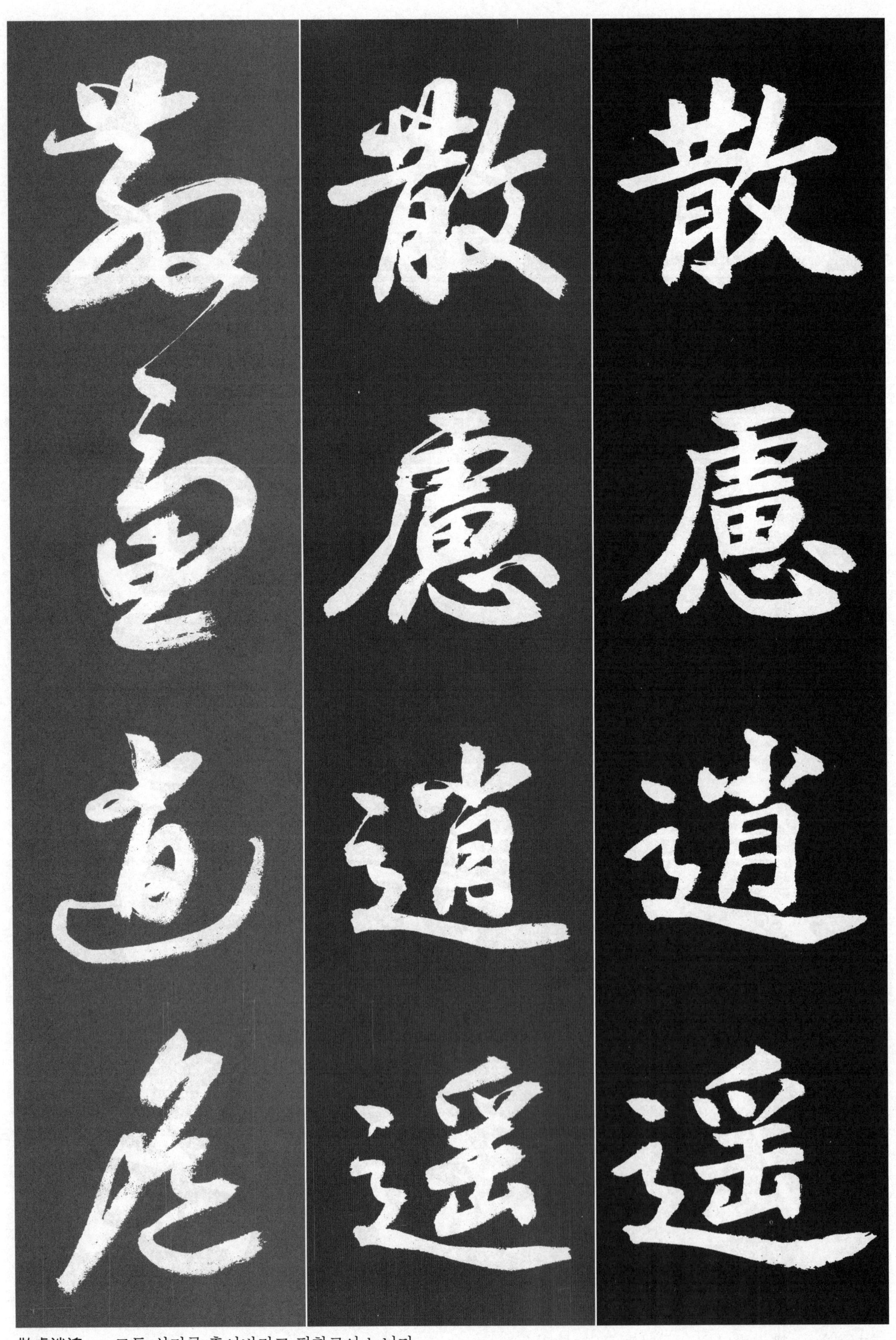

散 흩을 산 慮 생각 려 逍 노닐 소 遙 노닐 요

散慮逍遙 모든 심려를 흩어버리고 평화로이 노닌다.

欣 기쁠 흔 奏 아뢸 주 累 누끼칠 루 遣 보낼 견

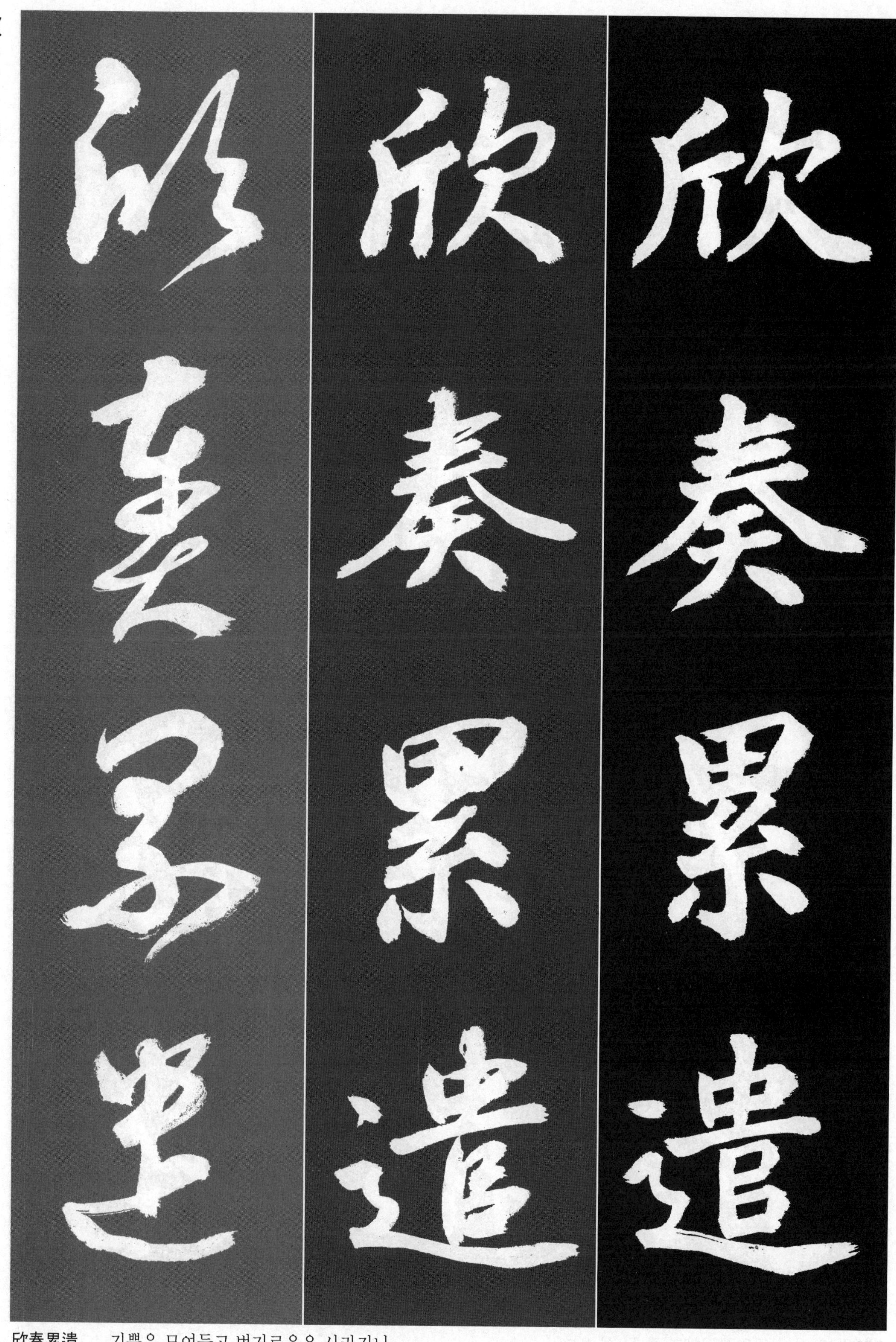

欣奏累遣　기쁨은 모여들고 번거로움은 사라지니,

感 슬플 척 謝 물러갈 사 歡 기쁠 환 招 부를 초

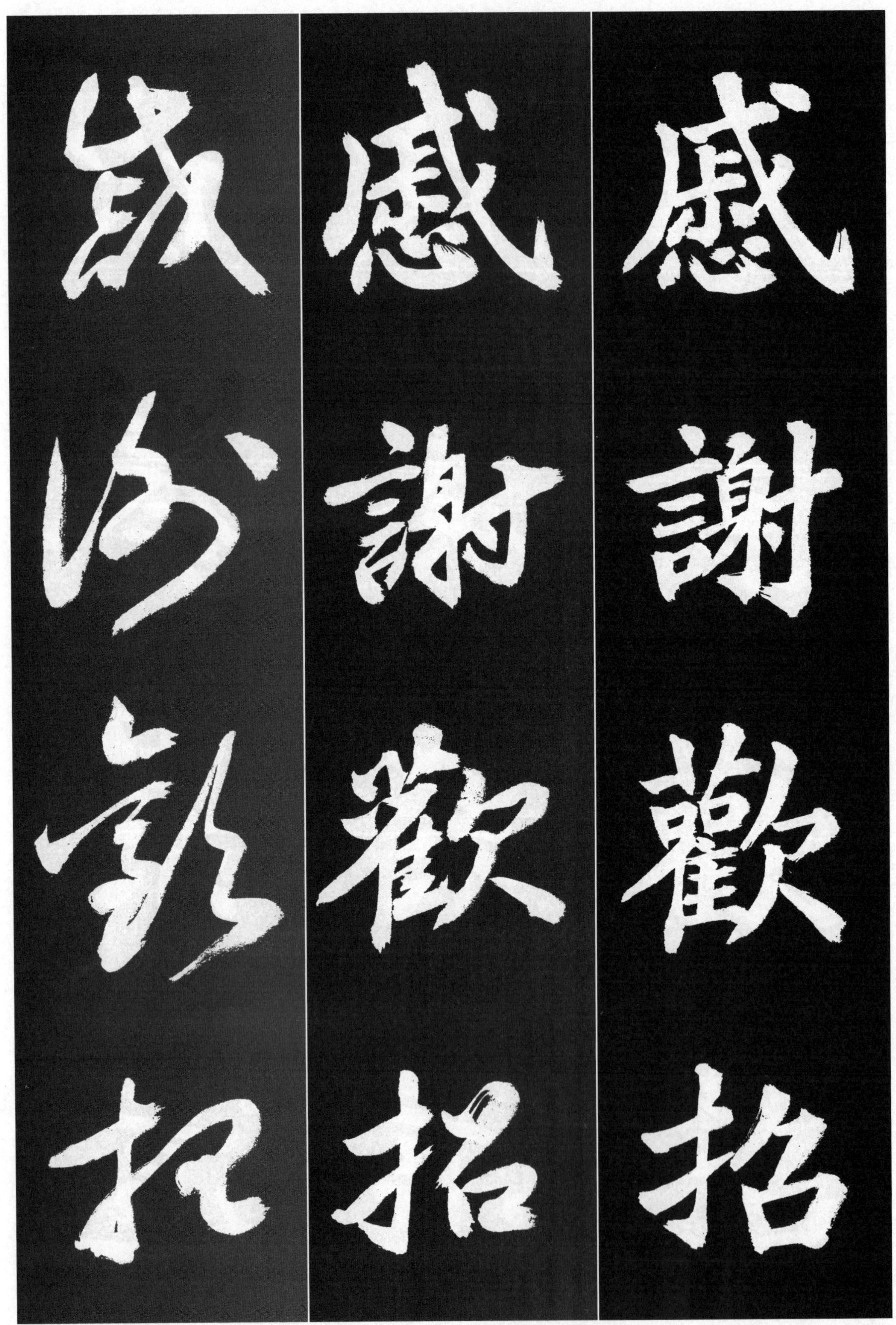

感謝歡招 슬픔은 물러가고 즐거움이 온다.

渠 개천 거 荷 연꽃 하 的 과녁 적 歷 지날 력

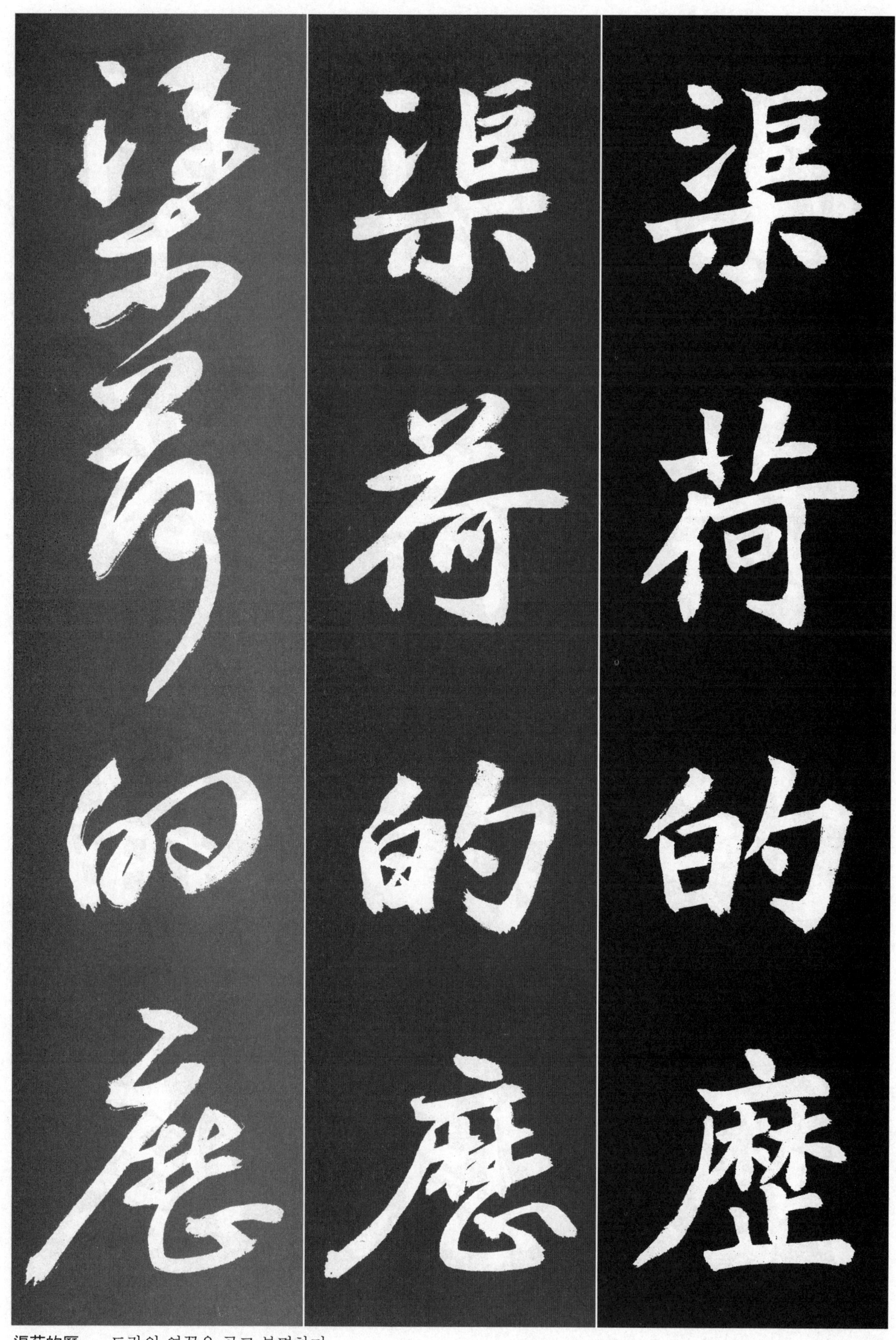

渠荷的歷　도랑의 연꽃은 곱고 분명하며,

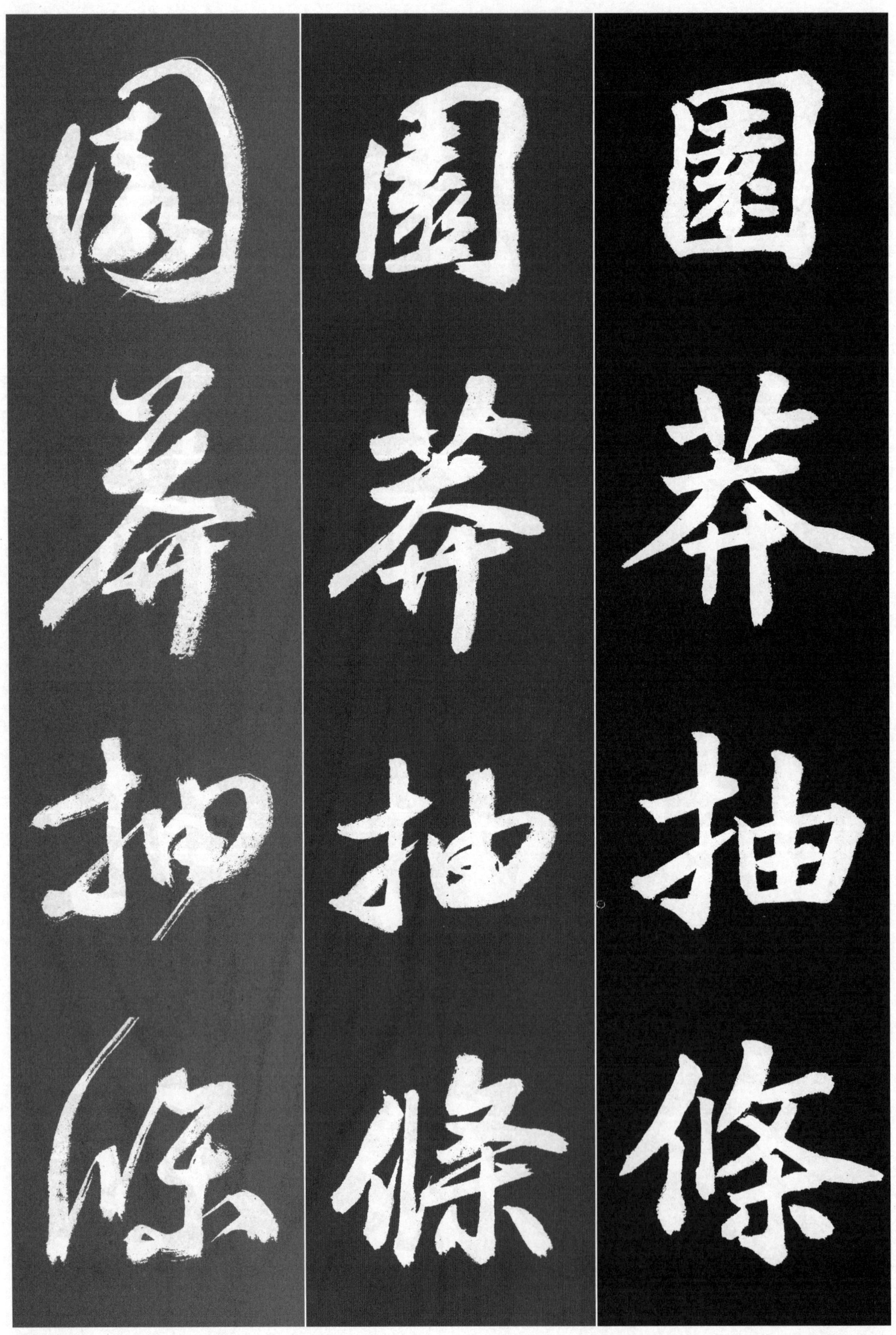

園 동산 원 莽 풀 망 抽 뺄 추 條 가지 조

園莽抽條　　동산에 우거진 풀들은 쭉쭉 빼어나다.

枇 비파나무 비 杷 비파나무 파 晩 늦을 만 翠 푸를 취

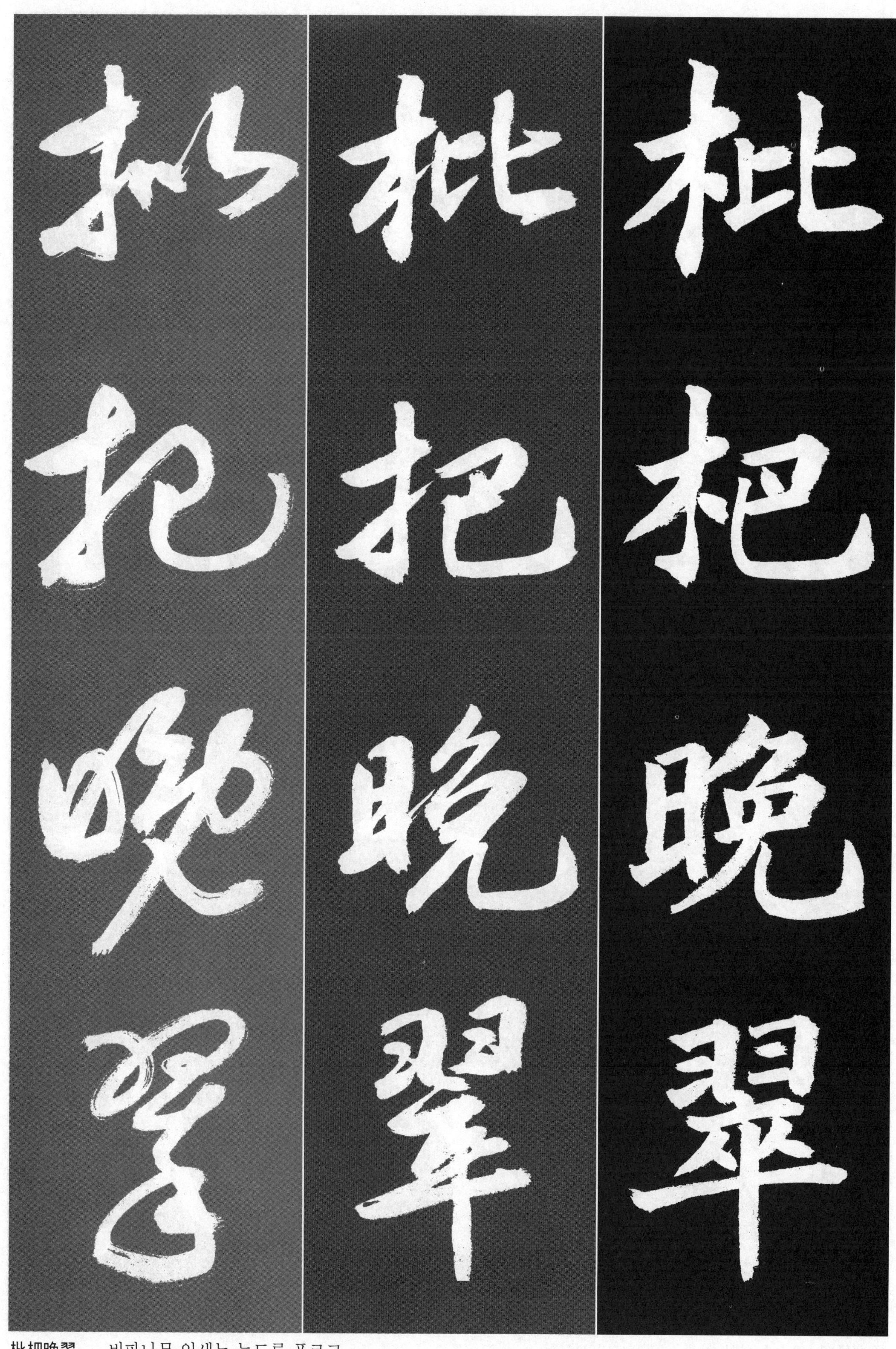

枇杷晩翠 비파나무 잎새는 늦도록 푸르고,

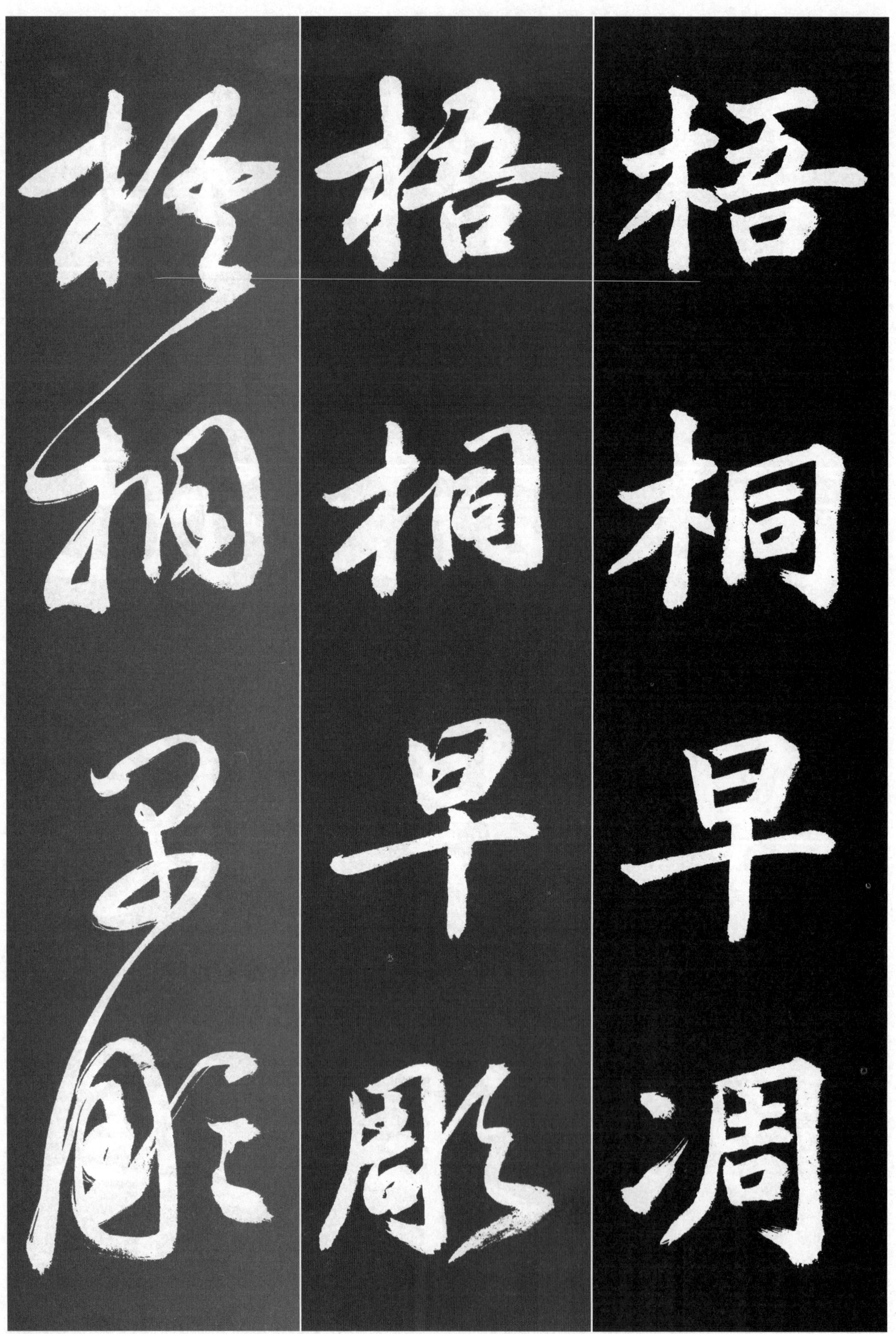

梧 오동나무 오 桐 오동나무 동 早 이를 조 凋 시들 조

梧桐早凋　오동나무 잎새는 일찍부터 시든다.

陳 묵을 진
根 뿌리 근
委 맡길 위
翳 가릴 예

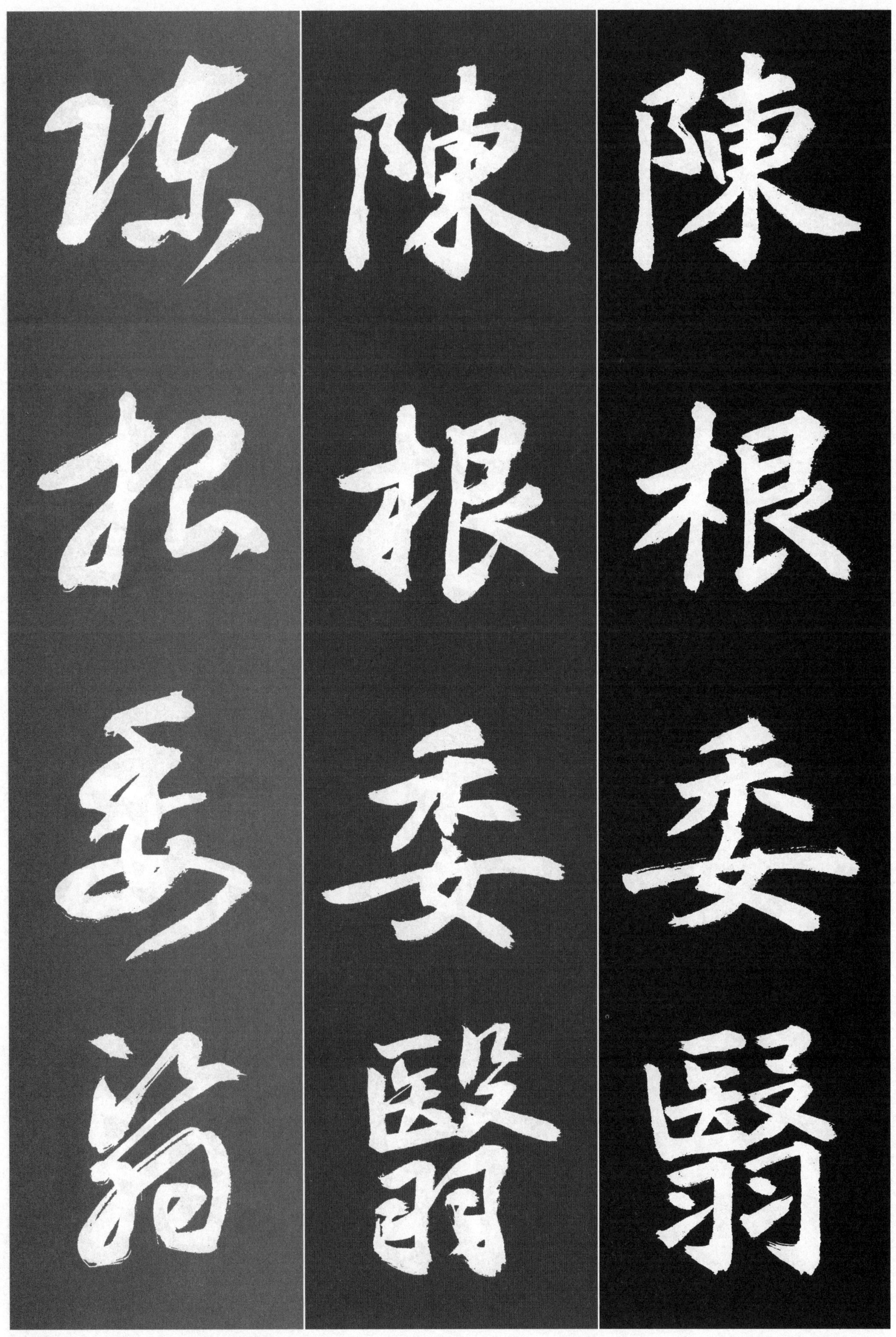

陳根委翳　묵은 뿌리들은 버려져 있고,

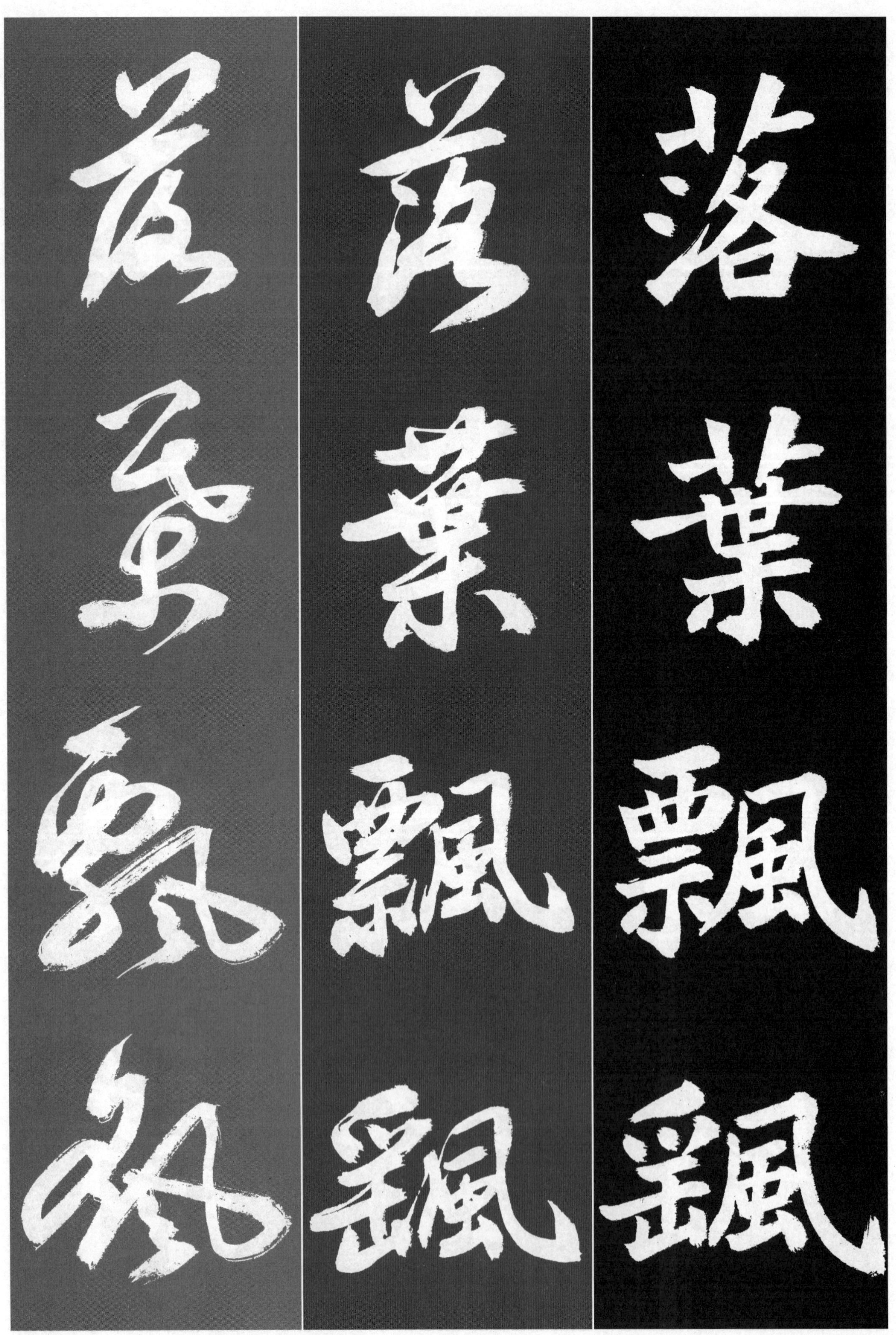

落 떨어질 락 葉 잎 엽 飄 나부낄 표 颻 나부낄 요

落葉飄颻　　떨어진 나뭇잎은 바람따라 흩날린다.

遊 놀 유 鵾 곤계 곤 獨 홀로 독 運 움직일 운

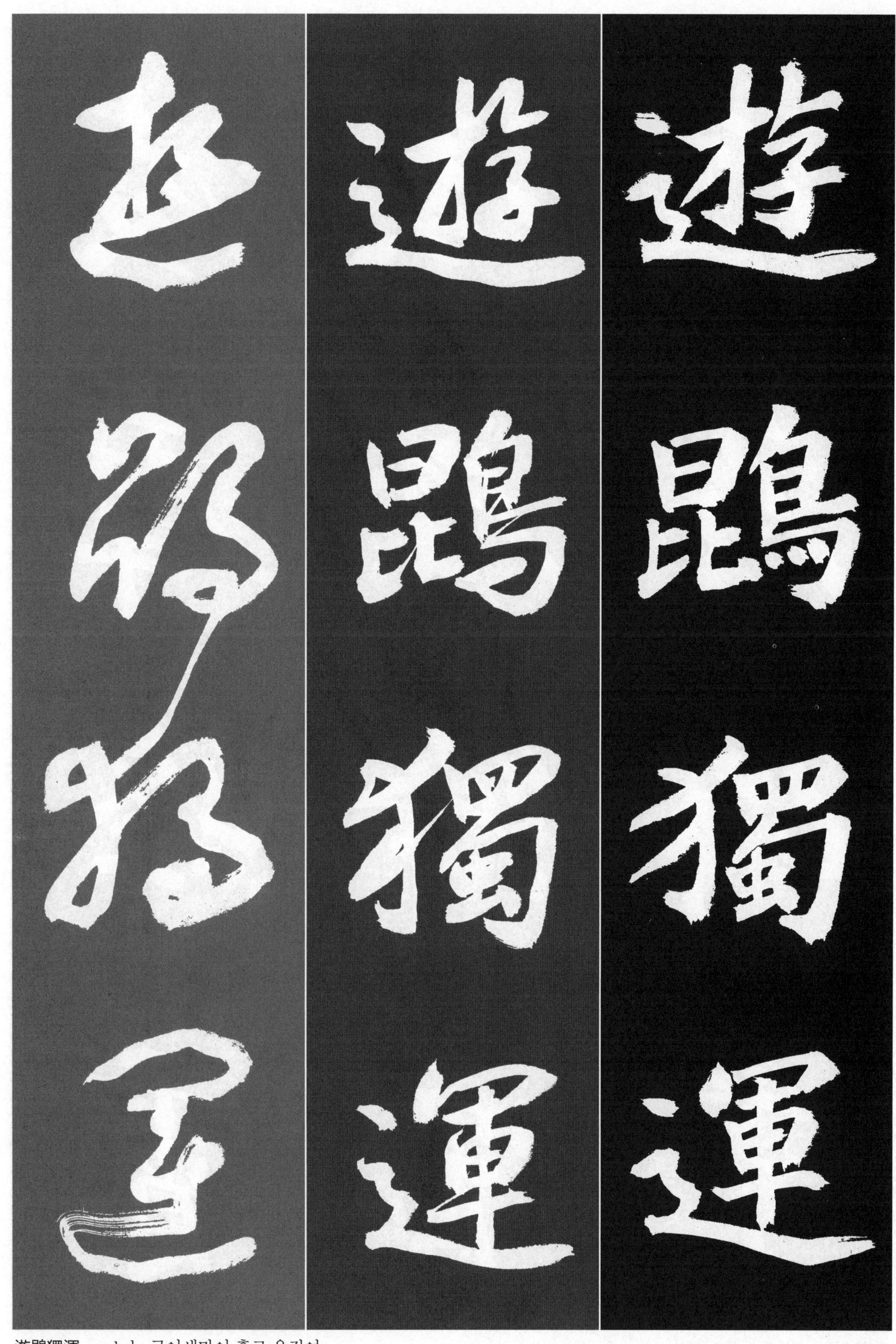

遊鵾獨運 노는 곤이새만이 홀로 움직여

凌 능멸할 릉 **摩** 만질 마 **絳** 붉을 강 **霄** 하늘 소

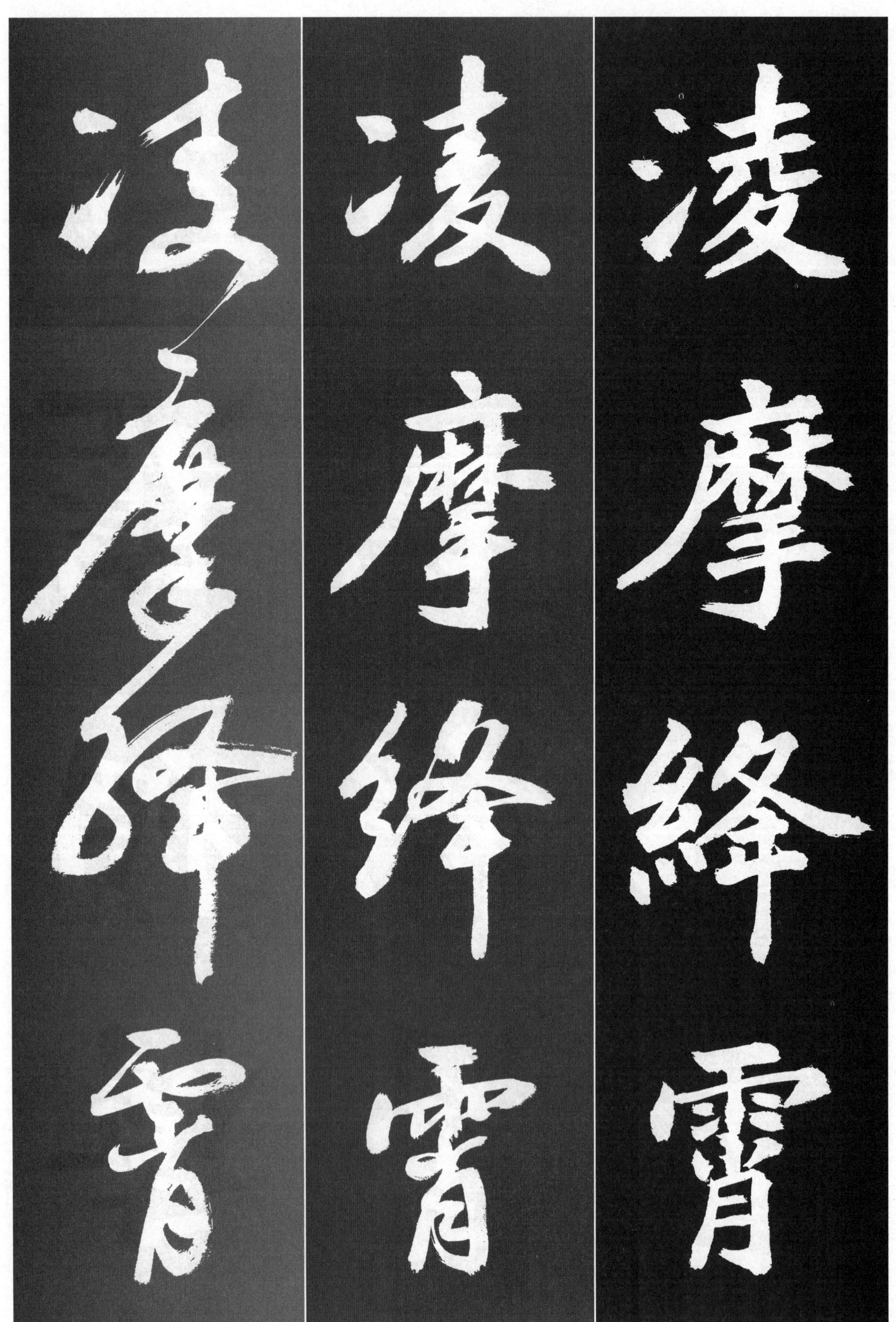

凌摩絳霄　붉은 노을의 하늘에서 마음대로 날아다닌다.

耽 즐길 탐 讀 읽을 독 翫 구경 완 市 저자 시

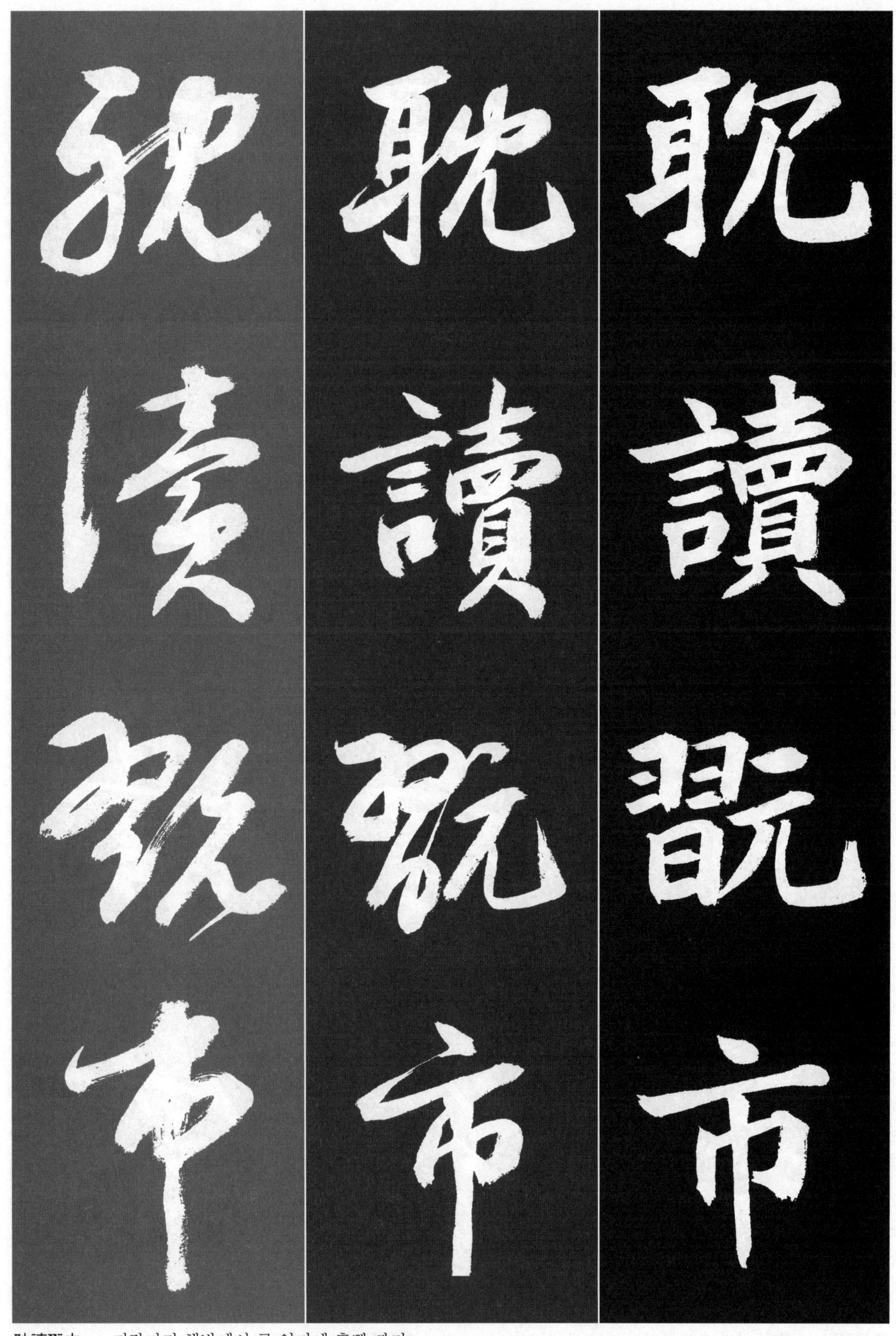

耽讀翫市　저잣거리 책방에서 글 읽기에 흠뻑 빠져,

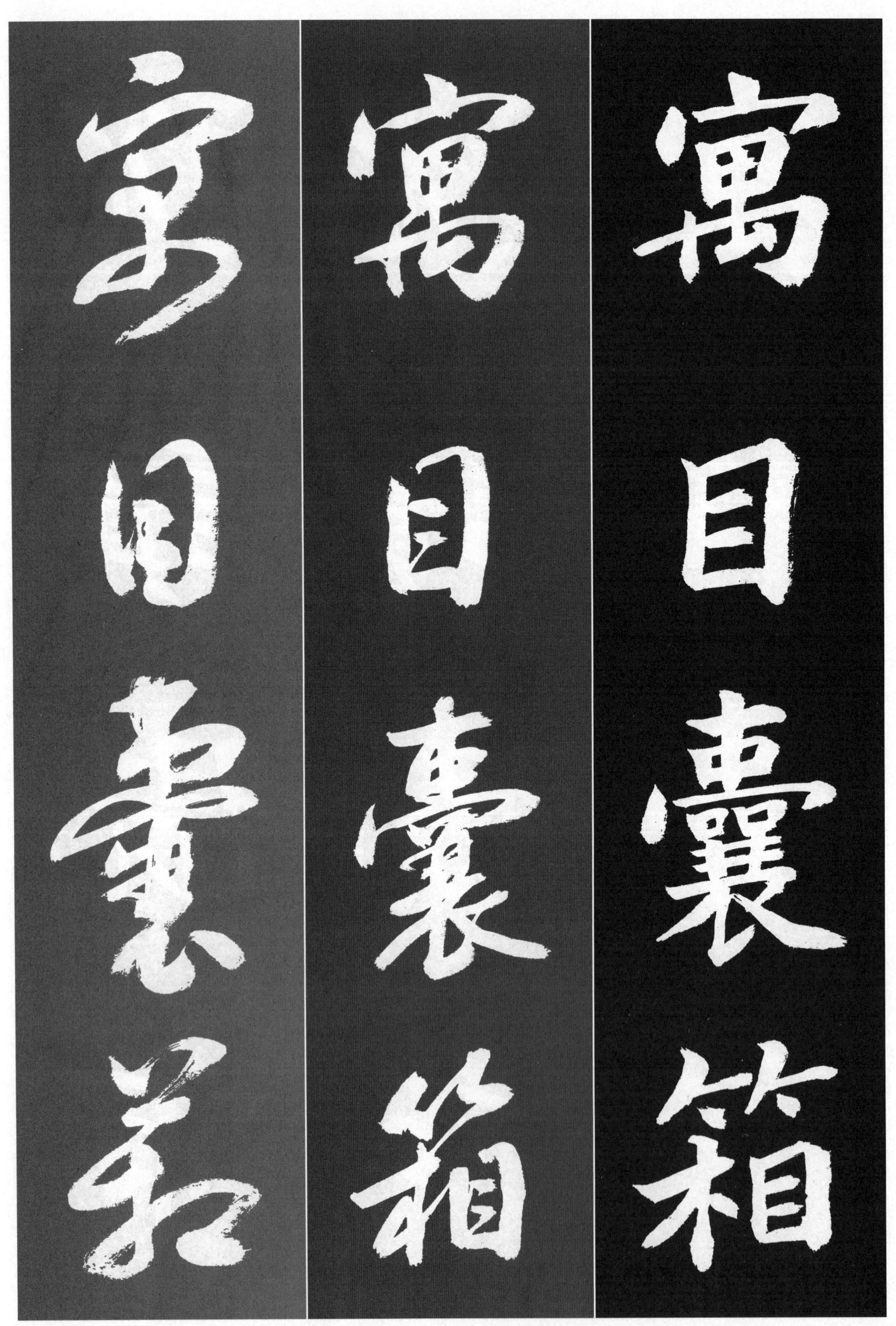

寓 붙일 우 目 눈 목 囊 주머니 낭 箱 상자 상

寓目囊箱 정신 차려 자세히 보니 마치 글을 주머니나 상자 속에 갈무리하는 것 같다.

易 쉬울 이 輶 가벼울 유 攸 바 유 畏 두려울 외

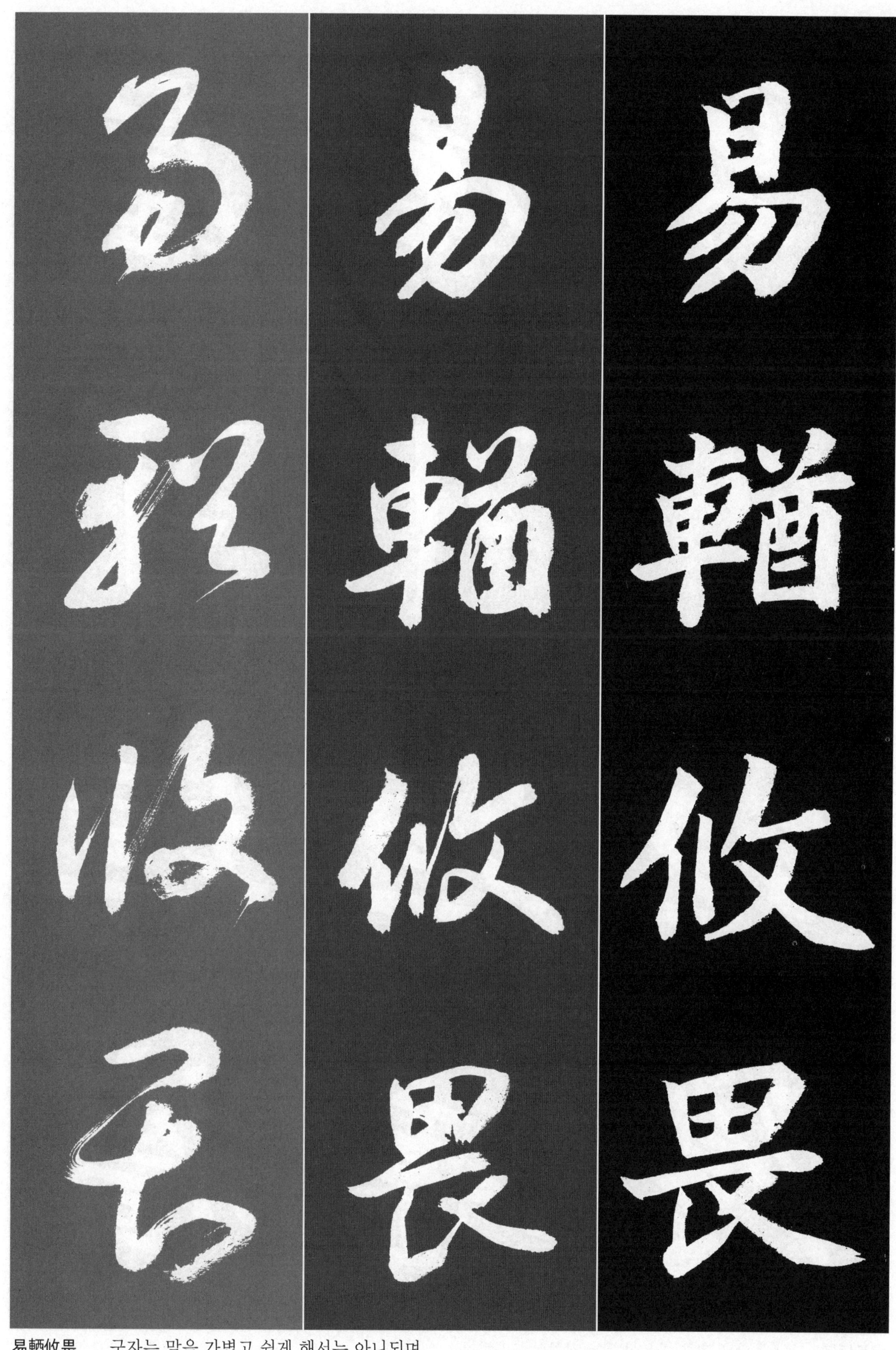

易輶攸畏　군자는 말을 가볍고 쉽게 해서는 아니되며

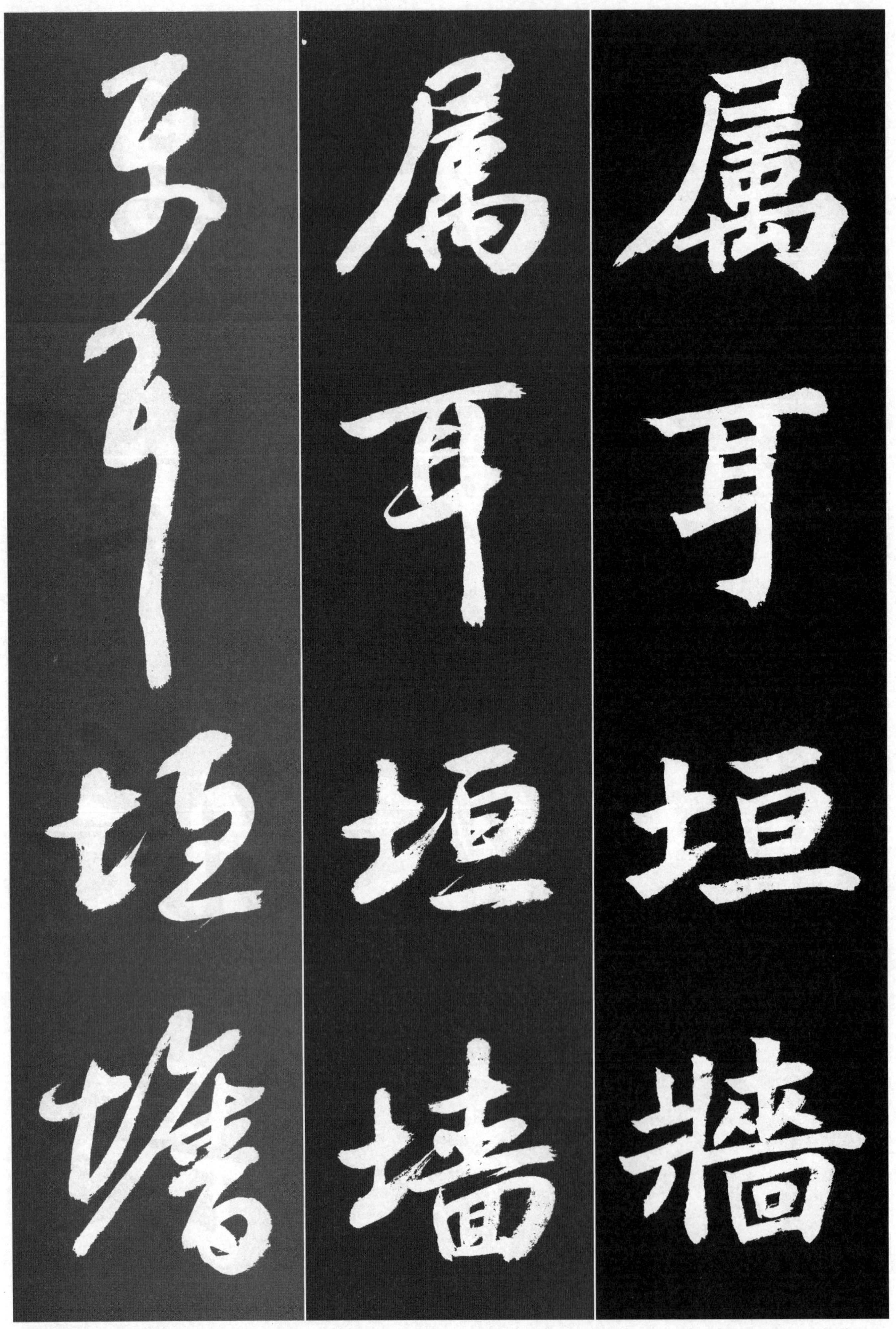

屬 붙일 속 耳 귀 이 垣 담 원 墻 담 장

屬耳垣墻 남이 담에 귀를 기울여 듣는 것처럼 조심하라.

具 갖출 구 **膳** 반찬 선 **飡** 밥 손 **飯** 밥 반

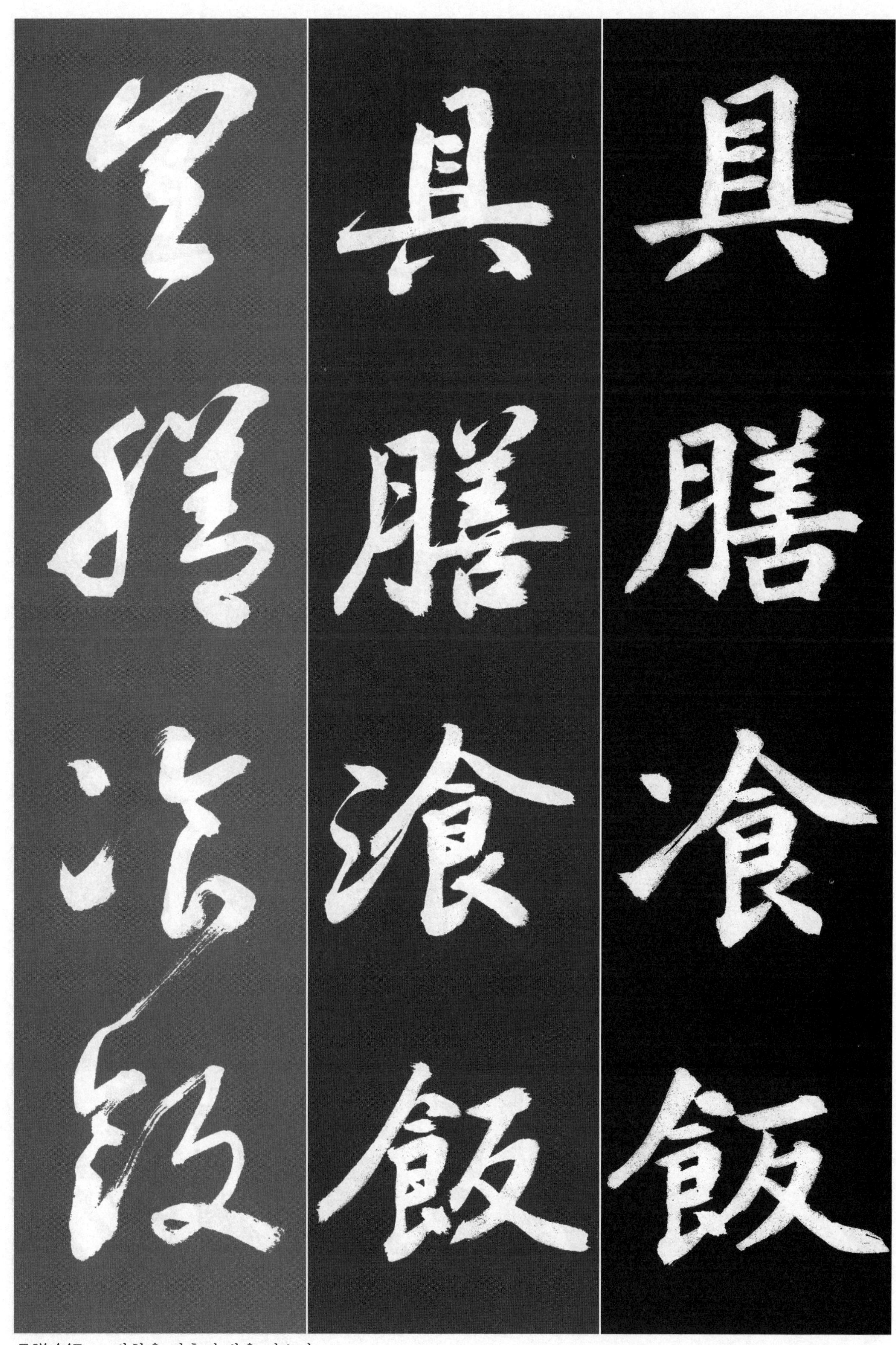

具膳飡飯 반찬을 갖추어 밥을 먹으니,

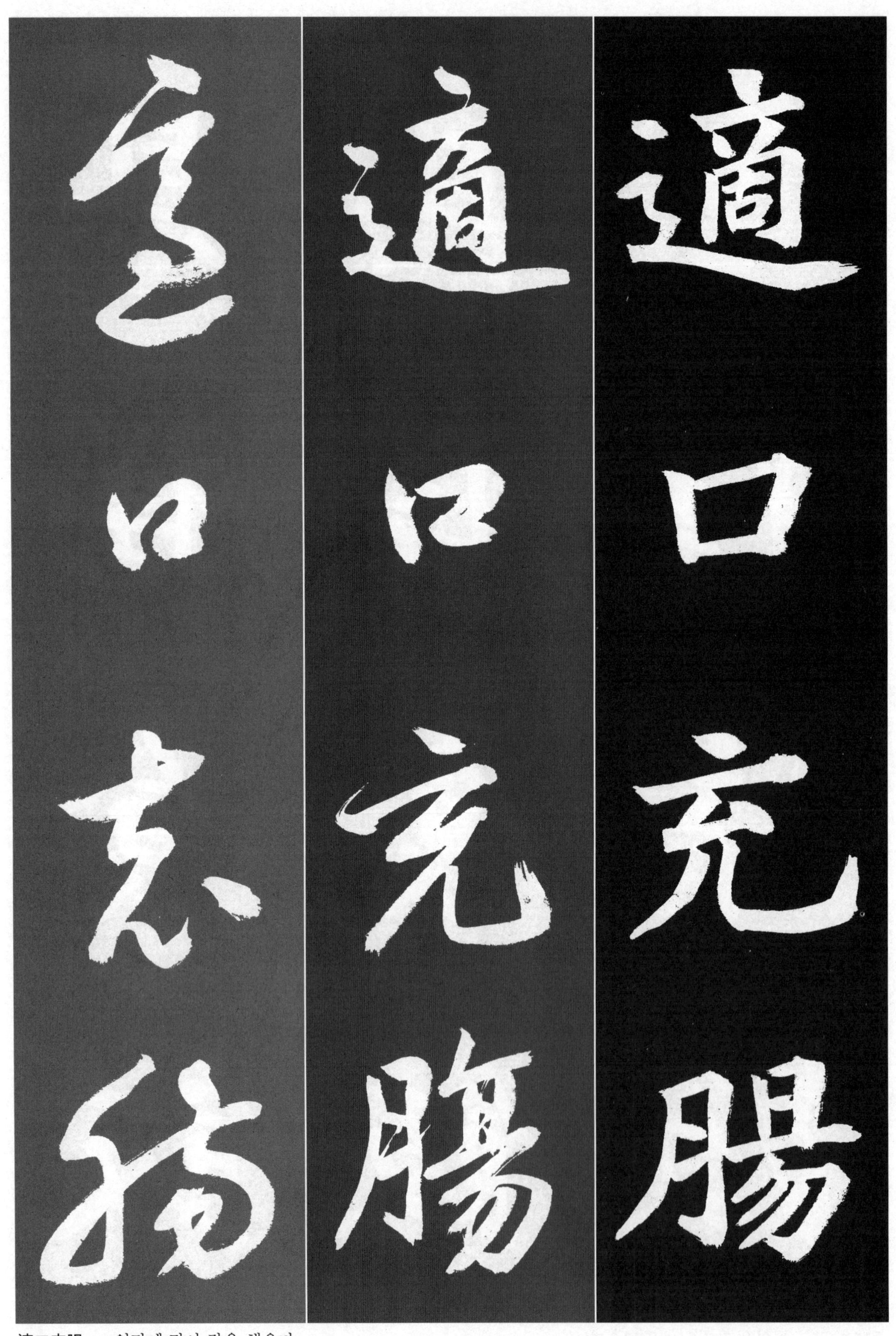

適 마침 적 **口** 입구 **充** 채울 충 **腸** 창자 장

適口充腸 입맛에 맞아 장을 채운다.

飽 배부를 포 飫 배부를 어 烹 삶을 팽 宰 재상 재

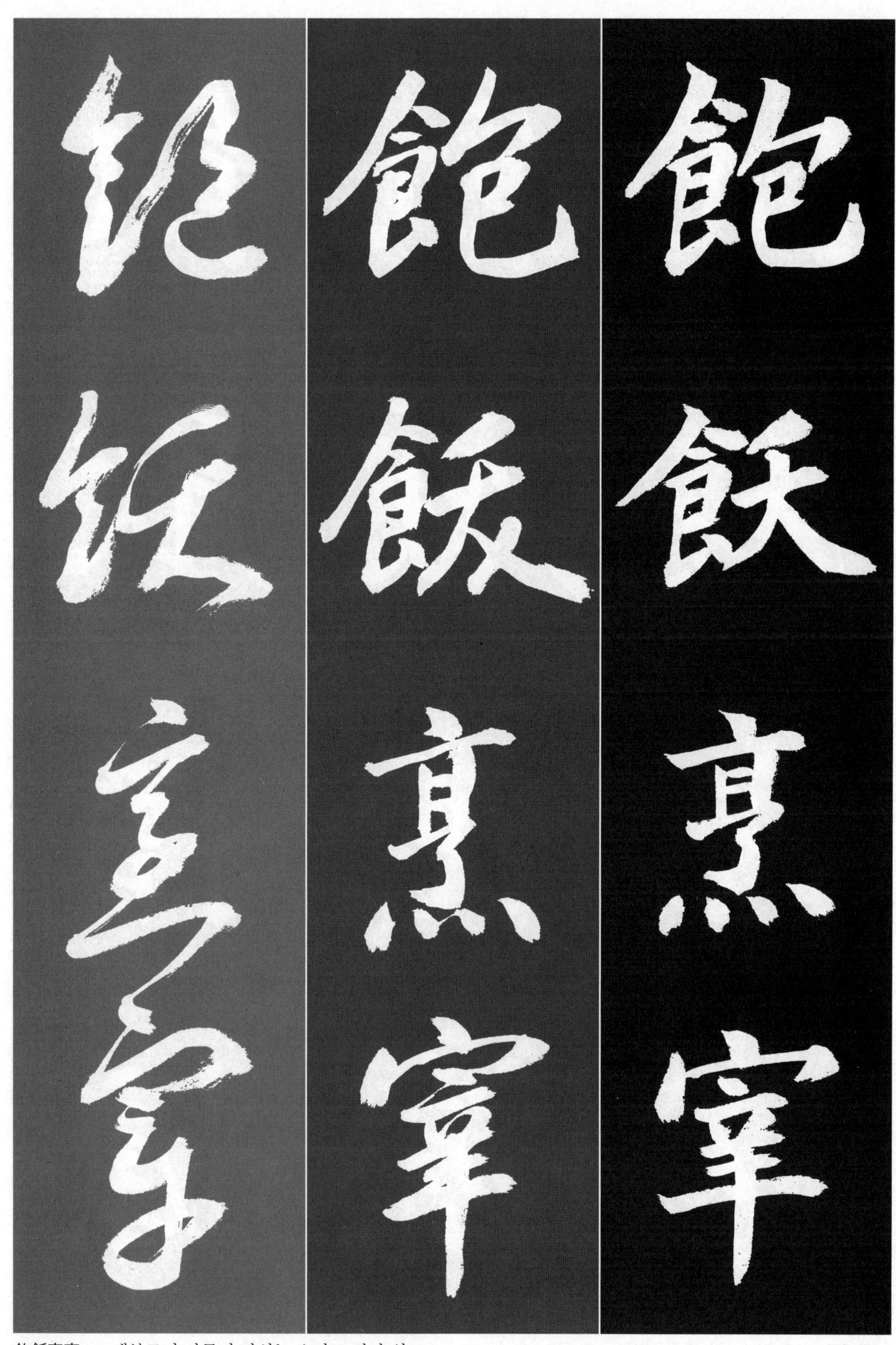

飽飫烹宰　배부르면 아무리 맛있는 요리도 먹기 싫고,

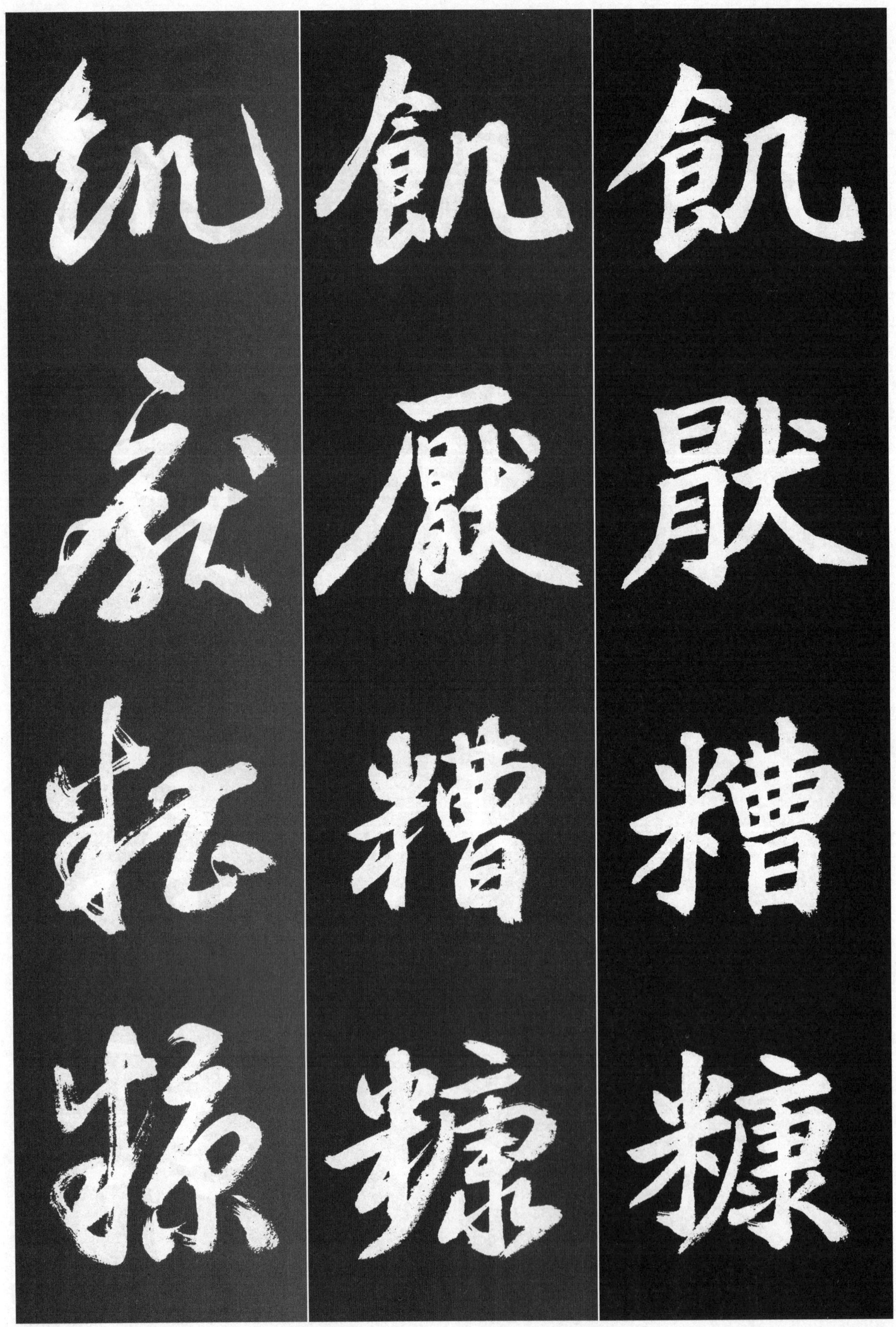

飢 주릴 기 厭 싫을 염 糟 지게미 조 糠 겨 강

飢厭糟糠 굶주리면 술지게미와 쌀겨도 만족스럽다.

親 친할 친 戚 겨레 척 故 연고 고 舊 옛 구

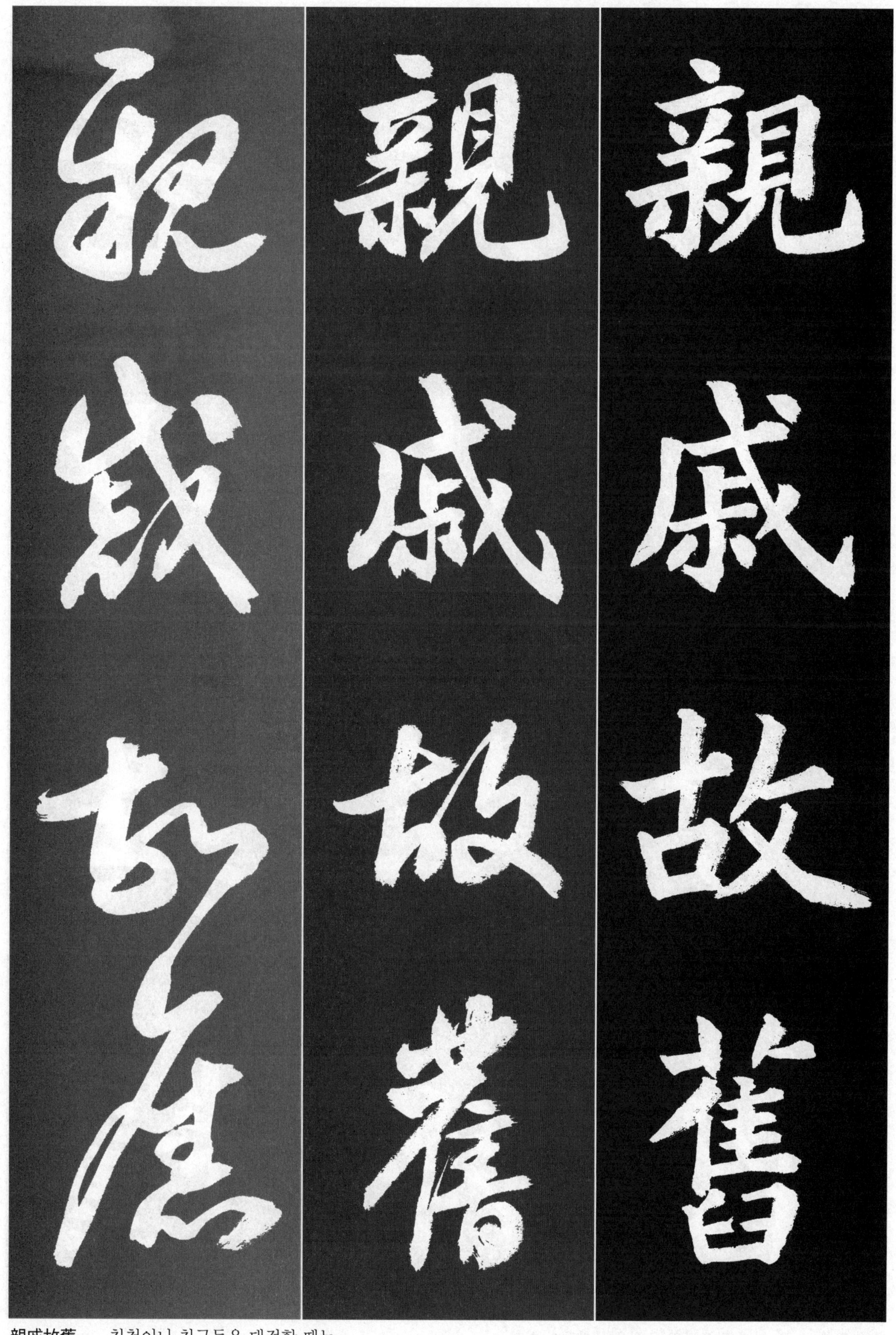

親戚故舊 친척이나 친구들을 대접할 때는,

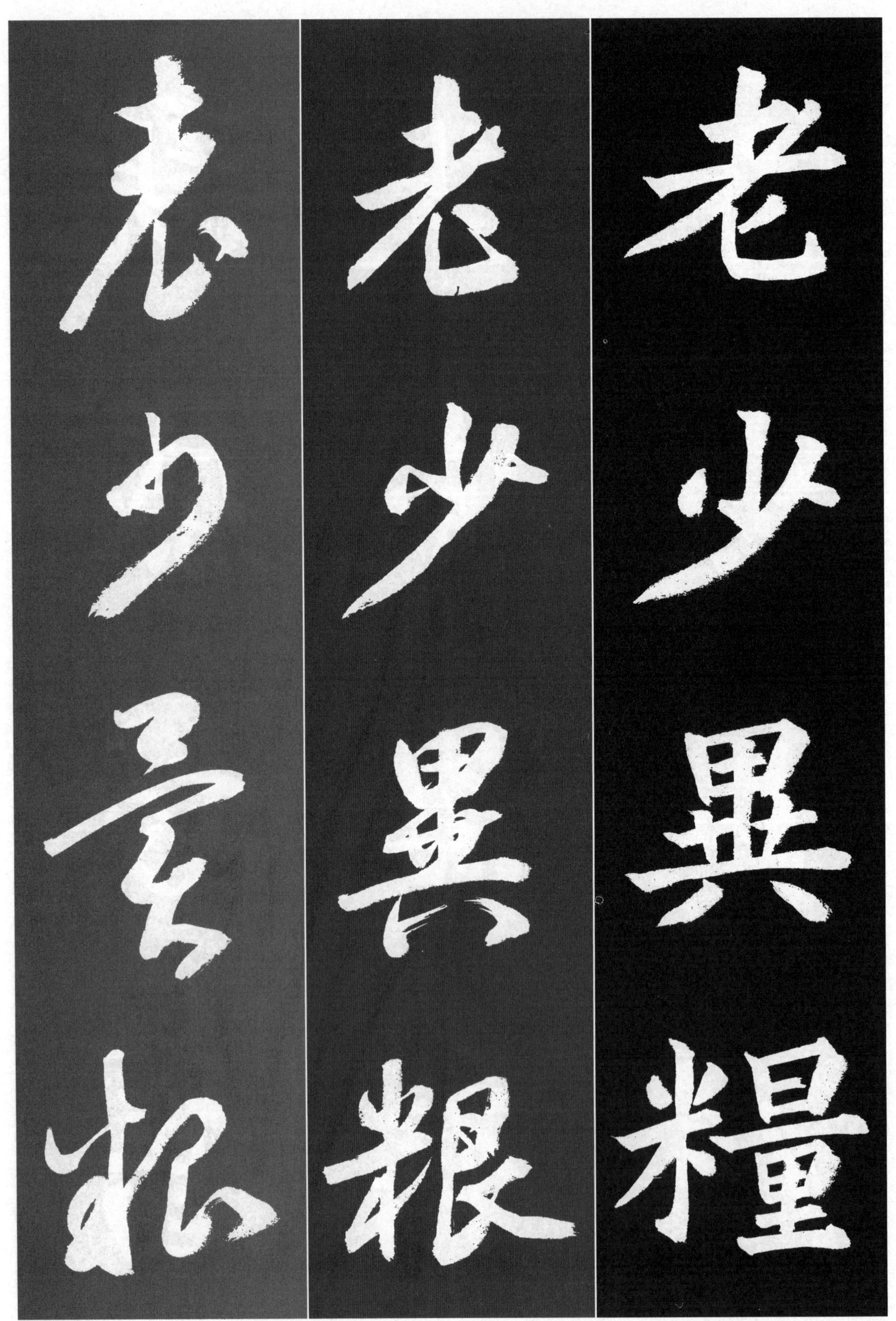

老 늙을 로 少 젊을 소 異 다를 이 糧 양식 량

老少異糧　노인과 젊은이의 음식을 달리해야 한다.

妾 첩 첩 御 모실 어 績 길쌈 적 紡 길쌈 방

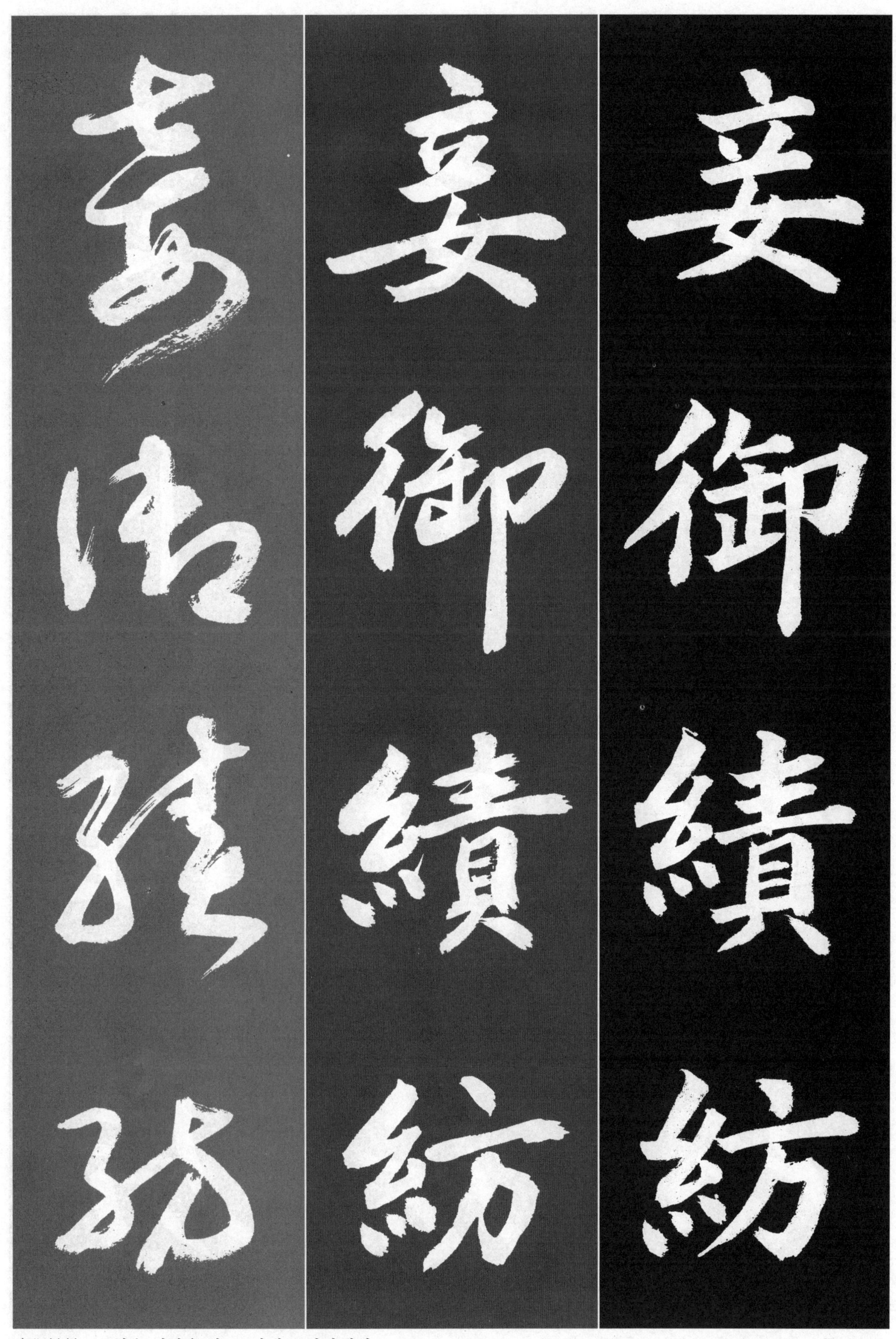

妾御績紡　　첩은 길쌈을 하고, 아내는 안방에서

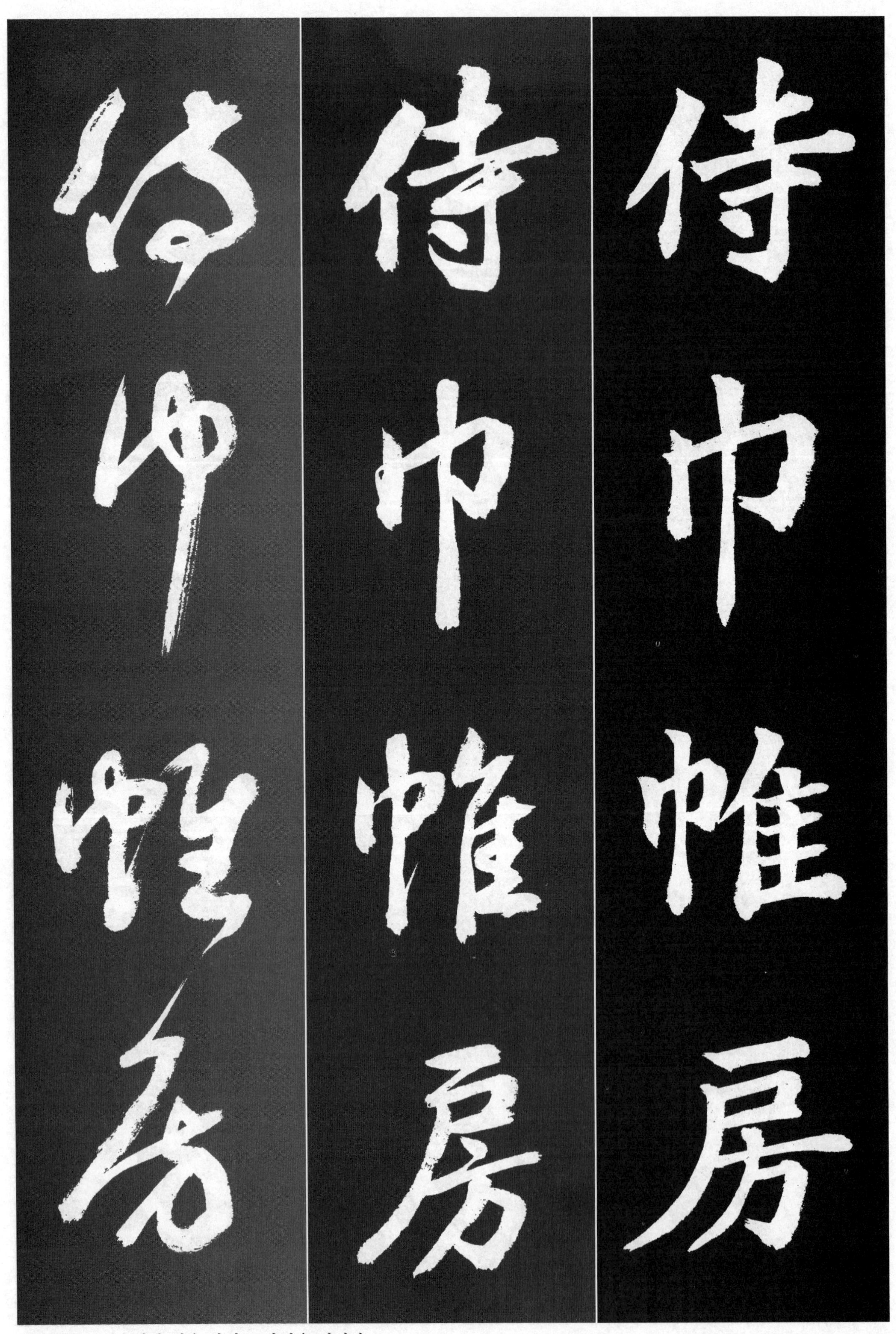

侍 모실 시 **巾** 수건 건 **帷** 장막 유 **房** 방 방

侍巾滅房 수건과 빗을 가지고 남편을 섬긴다.

紈 흰깁 환
扇 부채 선
圓 둥글 원
潔 깨끗할 결

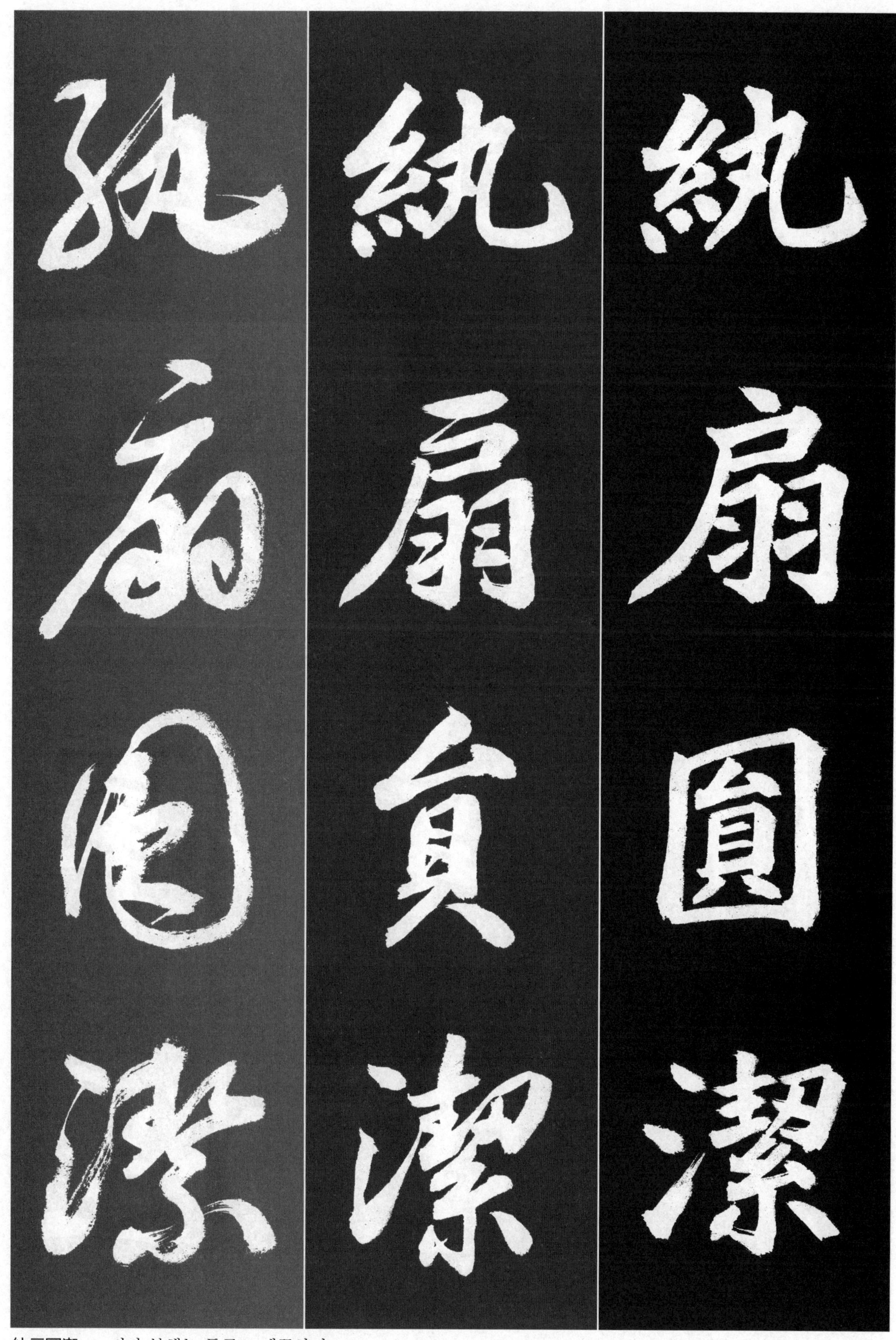

紈扇圓潔 비단 부채는 둥글고 깨끗하며,

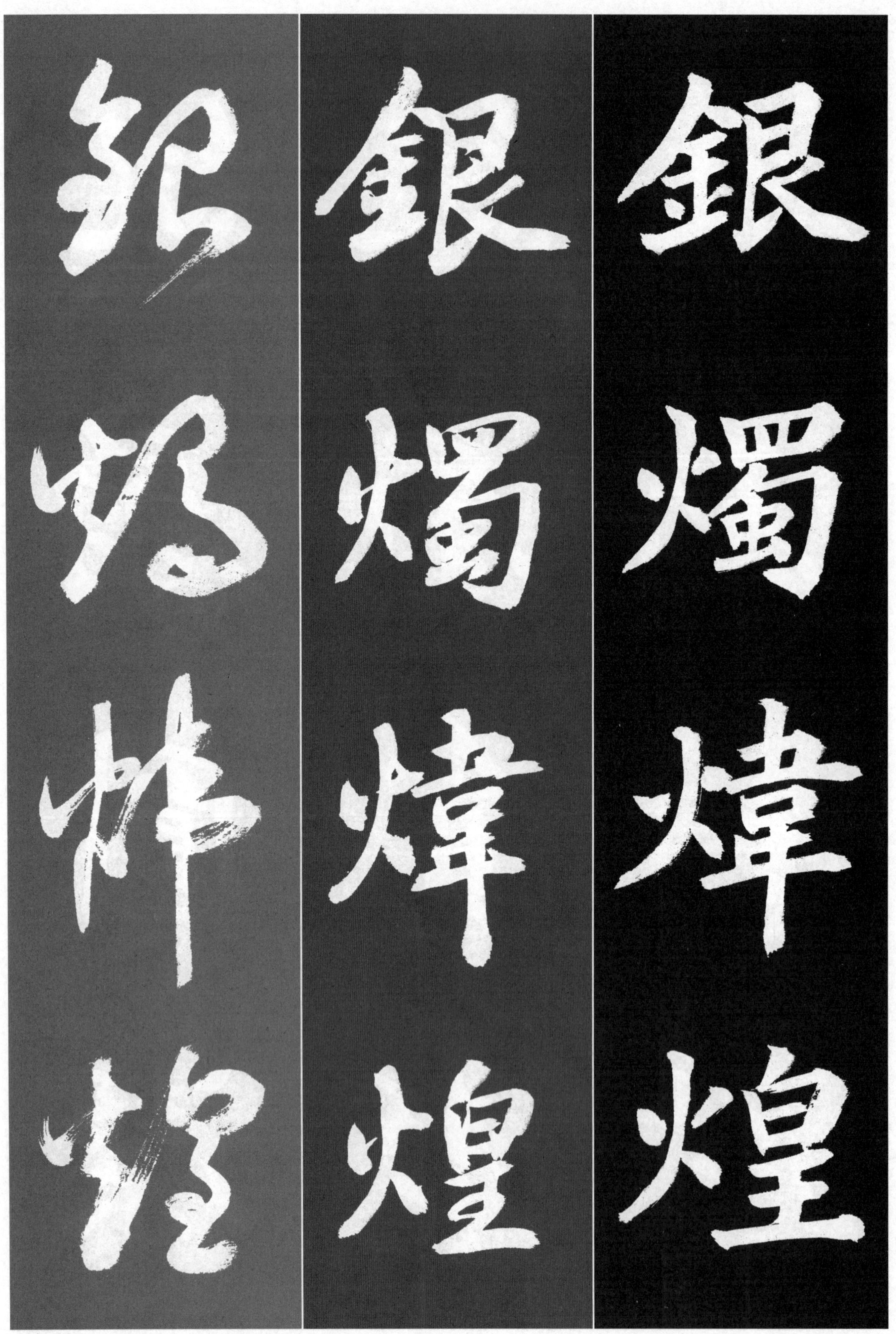

銀 은은 燭 촛불 촉 煒 빛날 위 煌 빛날 황

銀燭煒煌　　은빛 촛불은 휘황하게 빛난다.

晝 낮주
眠 졸면
夕 저녁석
寐 잘매

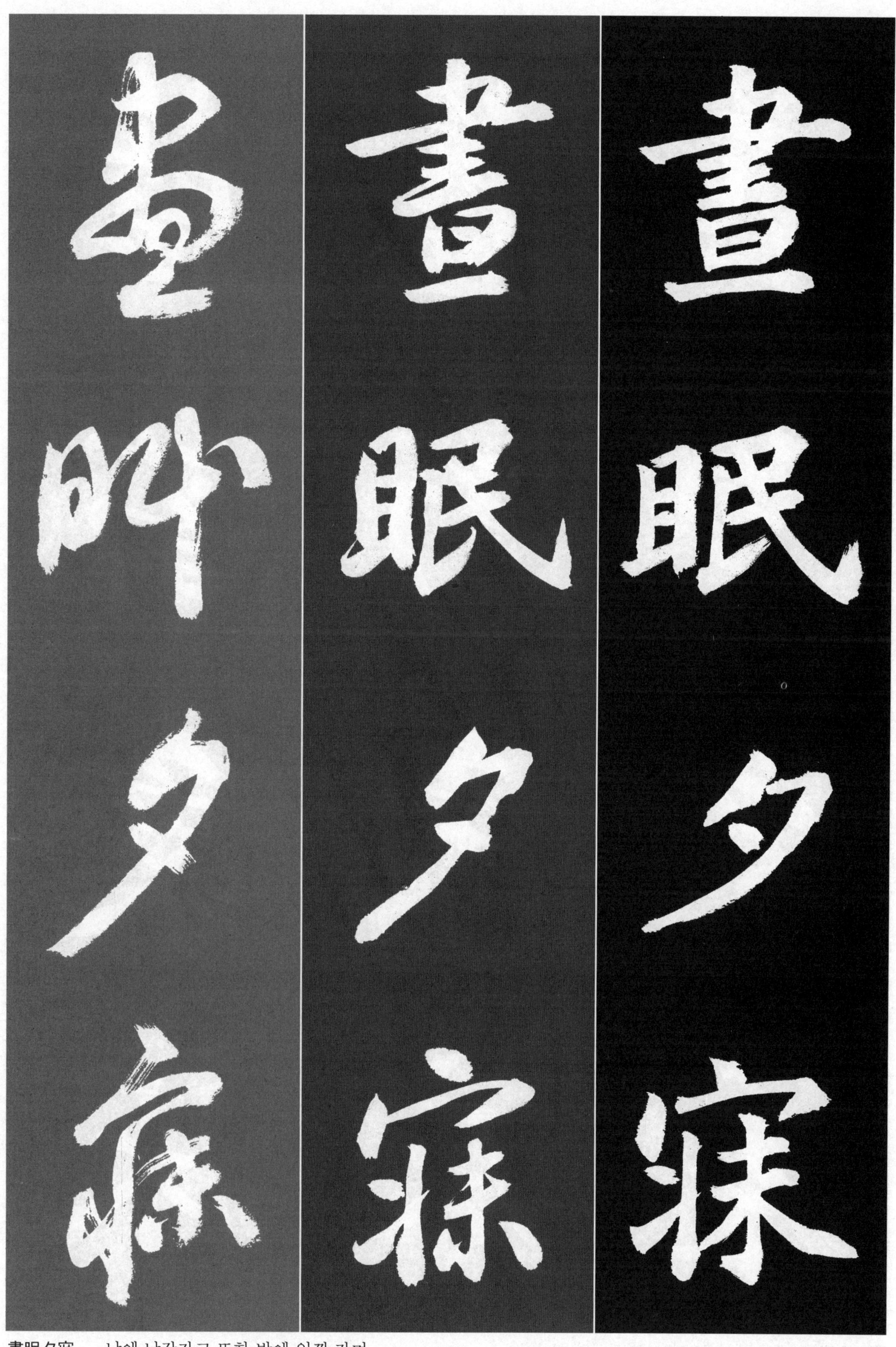

晝眠夕寐 낮에 낮잠자고 또한 밤에 일찍 자며

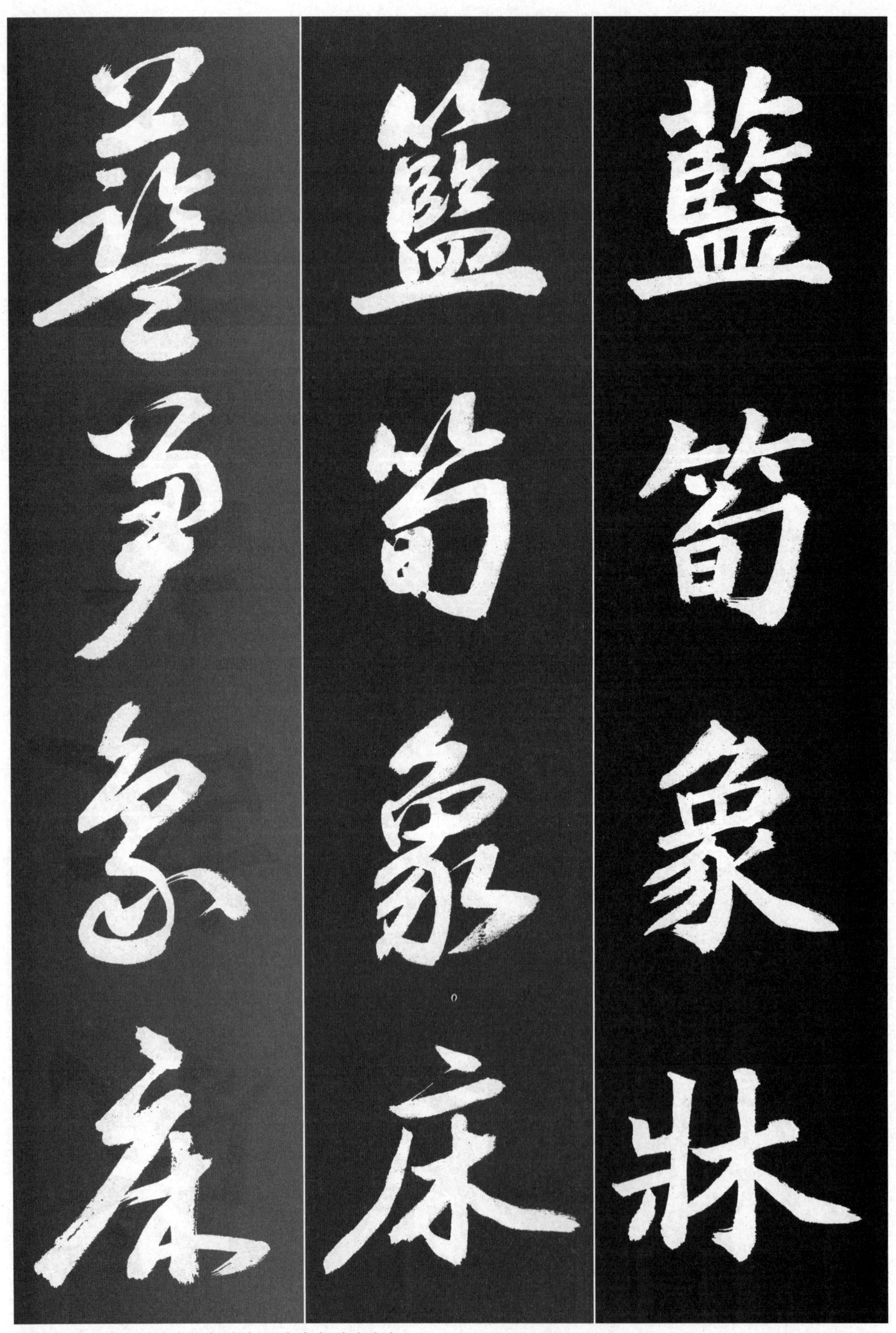

藍 쪽 람 筍 댓순 순 象 코끼리 상 床 평상 상

藍筍象床 푸른 대나무와 상아로 장식한 침상이라.

絃 줄 현
歌 노래 가
酒 술 주
讌 잔치 연

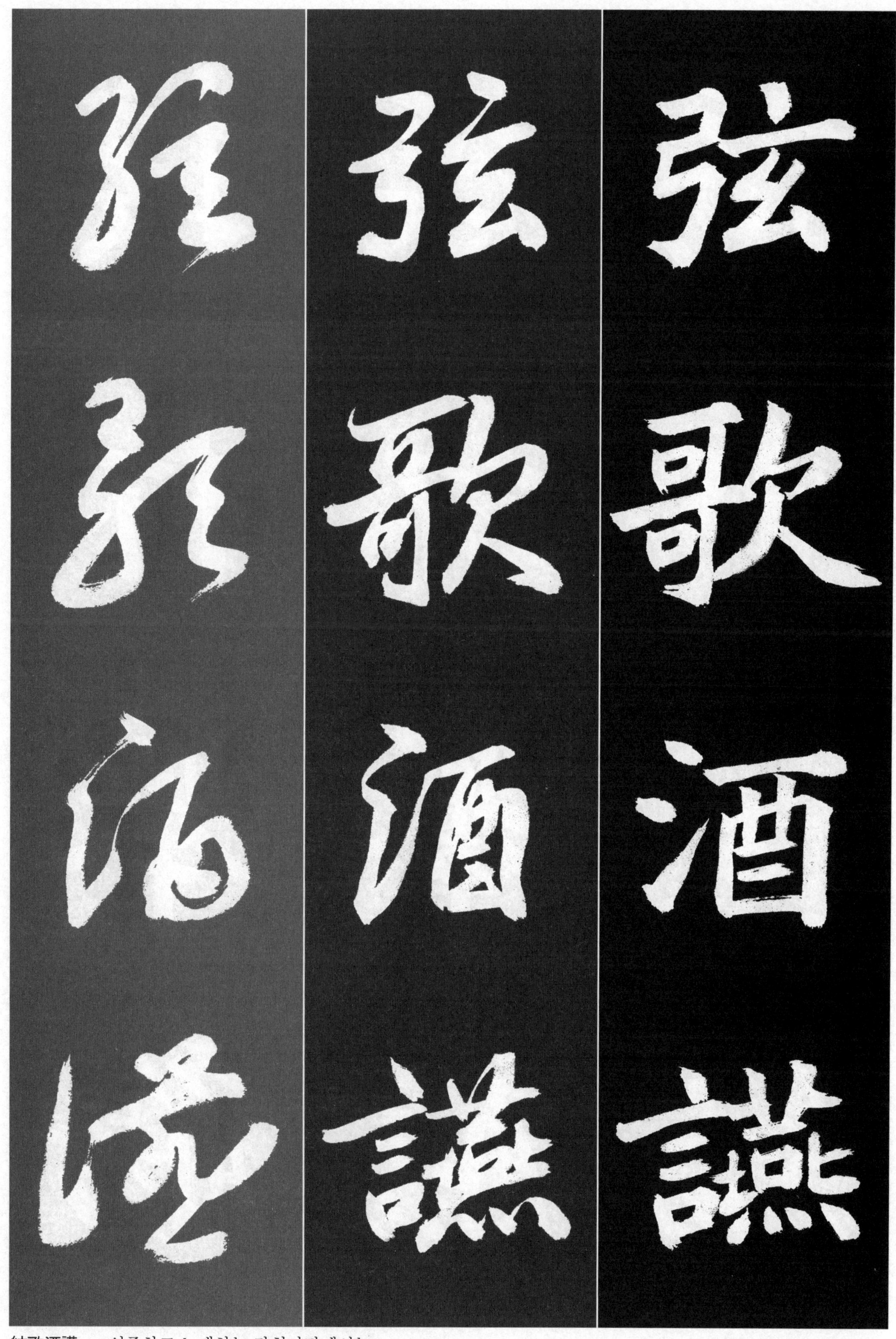

絃歌酒讌 연주하고 노래하는 잔치마당에서는,

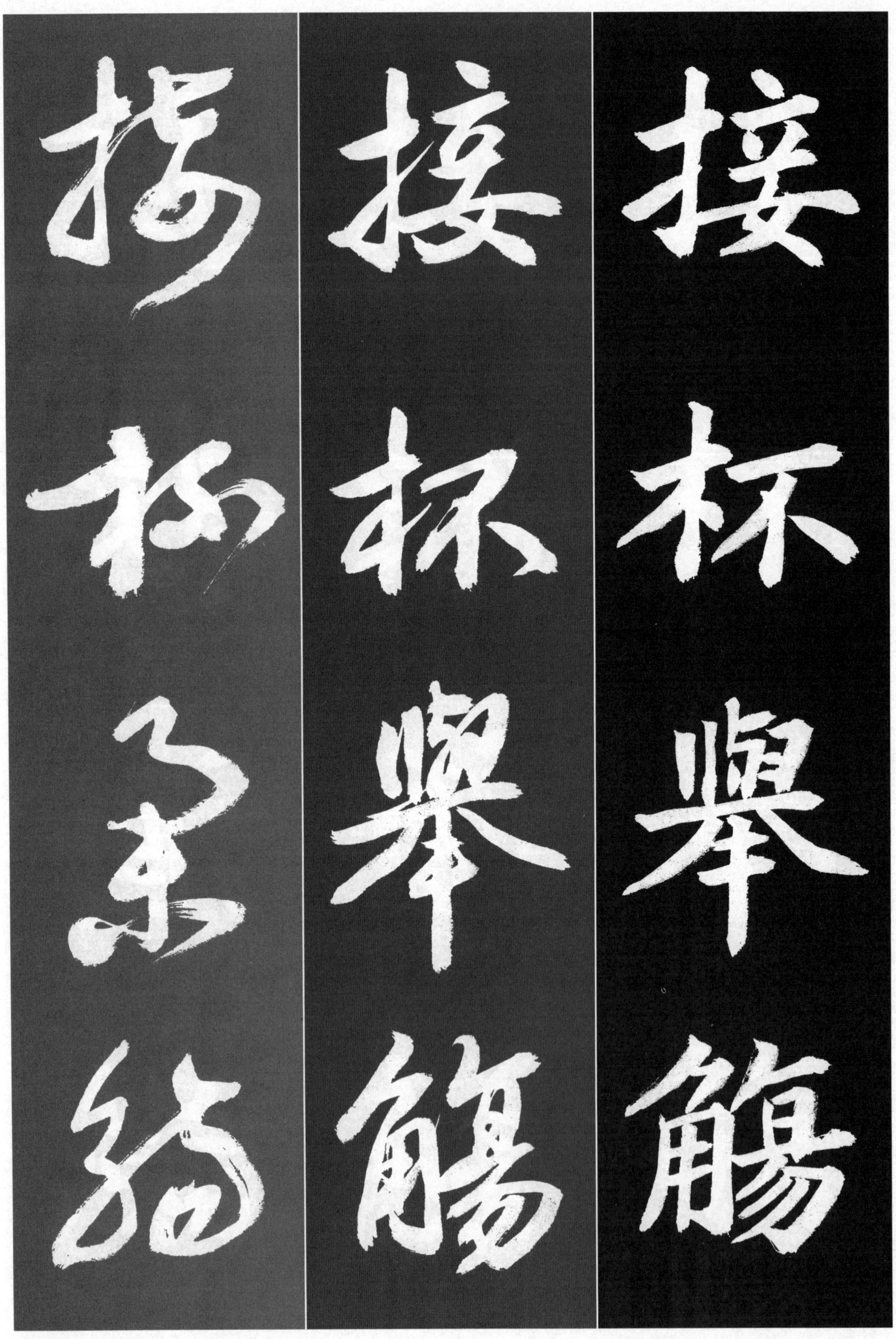

接 접할 접 杯 잔 배 擧 들 거 觴 잔 상

接杯擧觴　잔을 주고받기도 한다.

矯 들교 手 손수 頓 두드릴돈 足 발족

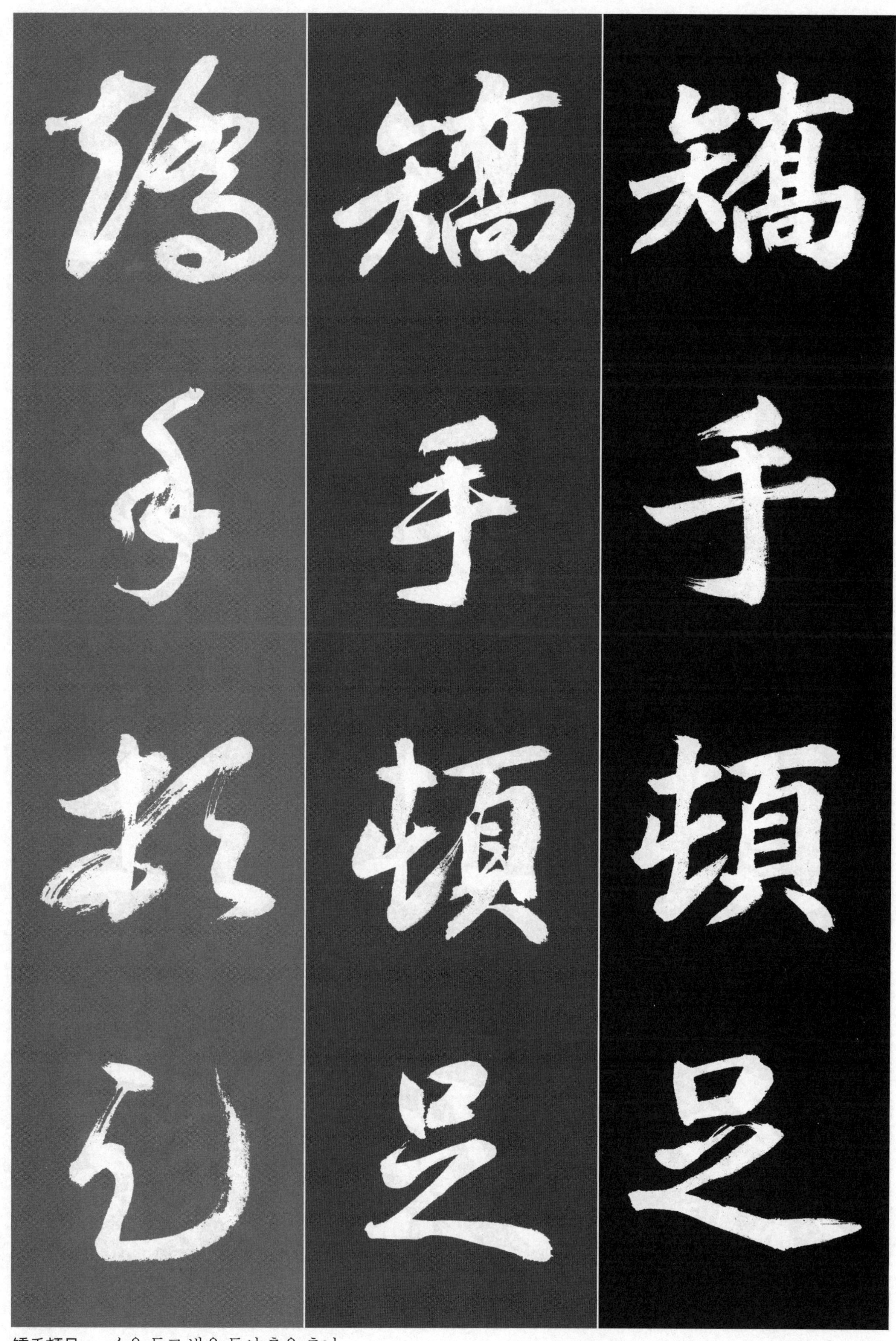

矯手頓足　손을 들고 발을 들어 춤을 추니,

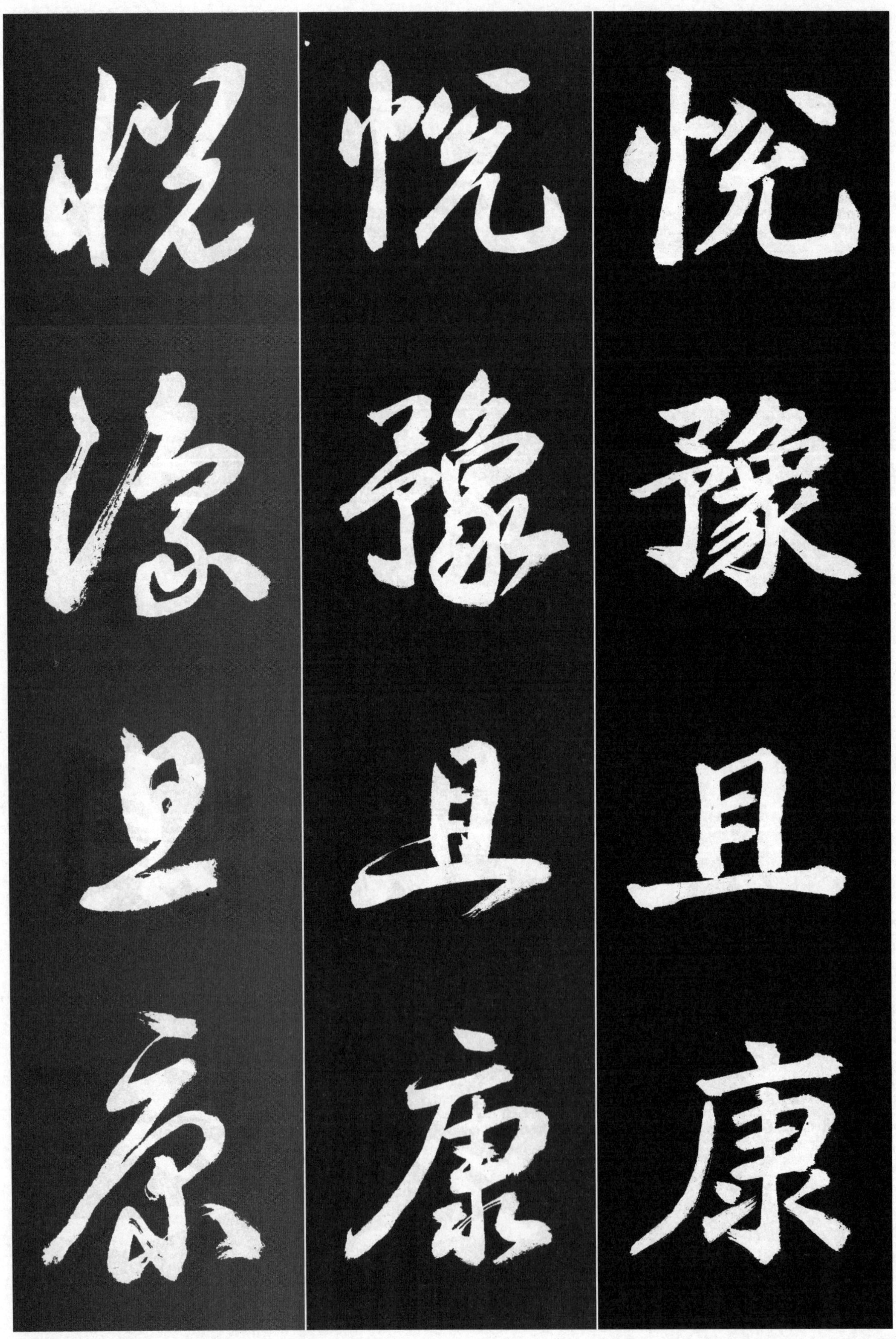

悅 기쁠 열 豫 기쁠 예 且 또 차 康 편안 강

悅豫且康 기쁘고도 편안하다.

嫡 만적 後 뒤후 嗣 이을사 續 이를속

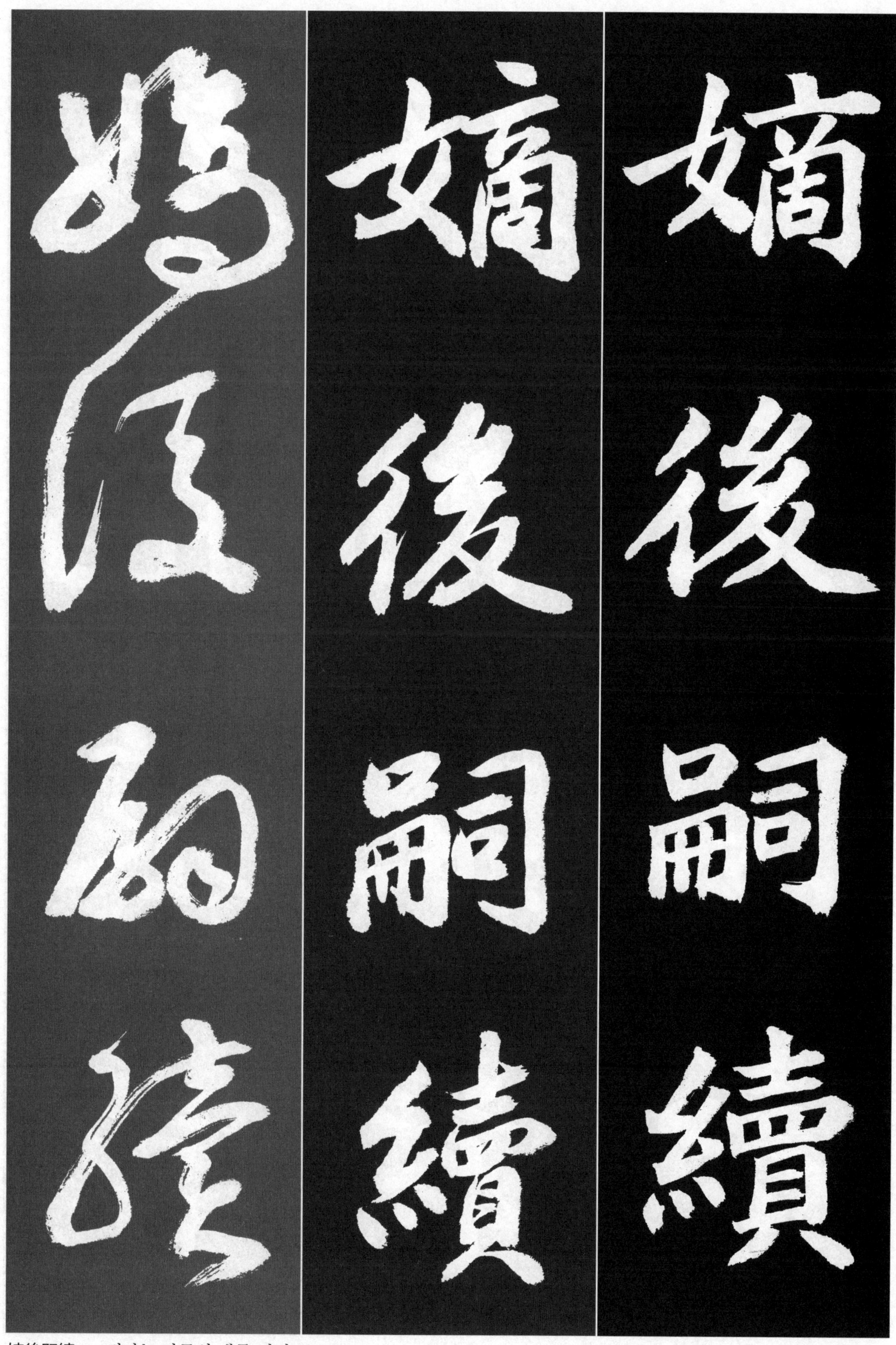

嫡後嗣續 적자는 가문의 대를 이어,

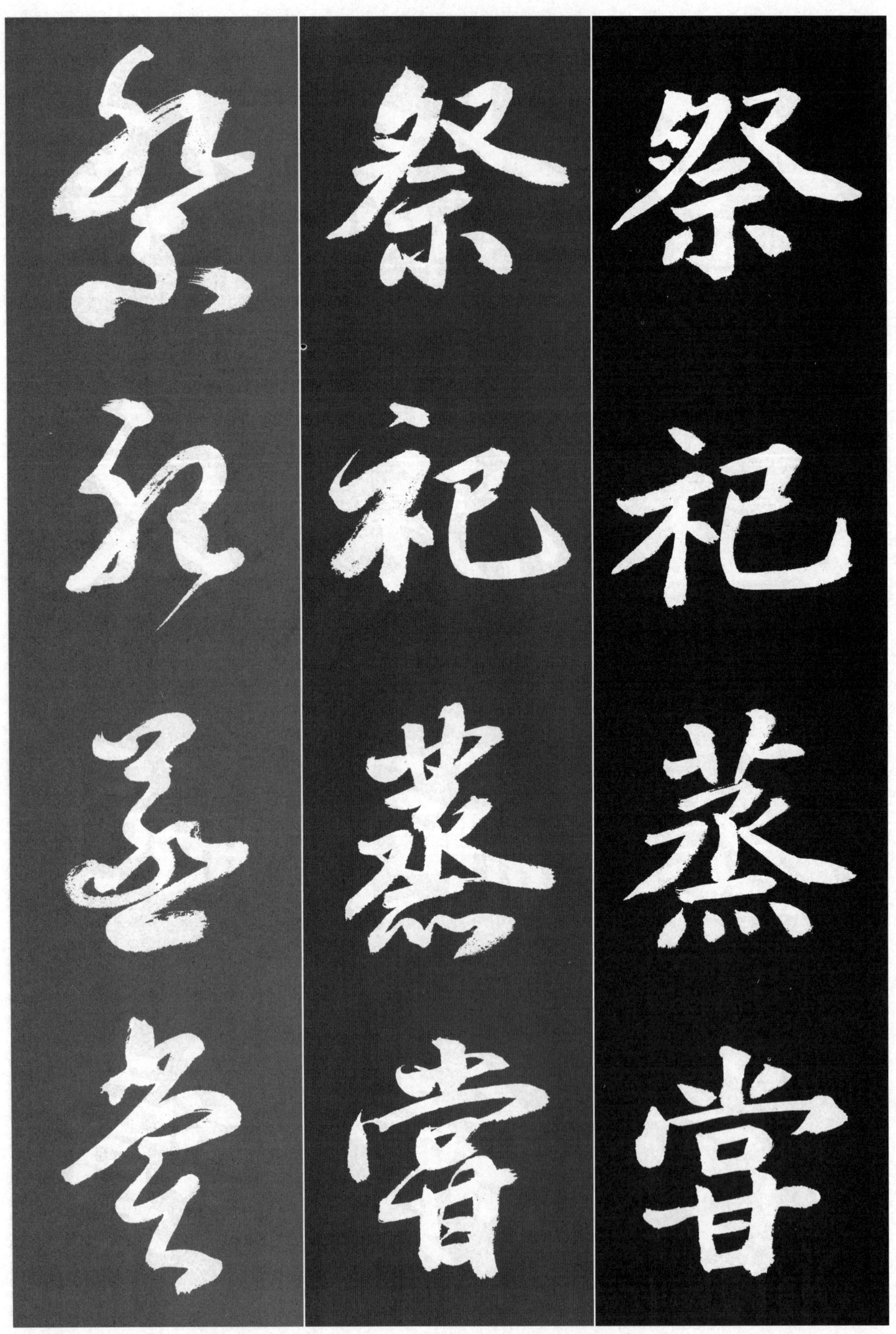

祭 제사 제 祀 제사 사 蒸 찔 증 嘗 맛볼 상

祭祀蒸嘗　제사를 지내며 겨울제사는 증(蒸)이고 가을제사는 상(嘗)이라 한다.

稽 조아릴 계 顙 이마 상 再 두 재 拜 절 배

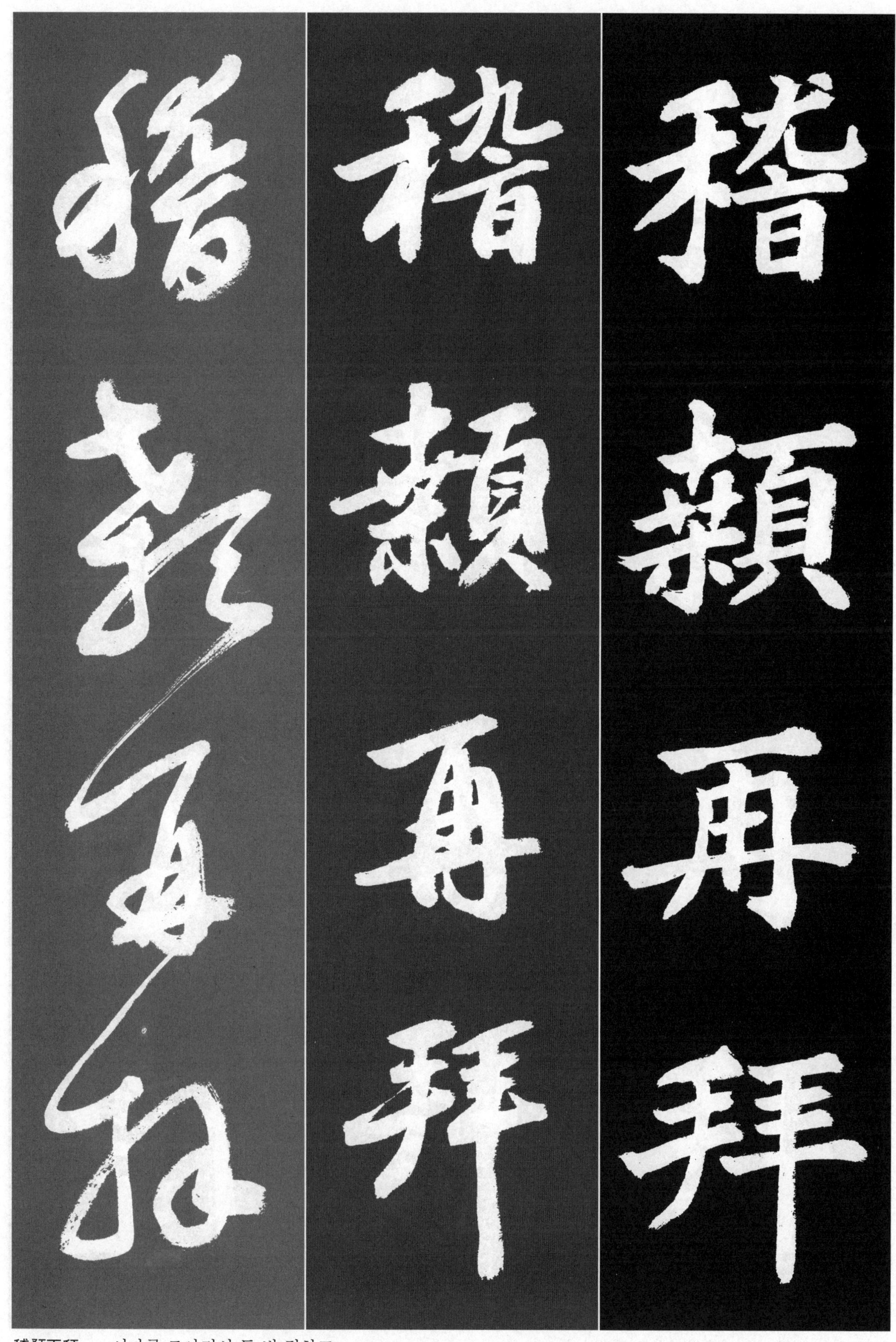

稽顙再拜　　이마를 조아려서 두 번 절하고,

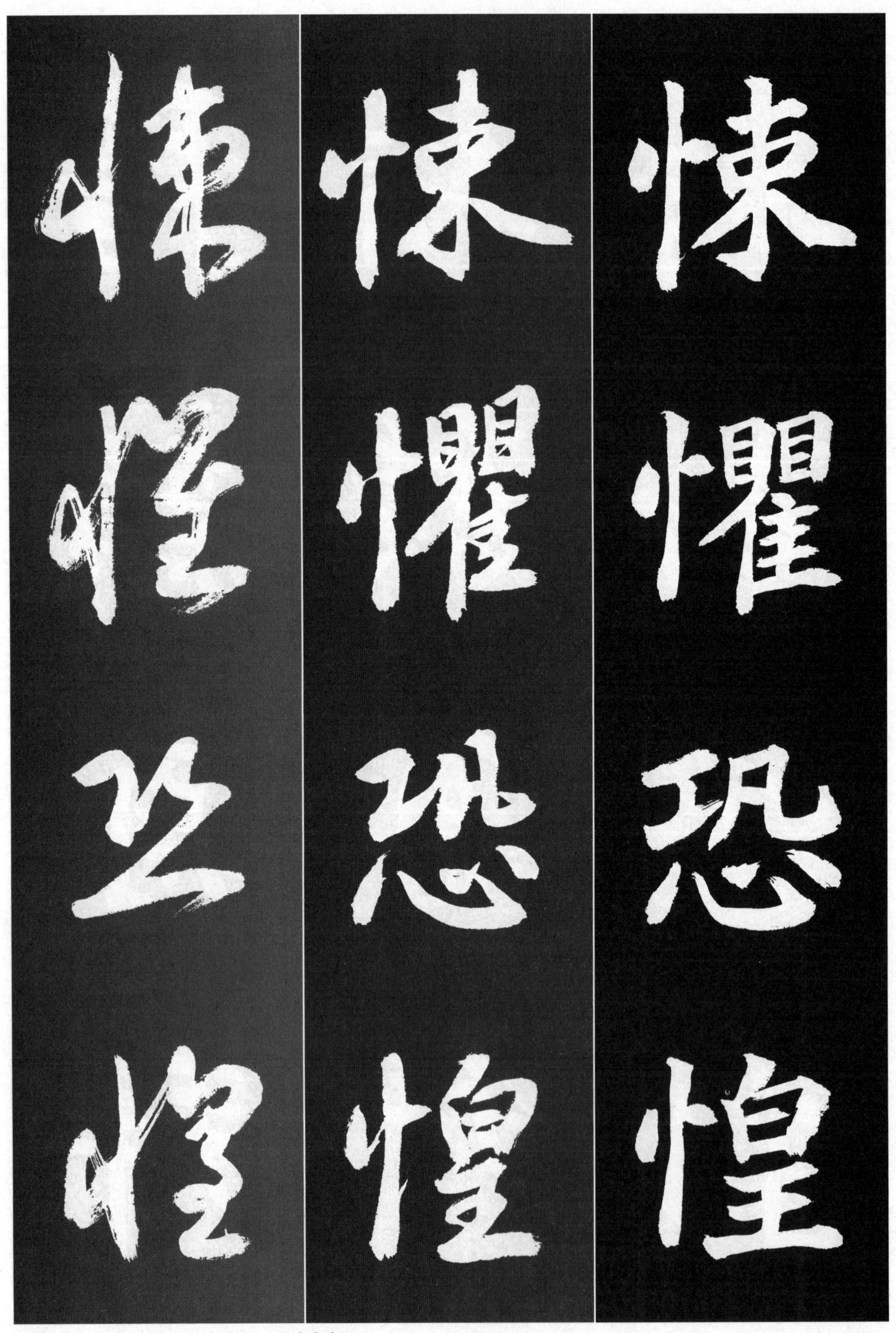

悚 두려울 송 懼 두려울 구 恐 두려울 공 惶 두려울 황

悚懼恐惶 두려운 마음가짐으로 공경하다.

牋 편지 전 牒 편지 첩 簡 대쪽 간 要 중요할 요

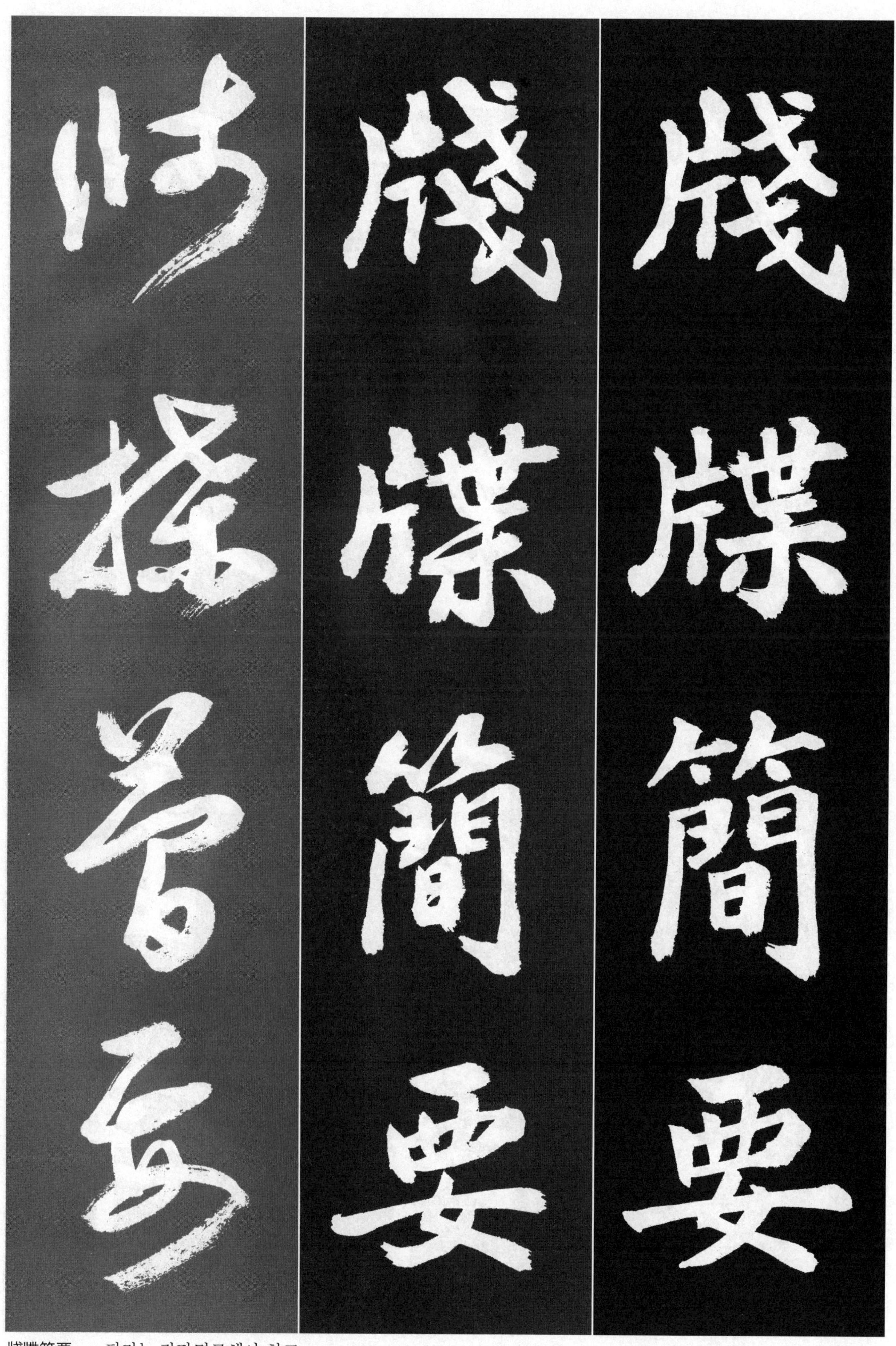

牋牒簡要　편지는 간단명료해야 하고,

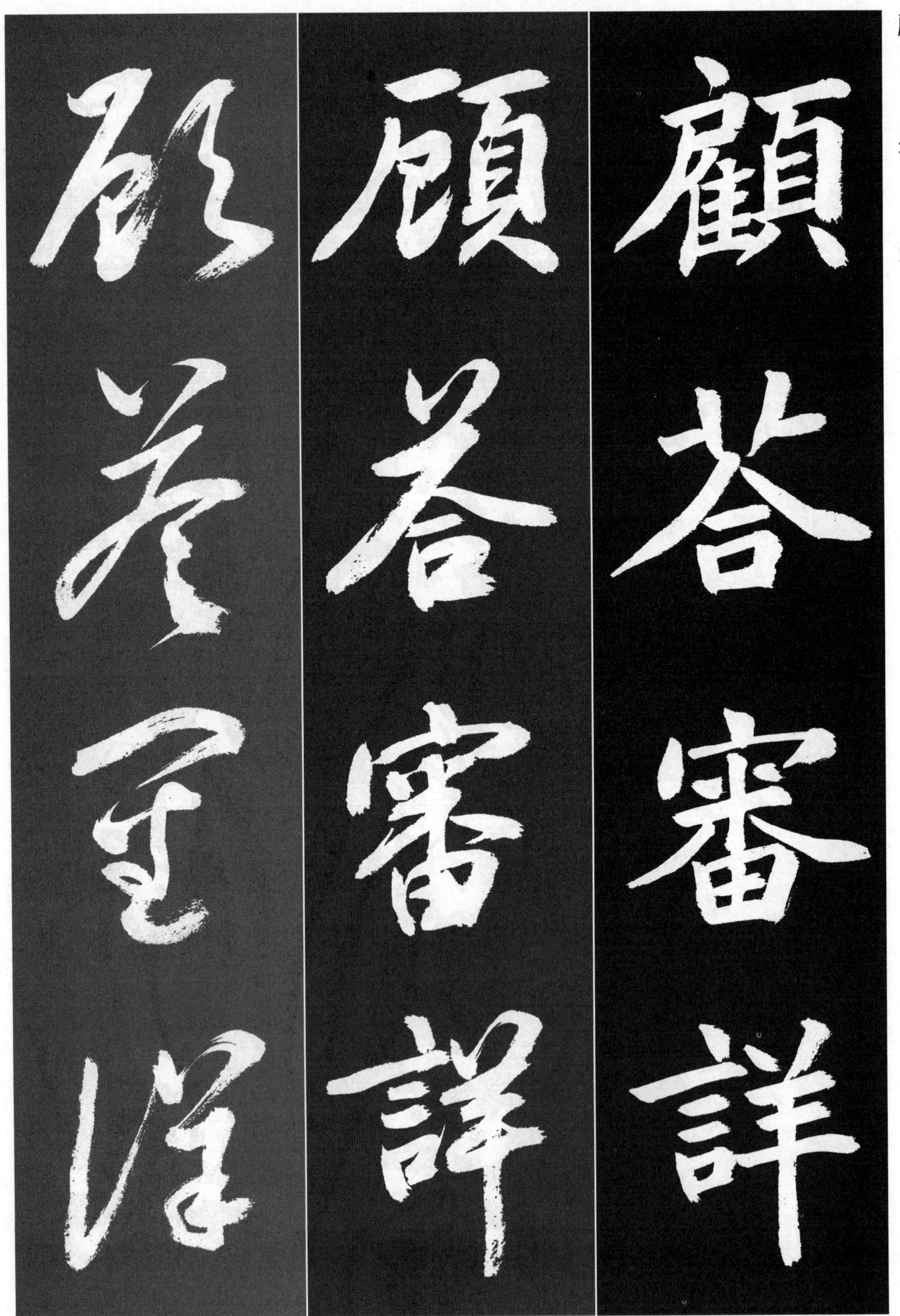

顧答審詳 안부를 묻거나 대답할 때에는 자세히 살펴서 명백히 해야 한다.

骸 뼈 해
垢 때 구
想 생각 상
浴 목욕 욕

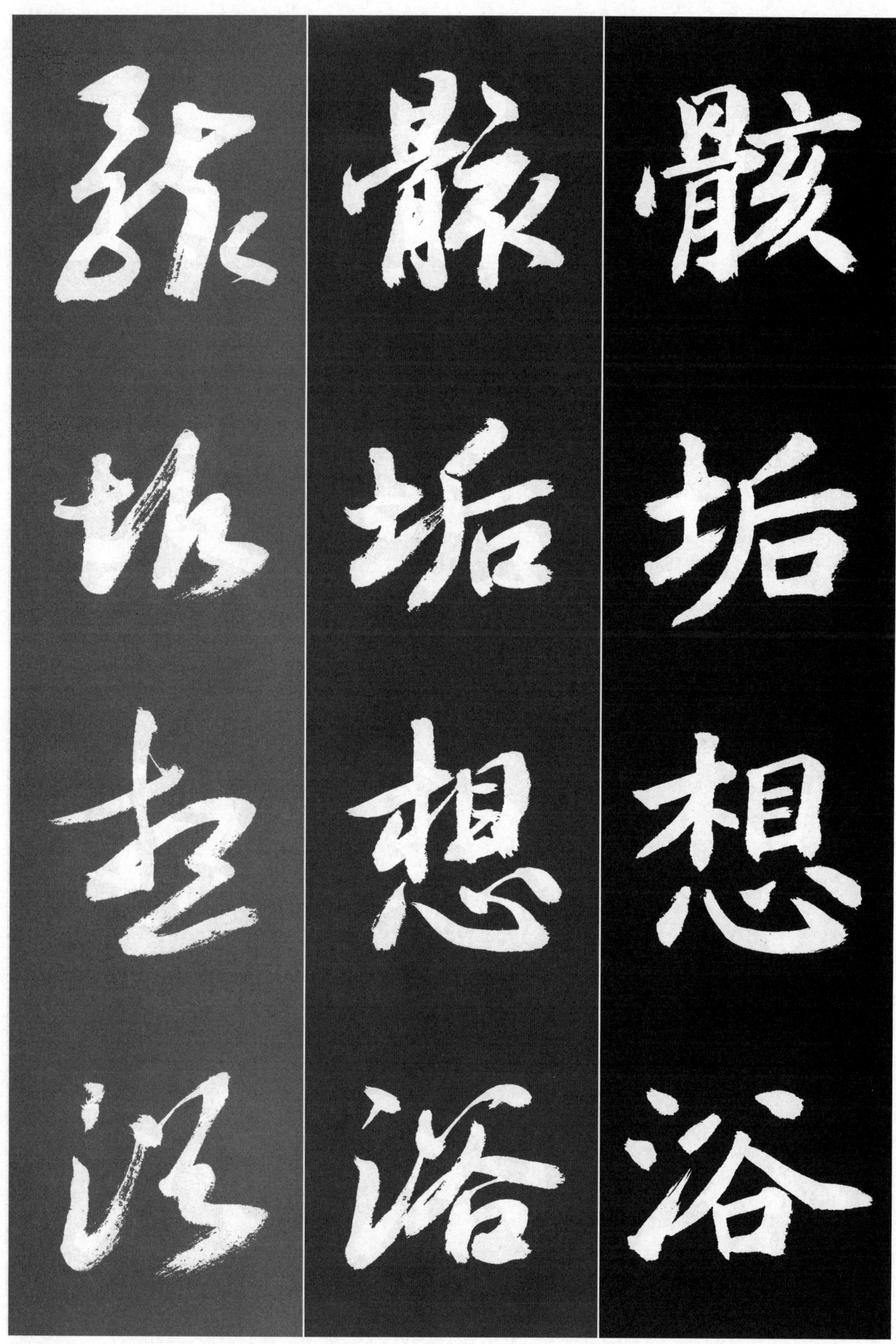

骸垢想浴　몸에 때가 끼면 목욕할 것을 생각하고,

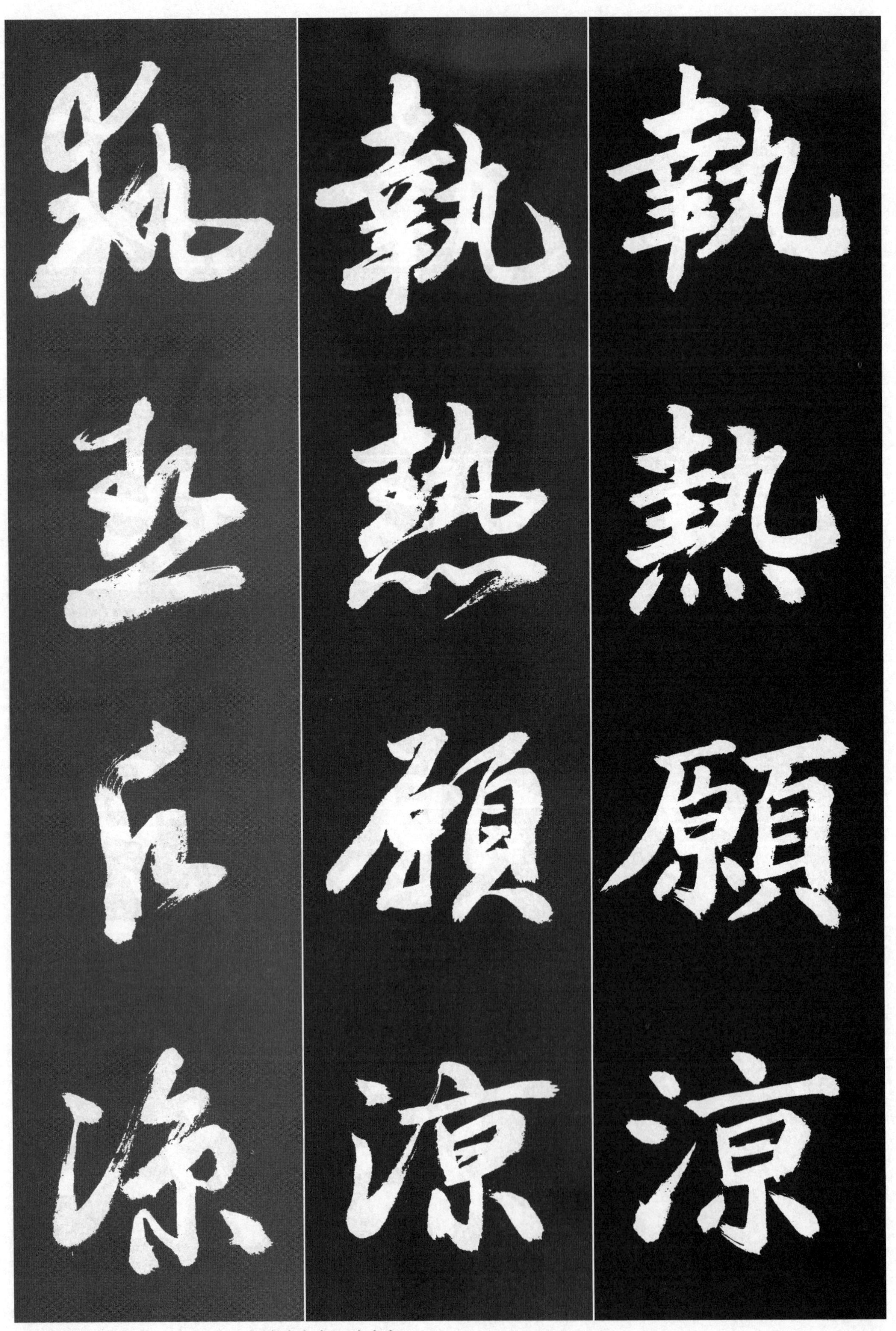

執 잡을 집 熱 더울 열 願 원할 원 凉 서늘할 량

執熱願凉　뜨거운 것을 잡으면 시원하기를 바란다.

驢 나귀 려 **騾** 노새 라 **犢** 송아지 독 **特** 수소 특

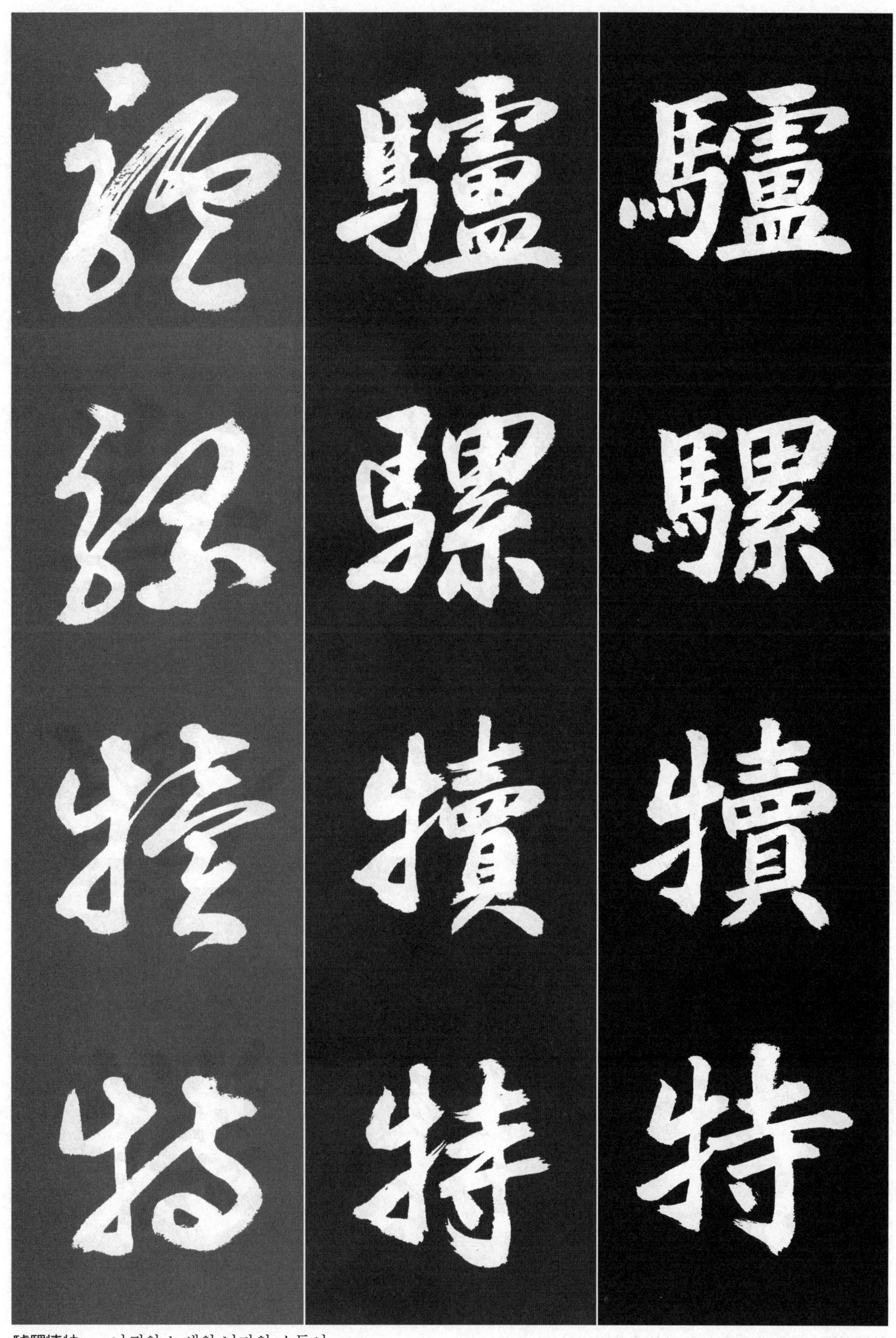

驢騾犢特　나귀와 노새와 낙타와 소들이,

駭 놀랄 해 躍 뛸 약 超 뛰어넘을 초 驤 달릴 양

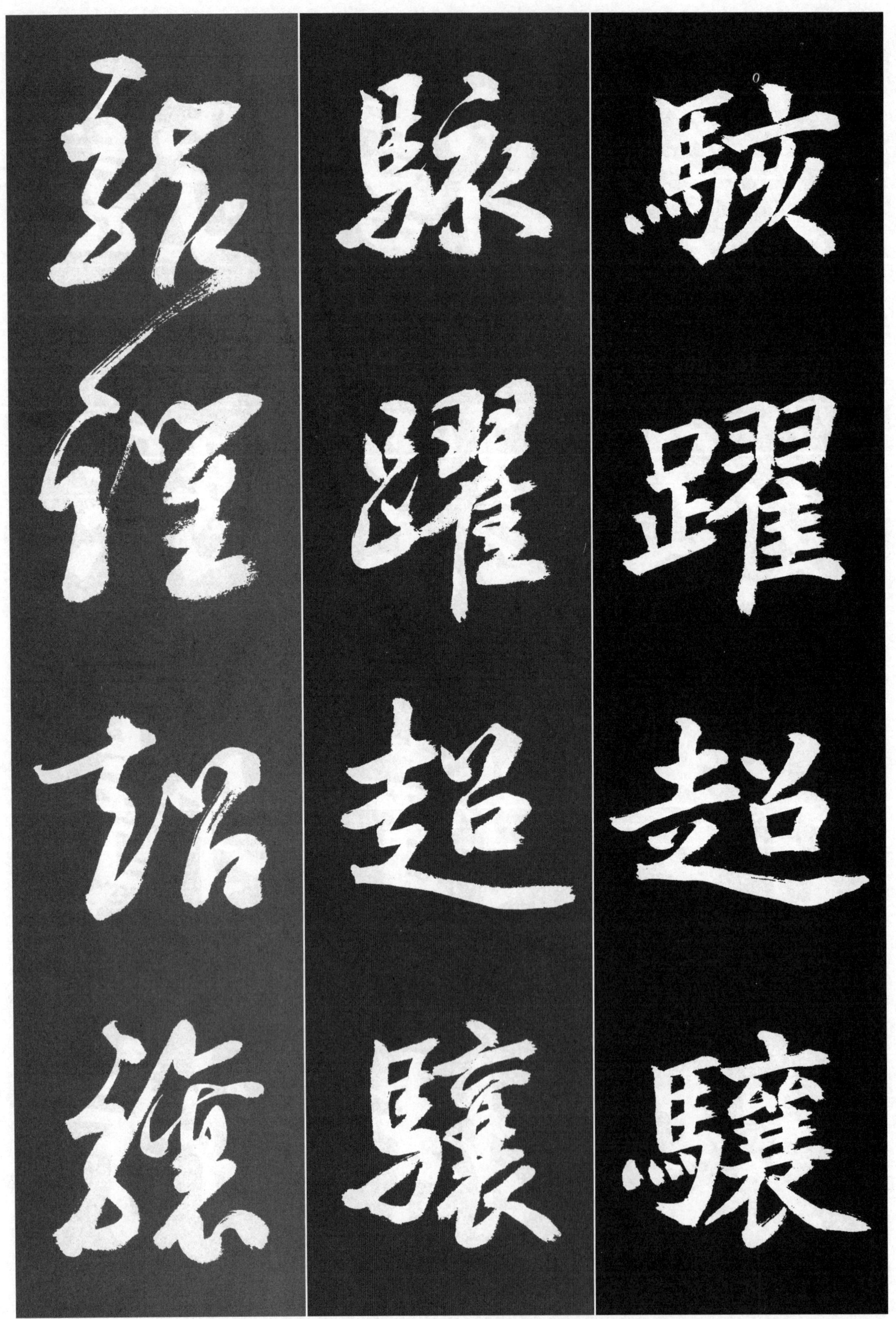

駭躍超驤 용맹스러이 뛰며 분주히 달린다.

誅 벨주 斬 벨참 賊 도적적 盜 도적도

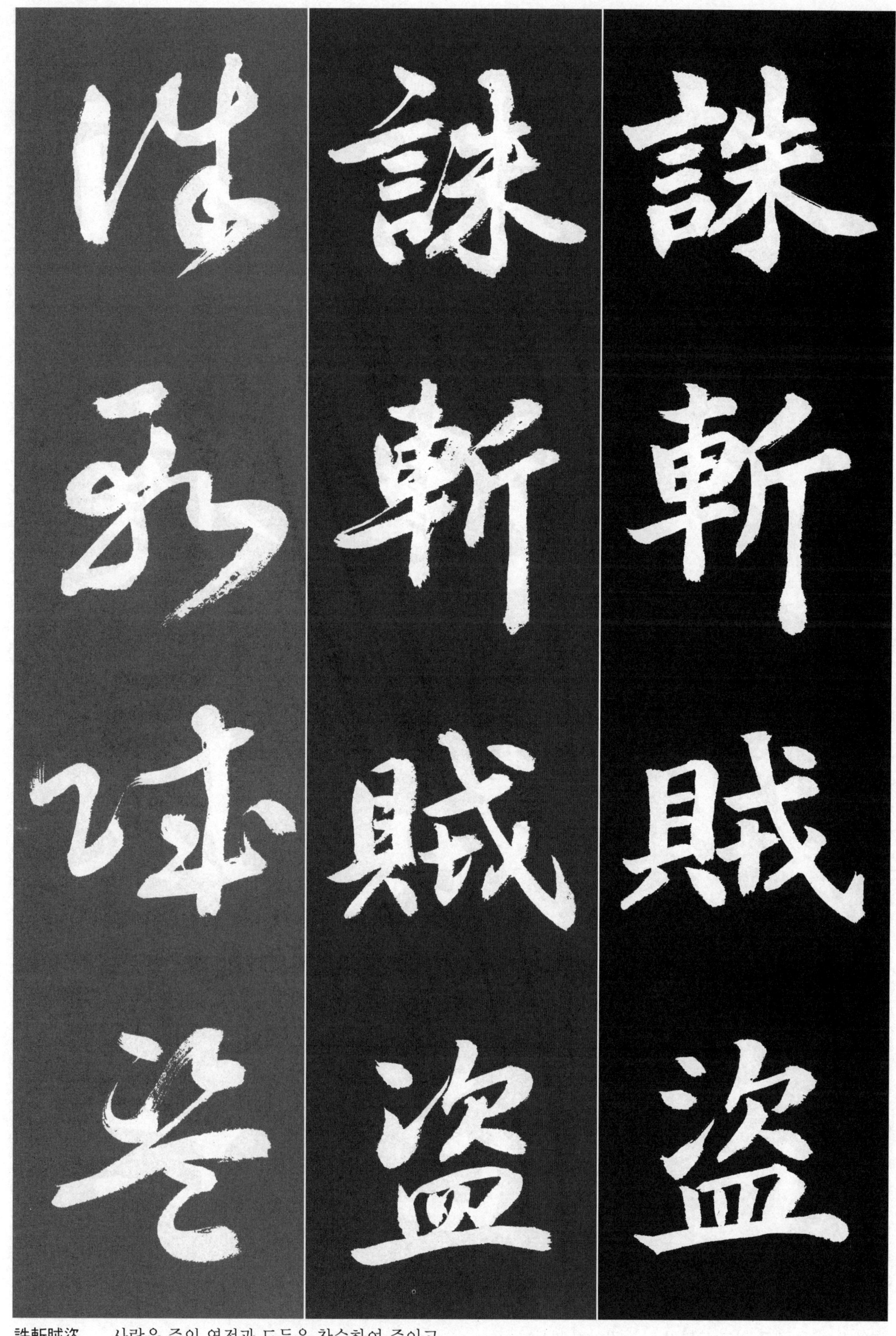

誅斬賊盜 사람을 죽인 역적과 도둑을 참수하여 죽이고

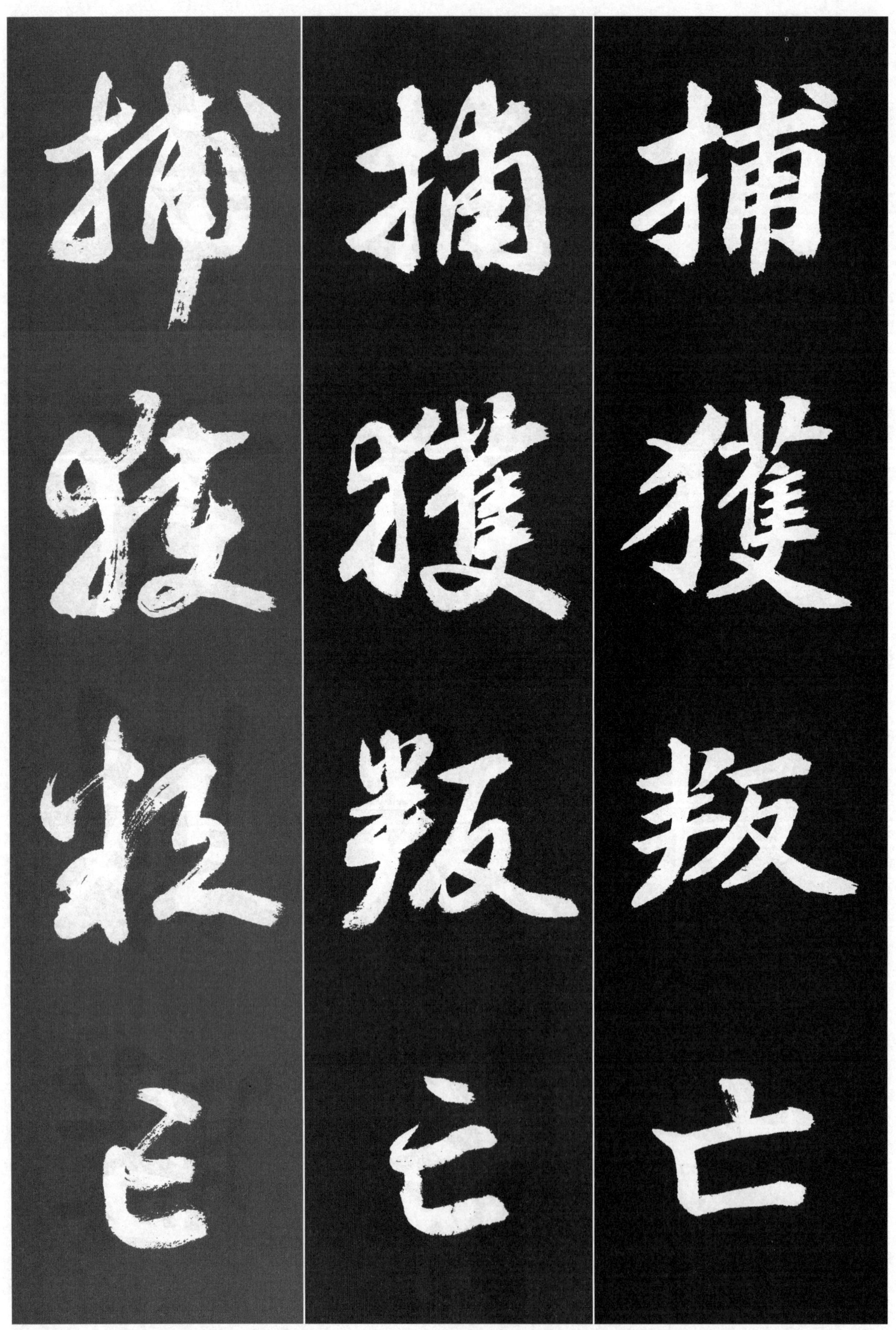

捕 잡을 포 獲 얻을 획 叛 배반할 반 亡 도망 망

捕獲叛亡 죄를 짓고 도망간 자는 잡아서 가둔다.

布 베 포 **射** 쏠 사 **遼** 멀 료 **丸** 탄환 환

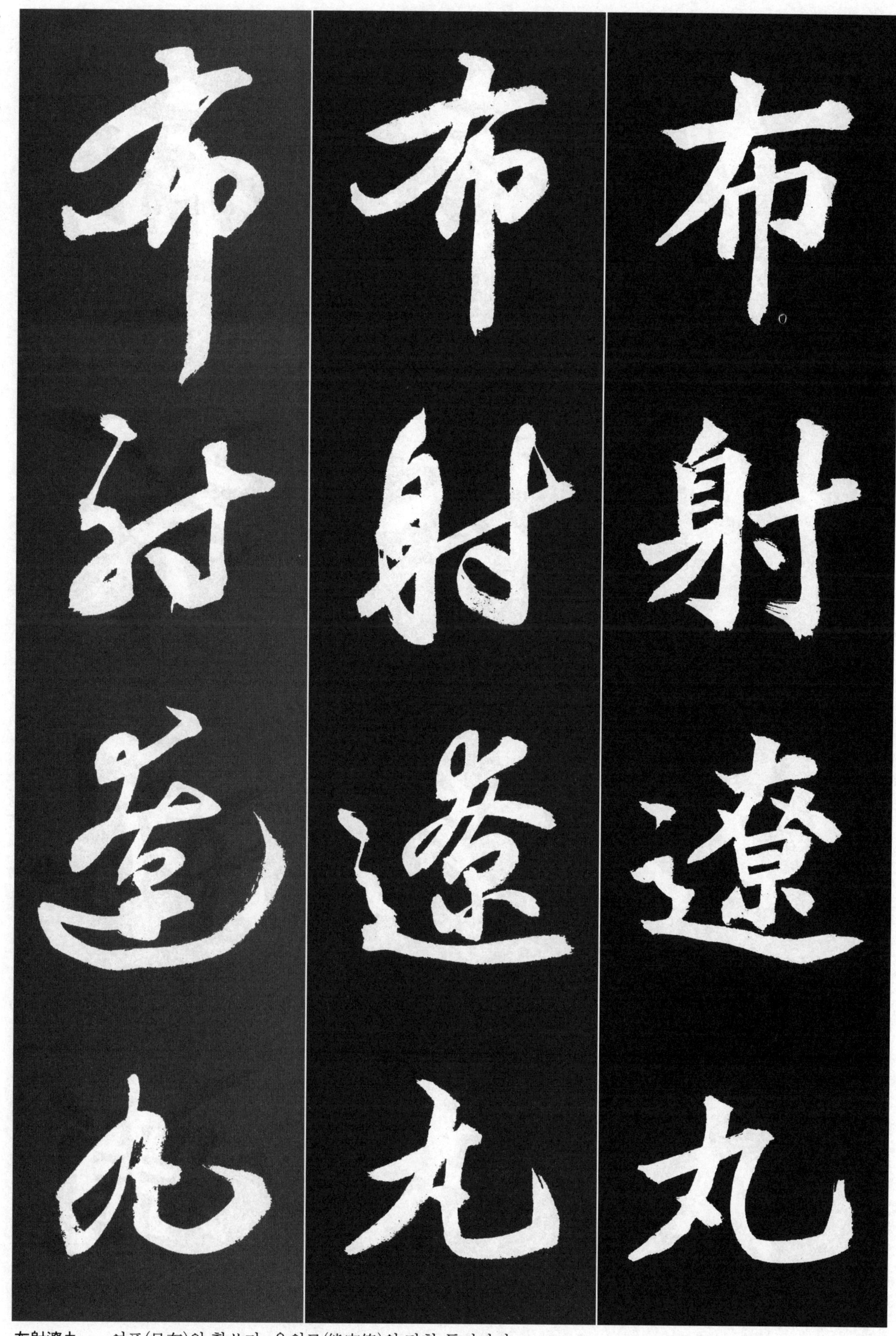

布射遼丸　여포(呂布)의 활쏘기, 웅의료(熊宜僚)의 탄환 돌리기며,

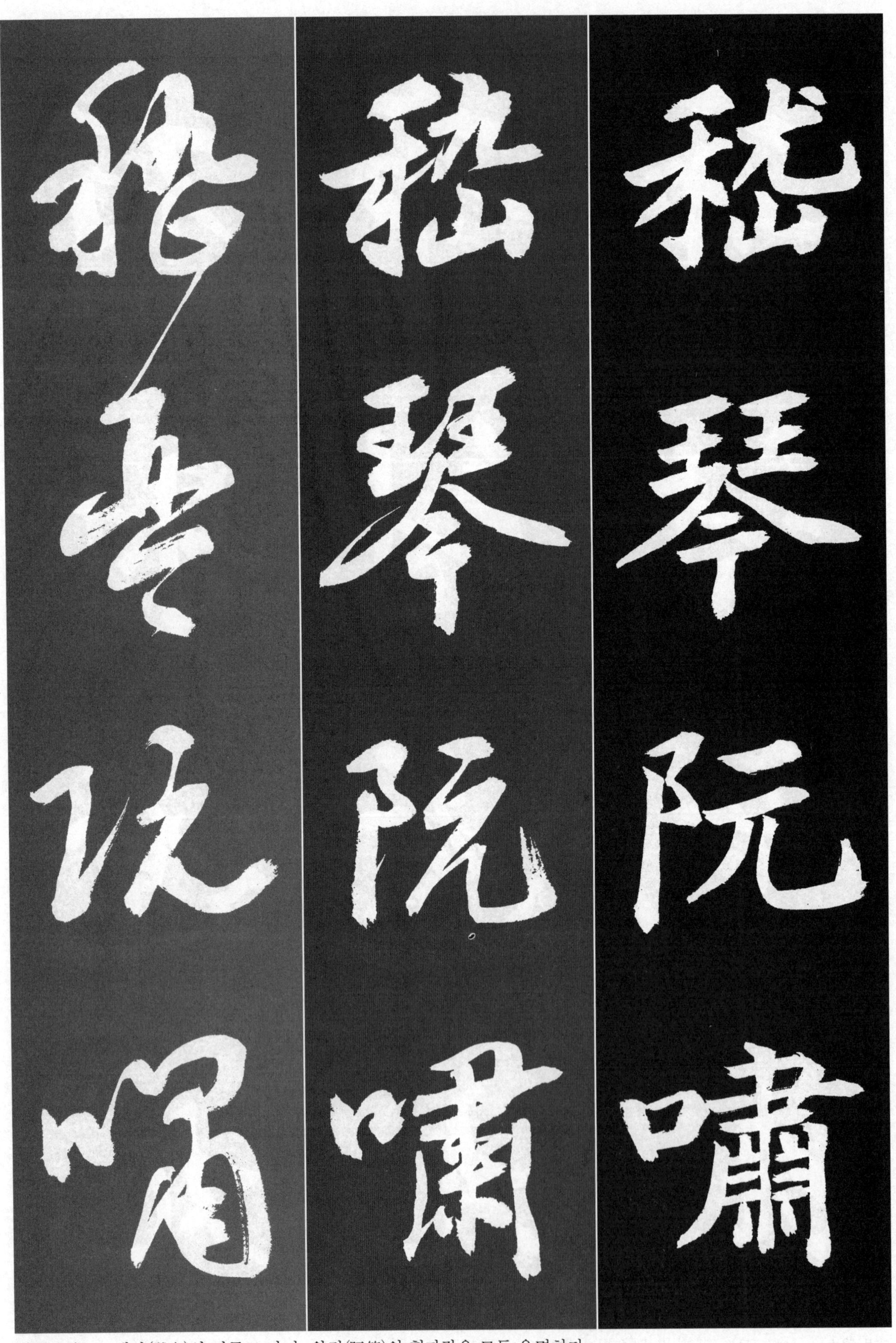

嵇 성 혜 琴 거문고 금 阮 성 완 嘯 휘파람불 소

嵇琴阮嘯 혜강(嵇康)의 거문고 타기, 완적(阮籍)의 휘파람은 모두 유명하다.

恬 편안할 염 筆 붓 필 倫 인륜 륜 紙 종이 지

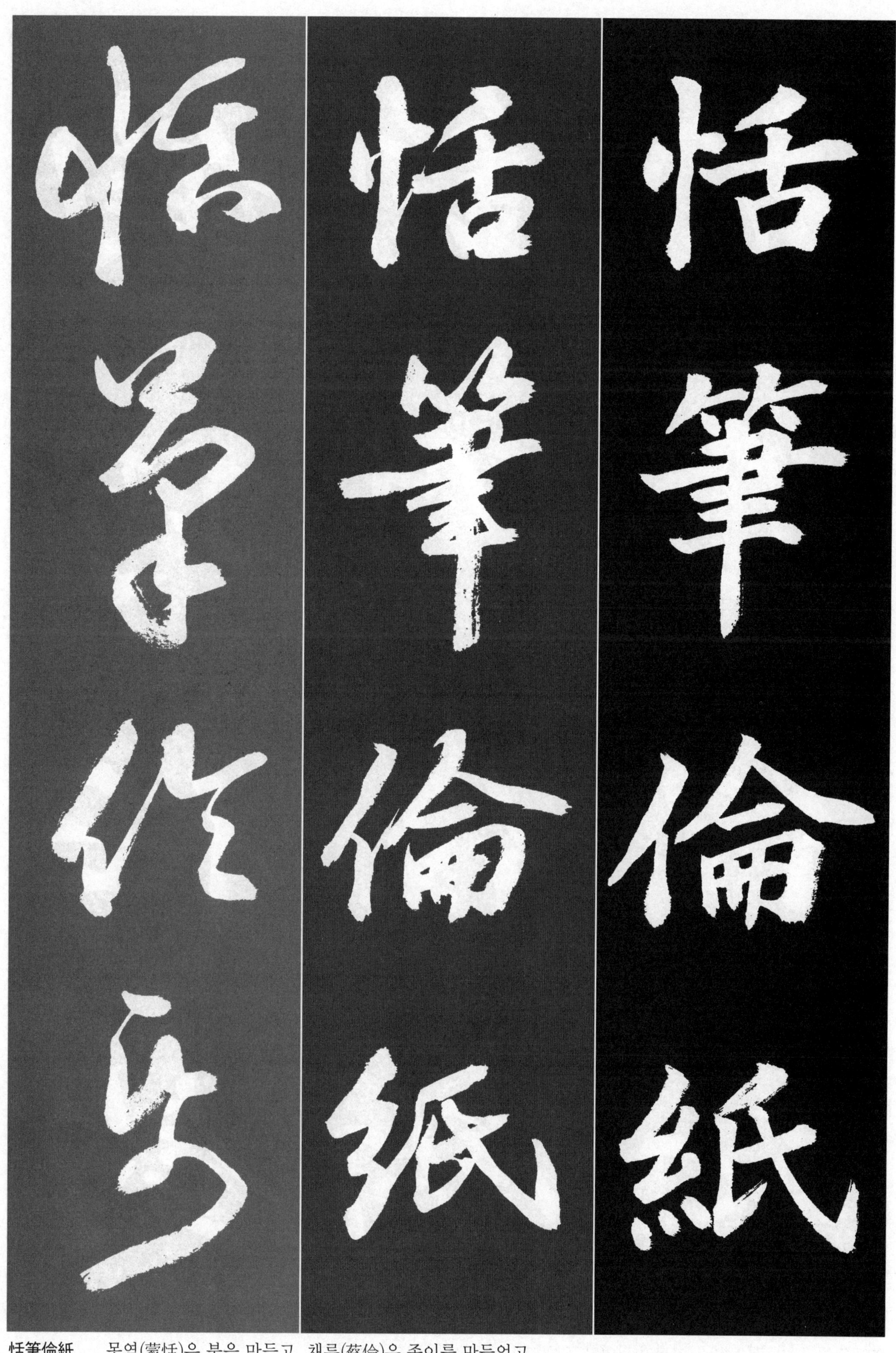

恬筆倫紙 몽염(蒙恬)은 붓을 만들고, 채륜(蔡倫)은 종이를 만들었고,

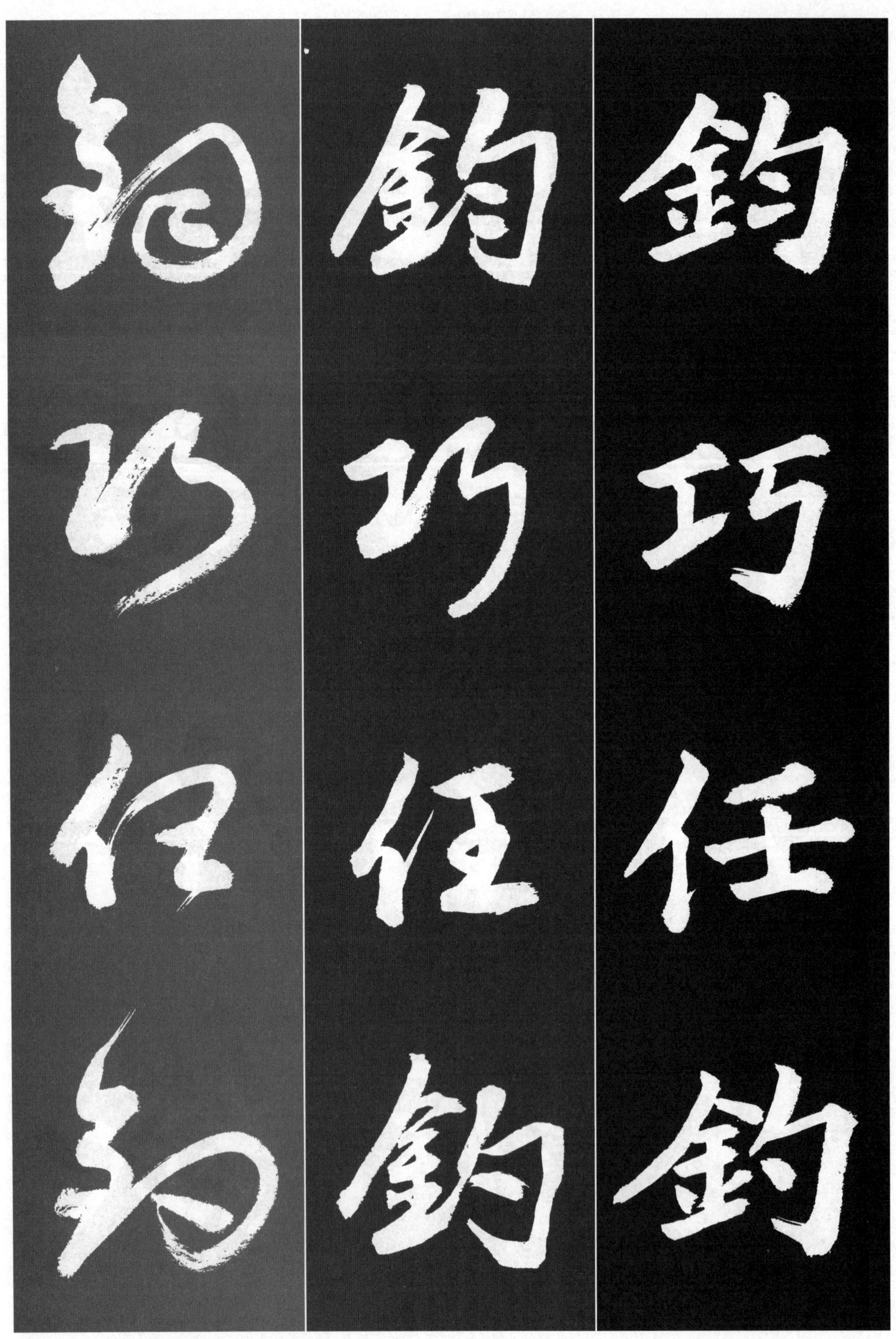

鈞 서른근 균 巧 공교할 교 任 맡길 임 釣 낚시 조

鈞巧任釣　마균(馬鈞)은 기교가 있었고, 임공자(任公子)는 낚시를 잘했다.

釋 풀 석 **紛** 어지러울 분 **利** 이로울 리 **俗** 풍속 속

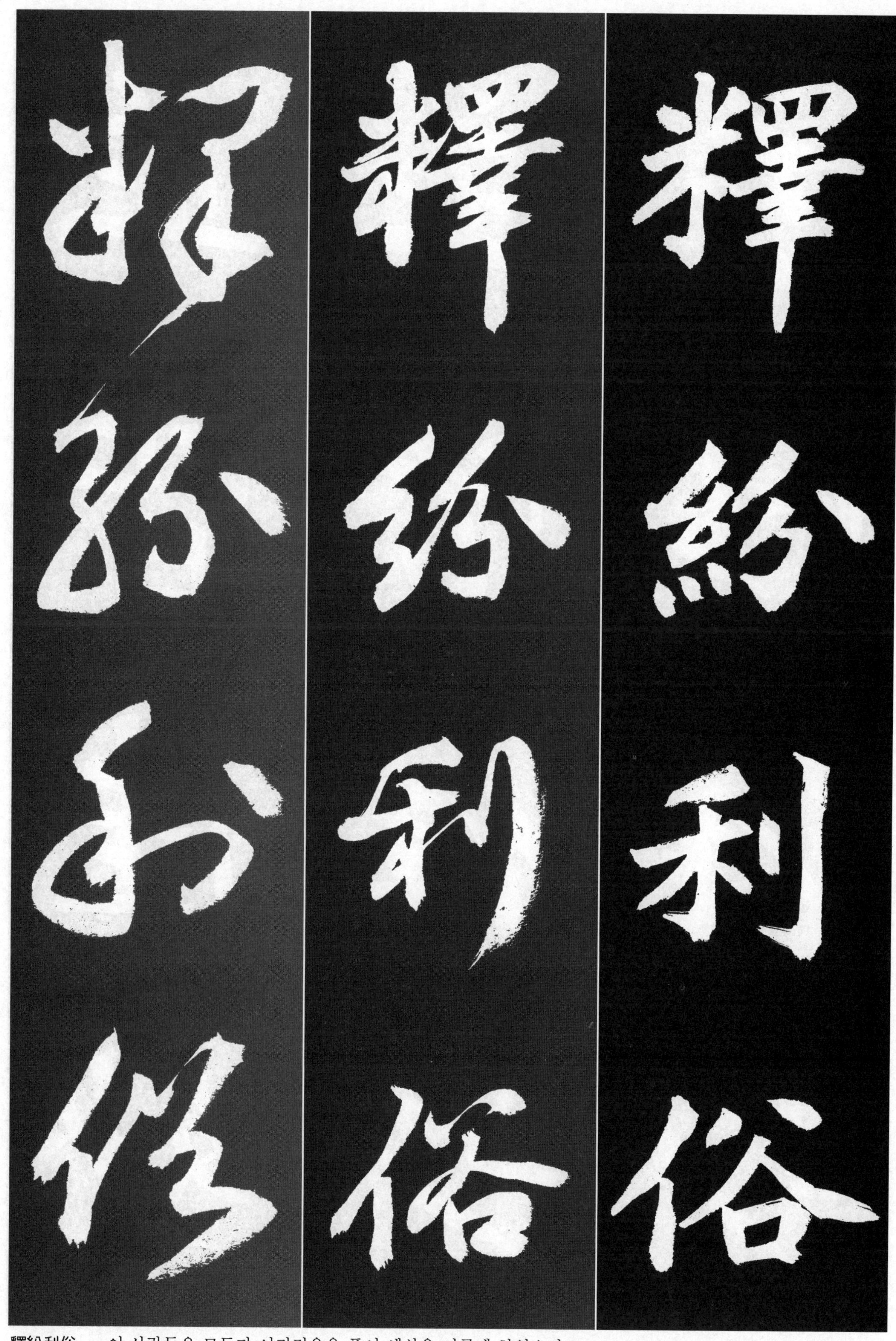

釋紛利俗 이 사람들은 모두가 어지러움을 풀어 세상을 이롭게 하였으니,

並 아우를 병 皆 다 개 佳 아름다울 가 妙 묘할 묘

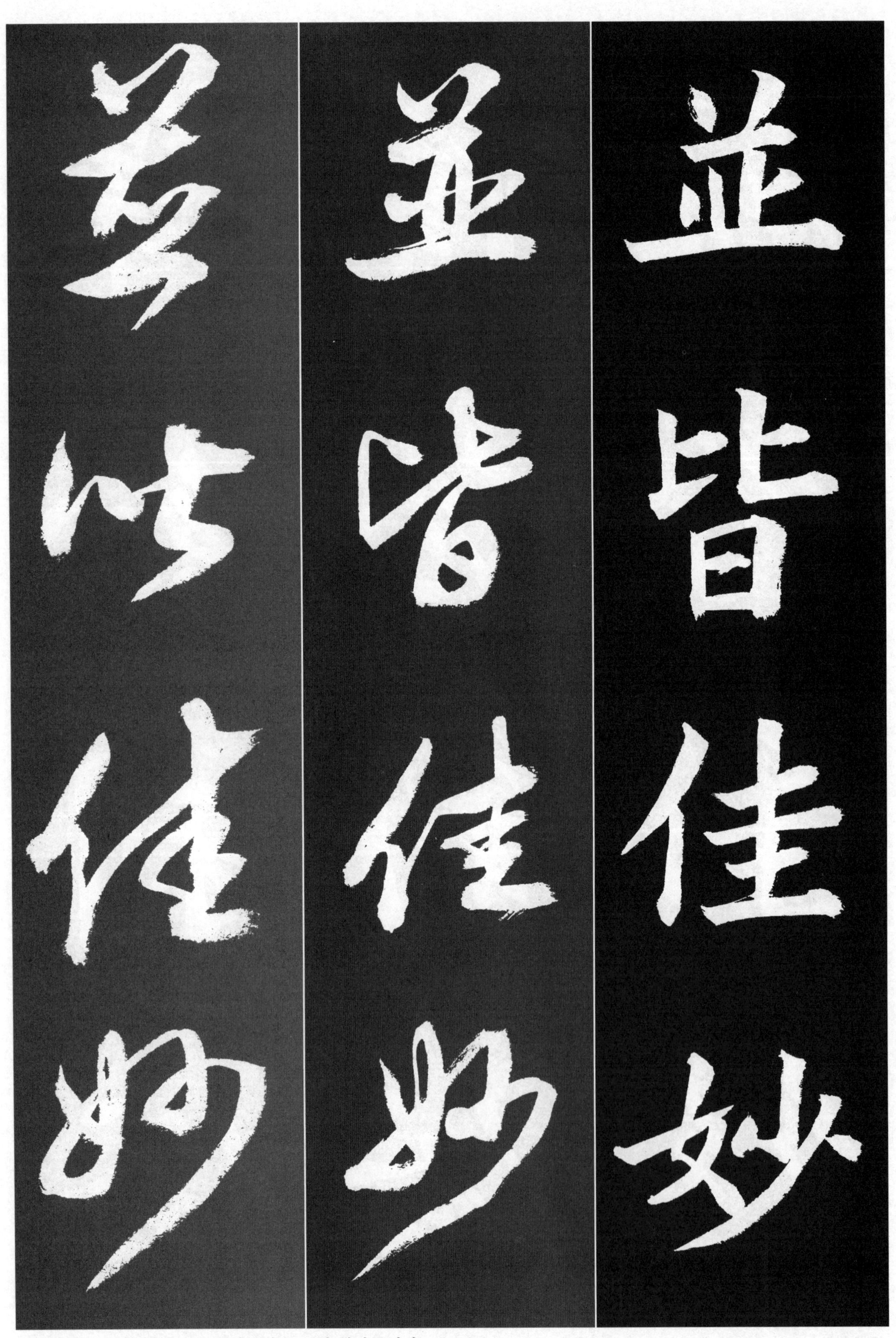

並皆佳妙 이들은 모두 다 아름답고 묘한 사람들이다.

毛 털모 施 베풀시 淑 맑을숙 姿 자태자

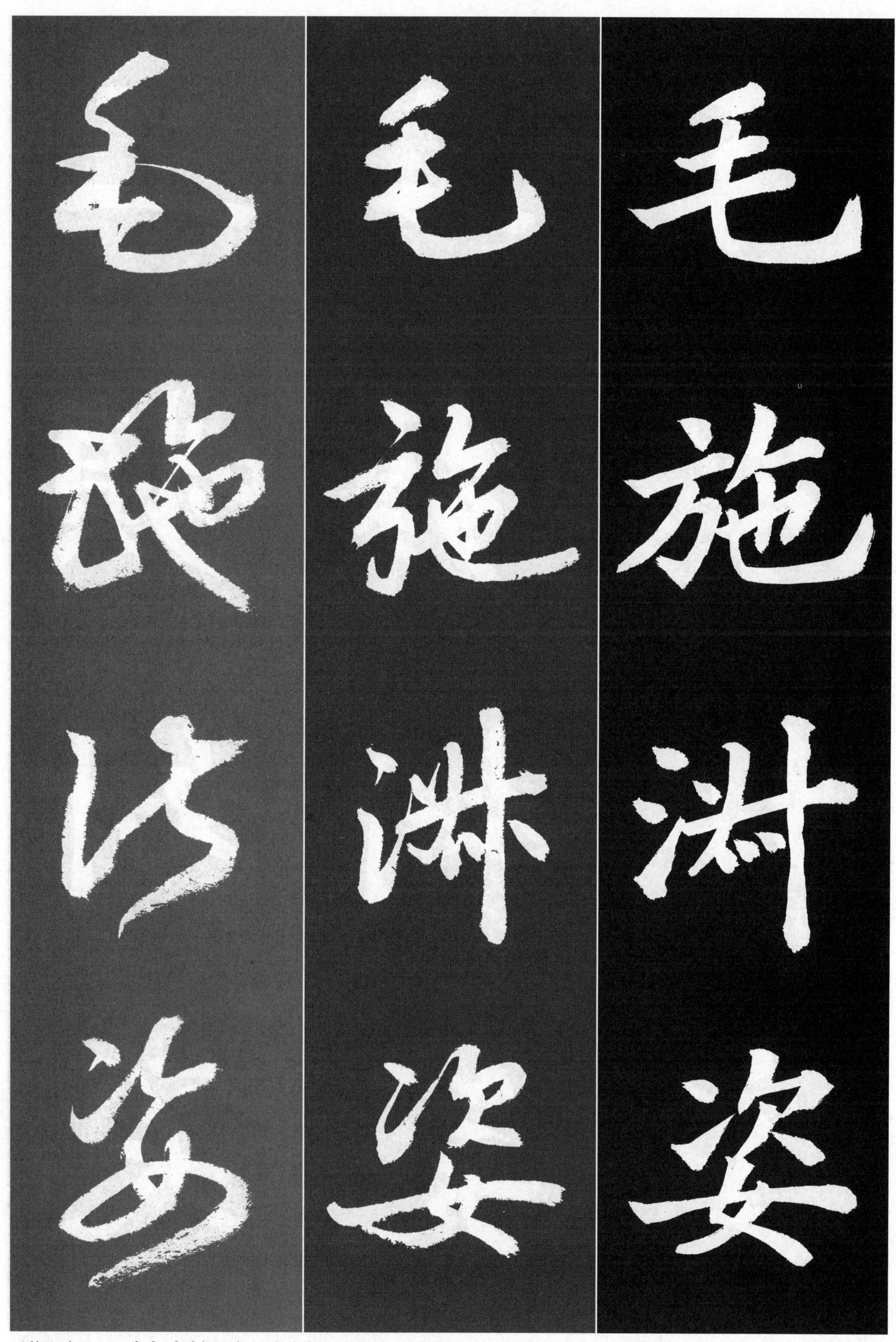

毛施淑姿　모장과 서시(西施)는 자태가 구슬같이 아름다워,

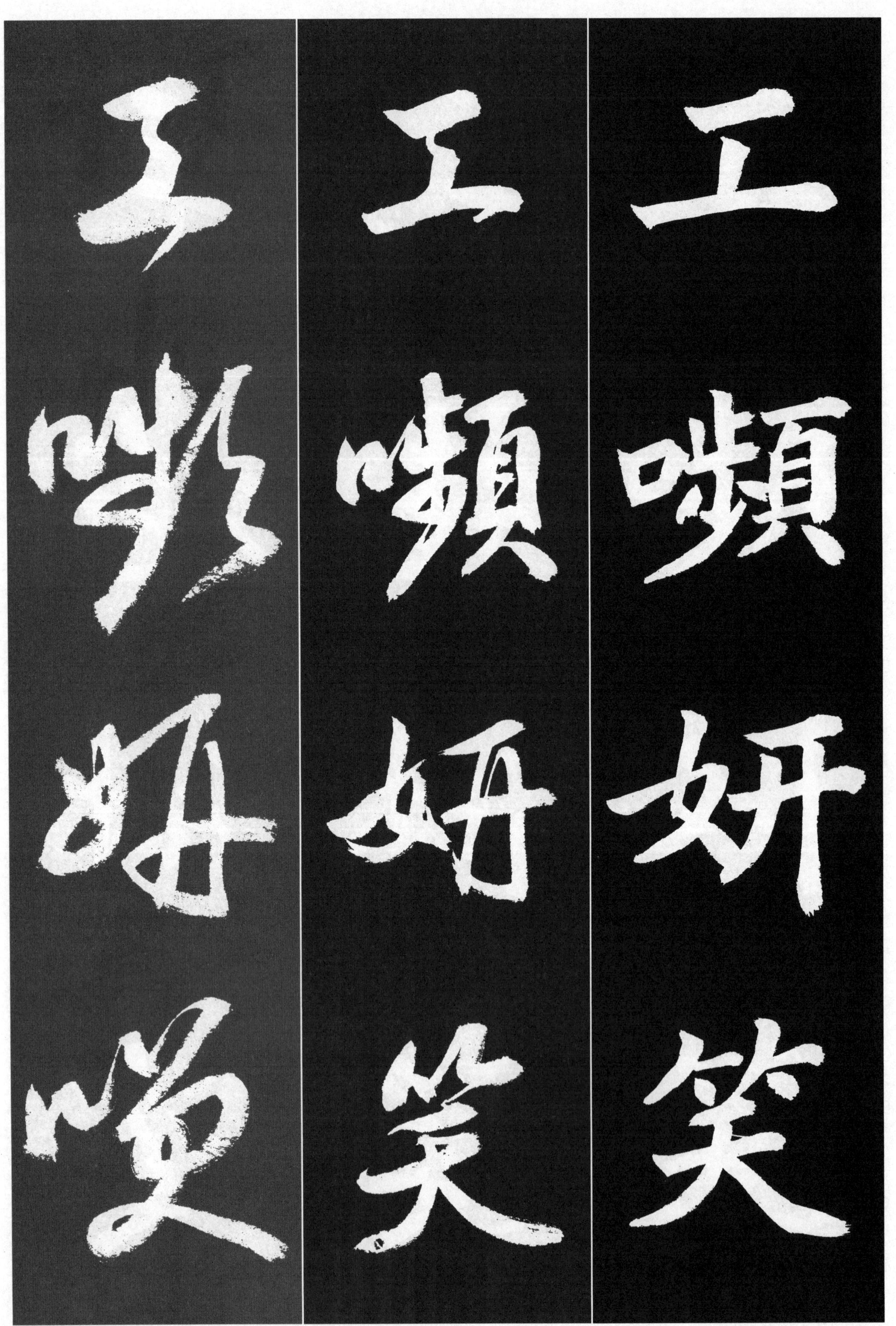

工 장인 공 嚬 찡그릴 빈 姸 고울 연 笑 웃음 소

工嚬姸笑　　찡그리는 모습도 아름답고 웃는 얼굴은 예쁘기가 한이 없었다.

年 해년 矢 화살시 每 매양매 催 재촉할최

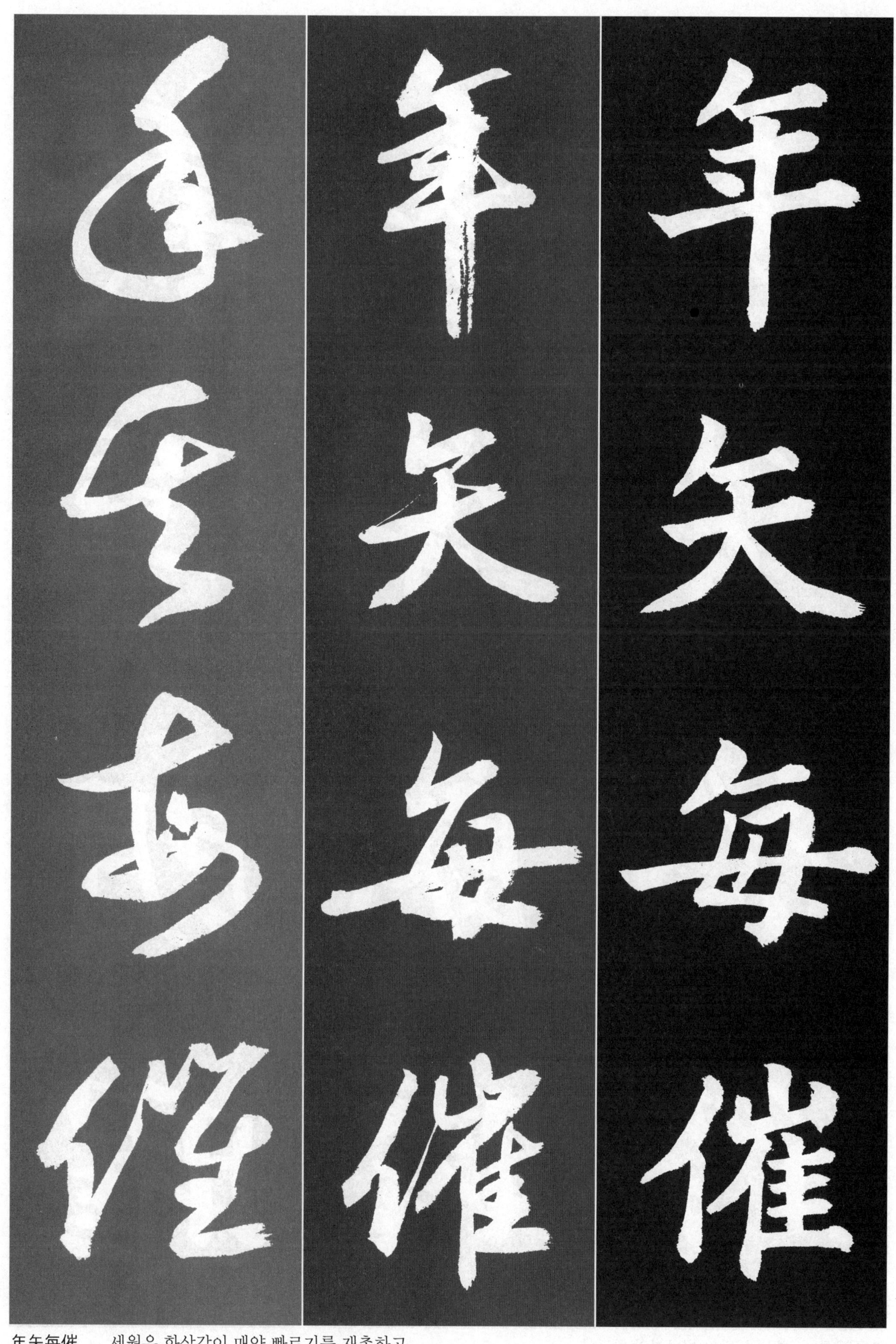

年矢每催 세월은 화살같이 매양 빠르기를 재촉하고,

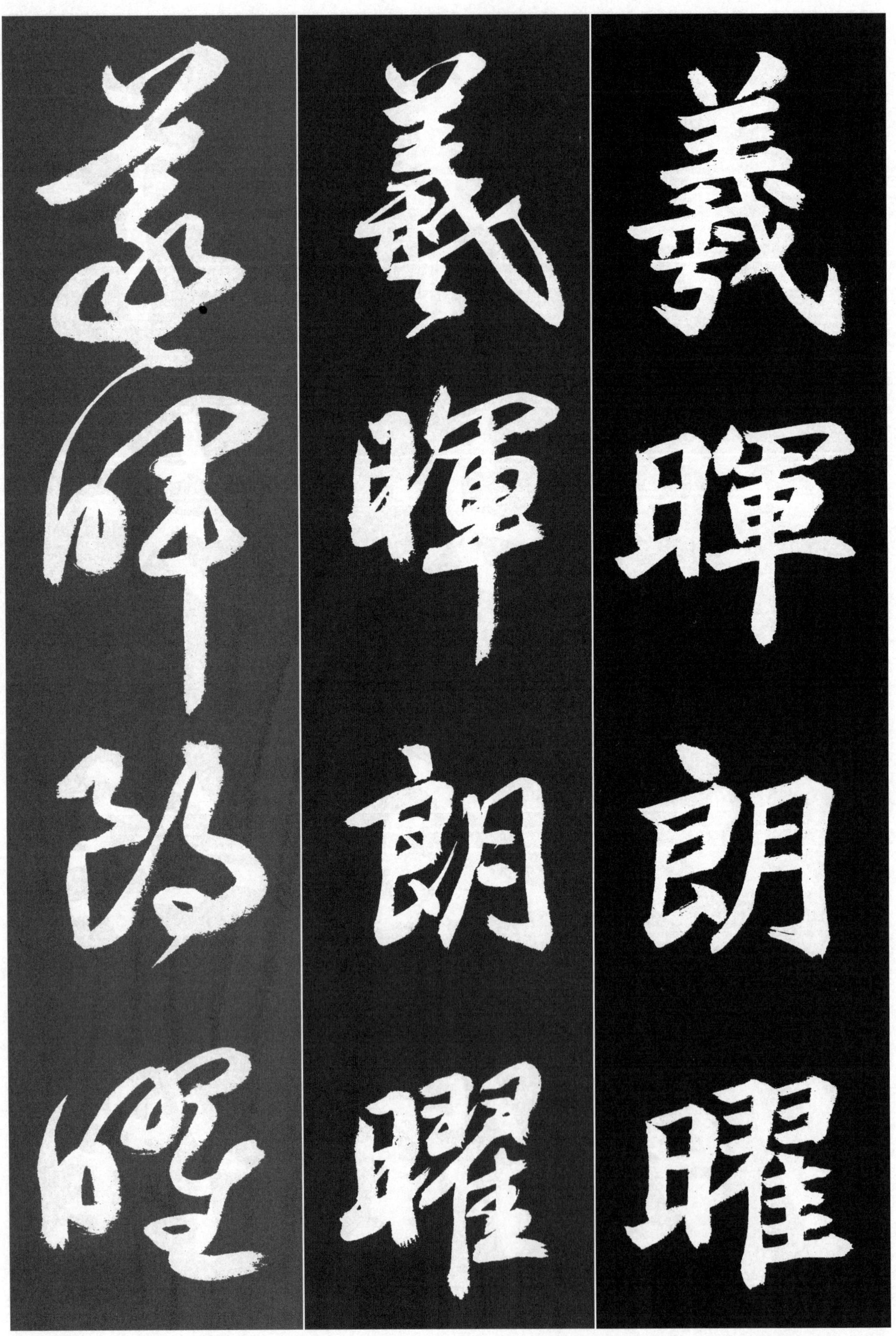

羲 복희 희 暉 햇빛 휘 朗 밝을 랑 曜 빛날 요

羲暉朗曜 햇빛은 밝고 빛나기만 하구나.

璇 구슬 선 璣 구슬 기 懸 달 현 斡 돌 알

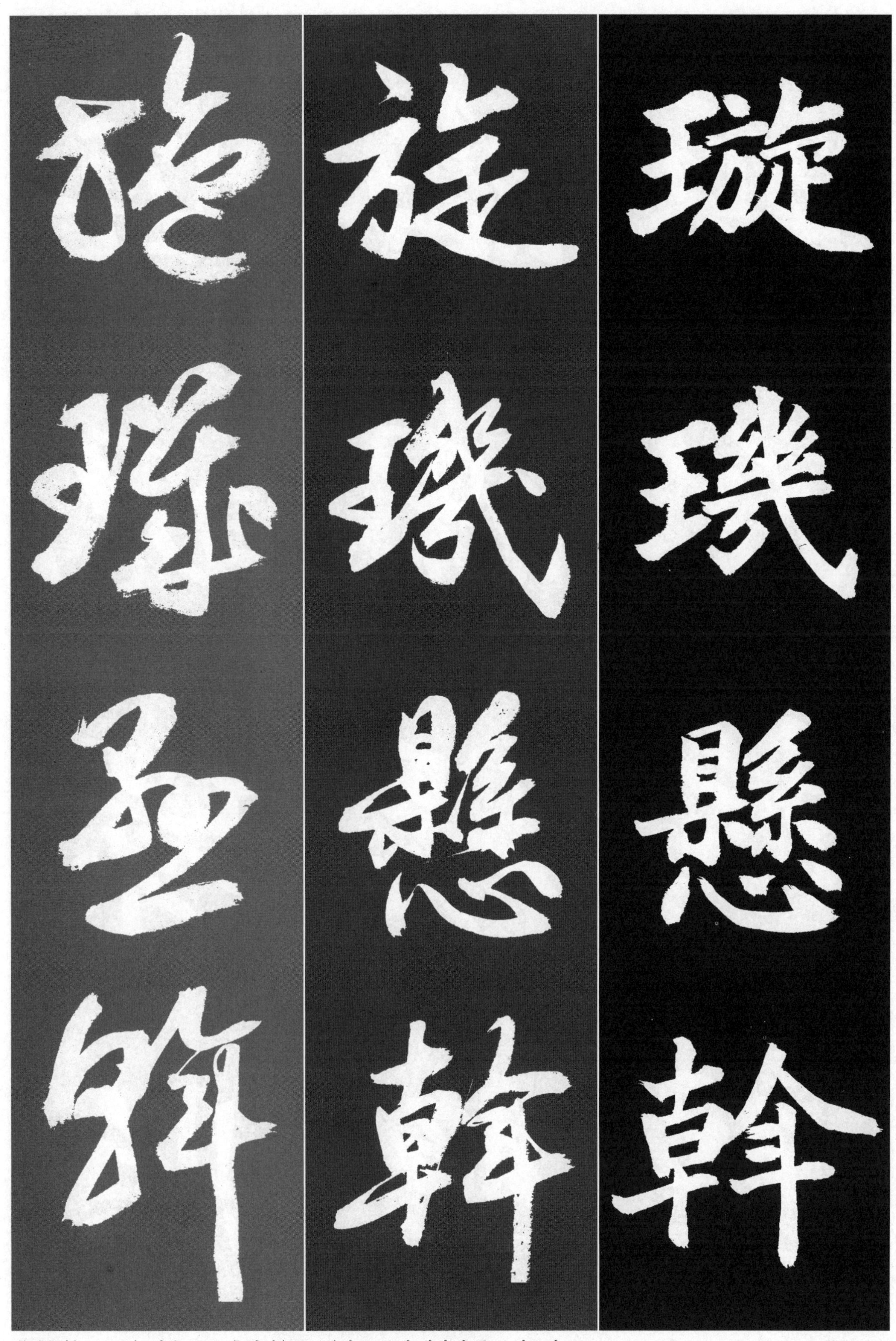

璇璣懸斡　구슬 같은 둥근 혼천의(渾天儀)가 공중에 매달려 돌고 있으니,

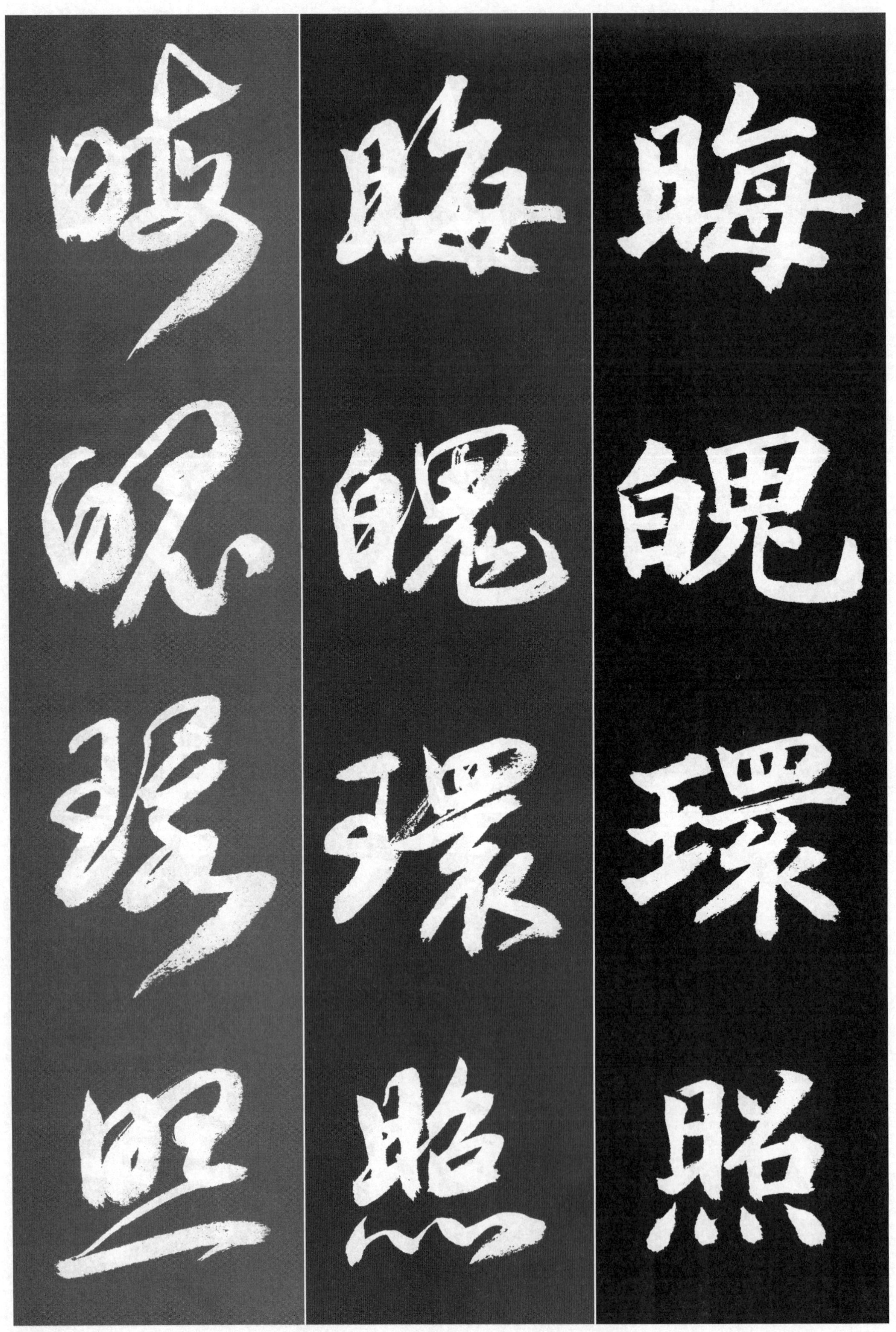

晦 그믐 회 魄 넋 백 環 고리 환 照 비칠 조

晦魄環照　그믐이 되면 달은 빛이 없어 윤곽만 비칠뿐이다.

指 가리킬 지 **薪** 섶 신 **修** 닦을 수 **祜** 복 우

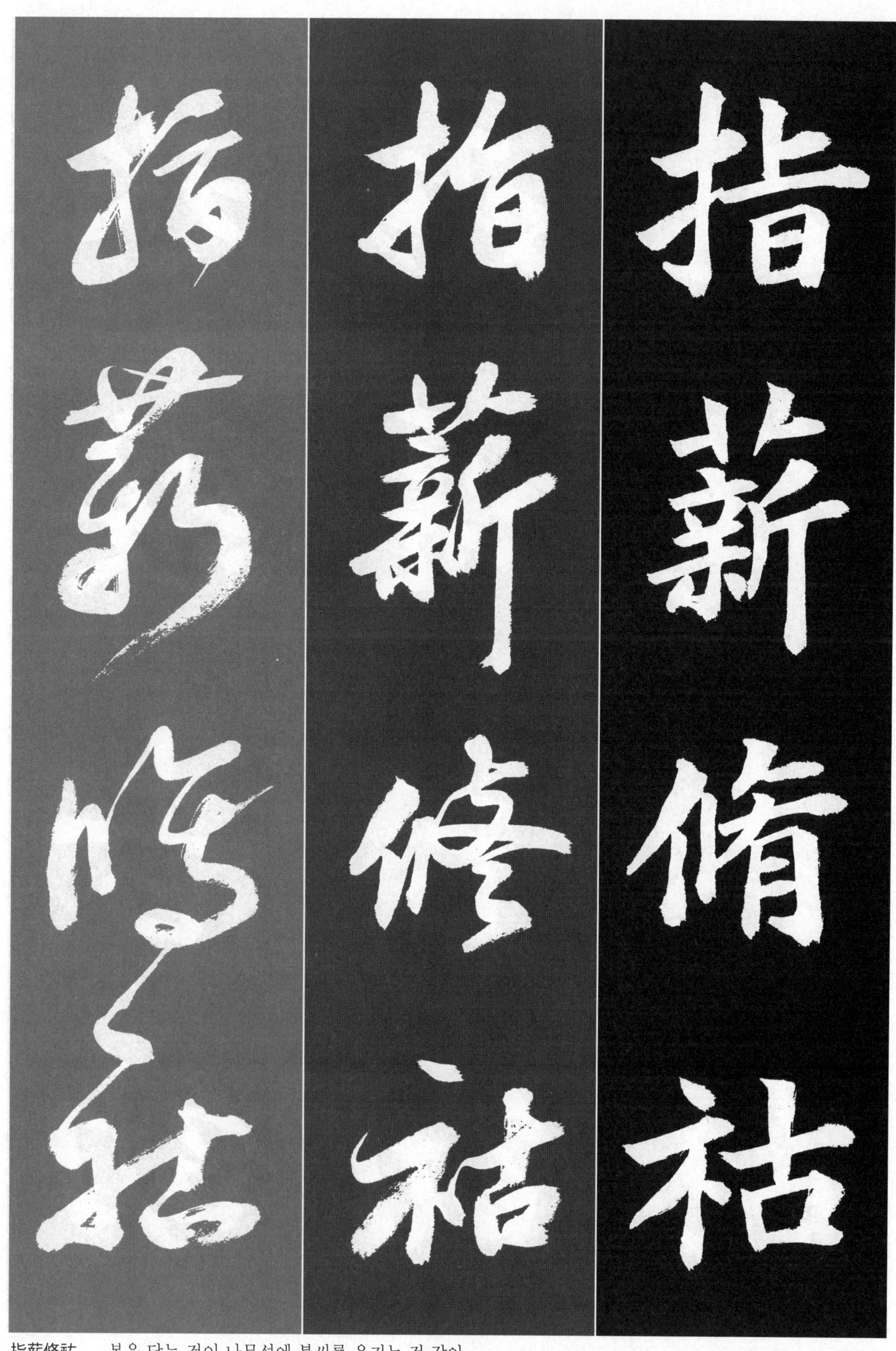

指薪修祜　복을 닦는 것이 나무섶에 불씨를 옮기는 것 같아

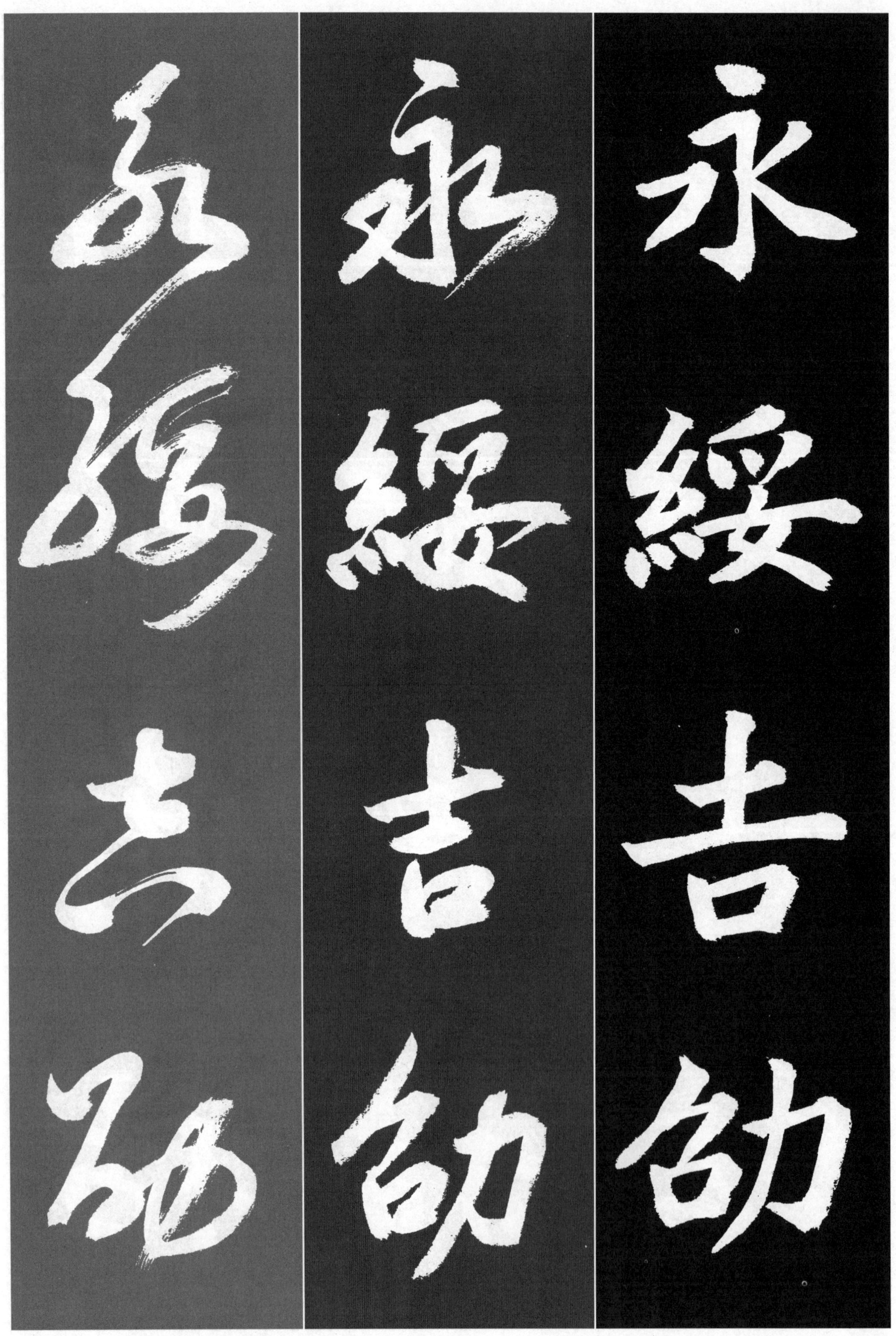

永 길 영 綏 평안할 유 吉 길할 길 邵 높을 소

永綏吉邵　　영원히 평안하고 길하여 경사스러움이 높다.

矩 법구 步 걸음보 引 이끌인 領 거느릴령

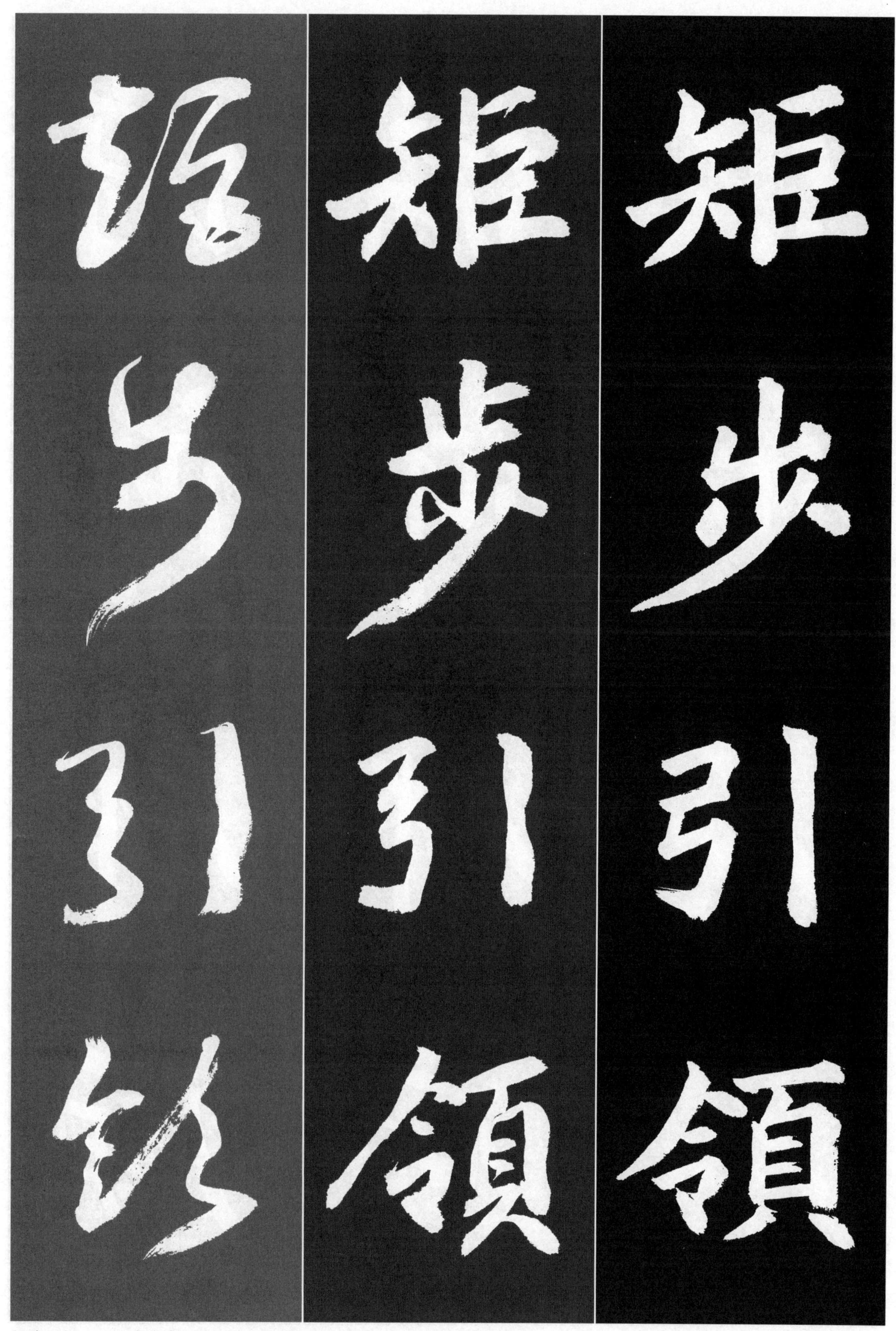

矩步引領　궁내에서는 옷깃을 단정히하고 걸음걸이를 바르게하며

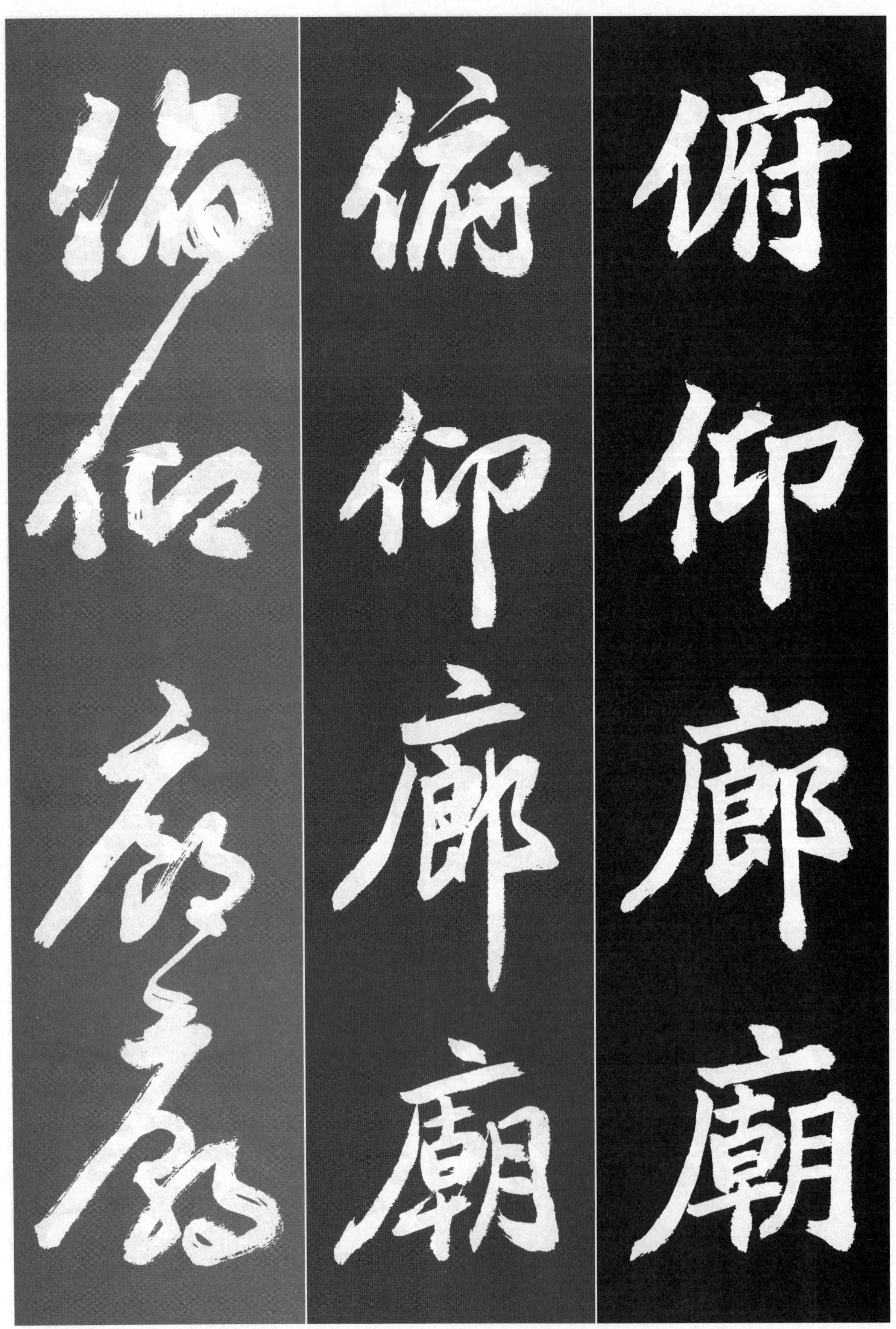

俯 구부릴 부 仰 우러러볼 앙 廊 행랑 랑 廟 사당 묘

俯仰廊廟　사랑에서는 법도에 맞게 바른 자세로 걷는다.

束 묶을 속 帶 띠 대 矜 자랑 긍 莊 씩씩할 장

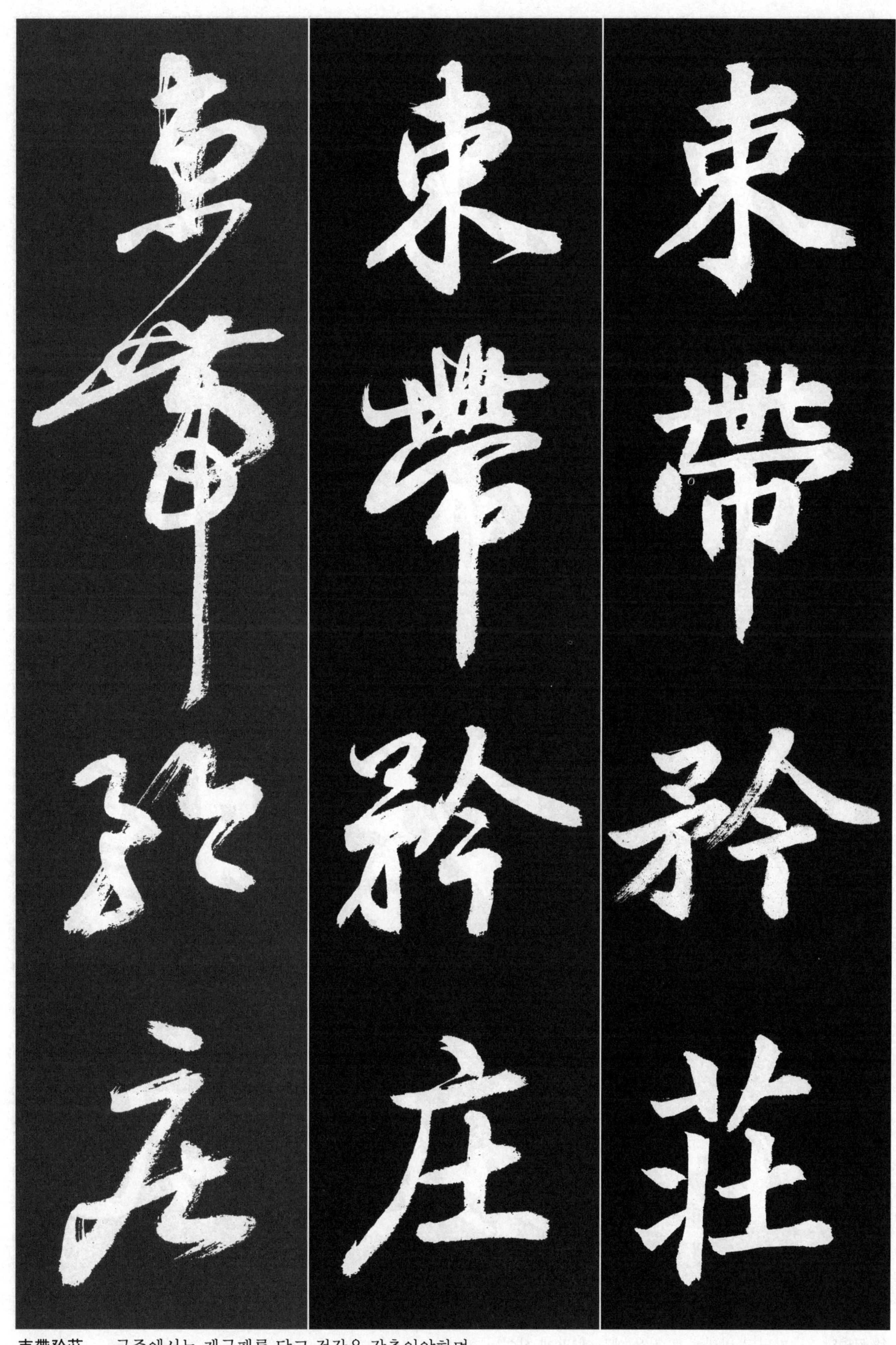

束帶矜莊　궁중에서는 계급패를 달고 정장을 갖추어야하며

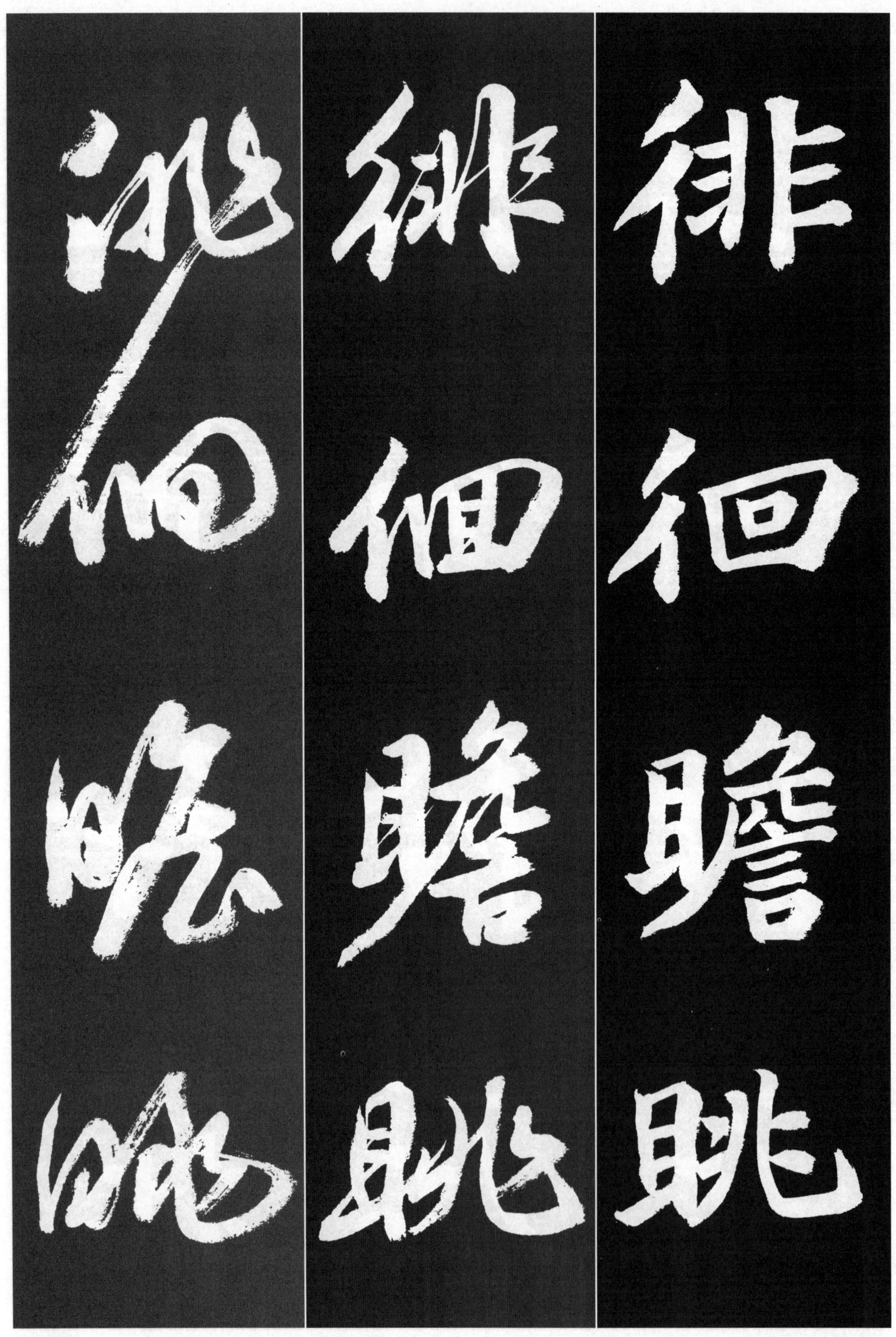

徘 배회할 배 徊 배회할 회 瞻 볼 첨 眺 바라볼 조

徘徊瞻眺 거닐고 바라보는 것을 예도에 맞게 하여야 한다.

孤 외로울 고 陋 더러울 루 寡 적을 과 聞 들을 문

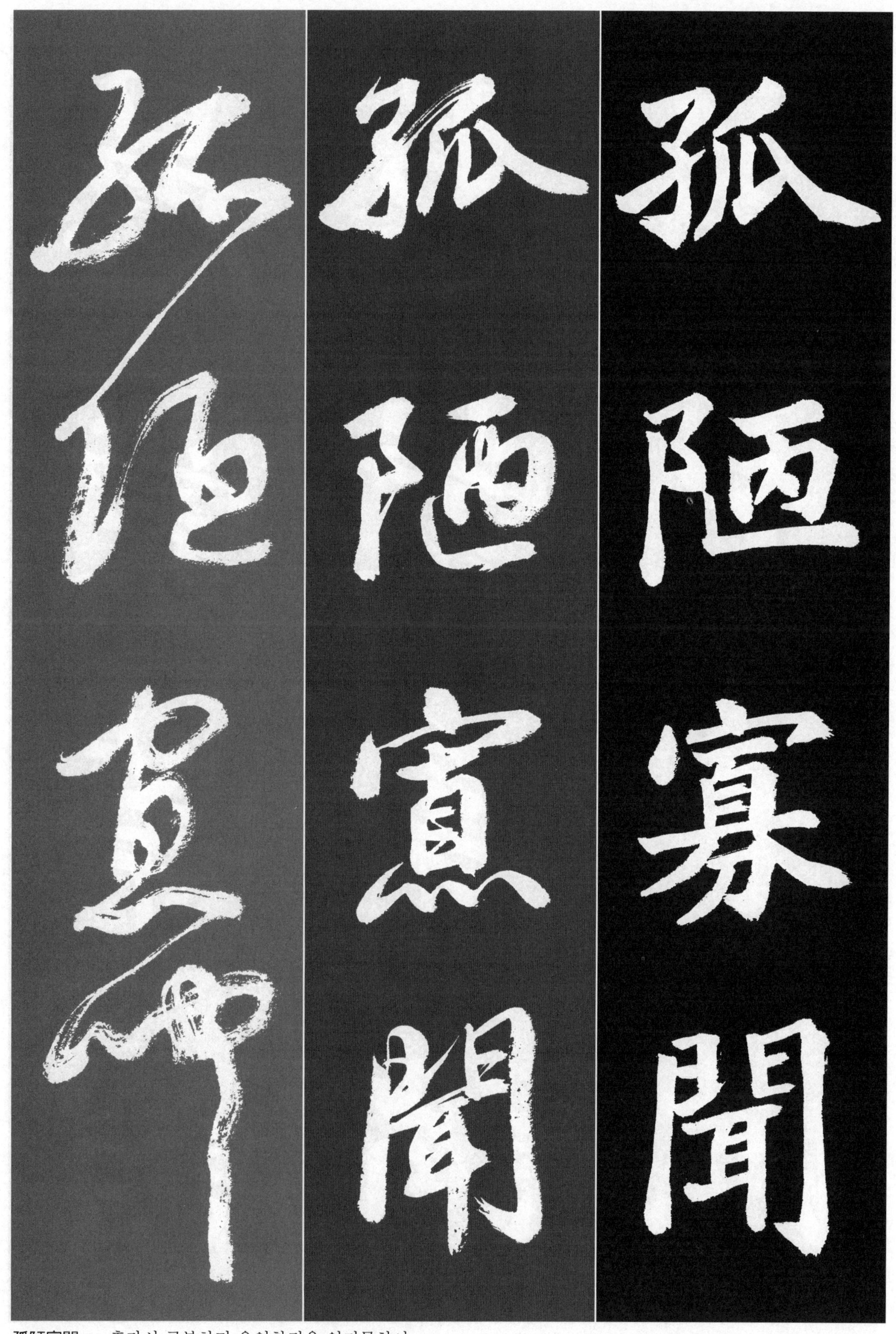

孤陋寡聞　혼자서 공부하면 유익한것을 얻지못하여

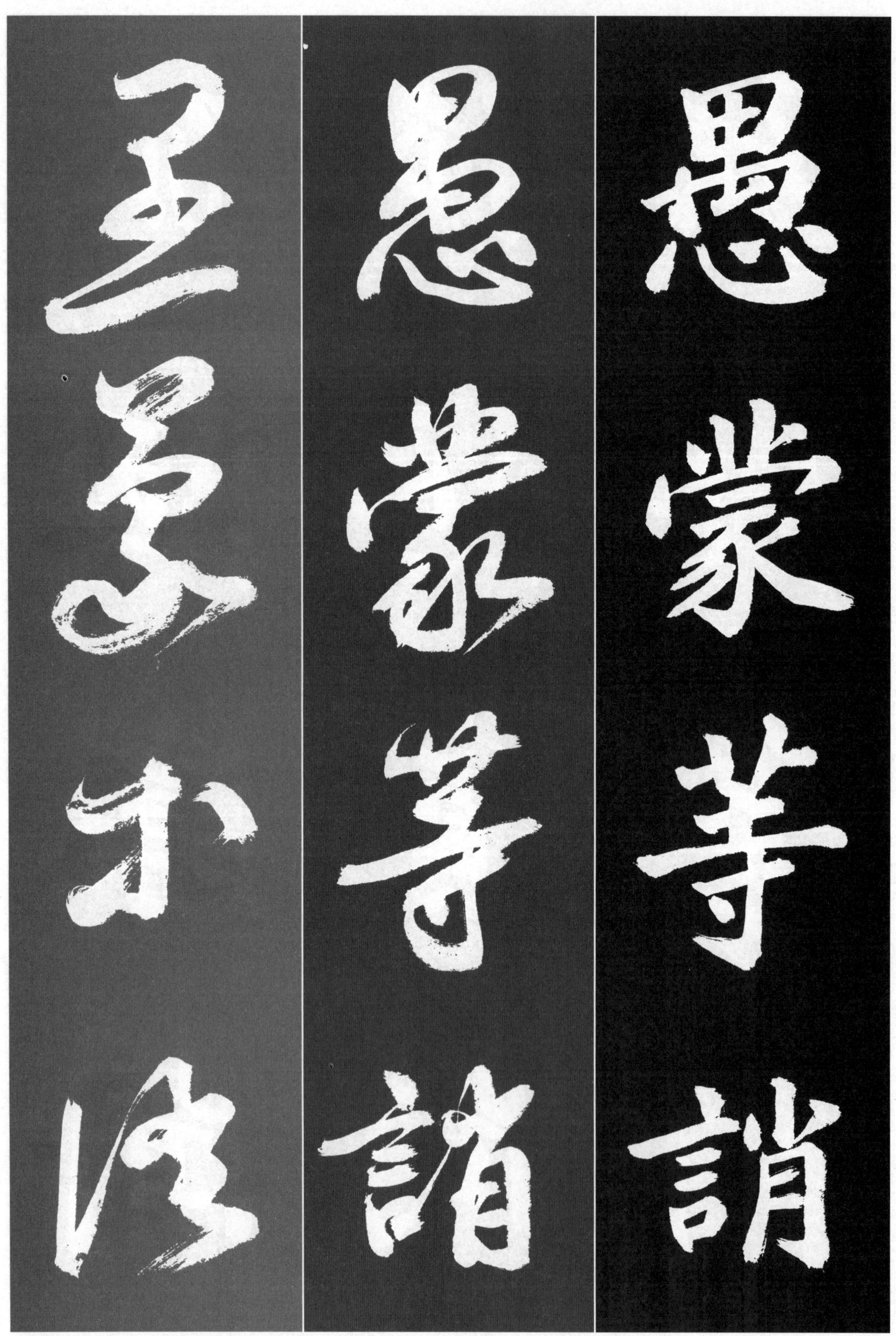

愚 어리석을 우 蒙 어릴 몽 等 무리 등 誚 꾸짖을 초

愚蒙等誚　어리석고 몽매한 자와 같아서 남의 책망을 듣게 마련이다.

謂 이를 위 語 말씀 어 助 도울 조 者 놈 자

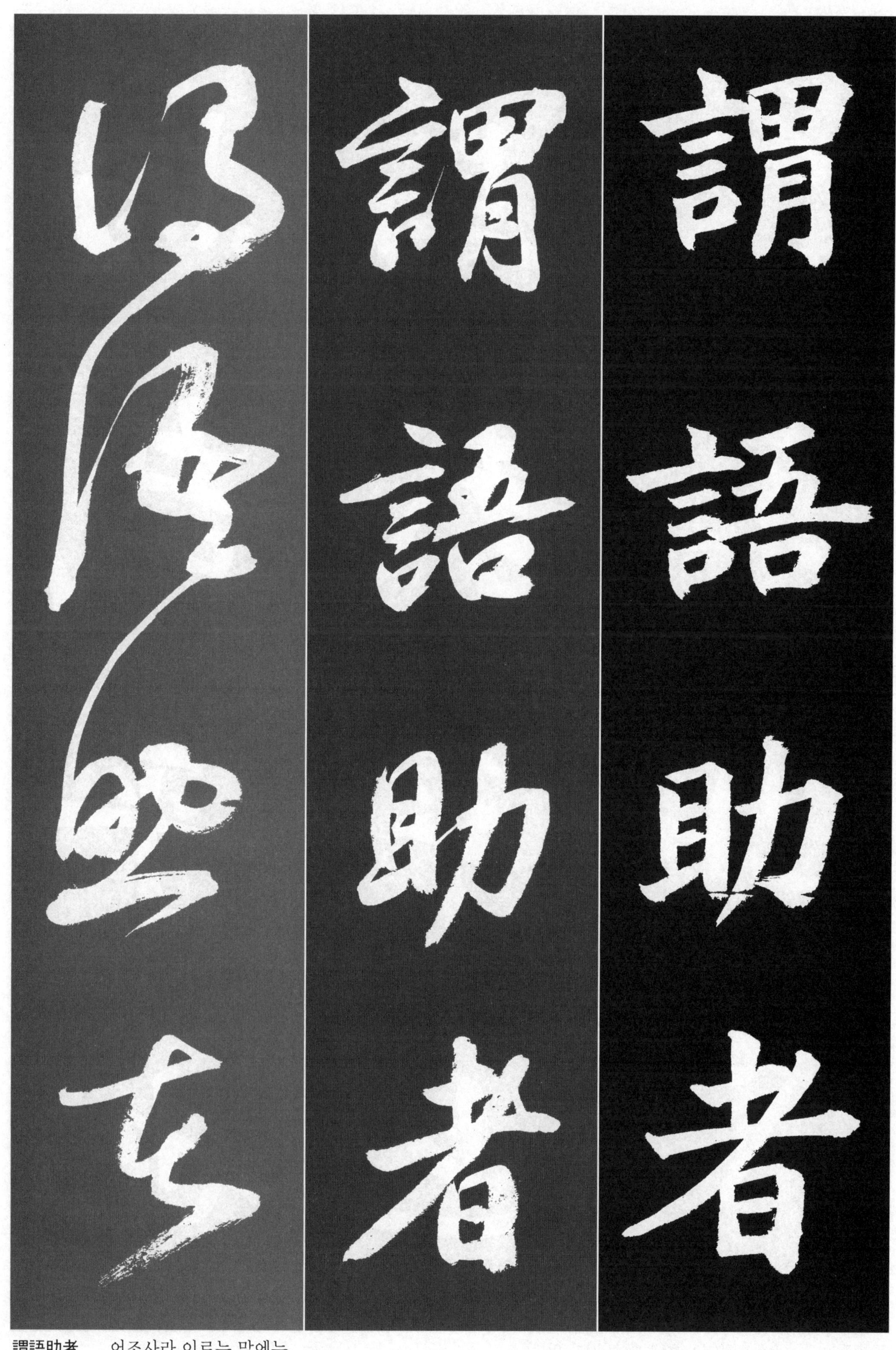

謂語助者 어조사라 이르는 말에는

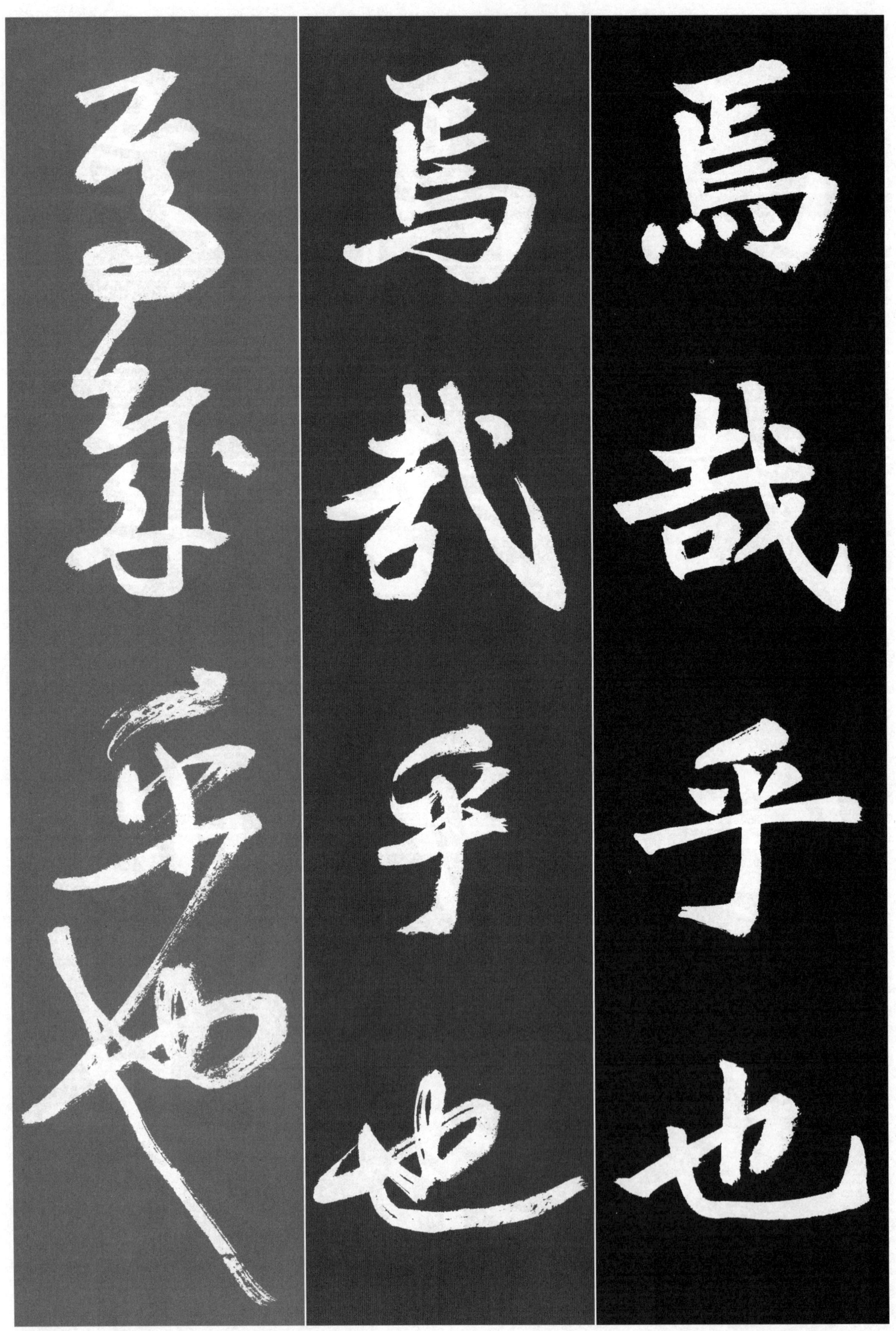

焉 어조사 언 哉 어조사 재 乎 어조사 호 也 이끼 야

焉哉乎也 언(焉)·재(哉)·호(乎)·야(也)가 있다.

索引

ㅅ

ㅂ

ㅁ

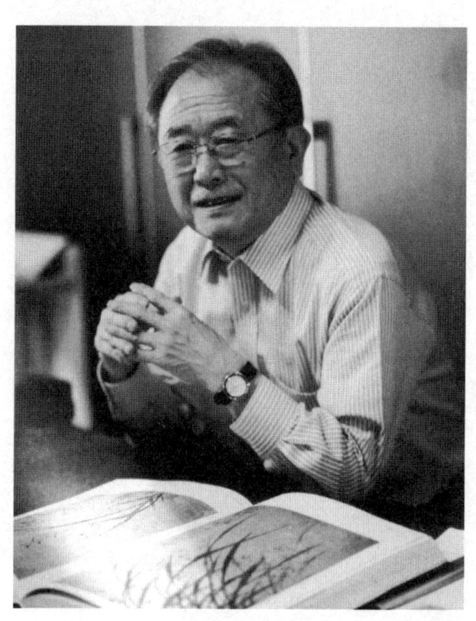

邊堯寅

출생지 : 제주도 제주시 도련리 매촌
생년월일 :1940년 2월 15일생
연구실 : 서울시 서초구 서초중앙로22길 25, 419호(서초동, 대림리시온)
자　택 : 서울시 서초구 사임당로17길 116, 101동 1304호(삼성래미안Ⓐ)
전　화 : (02)584-2750(연) / (02)581-5095(자)
H.P : 010-8779-2750

■ 略歷

- 국립 현대 미술관 초대전 (1987)
- 남북 코리아 서화전 (북경, 1991)(중국 북경국제회의 중심)
- 서울 국제서예전 (예술의 전당-서예관, 1995)
- 1998 동경 BESETO 국제 서화전
- 초서의 오늘전(예술의 전당, 1998)
- 세계서예전북비엔날래 (97, 2007)
- 서울서예비엔날래(2005, 시립 미술관)(2008, 서예 박물관)
- 광복 50주년 기념 "95 서울 국제 서예전(예술의 전당-서예관)
- 국제 서예 뉴밀레니엄전(예술의 전당, 1999)
- 서울시 서울서예대전 (서울시립미술관, 93~2002)
- 한국서가협회 초대전 (예술의 전당, 94~2012)
- 대한민국서예 초대작가전 (예술의 전당, 1999)
- 퇴계의 시문과 서예의 만남전(경북 예천 문화 회관, 2001)
- 21세기 한국 서예 문인 화가 초대전(성균관 대학교 박물관, 2001)
- 전임 대통령 및 현대 서예가 100인 초대전 (세종문화회관, 2002)
- 대한민국 서예 문인 화가 초대전 (경기 대학교, 2002)
- 필묵 정신, 동아세아 필묵정신전 (예술의전당, 2002)
- 필묵의 다양성 (물파아트, 2003)
- 국제 서법 연맹전 출품 (1996~2010)
- 서울 국제 서예전(서예 박물관)
- 북경 국제 서법 쌍년전 (2007~2009)
- 개인전 2회(예술의전당, 물파 아트 센타 2000, 2004)
- 헌법 재판소 현판, 시조 변안렬 비문(1985)
- 동아 미술제 심사위원 역임
- 대한민국서예전람회 운영위원장 · 심사위원장 역임
- 한국서가협회 부회장 역임
- 2005 SEOUL서예 BIENNALE 조직위원회 부위원장 역임
- 한국 서예FORUM 공동 대표 역임
- 32회 원곡 서예 문화상(2010)
- 국제 서범 연전 (한, 중, 일 2009~2012)
- 한국서가협회 상임고문 역임
- 서예진흥위원회 정책자문위원
- 한 · 중 · 일 국제서예교류전(예술의 전당, 2012)
- 국전수상작가특별전(수원한국서예박물관, 2015)
- 중 · 한서법연전(중 · 한서예순회전, 중국국가화원, 2015)
- 오늘의 한국서예(예술의 전당, 2017)
- 42주년 원곡서예수상작가전(예술의 전당, 2018)
- 연구실－청심 서원

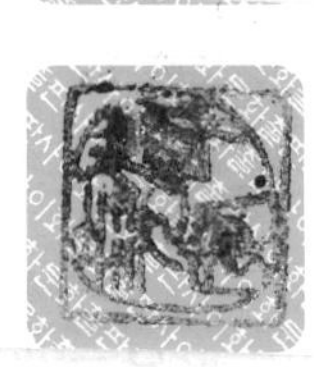

三體千字文

(楷書 · 行書 · 草書)

2019년 5월 25일 2판 발행

글 쓴 이 | 夷堂 **邊堯寅**

주　소 | 서울시 서초구 서초동 1671-5
대림리시온419호

전　화 | 02-584-2750

휴대폰 | 011-9779-2750

발 행 처 | **이화문화출판사**

주　소 | 서울시 종로구 인사동길 12, 310호
(대일빌딩)

전　화 | 02-738-9880(대표전화)
02-732-7091~3(구입문의)

F A X | 02-725-5153

홈페이지 | www.makebook.net

등록번호 제 300-2012-230호

값 24,000 원